C000213267

1,000,000 Books

are available to read at

---◆---

www.ForgottenBooks.com

---◆---

Read online
Download PDF
Purchase in print

ISBN 978-0-282-07898-0
PIBN 10606455

This book is a reproduction of an important historical work. Forgotten Books uses
state-of-the-art technology to digitally reconstruct the work, preserving the original format
whilst repairing imperfections present in the aged copy. In rare cases, an imperfection in
the original, such as a blemish or missing page, may be replicated in our edition. We do,
however, repair the vast majority of imperfections successfully; any imperfections that
remain are intentionally left to preserve the state of such historical works.

Forgotten Books is a registered trademark of FB &c Ltd.
Copyright © 2018 FB &c Ltd.
FB &c Ltd, Dalton House, 60 Windsor Avenue, London, SW19 2RR.
Company number 08720141. Registered in England and Wales.

For support please visit www.forgottenbooks.com

1 MONTH OF
FREE
READING

at

www.ForgottenBooks.com

By purchasing this book you are eligible for one month membership to ForgottenBooks.com, giving you unlimited access to our entire collection of over 1,000,000 titles via our web site and mobile apps.

To claim your free month visit: www.forgottenbooks.com/free606455

* Offer is valid for 45 days from date of purchase. Terms and conditions apply.

English
Français
Deutsche
Italiano
Español
Português

www.forgottenbooks.com

Mythology Photography **Fiction**
Fishing Christianity **Art** Cooking
Essays Buddhism Freemasonry
Medicine **Biology** Music **Ancient
Egypt** Evolution Carpentry Physics
Dance Geology **Mathematics** Fitness
Shakespeare **Folklore** Yoga Marketing
Confidence Immortality Biographies
Poetry **Psychology** Witchcraft
Electronics Chemistry History **Law**
Accounting **Philosophy** Anthropology
Alchemy Drama Quantum Mechanics
Atheism Sexual Health **Ancient History**
Entrepreneurship Languages Sport
Paleontology Needlework Islam
Metaphysics Investment Archaeology
Parenting Statistics Criminology
Motivational

Geſchichte

der

Juden in Portugal.

～～～

Von

Dr. M. Kayferling.

━━━━━━✳━━━━━━

(

Leipzig,
Oskar Leiner.
1867.

Vorwort.

Der vorliegende Band meiner Geschichte, welcher sich mit den Erlebnissen und dem wechselvollen Schicksale der Juden in Portugal von der frühesten Zeit bis auf die Gegenwart beschäftigt und in Form und Anlage dem vor sechs Jahren erschienenen, so freundlich aufgenommenen ersten Theile meines Geschichtswerkes: „Die Juden in Navarra, den Baskenländern und den Balearen" (Berlin, Springer) sich anschließt, erscheint später, als er erwartet wurde und es anfänglich in meiner Absicht lag. Mannigfache Berufsgeschäfte so wie das inzwischen erschienene Werk über Moses Mendelssohn ließen mich erst vor einigen Jahren dazu kommen, das zu diesem Buche gesammelte Material zu vervollständigen und mit Muße zu verarbeiten. Im vergangenen Jahre war jedoch die Arbeit so weit gediehen, daß sie dem seit nunmehr zwölf Jahren segensreich wirkenden und gedeihenden „Institute zur Förderung der israel. Literatur" druckfertig übergeben werden konnte. Aeußere zum Theil oeconomische Umstände machten es aber dem Institute unmöglich, das Buch im vergangenen Jahre erscheinen zu lassen. Inzwischen veröffentlichte Grätz den neunten Band seines Geschichtswerkes, in dem er einen Zeitabschnitt aus der portugiesischen Geschichte, die Einführung der Inquisition in Portugal, ebenfalls behandelte, und welcher, da wir beide auf ein und dieselbe Quelle, das treffliche Werk Herculano's angewiesen waren, in Inhalt und Ausführung

*

2069856

manche Aehnlichkeit mit meiner Arbeit hat; doch ist auch diese Partie von mir weiter ausgeführt worden, wie es auch von Grätz hätte geschehen können, wenn er den bereits 1859 erschienenen 3. Band des erwähnten Werkes gekannt und zu Rathe gezogen hätte.

Ueber die in diesem Buche benutzten Quellen kann ich mich füglich kurz fassen, da dieselben mit möglichster Genauigkeit und Ausführlichkeit theils in den Noten, theils im Anhange aegeben werden.

Mit Freuden entledige ich mich der Pflicht, für die vielfache Freundlichkeit und Zuvorkommenheit zu danken, welche mir bei der Materialiensammlung von den liberalen Verwaltungen der reich= haltigen Bibliotheken zu Berlin, München, Zürich, Aarau u. a. zu theil wurde. Zu besonderem Dank bin ich dem trefflichen Hercu= lano in Ajuda bei Lissabon verpflichtet, und habe ich nur herzlich zu bedauern, daß das von diesem gelehrten Portugiesen erwartete handschriftliche Material mir nicht zeitig genug zugegangen ist.

Die zu der Geschichte der Juden in Portugal in keiner directen Beziehung stehende Abhandlung „das castilianische Gemeindestatut", wird demnächst besonders erscheinen.

So möge auch dieses Buch wohlwollend beurtheilt und von allen Freunden der jüdischen Geschichte und Literatur freundlich aufgenommen werden. Möge es dazu beitragen, daß die vielen Beispiele seltener Glaubenstreue, welche hier geliefert werden, das gegenwärtige Geschlecht, das Dank der Vorsehung! unter glück= licheren Verhältnissen lebt, als es unseren armen portugiesischen Brüdern beschieden, zur Glaubensinnigkeit anfeuern; möge aber unsere Zeit aus dem traurigen Bilde des hier vorgeführten Fana= tismus auch die Lehre beherzigen, daß Nichts gefährlicher ist, als eine blinde Glaubenswuth, daß Fanatismus und Verfolgungssucht, die giftigen Früchte der Unwissenheit und Finsterniß, mit der Religion Nichts Gemein haben.

Lengnau (Aargau), im Dezember 1866.

Kayserling.

Inhalt.

Erstes Buch.

Zweites Buch.

Erstes Capitel.

D. João III.

Zweites Capitel.

D. João III.

Drittes Capitel.

D. João III.

Viertes Capitel.

Neue Kämpfe.

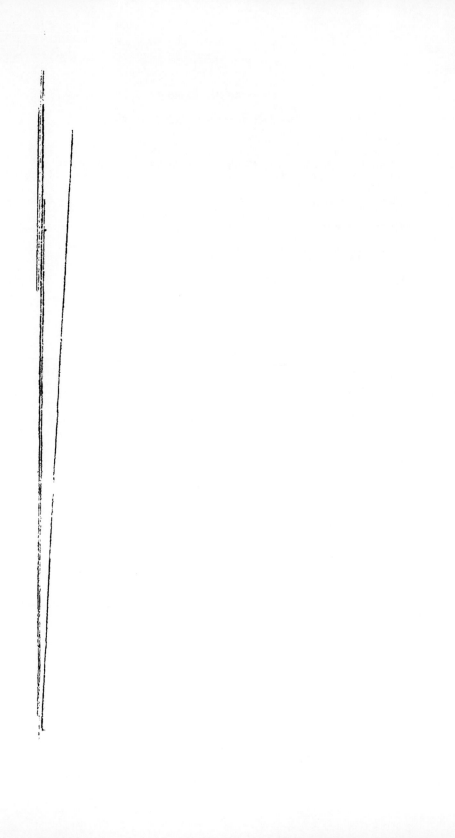

Erstes Buch.

Erstes Capitel.

Von D. Affonso Henriquez bis D. Affonso III.

Jn Portugal, einem kleinen längs des Meeres sich erstreckenden
Landstriche der pyrenäischen Halbinsel, wohnten die Juden ähnlich wie
in den spanischen Königreichen seit uralter Zeit. Lange vor dem Ein=
dringen der maurischen Eroberer hatten sie sich in verschiedenen
Gegenden dieses von der Natur reichlich bedachten Landes nieder=
gelassen; sie seufzten auch hier unter dem Drucke westgothischer Ge=
setze. Wie Portugal bis gegen Ende des eilften Jahrhunderts, bis
zum Entstehen des selbstständigen Königreichs, das seit damals jenen
Namen trägt, einen Theil des großen spanischen Reiches ausmachte
und seine Geschichte bis zu diesem Zeitpunkte nur eine Wiederholung
dessen ist, was in Spanien sich ereignete, so bietet auch die Geschichte
der Juden in Portugal [1]) aus der frühesten Zeit nichts wesentlich
Neues [2]).

Erst um Mitte des zwölften Jahrhunderts beginnt eine eigent=
liche Geschichte Portugal's und bald hernach nimmt auch unsere
Geschichte ihren Anfang, der um so dunkler und lückenhafter ist, als
die Urkunden aus dieser Epoche nur sehr spärlich fließen.

Ob der Urahn der alten portugiesischen Judenfamilie Jbn Jachia,
Don Jachia Jbn Jaisch, ein „weiser, tapferer und reicher“
Mann, bei dem ersten Könige von Portugal in großer Gunst, als
Hausminister und Reiteranführer, gestanden und von demselben sogar

---

[1]) Jm Hebräischen פורטוגאל, פורטוגאל, auch) פורטוקאל (Afcher RGA. 8, 11)
= Portucali; auch wohi לישיתנאל (Juchasin ed Filipowski 232).

[2]) Die Berichte über das Zusammentreffen des S. Vicente, einer S.
Senoria u. a. mit einzelnen Juden in Portugal gehören der Legende, nicht aber
der Geschichte an. M. f. Florez; Esp. Sagr. XIV. 32, 119, 374, 378; Portu-
galiae Monum Histor. (Ulyssipone 1856) I. 50 u. a. m.

zwei Landgüter als Geschenk erhalten habe [1]), wird wohl noch lange unentschieden bleiben; so viel aber steht urkundlich fest, daß als König Affonso Henriquez um 1140, das muthmaßliche Jahr der Blüthe des genannten jüdischen Günstlings, Santarem den Saracenen entriß, in diesen durch Fruchtbarkeit ihrer Fluren ebenso sehr wie durch eine angenehme Lage begünstigten Stadt bereits eine jüdische Gemeinde mit einer eigenen Synagoge sich befand; letztere wurde für die älteste im ganzen Lande gehalten [2]).

Des kühnen Eroberers von Santarem erste Sorge war, die bürgerlichen Angelegenheiten der zu verschiedenen Religionen, Juden= thum, Christenthum, Islam, sich bekennenden Bewohner in den neu gewonnenen Städten gesetzlich zu regeln. Er ertheilte nach Sitte jener Zeit Freiheitsbriefe (Foros, Foraes), in welchen auch auf die Juden mehr oder weniger Rücksicht genommen wurde, so namentlich in dem Forum von Santarem und Beja. Es ist eigenthümlich, wie in einem und demselben Gesetze Freiheit und Beschränkung abwechseln. Bald stehen die Juden mit den Adligen, geschweige mit den Mauren auf gleicher Linie und in gleichen Rechten, bald werden sie aus Mißtrauen und Vorurtheil selbst den verhaßten Mauren hintenangesetzt. Wollte z. B. ein Christ oder ein Maure dem Juden eine Schuld zurückerstatten, so mußte es in Gegenwart von Juden und Christen geschehen, oder die Schuldsumme mußte den Händen eines sichern Mannes (homem boom) übergeben werden. In einem Rechtsstreite zwischen Juden und Juden, oder Juden und Christen war auch hier nur das Zeugniß eines Christen beglaubt.

[1]) Schalschelet Ha=Kabbala 29a, David Ibn Jachia Einleitung zu seinem philosophischen Werke תורה אור. Man hielt bisher das noch immer nicht ent= räthselte ניגרוש דוש ואלדיאש ופריאליא[ש] אוניש ·für drei Ortschaften; im Grunde handelte es sich jedoch nur um zwei und zwar nicht Ortschaften, sondern nur Aldeas, die nichts weiter bezeichnen als ein einzelnes Haus mit den dazu gehörigen Ländereien; אלדיאש דוש ניגרוש (das ı von אלדיאש mag durch die Unwissenheit eines Abschreibers später hinzugekommen sein) = Aldeas dos Negros ist eine nähere Bezeichnung der beiden vorhergehenden Namen. An der Hand dieser Emen= dation glauben wir auch die Lebenszeit des ersten D. Jachia wenigstens annähernd bestimmen zu können Da Affonso I durch die Eroberung von Santarem die Mauren (Negros) zuerst besiegte und möglicher Weise nach diesem Siege die beiden Landgüter, früher Eigenthum des Negros, dem tapfern und reichen Jachia schenkte, so ist sein Todesjahr wenigstens nicht vor 1148 — 1150 anzusetzen.

[2]) ... Santarem, aonde os Judeus tiverão a primeira synagoga João de Sousa, Vestigos da Lingoa Arabica em Portugal (Lisboa 1830) 22.

Wegen Beleidigung eines Juden oder Mauren durfte der Chrift nicht zur Rechenfchaft und Beftrafung gezogen werden [1].

Der Einfluß des canonifchen Rechts ift in diefen Gefetzen unverkennbar, daffelbe fand unter Affonfo II. (1211 — 1223) allgemeinen Eingang. Schon in den Cortes von Coimbra, welche der König im erften Jahre feiner Regierung berief und deren Befchlüffe größtentheils in das fpäter zu betrachtende Gefetzbuch Affonfo's V. übergegangen find, feierte die Kirche und das Kirchenrecht ihren Sieg. So durfte kein Jude zum Judenthume zurückkehren, fobald er daffelbe einmal verlaffen [2], und kein Jude durfte eines feiner zum Chriftenthume übergetretenen Kinder enterben. Die Getauften empfingen ihr gefetzlich fixirtes Erbtheil, konnten jeden als Jude verftorbenen Anverwandten beerben und waren mit dem Austritt aus dem Judenthume oder vielmehr mit dem Uebertritt zum Chriftenthume der Zucht und Botmäßigkeit der Eltern enthoben [3].

Auch unter Sancho II. (1223 — 1248), der den von feinem Vater begonnenen unheilvollen Streit mit der päpftlichen Macht fortfetzte, fcheinen die Rechtsverhältniffe der Juden keine wefentlichen Veränderungen erfahren zu haben. Das Einzige, was aus diefer Zeit von allen portugiefifchen Hiftorikern berichtet wird, ift, daß König Sancho, trotz des von feinem Vater erlaffenen Gefetzes [4], Juden

[1] For de Santarem. f. Anhang No. 1.

Es ift hier der Ort, mit wenigen Worten der Cortes von Lamego, welche um das Jahr 1143 follen ftattgefunden haben, zu gedenken. In diefen Cortes handelt der § 12 auch von den Juden: „Qui non sunt de Mauris et de infidelibus Judaeis, sed Portugalenses, qui liberaverint personam Regis aut ejus pendonem (pendo= .pendão — Fahne), aut ejus filium, vel generum in bello, sunt Nobiles. Jahrhunderte lang hat man diefe Cortes = Verfammlung für wirklich ftattgefunden und die in derfelben gefaßten Befchlüffe natürlich auch für echt gehalten. Erft der gelehrte Schatzmeifter Antonio do Carno Velho de Barboza hat in feinem Exame critico das Cortes de Lamego (Porto 1845) in fchlagender Weife nachgewiefen, daß diefe Cortes gar nicht exiftirten und auch das in drei verfchiedenen Documenten aufbewahrte Libro de Cortes de Lamego fingirt und untergefchoben ift.

[2] Orden. Affons. Liv. H, Tit 95 . . . . perça a cobeça se despois que for amoestado se nom quizer tornar ou emmendar.

[3] Ibid. Liv II, Tit. 79. Vgl. Jos. Melli Fereire, Histor. Jur. Civ. (Olissipone 1806) 46.

[4] Ibid. Liv. II, Tit. 85 . . . . que nos nem nossos socessores nom façamos Judeo nosso Ovençal, nem lhe encomendemos cousa alguma, per quos Chrisptaaõs em alguma gnisa possem seer aggravados.

im Staatsdienst verwandte und sie mit öffentlichen Aemtern betraute. Es geschah dies gewiß weniger um die Juden den Christen vorzuziehen. Sancho fand eben so gut wie andere König der pyrenäischen Halbinsel unter den Juden die geschicktesten und brauchbarsten Finanzmänner, was hätte ihn abhalten sollen, sie an seinen Hof zu ziehen? In der That benutzten seine geistlichen Gegner diesen Anlaß, ihn bei dem ihm ohnedies nicht geneigten Papste anzuschwärzen. Der leidenschaftliche Gregor IX., der sich nicht damit begnügte, die Juden durch besondere Abzeichen von den Christen zu trennen, sondern auch den immer regen Geist der Juden dadurch erdrücken wollte, daß er an die Erzbischöfe in Frankreich, Spanien und Portugal den Befehl ergehen ließ, sämmtliche Talmudexemplare in Beschlag zu nehmen und an die Dominicaner und Franziscaner auszuliefern, säumte nicht, den ungehorsamen Sohn der Kirche an seine christlichen Pflichten zu erinnern: er richtete an die Bischöfe von Lissabon, Astorga und Lugo, die wüthendsten Feinde Sancho's, den gemessenen Befehl, die schädlichen Mißbräuche königlicher Gewalt zu rügen, und bestimmte, daß ein christlicher Oberaufseher etwaige Gewaltthaten der jüdischen Finanzmänner zur Anzeige bringe und die Rechte der Christen, ganz besonders die der Geistlichen, wahre [1]).

Die päpstliche Bulle scheint wenig gefruchtet zu haben, denn der Nachfolger des von dem Papste entsetzten Sancho, Affonso III. (1248 — 1279), welcher mit Hilfe der clericalen Macht auf den portugiesischen Thron gekommen, mit dieser aber dennoch in immerwährendem Hader lebte, hatte die Juden aus dem Staatsdienste nicht entfernt. In der Iliade von Anklagepunkten, welche die portugiesischen Bischöfe im Jahre 1258 gegen den König beim Papste einreichten, lautete wieder der eine (39), daß der König gegen die Gesetze der Concilien und des eigenen Landes, die Juden mit öffentlichen Aemtern bekleide, in denen sie sich Gewalt über die Christen anmaßten, daß er ferner nicht gestatte, wie die Bulle Gregor IX. es verfüge, sie zum Tragen der Erkennungszeichen anzuhalten und die der Kirche zufallenden Zehnten zu entrichten [2]). Sogar eine

[1] Decr. Gregor. L. IV, Cap 16 und 18: De Judaeis; Franc. Brandaõ, Monarchia Lusitana (Lisboa 1672) V. Lib. 18, Cap. IV, S. 13. Monteiro, Historia da S. Inquisicão do Reyno de Portugal (Lisboa 1750) II, 7. Herculano, Historia de Portugal (Lisboa 1847) II. 322 u. a.

[2] . . . Que revestia os Judeus de cargos em que exerciam autoridade sobre os christãos, contra as leis dos concilios e de seu proprio pae (vgl. S. 3,

geraume Zeit später wurde in einer neuen bischöflichen Beschwerde gegen Affonso bei dem Papste Clemens IV. wiederholt das Gesuch gestellt, „daß er die freie Stellung der Juden beschränke und sie ebenso wie die Mauren mehr in Abhängigkeit halte, daß er das Vermögen der Juden für den Staatsschatz einziehe, sobald sie zur Kirche übertreten, und nicht dulde, daß die zum Christenthume bekehrten Mauren noch ferner den Juden als Sclaven dienen, daß er durch ein allgemeines Gesetz all die Liegenschaften von Zehnten und Erstlingen befreie, welche Juden und Mauren von Christen erwerben [1].

Derartige Begehren blieben unberücksichtigt von einem Manne, der wie Affonso sich durch strenge Gerechtigkeit auszeichnete. Er war gerecht, wie kein anderer Monarch seines Jahrhunderts, auch gegen die Volksklasse, der von der unwissenden Masse stets mit Hohn und Verachtung begegnet wurde. Seine Gerechtigkeitsliebe zeigte sich unter Anderem in dem Gesetze, daß wenn ein Jude auf Geheiß eines Christen eine Kirche mit Gewalt öffnete, dieser vor der Thüre der erbrochenen Kirche öffentlich verbrannt werden sollte; durch eine solche Maßregel wollte er verhüten, daß der Jude sich nicht durch den Christen verleiten lasse, ihm bei einem Kirchenraube behilflich zu sein [2]. Gegen die List und Verschlagenheit der Portugiesen traf er zu Gunsten der Juden noch eine andere Verfügung. Die Christen borgten nämlich von den Juden auf Hypotheken, veräußerten dann die hypothekarisch verpfändeten Güter, gewöhnlich nur zum Schein, und wollten sich durch einen solchen Verkauf von der Schuld der Juden befreien. Einem solchen Treiben steuerte der König aufs Nachdrücklichste [3].

Note 4), não permittindo fossem compellidos a trazerem signaes por onde se distinguissem, nem a pagarem dizimos á igreja como era direito. Aus dem Arch. Nac. bei Herculano l. c. III. 107.

[1] . . . 3, em reduzir à servidão os Judeus ou Sarracenos de condição livre, connfiscando-lhes os bens, quando se convertiam ao christianismo, constrangendo tambem os Mouros, que se baptisavam, sendo servos de Judeus, a ficarem, como d'antes, servos;

4, em exemptar, por lei geral, de dizimos, e primicias os ben havidos de christãos por Judeus, e Sarracenos. Herculano, l. c. III. 128 Monarch. Lusit. IV. 240 a.

[2] Orden. Affons. Liv. II, Tit 87. Ueber eine 1266 in Santarem vorgefallene Hostiengeschichte im Geschmacke der damaligen Zeit s. Mon. Lusit. IV. 226 b.

[3] Herculano, l. c. III. 138.

Hätte es in der Macht Affonso's allein gestanden, den Juden seines Landes Gesetze zu ertheilen, sie hätten damals in Portugal eine glücklichere Stellung eingenommen als in irgend einem andern Staate. Mit dem königlichen Willen stand aber die Verfassung des Landes im Widerspruch. Die portugiesischen Könige waren beschränkt durch die Cortes, eine Versammlung weltlicher und geistlicher Herren, in der es weniger die ersteren als die letzteren waren, welche, meistens von einem falschen Glaubenseifer getrieben, stets und überall der freien Stellung der Juden entgegenarbeiteten. Die Regenten wurden in ihren besten Absichten durch die Gemeinden gehemmt, welche auf ihre alten Ortsrechte wie auf ein unantastbares Heiligthum pochten und welche die Könige, ob gern oder ungern, von Zeit zu Zeit neu bestätigen mußten.

Diese Ortsrechte erscheinen als eine Forderung des Zeitalters; alle einzelnen Königreiche der pyrenäischen Halbinsel, Castilien, Aragonien, Leon und Navarra, haben deren in ziemlich großer Anzahl aufzuweisen. Diese Gesetze hatten sich aus örtlichen und zeitlichen Bedürfnissen und Verhältnissen, als Gewohnheitsrechte, gebildet; sie waren die Ergebnisse der Volkseigenthümlichkeit, hatten sich mit dem öffentlichen Leben so assimilirt, daß es unmöglich schien, sie wieder aufzuheben. Alle Gesetze der Foraes sind ein treues Abbild der Ansichten, Sitten und Gebräuche des Volkes, sie sind gleichsam Kinder der Zeit, die sich und ihr Jahrhundert, wenngleich durch Sprache und Denkart uns oft fast unverständlich, doch immer treuherzig und unverfälscht aussprechen [1]).

Wir haben bereits das Ortsrecht erwähnt, das Affonso Henriquez der Stadt Santarem ertheilte.

Affonso III., der, wie ein portugiesischer Schriftsteller sich ausdrückt, einsah, daß Duldsamkeit eine der vornehmsten Tugenden ist, verlieh namentlich nach der Eroberung von Algarve [2]) den in diesem den Mauren entrissenen Landstriche gelegenen Ortschaften solche Foraes und schloß auch die Juden, welche sich hier in nicht unbeträchtlicher Zahl niedergelassen hatten, nicht aus, so in Tavira,

---

[1]) Schäfer, Geschichte von Portugal, I, 253

[2]) Das von dem Reisenden Benjamin von Tudela S. 1 seines Reisewerkes erwähnte אלְעַרוה.

Faro, Loulé, das ein eigenes Judenthal (Val de Judeo) hatte [1]), Silves, Alvor, Castro=Marim u. A. Mehreren Städten in Algarvo gab sein Nachfolger D. Diniz derartige Ortsrechte, wie Aliezur, Cacilla, Porches, Alcoitim, Gravão u. A.; in allen diesen Orten befanden sich Juden [2]).

Ganz besondere Beachtung verdienen die Ortsrechte von Beja und Guarda [3]). Einzelne Bestimmungen derselben werden wir im Zusammenhange mit den von späteren Königen gegebenen Gesetzen betrachten und wollen jetzt zunächst die inneren Zustände der Juden in Portugal ins Auge fassen.

[1]) Ioaquim de S. Rosa de Viterbo, Elucidario das Palavras que em Portugal antiquamente se usarão (Lisboa 1798) I, 315.

[2]) João Baptista da Silva Lopes, Corografia do Reino do Algarve (Lisboa 1841) 12.

[3]) Anhang No. 2.

Zweites Capitel.

Innere Zustände; Rabbinats- und Gemeindewesen, Rechtsverfahren.

Die Juden lebten wie in allen christlichen Staaten so auch in Portugal als eine fremde, tributpflichtige, durch Religion und Gebräuche von allen übrigen Bewohnern gänzlich getrennte Nation, sie wurden, wie wir noch später zu betrachten Gelegenheit haben werden, von den Christen in strenger Absonderung gehalten und in religiöser nicht minder als in politischer Hinsicht als eine eigene Menschenklasse bezeichnet; gleichwohl genossen sie Rechte, welche sie in einem gewissen Sinne den höheren, bevorzugten Ständen des Landes gleichstellten. Sie bildeten ähnlich ihren Glaubensgenossen in Castilien einen Staat im Staate: ihre Justiz und ihre Polizei, ihr Haushalt und ihr Vermögen, kurz alle Interessen der Communidades, wie man die portugiesischen Judengemeinden vorzugsweise nannte, wurde von eigenen Behörden verwaltet und überwacht. Sie hatten sowohl in Criminal- wie in Civilsachen ihre eigene Jurisdiction, sie entschieden nach ihren eigenen Rechtscodices und hatten somit Rechte und Gesetze, welche von den Landesgesetzen bedeutend abwichen, dennoch aber staatlich anerkannt waren [1].

In keinem Lande Europa's waren die innern Verhältnisse der Juden so früh vom Staate geordnet als in Portugal. Schon Affonso III. regelte durch eine dem herrschenden Systeme genau angepaßte Verfassung das Rabbinatswesen [2], das uns zunächst beschäftigen wird,

---

[1] Ord. Affons. Liv II. Tit. 71, § 1 .... elles (los Judeos) auião, e ham d'antiguamente jurdiçom, e seus direitos apartados, que perteencem aos julgados dos Arrabys .... os quaes direitos, desuairem em muitas cousas dos nossos direitos e usos; e porque sempre foi sua vontade e dos Reys que ant' elle forom, os ditos judeos auerem jurdiçom ante sy, assy crime como ceuil.

[2] Unter dem Titel Da Communidada dos Judeus handschriftlich in Leis e Posturas im Archive von Ajuda bei Herculano, Inquisicão em Portugal (Lisbao 1854) I. 85. Grätz setzt (Geschichte der Juden VIII. 49) die Einrichtung des Rabbinats in Portugal c. 100 Jahre zu spät an.

und bereits im Jahre 1278 wird der Arrabi Moor dos Judeus, der Oberrabbiner der Juden, in einer öffentlichen Urkunde genannt [1]).

In Folge einer Beschwerde, welche die Vorsteher der Lissaboner Gemeinde und anderer Gemeinden des Landes über den damaligen Oberrabbiner D. Juda Cohen, der sich, ihrer Behauptung gemäß, Uebergriffe der ihm eingeräumten Gewalt zu Schulden kommen ließ, bei dem Könige einreichten, wurde die Rabbinatsverfassung auf Grund der den bisherigen Oberrabbinern und den Gemeinden von den früheren Königen ertheilten Privilegien von João I. im Jahre 1402 einer sorgfältigen Revision unterworfen [2]), und die amtlichen Verrichtungen des Oberrabbiners, der Provinzialrabbiner und der übrigen Cultus-Beamten gesetzlich bestimmt [3]).

Der Oberrabbiner (Rabbi Mor) war, ähnlich dem in Castilien fungirenden Hofrabbiner (Rab de la Corte [4]), Kronbeamter und als solcher die hervorragendste Persönlichkeit unter den Juden des Landes. Sein Amt war sehr einflußreich und wurde von dem Könige nur solchen Juden übertragen, welche ihm wichtige Dienste geleistet hatten, in seiner Gunst eine ausgezeichnete Stelle einnahmen und sich durch Kenntnisse und Charakter hervorthaten.

Aehnlich den anderen Würdenträgern der Krone, welche in ihren Gebieten allein Jurisdiction oder Gutsherrlichkeit mit Jurisdiction hatten, hielt der Oberrabbiner einen Oberrichter, Auditeur (Ouvidor), der mit ihm das Reich bereiste und alle Rechtsstreitigkeiten, deren Entscheidung ihm zustand, schlichtete. Seine Jurisdiction war aber ausgedehnter als die des größten Theils der Würdenträger, indem ihm gestattet war, die Correição, d. i. Amts- und Strafgewalt zu üben, ein Recht, das die Könige von Portugal sehr ungern und

---

[1]) Da huma Carta d'El Rey D. Affonso III. para o concelho de Bragança . . . consta que no anno de 1278 hum Arrabi Moor dos Judeus tomava conhecimento das suas causas civis Aus einem Documento de Bragança in Elucidario I. 131.

[2]) Ord Affons. Liv. II, Tit. 81 § 1 und 2.

[3]) Quellen für das Rabbinatswesen sind die Ord. Affons. Liv. II, Tit. 81 und danach Joaquim Jose Ferreira Gordo, Memoria sobre os Judeus em Portugal in den Memorias da Academia Real das Sciencias (Lisboa 1808) VIII, 2. Cap. IV. ff. und Schäfer l. c. III. 17 ff.

[4]) M. s. die bezügl. Abhandlung, „Das castilianische Gemeindestatut", am Ende dieses Werkes.

nur in seltenen Fällen abtraten, weil es in gewisser Hinsicht als das bedeutendste der Landesherrlichkeit angesehen wurde.

Der Oberrabbiner gebrauchte ein Siegel mit dem Wappen von Portugal und den Worten: Siegel des Oberrabbiners (Oberrabbinats) von Portugal (Scello do Arraby (Arrabiado) Moor de Portugal). Mit diesem Siegel wurden alle von ihm oder dem ihn begleitenden Oberrichter unterzeichneten Schreiben, Urtheile und Bescheide besiegelt[1]. Alle Entscheidungen, alle Bestätigungen der Provinzialrabbiner oder sonstiger Beamten ertheilte der Oberrabbiner im Namen des Königs, hingegen wurden alle Zeugnisse, Beschwerden, Bekanntmachungen und andere Schriften in Rechtssachen, deren Entscheidung in letzter Instanz den königlichen Beamten zustand, in seinem Namen ausgefertigt und begannen mit den Worten: „N. N., Oberrabbiner durch meinen Herrn den König der Gemeinden der Juden von Portugal und Algarve. Allen, die dieses Schreiben sehen oder hören“. oder: „An Euch Rabbiner von u. s. w.“ (N. N. Arraby Moor por meu Senhor El Rey das Communas dos Judeus de Portugal e do Algarve. A quantos esta Carta virem ou ouvirem. A vos Arraby de tal lugar[2]).

Hinsichtlich der Jurisdiction des Oberrabbiners kann man als Regel annehmen, daß er unter den Juden über alles Dasjenige entschied, worüber unter den Christen der Corregedor da Corte erkannte. Es war das ein wahrhaft fürstliches Amt, das in seiner Bedeutung und Wirksamkeit den gleichartigen Verhältnissen unserer Zeit weit überlegen war. Der portugiesische Oberrabbiner mußte von Amtswegen alle Jahre die sämmtlichen Gemeinden des Landes bereisen. Nach seiner Ankunft in einem von Juden bewohnten Orte ließ er öffentlich ausrufen, daß Alle, die über die Provinzial- oder Ortsrabbiner, die Gemeindebeamten, über Mächtige, oder irgend Andere Klage zu führen haben, vor ihm erscheinen sollen, damit er sie „corrigire“[3]. Dann erschienen die Tabelliaēs (Notare) und überreichten ihm Special- und General-Uebersichten der schwebenden Rechtsstreitigkeiten und Verbrechen; über erstere fällte er nach Einvernehmen der Beamten und der Vertrauensmänner (homēs boōs) den Gemeinden sein Endurtheil, die letzteren „corrigirte“ er, ließ

---

[1] Ord. Affons. Liv. II, Tit. 81, §. 5.
[2] Ibid. §. 9.
[3] Ibid. §. 12, „que fara correger“.

die schuldigen Personen einziehen und überwies sie den Provinzial=
rabbinern zur Untersuchung [1]. Ergab sich, daß der eine oder andere
der ihm vorgelegten Fälle durch Schuld der Provinzialrabbiner
falsch beurtheilt worden, so entschied er und entschädigte die durch
das erste Urtheil benachtheiligte Partei aus dem Gehalte des betref=
fenden Provinzialrabbiners [2].

Er erkundigte sich auch nach dem Zustande und der Verwaltung
der Waisengüter und Legate, nahm die Rechenschaftsberichte und
Rechnungen der Vormünder und Curatoren in Empfang oder trug
diesen unter Androhung von Strafe auf, sie bis zu einem von ihm
festgesetzten Termine den Provinzialrabbinern einzuhändigen [3].

Ferner nahm er an allen Orten von den Vorstehern und
Schatzmeistern (Procuradores e Thezoureiros) die Rechenschafts=
berichte über Gemeinde=Einnahmen und Ausgaben in Empfang,
mußte sie aber am Orte selbst prüfen. Er sorgte für die sichere
Unterbringung des vorhandenen Gemeindevermögens und ließ die
im Zahlen der Steuern saumseligen Gemeindemitglieder durch seinen
Porteiro (Bote, Executor) zur Zahlung anhalten [4].

Seine Aufgabe war es, die Straßen und öffentlichen Gebäude
der Gemeinden anlegen und aufführen und, sobald er es für nöthig
hielt, repariren zu lassen [5].

Er hatte die Befugniß, die Gemeinden zu zwingen und zwingen
zu lassen, daß sie Localrabbiner [6], „wie es immer der Brauch war“,
und Lehrer anstellten. Konnte die Gemeindebehörde diese Persönlich=
keiten zu dem ausgesetzten Gehalte nicht erlangen, so durfte der
Oberrabbiner die Lehrer und Localrabbiner, welche sich im Lande
stellenlos befanden, zur Uebernahme der vacanten Stellen zwingen [7].

An den Orten, an denen sich der König aufhielt, durfte der
Oberrabbiner kein Strafrecht (Correição) üben, indem dies dort
nur dem Corregedor da Corte zustand [8].

[1] Ord. Affons. Liv. II, Tit. 81, §. 11.
[2] Ibid. §. 13.
[3] Ibid. §. 16.
[4] Ibid. §. 17.
[5] Ibid. § 21.
[6] In der Verordnung heißt es Capellaães, wahrscheinlich Unter= oder Local=
rabbiner, מורה צדק.
[7] Ord. Affons. Liv. II, Tit 81, §. 19.
[8] Ibid. §. 22.

Er durfte keine Gewährsbriefe, keine Gnadenacte ausstellen, noch weit weniger Privilegien ertheilen, durch welche irgend Jemand der Steuern, Abgaben oder sonstigen staatlichen Pflichten und Obliegenheiten in der Gemeinde seines Wohnortes enthoben wurde[1]:

Er durfte ferner keine Geleits = oder Sicherheitsbriefe (Cartas de Segurança) außer in den Fällen ausfertigen, in denen die königlichen Provinzial=Oberrichter (Corregedores das Comarcas) sie ertheilten. Derartige Geleitsbriefe wurden in seinem Namen ausgestellt und lauteten: N. N., Oberrabbiner, durch meinen Herrn den König . . . an Euch N. N., Rabbiner der Gemeinde der Juden in . . . Wisset, daß ich hiermit Geleit und Sicherheit gebe dem N. N., welcher vor Euch u. s. w.[2].

Er durfte keine allgemeine Spendensammlung veranstalten und gegen den Willen oder vielmehr ohne Zustimmung der Gemeinden keine ihnen angehörigen Liegenschaften veräußern[3].

Er durfte in erster Instanz über Verbal=Injurien und Polizei=Vergehen kein Urtheil fällen; diese standen der Jurisdiction der in jeder Gemeinde befindlichen Polizei=Behörde an und jene gehörten vor das Forum der Provinzialrabbiner[4].

Nur in wenigen, genau angegebenen Fällen hatte er das Recht, Personen gefänglich einziehen zu lassen. Wollte er auf seinen jährlichen Rundreisen Jemand mit Gefangenschaft bestrafen, so mußte er ihn in das Gefängniß derjenigen Gemeinde unterbringen, in der er sich gerade aufhielt. Eiserne Ketten durfte er nicht mit sich führen und auch wohl nicht in Anwendung bringen[5].

Den Oberrabbiner begleitete stets ein Oberrichter (Ouvidor), der, ähnlich wie der Corregedor da Corte an seiner Statt in allen Rechtssachen, welche er für sich nicht entscheiden konnte, erkannte. Er mußte Jude und Gelehrter sein und alle die übrigen Eigenschaften besitzen, die von einem guten Richter gefordert werden[6].

Um die Schreiben, Erkenntnisse und Bescheide, die von dem Oberrabbiner oder seinem Oberrichter ausgefertigt wurden, zu be-

---

[1] Ord. Affons. Liv. II, Tit. 81. §. 26, 27
[2] Ibid. § 10.
[3] Ibid. §. 20.
[4] Ibid. §. 14, 15.
[5] Ibid. §. 29, 35.
[6] Ibid. §. 7.

ſiegeln, führte er einen Kanzler (Chanceller) bei ſich, der Jude oder Chriſt ſein konnte und unter deſſen Aufſicht die Kanzlei ſtand. Er hatte das Recht, dieſelben Gebühren wie die Hofkanzlei zu erheben[1]).

Außerdem hatte der Oberrabbiner noch einen Schreiber (Escrivão) bei ſich, welcher alle Rechtsfälle zu Protocoll nahm und ausfertigte. Auch er konnte Jude oder Chriſt ſein und ſtand hinſichtlich der Gebühren mit den Staatsſchreibern in gleichem Range. Vor ſeinem Amtsantritte mußte er einen Eid ablegen, daß er alle amtlichen Geſchäfte geheim halten wolle[2]).

Schließlich befand ſich im Gefolge des Oberrabbiners ein geſchworner Amtsbote oder Executor (Porteiro), der die Pfändungen vornahm, die Strafurtheile vollzog u. dgl. m. [3]).

Um eine geregelte Verwaltung herzuſtellen, wurden von dem Oberrabbiner für die ſieben Provinzen, in welche das Land damals getheilt war, ſieben Oberrichter gewählt. Jeder derſelben hatte je in der Provinzialhauptſtadt ſeinen Sitz und zwar in Porto (Entre-Doiro e Minho), Torre do Moncorvo (Traz os Montes), Viſeu (Beira baxa), Covilhão (Beira alta), Santarem (Eſtremadura), Evora (Alemtejo) und Faro (Algarve). Mehrere Ouvidores zu ernennen hatte der Oberrabbiner eben ſo wenig ein Recht, wie ſie an andere als hier angegebene Orte zu verſetzen[4]).

Jeder Provinzial-Oberrichter führte ein Siegel mit dem Wappen von Portugal und der Umſchrift „Siegel des Ouvidors (der Ouvidores), der Gemeinden . . . .“ Die Oberrichter erkannten über Rechtsfälle die durch Berufung oder Beſchwerde von den Rabbinern ihrer Provinz an ſie gelangten. Sie fertigten ihre Erkenntniſſe im Namen des Oberrabbiners und nicht in dem des Königs aus[5]).

Wie dem Oberrabbiner war auch jedem Provinzial-Oberrichter ein Kanzler und ein Schreiber beigegeben, welche beide wieder Juden oder Chriſten ſein konnten[6]).

Außer dieſen in den Provinzial-Hauptſtädten angeſtellten Beamten gab es in jedem Orte, der Jurisdiction hatte und in dem

---

[1]) Ord Affons Liv. II, Tit. 81, §. 5.
[2]) Ibid. §. 24.
[4]) Ibid. §. 33.
[4]) Ibid. §. 24; Monarch. Lusit. V. Liv XVIII.
[5]) Ibid. §. 6, 25.
[6]) Ibid §. 24.

eine beftimmte Anzahl Juden wohnten, einen Localrabbiner.
Derfelbe wurde wie alle übrigen Gemeinde= und Cultusbeamten von
den Gemeinden felbft vermittelft Kugeln gewählt; er kounte aber
fein Amt nicht früher antreten, bis er von dem Oberrabbiner, der
keinen Localrabbiner eigenmächtig einfetzen durfte, beftätigt war und
eine im Namen des regierenden Königs ausgefüllte Beftätigungs=
urkunde von ihm in Empfang genommen hatte [1]).   Die Localrabbiner
ftanden unter Auffticht bes Oberrabbiners, mußten alljährlich von
ihm beftätigt und, fo fie fich ihm widerfetzten, von den Ortsbehörden
zur Verantwortung und Beftrafung gezogen werden [2]). Ihnen ftand
die bürgerliche und peinliche Rechtsfprechung über die Juden ihres
Ortes zu, doch konnten fie in Sachen, welche königliche Einkünfte,
wie Zehnten, Zölle, Accife betrafen, nicht erkennen, indem für diefe
Angelegenheiten eigene Richter beftellt waren [3]).

Unter Auffticht des Localrabbiners ftand auch der in jeder Ge=
meinde fungirende Schächter (Degolador), bei dem jeder Jude
fchlachten laffen und der dem königlichen Steuereinnehmer (Celhedor)
die Zahl der von ihm gefchlachteten Stück Vieh und Geflügel, der
darauf haftenden Steuern wegen, genau angeben mußte [4]).

Die Angelegenheiten und das Vermögen der Gemeinden be=
forgten und verwalteten Vorfteher (Procuradores) und Schatzmeifter
(Thezoureiros), zu denen in befonderen Fällen noch Vertrauens=
männer der Gemeinde (homẽs boõs das communas = טובי העיר)
hinzutraten [5]).   Ihr Polizeiwefen wurde durch Infpectoren (Vereadores) und Marktvögte (Almotaces) geordnet [6]).

Für die Abfaffung fchriftlicher Verträge, infofern fie zwifchen
Juden abgefchloffen wurden, waren in jeder Gemeinde befondere
Notare (Tabelliaaẽs) angeftellt [7]). Sie fertigten ihre Schriftftücke
unter den erften Königen in hebräifcher Sprache aus.   Erft König
João I. verfügte, daß fie fich in allen öffentlichen Urkunden fo wie
in Kauf=, Taufch= und Schenkbriefen der Landesfprache bedienten.

[1]) Ord. Affons. Liv. II, Tit. 81, §. 23.
[2]) Ibid. §. 36.
[3]) Ibid. Tit. 71, §. 1, 2; Tit. 92, §. 3.
[4]) Ibid. Tit. 74, §. 7, 8.
[5]) Ibid. Tit. 81, §. 11, 17.
[6]) Ibid. Tit. 71.
[7]) Ibid. Tit. 81, §. 11.

und zwar unter Androhung von Todesstrafe, welche jedoch als zu
hart durch Affonso V. ermäßigt und in Amtsentsetzung und öffent=
liche Peitschenhiebe verwandelt wurde [1]).

Analog diesen Einrichtungen war auch das Verfahren in bür=
gerlichen und peinlichen Rechtsfällen [2]).

Die in peinlichen Fällen zu beobachtende Ordnung war fol=
gende: Die Localrabbiner erkannten in erster Instanz; von ihren
definitiven oder interlocutorischen Erkenntnissen konnten die Parteien
an den Oberrabbiner, falls er sich im betreffenden Orte oder in
der Provinz aufhielt, oder an den Provinzial=Ouvidor appelliren.
Gehörten aber die peinlichen Fälle in die Classe solcher, welche eine
höhere Appellation zuliessen, so wurden sie dort nicht bis zum
Schlusse geführt, indem über sie die königlichen Richter in letzter
Instanz zu erkennen hatten.

Auch die bürgerlichen Rechtsfälle wurden in erster Instanz von
den Localrabbinern entschieden; von ihnen appellirte man an den
Oberrabbiner oder in dessen Abwesenheit an die respectiven Ober=
richter, von deren Sentenzen die Parteien Berufung oder Beschwerde
bei den königlichen Beamten einlegen konnten [3]).

Die Beweise wurden in Rechtsstreitigkeiten zwischen Juden
ebenso wie zwischen Christen geführt, und zwar durch Urkunden, Eid
und Zeugen. Die Aussage oder das Zeugniß eines Juden konnte
bestritten werden, wenn der Rechtsstreit zwischen einem Christen und
einem Juden Statt hatte, in diesem Falle galt das Zeugniß des
Juden gegen den Christen nur, insofern auch ein Christ Zeugniß
ablegte; hingegen hatten die Zeugnisse der Christen gegen Juden
nach kanonischen Bestimmungen immer Gültigkeit, selbst wenn der
Prozeß zwischen Juden und Juden waltete [4]).

Der Eid der Juden in Portugal in Rechtsstreitigkeiten unter
einander oder mit Christen war in Vergleich zu anderen — man
denke nur an die haarsträubenden Formeln in Deutschland oder an
den Judeneid in Castilien und Navarra — sehr einfach. Der Jude

---

[1]) Ord. Affons Liv. II, Tit. 93, §. 1, 2: qualquer Judeo que for
Tabelliaõ dessas communas dos Judeos nom faça carta nem escriptura per Ebraica,
senon per linguagem ladinha portuguez; Elucidario II. 83.
[2]) Mit Benutzung der Ord. Affons. nach der trefflichen Abhandlung von
Gordo, l. c. S. 19, welche auch Schäfer l. c. III. 21 wörtlich übersetzt.
[3]) Ord. Affons. Liv. II, Tit 81, §. 30, 31.
[4]) Ibid. Tit. 88, §. 7, 8, 9; Liv. III, Tit. 42.

schwor in der Synagoge, die Thora im Arm, in Gegenwart eines Rabbiners, der ihm den Eid abnahm, und eines königlichen Gerichtsdieners, welcher angab, worauf der Jude beschworen werden sollte [1].

Bei einem bürgerlichen Rechtsstreite zwischen einem Juden und einem Christen oder Mauren konnte, wenn der Jude der Beklagte war, dieser nur von seinem Rabbiner vorgeladen werden, indem der Kläger immer dem Forum des Beklagten folgte. Ausnahmen fanden nur dann Statt, wenn an dem Wohnorte des Beklagten königliche Richter, die über alle Civilprozesse zwischen Juden und Christen zu erkennen hatten, angeordnet waren, oder wenn der Streit königliche Einkünfte betraf, für dessen Entscheidung von Alters her eigene Richter bestellt wurden. Peinliche Fälle dagegen konnten, auch wenn der Beklagte Jude war, allein durch die königlichen Criminalrichter entschieden werden [2]. Von den Entscheidungen des Oberrichters, der den Oberrabbiner begleitete, konnte an diesen nicht appellirt werden, weil Beide als eine und dieselbe Person angesehen wurden; sie gingen an die von dem Könige angeordneten Beamten [3].

Wie es einerseits allen christlichen Richtern streng verboten war, irgend einen Prozeß zwischen Juden und Juden anzunehmen, so war es anderseits sämmtlichen Juden des Landes bei Strafe untersagt, irgend einen Juden bei einem christlichen Richter zu denunciren, zu verklagen oder ihn vor denselben vorladen zu lassen. Der Jude, der diesem Gesetze zuwider handelte, verfiel in eine Strafe von tausend Golddublonen, und mußte der Oberrabbiner den Verurtheilten so lange gefangen halten, bis er die Strafsumme erlegte [4].

Aehnlich wie in Castilien durften auch in Portugal die Juden an Sabbath- und Festtagen nicht vor Gericht geladen und gerichtlich nicht gegen sie verfahren werden, denn „da sie durch ihre Religion verpflichtet sind, den Sabbath zu feiern, so soll sie Niemand an diesem Tage vor Gericht laden lassen; es giebt andere Tage in der Woche genug, um rechtlich gegen sie einschreiten zu können" [5].

---

[1] For. de Beja (9), Anhang No. 2 und Monarch. Lusit. V, 16
[2] Ord. Affons Liv. II, Tit. 92.
[3] Ibid. Tit. 81, §. 32.
[4] Ibid. Tit. 81, §. 3, 4.
[5] Ibid. Tit 90.

Wir sehen somit die Juden im Genusse ansehnlicher Rechte,
einer gesicherten Stellung im Staate und sogar eines privilegirten
Gerichtsstandes, ja „sie waren begünstigt und hatten gewissermaßen
Vorzüge vor den Christen, weil sie als Juden einigen Lasten enthoben
waren, welche die Christen zu tragen hatten", heißt es in der Ein=
leitung zu einem Privilegium, das ihnen von einem spätern Könige
Portugal's ertheilt wurde [1]).

[1]) Ord. Affons. Liv. II, Tit. 33.

Drittes Capitel.

Von D. Diniz bis D. Fernando.

Die Juden in Bragança. D. Juda und D. Gedalja. Geistliche Beschwerden
und geistliche Gewalt. D. Affonso's IV. harte Gesetze. D. Pedro. Unruhen
in Coimbra. D. Fernando und D. Juda. Gedalja und Joseph Ibn Jachia.

D. Diniz, Sohn und Nachfolger Affonso's III. und gleich diesem
in Streitigkeiten mit dem herrschsüchtigen Clerus verwickelt, änderte
nichts an der günstigen Stellung, in der wir die Juden Portugal's
verlassen haben und in der sie bis zur Zeit des Königs Duarte
verblieben. Nicht allein, daß er sie nicht anhielt, den canonischen
Gesetzen gemäß die Erkennungszeichen zu tragen, den Zehnten an
die Kirche zu entrichten u. dgl., er gewährte einzelnen Juden sowohl
wie ganzen Gemeinden noch besondere Begünstigungen. In dem=
selben Jahre, in welchem ein königliches Sendschreiben eine neue
Steuer über die castilianischen Juden zu Gunsten eines geldgierigen
Erzbischofs verhing, erließ Diniz zu Gunsten der Juden Lissabon's
ein Gesetz, über dessen Inhalt wir keinen nähern Aufschluß erhalten [1]),
nachdem er einige Jahre früher die Differenzen ausgeglichen hatte,
welche zwischen der Camera und den Juden genannter Hauptstadt
schwebten [2]).

Mit den Juden in Bragança [3]), damals neunzehn an der
Zahl, traf Diniz bald nach seinem Regierungsantritte (1279) ein Ab=
kommen, welches uns einen tiefen Blick in die Zeitverhältnisse gönnt
und einzig seiner Art ist. Die dortigen Juden standen wie überall
mit dem verarmten Landvolke und den sittenlosen, verschwenderischen

[1]) Carta a favor dos Judeus de Lisboa (1295). Liv. dos Pregos f 6 v.
bei Herculano, Historia de Portugal (Lisboa 1853) IV. 210.

[2]) Brandão, l. c. V. 315 a.

[3]) Zur Zeit D. Sancho's scheinen in Bragança noch keine Juden gewohnt
zu haben. In einem Forum, das Sancho der Stadt im Juni 1187 gab, heißt
es: Si aliquis Judeus in Villa vestra venerit, et ab aliquo percussus aut inter-
fectus fuerit, talis calumpnia detur pro eo, qualis pro vobismetipsis, aut recnsum,
aut homicidium. Memoria para Historia das confirmações Regias (Lisboa 1816) 107.

Geistlichen vielfach in Verkehr, sie schossen ihnen Geld und Geldes=
werth vor und mögen sich auch nicht immer mit einem mäßigen
Zins begnügt haben. Schon unter Affonso III. liefen Klagen über
sie ein, in denen sie des Wuchers und der Uebervortheilung beschul=
digt wurden[1]); in der That verschärfte er die Gesetze über Wucher
und traf die Bestimmung, daß die Zinsen das Capital nicht über=
steigen durften[2]). Sei es, daß die Juden bei dem Könige Diniz
über drückende Steuern Klage führten, sei es, daß sie sich wegen des
ihnen vorgerückten Vergehens damit entschuldigten, daß ihnen jede
andere Art des Erwerbes entzogen sei, D. Diniz, ein ebenso weiser
wie gerechter Regent, fand ein Mittel, diesen Ausflüchten durch ein
mit ihnen getroffenes Uebereinkommen für die Folge vorzubeugen.
Sämmtliche in der eigens darüber ausgestellten Urkunde[3]) namhaft
gemachten Juden und Jüdinnen Bragança's mußten sich verpflichten
dem Könige alljährlich im August sechshundert Leonesische Mara=
vedis Steuern zu zahlen, hingegen aber außerdem für 3500 Mara=
vedis Liegenschaften vom Staate zu kaufen und zwar für 2000 Ma=
ravedis Weinland, für 1000 Ackerland und für 500 Maravedis
Häuser. Von allen diesen Gütern durften sie nichts wieder ver=
äußern, sondern sie mußten die Ländereien selbst bestellen. Zugleich
wurde festgesetzt, daß, wenn im Laufe der Zeit sich noch andere
Juden in Bragança ansiedeln sollten, jeder je nach Verhältniß die
allgemeinen Steuern mit zu tragen habe. Den Behörden wurde
streng anbefohlen, die Juden des genannten Ortes vor jeder Miß=
handlung und jeder Gewaltthat zu schützen.

Einen nicht geringen Einfluß auf den König und in Folge
dessen auf die günstige Stellung der Juden des Landes übte ohne
Zweifel der damalige Oberrabbiner D. Juda (1295 — 1303). Er
diente dem Monarchen auch als Finanzminister und besaß ein so
bedeutendes Privatvermögen, daß er im Jahre 1298 einem D. Rai=
mund de Cardona zum Ankauf der Stadt Mourão sechstausend Livres
vorschießen konnte[4]). Auch D. Juda's Sohn, D. Gedalja, der

[1]) Elucidario, I. 131, 307.
[2]) Anhang No. 3.
[3]) .... seis mil libras que lhe empreston Judas Arrabi Mor dos Judeus;
Brandão, Monarchi Lusit. V. 265 a, VI. 26.
[4]) D. Juda lebte noch 1302; ein Document vom 2. October 1302 ist unter=
zeichnet: Eu Judaz Arraby a vv. (Hdschr. im Arch. Real) Ribeiro, l. c. III·
2; 19.

seinem Vater im Oberrabbinate folgte und das Amt eines Schatz=
meisters bei der Königin=Mutter D. Brites bekleidete, stand bei dem
Könige in einem solchen Ansehen, daß dieser ihm zwei Thürme in
Beja schenkte, um sich Häuser daraus zu bauen [1]).

Kaum hatte der neue Oberrabbiner D. Gedalja sein Amt an=
getreten, so unternahm er es im Auftrage und zum Heile seiner
Gemeinden, sich über das eigenmächtige Verfahren der christlichen
Richter bei dem Könige zu beklagen. Er stellte dem Monarchen vor,
daß die Handhaber der Justiz nicht ihre Schuldigkeit thäten und den
Juden viel Unrecht zufügten, daß sie sich Schleichwege gegen sie be=
dienten und sie die Prozesse absichtlich verlieren ließen, daß sie sogar
parteiische Christen allen Rechten und Gesetzen zum Hohne gegen
sie als Zeugen anriefen. Zu solchen Mißbräuchen schwieg der König
nicht. Er trug den Richtern auf, mit strenger Gerechtigkeit die Juden
fernerhin zu behandeln, die von den früheren Königen und von ihm
selbst ihnen ertheilten Privilegien in jeder Weise zu schützen und
keinen ungesetzlichen christlichen Zeugen gegen sie anzunehmen [2]).

Das war Gerechtigkeit; die von Judenhaß geblendete Menge
nannte es Begünstigung und Bevorzugung der Juden. Je mehr
die Juden in die Gunst der Regenten und des hohen Adels sich
festsetzten, desto mehr steigerte sich der Haß und die Abneigung des
Clerus und des von ihm geleiteten Volkes gegen sie. Die niederen
Geistlichen, welche auf die jüdischen Großen und auf die prächtigen
Häuser, die sich im Besitze der Lissaboner Juden befanden [3]), stets
mit Neid blickten und es auch wohl mißfällig aufnahmen, daß der
König das neue Seearsenal in die unmittelbare Nähe der Juden=
stadt verlegt hatte [4]), wandten sich wiederholt und ganz besonders
im Jahre 1309 mit einer langen Beschwerde nach Rom. Sie
wütheten nicht allein gegen die Rücksichtslosigkeit, daß er Juden an

---

[1]) A Guedelha, filho deste Arrabi Mor D. Judas, deu el Rey D. Dinis
duas torres em Beja para fazer casas. Foi este Guedelha successor no Arrabiado mor a seu pay e Thesoureiro da Reinha D. Brites. Monarch. Lusit. V. 11.
1304 war D. Gedalja bereits im Amte; vgl. die folgende Note.

[2]) Ord. Affons. Liv. II, Tit. 88: D. Dinis ... A quantos esta Carta
virem faço saber que Guedelha Arraby Moor dos meus regnos me
mostrou huma minha carta ... Die Urkunde ist ausgestellt Coimbra 1. Januar
Era 1332 (nach einem andern Codex 1333) · 1304 — 1305.

[3]) Sousa, Provas I. 95.

[4]) Da Costa Quintella, Annaes da Marinha Portugueza (Lisboa 1839) I. 17.

dem königlichen Hofe dulde und ihnen trotz wiederholter Verbote
Staatsämter anvertraue, — es giebt keine Staatssache, heißt es in
ihrer Beschwerde, die nicht durch die Hände der Juden geht — daß
er maurische Sclaven, die zum Christenthume bekehrt, im Dienste der
Juden lasse, daß er ihnen das Tragen der Erkennungszeichen und
die Entrichtung der Zehnten nachsehe[1]); sie warfen ihm auch vor,
daß er selbst Bischöfe in den Klöstern und Kirchen durch Juden
gefangen halten und bewachen ließe[2]), und fanden es gottlos, daß
er ihnen freie Religionsübung gestattete. Verfaßte doch in der Regierungszeit des D. Diniz ein frommer Caplan eigens einen Katechismus für die Juden[3])! Hätte dieser glaubenswüthige Geistliche statt
in Portugal in Spanien gelebt oder hätte die Regierung ihn ruhig
gewähren lassen, er hätte es leicht zu dem Ruhme und der Bedeutung eines Vicente Ferrer bringen können: drang er doch schon
mit Gewalt in die Synagogen und zwang die dort Anwesenden
seine Capuzinaden mit anzuhören! Es war den fanatischen Geistlichen besonders darum zu thun, die Juden zu demüthigen und ihren
Einfluß zu beschränken. „Die Juden werden stolz und erheben sich",
berichteten sie nach Rom, „sie schmücken ihre Rosse mit Toupets und
treiben einen Luxus, der auf alle Bewohner des Landes sehr nachtheilig wirkt[4])".

Daß es einst so kommen würde, mag der alte Salomon Ibn
Jachia, ein von Juden und Christen geachteter Mann, dessen Vater
Joseph in Lissabon eine Synagoge aus eigenen Mitteln erbaut
und einen verloren gegangenen Talmud-Commentar geschrieben haben
soll[5]), seinen Glaubensgenossen mehr als einmal prophezeit haben,
wenn er in sie drang, von dem Luxus zu lassen, sich nicht in
Sammet und Seide zu kleiden, mit silbernen und goldenen Ketten

---

[1]) Ord. Affons. Liv. II, Tit. 15, Art. 27, 36, 38.

[2]) Ord. Affons. Liv. II, Tit. 15, Art. 26: muitas vezes ... faze os Bispos
nas Igregas e Moesteiros e alhur deteer encarrados per Judeus.

[3]) Memorias da Litteratura Portugueza, VII. 373.

[4]) Monarch. Lusit. VII. 85: os Judeus ... se encrespavaõ, levantando
topetes no cabello, e passavaõ de topetudos atropissimos ...

[5]) Schalschelet Ha-Kabbala 29 b, Carmoly דברי הימים לבני יחייא 6 f. theilt
die Inschrift der Synagoge wie gewöhnlich aus Handschriften mit und setzt die
Erbauung derselben um das Jahr 1260; er erzählt auch nach handschriftlichen
Quellen Manches über Joseph als Dichter.

keinen Aufwand zu machen und sich nicht mit geschmückten Rossen in der Stadt zu zeigen, denn durch alles dieses würden sie den Neid der Christen rege machen [1]).

Was die Ermahnungen Salomon Ibn Jachia's bei den Juden nicht vermochten, und den Geistlichen bei dem Papste und dem Könige nicht gelingen wollte, das setzten sie mit Hilfe des von ihnen aufgestachelten Volkes unter des trefflichen Diniz' Nachfolger Affonso IV. (1325—1357) durch. Die Reichsstände, welche der neue Regent un= mittelbar nach seinem Regierungsantritte nach Evora berief, beschäf= tigten sich einläßlich mit den Verhältnissen der Juden. Mit Eifer und Nachdruck wurde im Jahre 1325 das Gesetz wieder eingeschärft, daß kein Jude ohne Erkennungszeichen, den sechseckigen gelben Stern an dem Hute oder dem Oberkleide, sich öffentlich zeige, und daß kein Jude es wage, goldene oder silberne Ketten zu tragen, geschweige ihre Rosse mit Toupets zu schmücken, was selbst den Christen ver= boten war [2]). Im Allgemeinen ereignete sich unter Affonso's Regie= rung wenig Beachtenswerthes. Er ordnete 1353 das Steuerwesen der jüdischen Gemeinden des Landes [3]) und erließ in Folge immer wieder neu erhobener Klagen über den Wucher das Gesetz, daß kein Jude Wuchercontracte (Contrautos usureiros) schließe [4]) und Niemand gehalten sei, mehr als 33⅓ Procent an Zins zu zahlen [5]). Man sieht aus Allem, daß er den Juden nicht geneigt war. Unter allen portugiesischen Königen bis auf João II. und dessen Nach= folger war Affonso derjenige, der sie am meisten bedrückte und ihnen 1352 sogar die Freiheit der Auswanderung entzog. Jeder Jude, der ein Vermögen von nur fünfhundert Livres besaß, durfte ohne königliche Erlaubniß das Land nicht verlassen; wagte er es dennoch auszuwandern, so verlor er sein Besitzthum und wurde sammt Denen, die mit ihm zogen, also sammt Weib und Kindern,

---

[1]) Schalschelet 42 b: — ויתעשרו ישראל בימיו — דון שלמה בן דון יוסף ן' יחייא וצוו שרא ישאו היהודים עליהם בגדי משי והבשיטי מלכות ושלא ירכבו על סוסים בעיר Durch dieses Factum läßt sich mit ziemlicher Bestimmtheit die Lebenszeit Salomon Ibn Jachia's fixiren; er lebte demnach noch c. 1300.

[2]) Monarch. Lusit. VIII. 243; V. 20. Lindo (History of the Jews in Spain) setzt die Cortes von Evora irrthümlich unter Diniz.

[3]) Orden. Affons. Liv. II, Tit 74.

[4]) Ibid. Tit. 96, 97.

[5]) Elucidario I. 223, 307.

Eigenthum des Königs [1]). Den Juden, welche im Lande wohnten, gewährte er gegen nicht unbeträchtliche Summen den nöthigen Schutz. Wie wenig Vertrauen er in sie setzte, erkennt man aus dem Umstande, daß er sich über die richtige Zahlung der Schutzgelder, wie unter Anderen von den Juden in Faro in Algarve, förmliche Urkunden ausstellen ließ [2]).

In der That bedurften die Juden Portugal's damals des königlichen Schutzes; der Haß des Volkes gegen sie gab sich bei jeder Gelegenheit zu erkennen. Als im Jahre 1350 die Pest wüthete, schob das leichtgläubige Volk auch hier die Schuld davon auf die Juden, und nur die Macht des Königs schützte sie vor weiteren Excessen [3]. Sie konnten sich glücklich preisen, daß nach dem Tode Affonso's ein Mann wie Pedro den portugiesischen Thron bestieg.

D. Pedro I. (1357 — 1367) war ein Muster von Gerechtigkeit, der kein Vergehen ungestraft ließ und nicht selten selbst Hand anlegte. Charakteristisch für seine strenge Gerechtigkeit ist folgende Erzählung. Zwei Edelknaben, die längere Zeit in seinem Dienste am Hofe gelebt, hatten einen Juden, der mit Specereien und anderen Waaren in den Bergen hausirte, seiner Habe beraubt und ihn sodann meuchlings gemordet. „Ihr thut wohl daran", sagte der König mit bitterem Lächeln, als die Mörder vor ihn geführt wurden, „daß ihr, wenn ihr das Räuberhandwerk ergreifen und unschuldige Menschen auf den Straßen morden wollet, zuerst an den Juden es lernet und nachher zu den Christen übergehet." Während der König dies und Aehnliches sprach, ging er unruhig auf und ab und schien der vieljährigen Dienste, welche die Jünglinge ihm geleistet hatten, mit Wehmuth zu gedenken. Man sah einige Male Thränen in seinen Augen. Plötzlich aber wandte er sich mit strengem Blicke gegen sie, tadelte scharf ihr Vergehen, hielt wieder inne und hörte auf die Fürbitten der anwesenden Adeligen, welche meinten, man sollte doch eines elenden Handelsjuden wegen solche Männer nicht tödten. Umsonst; der König beharrte auf seinem Urtheile, und die Edelknaben wurden enthauptet. [4])

[1]) Orden Affons Liv. II. Tit. 74, §.14.

[2]) João Baptista da Silva Lopez, Memoria para a Historia Ecclesiastica do Bispado do Algarve (Lisboa 1848) 343.

[3]) Monarch. Lusit. VII. 524.

[4]) Fernão Lopez, Chronica del Rey D. Pedro I. in der Collecçaõ dos Ineditos de Historia Portugueza IV. 20; Acenheiro, Chronicon dos Reis de Portugal 119.

Zu Anfange der Regierung dieses Trajan in Gerechtigkeit, wie
D. Pedro von den portugiesischen Chronisten genannt wird, ereignete es
sich, daß der Prior der St. Jago=Kirche in Coimbra und einige
Cleriker, welche ihrer Gewohnheit gemäß Eier zusammen bettelten, mit
Kreuz und Weihwasser in das Judenquartier genannter Stadt drangen,
um auch die Juden um Eier anzubetteln. Der Orts=Rabbiner, R. Sa=
lomon Catalan, vielleicht ein Enkel des nicht ganz unbekannten
Gerson ben Salomon Catalan[1]), und der Gemeinde=Vorsteher
Isaak Passacon (פסקון) und andere gerade anwesende Juden
erklärten den Bettelbrüdern, daß sie kein Recht hätten, von ihnen,
die sie Juden, nicht aber ihre Pfarrkinder wären, die sie in ihrem
besonderen Quartier wohneten und unter dem besonderen Schutze
des Königs ständen, Eier zu fordern. Der Prior und die Cleriker
droheten, wenn man ihnen nicht willfahre, die Thüren der
Judenhäuser mit Gewalt aufzureißen und ließen es bei den Dro=
hungen nicht bewenden: sie erbrachen gewaltsam das Haus eines
Jakob Alfayate, wobei es ohne Zweifel zu rohen Thatsächlich=
keiten kam. Die Juden leisteten Widerstand und jagten die zudring=
lichen Cleriker aus dem Quartier. Die Gerechtigkeit des Königs,
an den sich die ersteren beschwerend gewandt hatten, schützte sie
einige Zeit vor den Belästigungen der bettelnden Geistlichen[2]).

Um einzelnen Beschwerden nach Recht und Gerechtigkeit abzu=
helfen, berief der König im Mai 1361 die Reichsstände nach Elvas.
Dieses Mal waren es nur wenige Punkte, welche auf die Juden
Bezug hatten. Der 10. Artikel der Verhandlungen betraf den
Wucher der Juden, von dem behauptet wurde, daß er den Ruin
des Volkes herbeiführe, und der 40. hob den Uebelstand hervor,
daß die Juden vereint mit den Christen wohneten und dadurch
Anlaß zu Aergernissen gäben[3]). Dem letztgestellten Gesuche, die
Juden auf die Judengassen zu beschränken, wurde entsprochen und
von Neuem das Gesetz eingeschärft, daß kein Jude oder Maure nach
Sonnenuntergang in der Stadt angetroffen werde, und daß kein

---

[1]) Steinschneider, Cat. Bodl. 1014. Gerson Catalan lebte um Mitte des
13. Jahrhunderts.

[2]) Anhang No. 4.

[3]) Santarem, Algunos Documentos para a Historia e Theoria das Cortes
Geraes em Portugal (Lisboa 1828) II. 2, 10, 26, 31.

Chriſtenweib weder bei Tag noch bei Nacht eine Judengaſſe ohne
männliche Begleitung betrete[1]).

Nichtsdeſtoweniger hatten die Juden Portugal's um dieſe Zeit
allen Grund, mit ihrer Lage zufrieden zu ſein. Sie lebten im Ver=
gleich mit ihren Brüdern in Caſtilien, welche durch die dort geführten
Bürgerkriege ſchrecklich zu leiden hatten, in ungeſtörter Ruhe und
konnten ungehindert ihrem geſchäftlichen Verkehre obliegen, dem
D. Pedro mannigfache Erleichterungen verſchaffte. Er hob die ſchweren
Strafen auf, welche auf dem Wucher, deſſen die Juden zumeiſt beſchuldigt
wurden, laſteten, und traf die Verfügung, daß, wenn ein Jude einem
Chriſten liegende Güter und dergleichen verkaufe, verpachte und ver=
miethe, der Kauf= oder Pachtbrief vor dem Ortsrichter oder zwei
Notaren und vor zwei bis drei chriſtlichen Zeugen ausgewechſelt
werde, und daß, ſobald der Jude beſchworen, daß ohne Betrug und
Hinterliſt das Geſchäft abgeſchloſſen ſei, der Chriſt keine Einwen=
dungen mehr erheben könne[2]). Dieſe Erleichterung im Verkehr
mehrte den Reichthum der Juden; reich waren ſie in Portugal
nicht minder, wie ihre Glaubensgenoſſen in Caſtilien, wo da=
mals Samuel Levi, der Schatzmeiſter und Vertraute ſeines Königs,
Pedro des Grauſamen, eine Rolle ſpielte und dem portugieſiſchen
Hofe in Staatsangelegenheiten einmal einen kurzen Beſuch abſtattete[3]).
Während ſeines Aufenthaltes am Liſſaboner Hofe lernte er den
damaligen portugieſiſchen Oberrabbiner D. Moſes aus Santarem,
der auch zugleich des Königs Leibarzt war und mit königlicher Er=
laubniß den Beinamen Navarro führte, perſönlich kennen. Von
dieſem D. Moſes, der ſein Amt nahezu dreißig Jahre bekleidete, und
deſſen Gattin D. Salva in dem Gebiete von Liſſabon ein großes
Majoratsgut gründete, wird noch ſpäter die Rede ſein[4]).

[1]) Fernão Lopez, l. c. 17; Monteiro, l. c. II. 14. Orden. Affons. Liv. II, Tit. 80.
[2]) El Rey D. Pedro ordenou que quando algūs delles (judeus) comprassem
bem de raiz aos christãos ou lhes aforassem, ou emprasassem, ou escambassem
presente o juiz de lugar ou dous Tabaliães, se lhes passasse a carta de
compra e venda... Monarch. Lusit. V. 15 (völlig mißverſtanden von Lindo,
l. c. 312). Vgl. Ord. Affons. Liv. II, Tit 72, §. 2, 3.
[3]) Fernão Lopez, l. c. 17.
[4]) Monarch. Lusit. V. 15; Elucidario I. 131: Em tempo d'El Rey D.
Pedro I. Moyses Navarro Arrabi Mor de Portugal e sua mulher D. Salva
instituirão hum grosso Morgado no Termo de Lisboa. Ueber den Namen Salva
(שלוה, שאלוא) ſ. Cod. Eben Ha-Eser, Tit. 129, Weibernamen, Buchſtabe ש.

Mit dem Tode D. Pedro's und dem Regierungsantritte D. Fernando's brachen für Portugal trübe Zeiten an, welche auch an den Juden nicht spurlos vorübergegangen sind.

D. Fernando (1367 — 1383) war ein charakterloser, leichtsinniger, verschwenderischer Regent. Durch Einführung neuer Münzen und vermittelst Reducirung der alten Münzsorten nahm er Geldoperationen vor, die einen ungünstigen Erfolg hatten und die Bevölkerung zunächst gegen ihn, dann aber auch gegen die Juden aufbrachten, weil ihm sein jüdischer Schatzmeister D. Juda in diesem Schacher behilflich war. Er verwickelte sich mit dem castilianischen Brudermörder Heinrich de Trestamare in einen Krieg, der durch sein eignes Verschulden einen unglücklichen Ausgang nahm. Statt seinen erfahrenen Räthen Gehör zu schenken, im Winter keinen Krieg zu führen, und den ihm von Heinrich angebotenen Frieden anzunehmen, beharrte er auf dem Krieg, sodaß der Feind mitten im Winter 1373 in Portugal eindrang, Lissabon plünderte und den schönsten Theil der Stadt, die Rua Nova oder das Judenquartier, verbrannte[1] In Folge dieser Unruhen und Verheerungen verließen mehrere angesehene Juden die Heimath und wanderten nach Castilien, das gerade damals wenig Verlockendes hatte. Unter diesen Auswanderern befanden sich auch die Söhne des alten Salomon Ibn Jachia, nämlich Gedalia und Joseph. Gedalia, Leibarzt des portugiesischen Königs und bei diesem in Ungnade gefallen, weil er ebenfalls von dem Kriege mit Castilien abrieth, trat als Leibarzt in die Dienste des Königs Heinrich von Castilien, der, wiewohl kein Freund der Juden, die jüdischen Aerzte und Finanzmänner doch nicht entbehren konnte. D. Gedalia stieg in Castilien zu solcher Höhe, daß er die oberste Gewalt über alle Juden des Landes erlangte und eine bisher an den König gezahlte Abgabe, nämlich Kopf und Füße von jedem rituell geschlachteten Stück Vieh — die Pacht davon betrug fünf Tausend Goldgulden — zu seinem Einkommen angewiesen erhielt[2]. Sein Bruder Joseph (II.), ein durch äußere Schönheit imponirender Mann, wird als Dichter gerühmt und als Verfasser talmudischer Decisionen in poetischen Strophen, eine Art Asharot, die in einer Feuersbrunst untergegangen, bezeichnet; er war Schüler des R. Salomon ben Aderet, auf dessen Tod er eine mehrmals gedruckte Elegie,

---

[1] Monarch Lusit. VII. 167.
[2] Schafschelet 45 a. D. Gedalia starb in hohem Alter in Toledo.

durchgehends mit Echo=Reimen, schrieb[1]). Eine von einem seiner Vor=
fahren, Aron ben Jachia, in Calatayud erbaute Synagoge ließ er
restauriren. Er soll das hohe Alter von neunzig Jahren erreicht haben[2]).

Da D. Fernando es nicht verstand, das Volk im Zaume zu
halten und dem Gesetze Achtung zu verschaffen, so waren die Juden
manchen Plackereien ausgesetzt und wurden namentlich in der Char=
woche mehrfach mißhandelt. Als die Juden in Leiria sich dar=
über beim Könige beklagten (Februar 1378), verbot er ihnen dem
bestehenden Gesetze gemäß, während der Procession wie überhaupt an
christlichen Festtagen ihre Häuser zu verlassen und verhängte über
jeden Christen, der einen Juden beleidigte, eine Strafe von zehn
Livres[3]).

[1]) Diese Elegie:

קרחה מלהרחיב בנטרים שרים
חושו והתת שיר אמרים מרים

bei Schalscheler 46b, angeführt von David ben Salomon Ibn Jachia in der
Einleitung zu לשון למדים. Vgl. auch Zunz, Literaturgeschichte der synagogalen
Poesie (Berlin 1865) 499.

[2]) Isaak ben Scheschet RGA. 331; Schalschelt 46a, D. Cassel. Encyklopädie
von Ersch = Gruber. 2 Section, XXXI. 80.

[3]) Monarch. Lusit. VII. 238: Queixaraõ — se os Judeos da Villa de Leiria
que os christaõs da terra os aggravavaõ e faziaõ grandes desprezas, especial-
mente na occasiaõ da Semana Santa: mandou el Rey que as Justiças o impi-
diaõ e defendaõ aos Judeos e a estes que naquelles dias naõ possaõ sair de
caza: e a pessoa, que os aggravaõ, pague dez livras por cada vez.

Viertes Capitel.

Die Zeiten D. João's I. und D. Duarte's.

D. Leonora und ihr Sturz in Folge der Besetzung des castilianischen Ober=
rabbinats. D. Juda und D. David Negro. Der Oberrabbiner und Leibarzt D.
Moses Navarro. D. Juda Jbn Jachia=Negro. Günstige Stellung der Juden.
Die Convertiten und ihre Begünstigungen. Der Astronom D. Gedalja Jbn=Jachia=
Negro und der judenfeindliche König D. Duarte.

D. Fernando starb in der Blüthe der Jahre. Seine Gemahlin
Leonora, ein mit allen Reizen der Schönheit ausgestattetes, mit
allen Lastern beflecktes Weib, das durch ein Verbrechen auf den
Thron gestiegen war, übernahm in Ermangelung männlicher Nach=
kommen als Reichsverweserin vorläufig die Zügel der Regierung.

Wenige Tage nach dem Hinscheiden des Königs traten die Vor=
steher der Stadt Lissabon vor die Königin und trugen ihr eine
Anzahl Wünsche vor, von denen sich auch einige auf Abänderung
der zeither den Juden eingeräumten Privilegien bezogen. Sie
machten die Königin nachdrücklichst darauf aufmerksam, daß die
canonischen und bürgerlichen Rechte wie nicht minder die Staats=
gesetze es verböten, den Juden öffentliche Aemter oder die Gerichts=
barkeit über die Christen zu übertragen, und ersuchten um schleu=
nige Abhilfe dieses Uebelstandes[1]). Die schlaue Leonora, im Innern
froh der erwünschten Gelegenheit, den Häuptern der Residenz sich
willfährig beweisen zu können, versprach, ihren Wünschen im Allge=
meinen baldmöglichst nachzukommen. Betreff der Juden erklärte
sie, daß sie noch bei Lebzeiten des Königs sehr bemüht gewesen
wäre, sie von öffentlichen Aemtern zu entfernen. Da ihr dies nicht
gelungen, so habe sie gleich nach dem Hinscheiden ihres Gemahls
sowohl den Schatzmeister D. Juda, als auch den Einnehmer des

---

[1]) Fernão Lopez, Chronica d' El Rey D. Fernando in der Collecção dos
Ineditos de Historia Portugueza IV. 502: Otro si, Senhora, sabera a vossa
merce, que os direitos canonicos e civees, e isso meesmo as leis do Regno
defendem muyto que Judeus nom ajam officios sobre os christaãos. Acenheiro,
l. c. 161.

Zollhauses der Stadt Lissabon, der gleichfalls Jude, sowie alle
anderen jüdischen Steuerheber und Beamte, wie ihnen gewiß bekannt
wäre, entsetzt; sie würde es sich auch nicht einfallen lassen, den
Juden je wieder Aemter zu überweisen, damit sie keinerlei Gewalt
über die Christen üben könnten [1]). Diese Erklärung brachte sie auch
alsbald durch öffentliche Ordonnanz zur allgemeinen Kenntniß [2]).

Die Königin hatte jedoch kaum die Regentschaft übernommen
und an die Großen des Reiches das Ansinnen gestellt, ihre Tochter
Beatrix und deren Gemahl, D. Juan I. von Castilien, einen schwachen
kränklichen Mann, als Könige ausrufen zu lassen, so erwachte mit
der angeborenen Liebe zur Selbstständigkeit und Unabhängigkeit auch
der volle Haß des portugiesischen Volkes gegen die castilianische
Herrschaft. In Lissabon, Santarem, Elvas und anderen größeren
Städten des Landes kam es zu stürmischen Auftritten. Der Graf
von Ourem, der Buhle der Königin, das verhaßte Werkzeug aller
ihrer Pläne, wurde in Leonorens eigenem Palaste von dem Ordens=
meister von Avis, D. João, mit Hilfe einiger Hidalgos getödtet,
der Bischof von Lissabon von dem rasendem Pöbel zerfleischt. Von
der Raserei allmälig zur Ruhe gekommen, erkannten die Großen die
Nothwendigkeit eines Hauptes und Anführers, und man ernannte
den Ordensmeister D. João [3]), den Bastard=Bruder des Königs Fer=
nando, zum Defensor und Reichsverweser.

Furcht und Schrecken verbreitete sich in den Judenquartieren
Lissabon's bei der Kunde von der Thronerhebung João's. Es war
am 7. December 1383. Die Wuth des Volkes hatte sich noch nicht
gelegt. Um dem völlig mittellosen Defensor Geld zu verschaffen,
beabsichtigte man nichts anderes als die reichen Juden zu überfallen
und zu plündern. Das Augenmerk Aller war zunächst auf die
beiden angesehensten und reichsten Juden Lissabon's, auf D. Juda,

---

[1]) Lopez, l. c. IV. 504: Em razon do que dissestes dos officiaes Judeus
digo vos, que minha teemçom foi sempre que os Judeus nom averem officios
nestes Regnos etc.

[2]) Anhang, No. 5.

[3]) Daß João der natürliche Sohn von Pedro I. und Tareja Lourenço, einer
Jüdin, gewesen, ist eine von dem Dichter da Costa (Navorscher VII. 274) wieder=
holte Fabel; er war der Sohn der durch ihr tragisches Ende berühmt gewordenen
Ines de Castro. Tareja Lourenço war übrigens eine Galicierin, und in Galicien
wohnten bekanntlich nie Juden. Sousa, Hist. Gener. II 3.

den Oberſchatzmeiſter des verſtorbenen Königs[1]) und den nun=
mehrigen Günſtling der Leonora, und auf D. David Negro, des
Königs Vertrauten, gerichtet. Schon rottete ſich der Haufe in den
Straßen zuſammen, um die neue Finanzoperation in Ausführung
zu bringen. Zu Viele wußten um die angezettelte Emeute, als daß
ſie den Juden ein Geheimniß hätte bleiben können. Ihr Leben
ſchwebte in Gefahr. In ihrer Todesangſt wankten die Angeſehenſten
unter ihnen nach der Wohnung des Ordensmeiſters und warfen ſich
ihm zu Füßen; mit Thränen in den Augen baten ſie ihn, die Volks=
wuth zu beſchwichtigen und ſie vor Plünderung zu ſchützen. Er
aber wies ſie an die Königin. Da fleheten ſie ſo jämmerlich, daß
die Grafen von Barcellos und Arrayolos, die zugegen waren, aus
Mitleid bei João ſich für ſie verwendeten. Die genannten Grafen
und der Infant beſtiegen ſofort ihre Roſſe und ritten nach dem
Platze, auf dem ſich verabredeter Maßen ſchon viele Raubluſtige
verſammelt hatten und noch Andere erwartet wurden, welche die
Plünderung der Juden zum Beſten João's ausführen wollten. Freund=
lich redete der Infant die ſtürmiſche Menge an und fragte ſie, was ſie
da zu thun beabſichtigten. „Herr!“ antwortete die Menge, „jene ver=
rätheriſchen Juden, David Negro und Juda, ſind eifrige Anhänger
der Königin und halten große Schätze verborgen; wir wollen ſie
plündern und Euch, unſerem erwählten König und Herrn, die Beute
bringen“. Den Bemühungen und Vorſtellungen João's gelang es,
die Menge von der Plünderung abzuhalten, ſodaß die beim Volke
verhaßten Juda und David für dieſes Mal mit dem bloßen Schrecken
davon kamen. Als der Infant auf dem Heimritte nach ſeinem Palaſte
an der Rua Nova dem peinlichen Richter Anton Vasquez begegnete,
befahl er ihm, um die hergeſtellte Ruhe zu erhalten, durch Publi=
cation den Bürgern der Stadt zu wiſſen zu thun, daß Niemand
unter ſchwerer Strafe es wage, die Judenſtadt mit Waffen zu betreten,
die Juden zu berauben oder auch nur mit Worten zu beleidigen.
Niemand ließ es ſich einfallen, dem Befehle des Volkslieblings zuwider
zu handeln. Das Volk verlief ſich, und die Juden waren gerettet[2]).

---

[1]) D. Juda wird ſchon 1379 als Theſoureiro Mor erwähnt. Monarch.
Luſit. VIII. 233.

[2]) Joseph Soares da Sylva. Memorias para a historia de Portugal que
comprehendem o Governo dei Rey D. João I. (Lisboa 1730) I. 141; Monarch.
Luſit. VII. 465

Es konnte der Königin nicht entgangen sein, daß in diesem
Auflaufe und in der beabsichtigten Plünderung der Juden die Abneigung des Volkes gegen sie selbst am meisten sich ausdrückte. Sie
hielt sich vor Angriffen nicht mehr sicher, verließ Lissabon und begab sich nach Alemquer, einem acht Meilen von der Residenz entfernten Flecken, wohin ihr auch ihr Günstling D. Juda in Ver-
kleidung folgte[1]).

Wenige Tage nach dem Abzuge der Königin wurde João unter
allgemeiner Freude und unter stürmischer Bewegung der Volksgunst
zum Reichsdefensor und Regenten erwählt. Es bedurfte eines solchen Mannes, um die Parteien im Innern auszusöhnen und den
das Land bedrohenden König von Castilien fern zu halten. Zu
diesen Unternehmungen fehlte es aber dem neuen Regenten an den
unentbehrlichsten Geldmitteln: der Staatsschatz war geleert. Ohne
Zaudern bewilligten ihm die Bürger von Lissabon ein Geschenk von
100,000 Livres, zu dem die Juden nicht allein beitrugen, sondern
auch aus Dankbarkeit für den ihnen jüngst bewirkten Schutz vor
Plünderung außerdem siebenzig Mark Silber, sowie später noch die
Summe von sechs tausend Reis als Darlehn überreichten[2]).

Inzwischen war Juan I. von Castilien, der Schwiegersohn der
Königin Leonora, zu dessen Gunsten sie auf die Regentschaft verzichtet
und dem sie viele Festungen des Landes zur Verfügung gestellt hatte,
mit einem Heere bis zu dem festen Santarem vorgedrungen; dort
traf die Königin selbst mit ihm zusammen. Noch wurde sie mit
königlichem Pomp empfangen: die Frauen der Stadt und die Juden
mit ihren geschmückten Thorarollen zogen, wie der Brauch es wollte,
festlich gekleidet ihr entgegen[3]).

Mißhelligkeiten zwischen Schwiegersohn und Schwiegermutter
blieben nicht aus, und ein scheinbar geringfügiger Anlaß führte den
Bruch zwischen Beiden vollends herbei. Ueber das Geschick und die
Selbstständigkeit Portugal's wurde mittelbar durch die mehrerwähnten
D. Juda und D. David, oder vielmehr durch die Besetzung des
castilianischen Ober- oder Hofrabbinats entschieden.

[1]) Monarch. Lusit. VII. 467.
[2]) Sylva, l. c 196: ... os Judeus, alem do com que tinhão contribuido,
lhe emprestarão mais setenta marcos de prata, valendo então cada marco
somente dous mil e seiscentos reis, e o de outro seis mil.
[3]) Monarch. Lusit. V. 16, VII. 498; Monteiro II. 10.

Das Oberrabbinat von Castilien war nämlich erledigt. Leonora erbat es von dem König, ihrem Schwiegersohne, für D. Juda, ihren alten, reichen Günstling, dieser aber ertheilte es auf Fürsprache seiner jungen Gemahlin dem D. David (Jbn Jachia) Negro. Leonorens Erbitterung über diese ihr zugefügte Beleidigung kannte keine Schranken. Sie ergoß sich in heftigen Klagen und rief voller Wuth aus: „Wenn der König eine so geringfügige Sache, die erste, um die ich ihn bitte, mir nicht bewilligen mag, mir, einer Frau, einer Königin, einer Mutter, die ihm so große Wohlthaten erwiesen, die selbst der Regierung zu seinen Gunsten entsagt hat..., welche Gunstbezeugungen habe ich, habet ihr noch weiter von ihm zu erwarten? Wahrlich, so hätte der Großmeister von Avis nicht gehandelt, und besser thut ihr, zu ihm, eurem rechtmäßigen und natürlichen Herrn, überzutreten." Leidenschaftlich wie sie war, nährte Leonora ob der Vereitlung ihres Plans einen unbegrenzten Haß gegen ihren Schwiegersohn, und sann auf Mittel, ihn zu verderben. Sie zettelte eine Verschwörung an, um ihn tödten zu lassen, aber D. David Negro, der eben zum Oberrabbiner der castilianischen Juden ernannt worden [1]), vereitelte den Mordplan.

Der von Leonora zum Königsmord gedungene Graf Pedro weihete einen Franciscanermönchen aus Porto in das Geheimniß ein. Dieser war mit David Negro, der seit seiner Ernennung zum Oberrabbiner im Gefolge des Königs von Castilien sich befand, so innig befreundet, daß er voller Besorgniß, der Freund könne mit seiner Frau und seinen kleinen Kindern zu Schaden kommen, ihm in einem Schreiben rieth, ohne Säumen mit seiner Familie bis zu einem bestimmten Tage das Hoflager zu verlassen und sich innerhalb der Mauern des belagerten Coimbra's zurückzuziehen. Dieses brüderliche Schreiben setzte David in Erstaunen, er argwöhnte Gefahr und fragte den Franciscaner nach den Beweggründen des ihm ertheilten Rathes. Anfangs gab er eine ausweichende Antwort, endlich auf vieles Drängen entdeckte er ihm unter dem Siegel der Verschwiegenheit Alles, was er wußte; von dem beabsichtigten Morde, der ihm

[1]) ... o Judeu David Negro, o mesmo a quem el Rey de Castella deu o officio de Rabbino Mor dos seus Judeus castellanos; Monarch. Lusit. VII. 509. Das portugiesische Oberrabbinat wurde von David Negro nie verlangt, ihm nie übertragen.

selbst noch ein Geheimniß war, sagte er nichts. Für David war
das, was er dem Franciscaner ausgelockt hatte, genug; er hinter=
brachte es sofort seinem Könige, der auch alsbald die nöthigen Vor=
kehrungen zur Rettung traf. Er ließ noch in derselben Nacht
D.. Juda, den Vertrauten Leonorens, sowie eine ihrer Kammer=
frauen, die ebenfalls um den Mordplan wußte, verhaften. Den
andern Morgen wurden diese beiden Gefangenen vor den König
gebracht und entdeckten im Beisein der Königin Brites, des Infanten
Carlos von Navarra, des Oberrabbiners David Negro und eines
Notars den ganzen Verschwörungsplan. Die verhaftete Leonora
wurde vorgeführt und vernommen. Es war eine Scene des Ent=
setzens. Als sie David erblickte, rief sie ihm im Tone der Verachtung
zu: „Da steht Ihr, David! Ihr allein habt mich hierher kommen
lassen.“ „Er hat weit mehr Recht, hier zu sein, als Ihr!“ hielt
der König voller Wuth ihr entgegen, „denn er ist es, der mir das
Leben gerettet hat.“ Aus dem Munde David's vernahm sie nun ihre
ruchlose That; D. Juda mußte in ihrer Gegenwart das von ihm
abgelegte Geständniß wiederholen. Sie leugnete Alles. In Klagen
über den König und in Schimpfen über die Juden suchte sie ihre
Rechtfertigung. Leonora wurde nach Tordesillas verbannt. D. Juda,
dessen Gattin die Schwester eines reichen David Alguados und
in Folge dessen mit dem castilianischen Oberrabbiner D. Meïr
Alguados verwandt war[1], sollte hingerichtet werden, erhielt aber
auf Fürbitte des D. David Negro Verzeihung[2]. D. Juda flüchtete
nach Castilien. In seiner Begleitung befanden sich auch noch andere
Juden, ein Abraham, ein Juda und Moses Nahum, welche
seine Einnehmer und als solche in der portugiesischen Politik mit ver=
wickelt waren; die Güter Aller wurden confiscirt und von dem
Infanten João seinen tapfern Feldherren geschenkt. Die Besitzungen
des Schatzmeisters D. Juda erhielt Gonçalo Rodriguez de Abreu,
seine Häuser, sowie die Liegenschaften des Juda und Moses Nahum
der tapfere Rui Pereira, die Güter des ebenfalls geflüchteten

[1] D. David ... era irmão da mulher de D. Judas, Thesoureiro que
havia sido del Rey D. Fernando; Sylva, l. c. II. 672; Monarch. Lusit. VII 584

[2] Lopes, l. c. 59, 61; Sylva, l. c. III. 1030 ff; Fernando de Menezes,
Vida e accens d'El Rey D. João I. (Lisboa 1677) 129 ff; Acenheiro, l. c. 180 f.

Abraham der Ritter Vasco Pires de Sampayo [1]) und das Vermögen
des Juden Samuel Guedelha [2]) wurde dem Oberkämmerer
João de Sa geschenkt [3]). Aehnlich verfuhr D. João mit den Be=
sitzungen des David Negro oder David Ibn Jachia, unter wel=
chem Namen er bekannter ist, und der, Almoxarif des Königs
Fernando, das Oberrabbinat in Castilien bis zu seinem wenige
Jahre nach seiner Flucht (October 1385) in Toledo erfolgten Tode
verwaltete [4]).

Nicht allein die von D. David und den übrigen genannten
Juden confiscirten Güter verwandte João um die ihm ergebenen Abligen

[1]) Gonçalo Rodriguez de Abreu ... os bens de Judas Judeu fugido
para Castella, e os bens de Abrafão, outro Judeu tambem fugido a Vasco
Pires de Sampayo. Mon. Lusit. VII. 525. — Violante Lopez, molher que
foe de Rui Pereira, nos mostrou tres cartas nossas, em que lhe fazemos mercee
e doaçom dos beẽs e cazas de Don Yhuda, e dos beẽs e cazas de Judas
Nafum e de Mousem Nafum, que elles aviam en estes Regnos. Memoria para
Historia das Confirmaçoẽs Regias. (Lisboa 1816) 130.

[2]) Samuel Guedelha, judeu; Guedelha, nicht aber Guedalla (Steinschneider,
hebr. Bibliographie I. 108) ist somit die richtige Schreibart dieser sehr alten, noch
heute existirenden, spanisch=portugiesischen Familie. Guedelha bedeutet im Portu=
giesischen langes, dickes Haar, gleich dem spanischen Cerda, mehrere portugiesische
Adlige führten den Namen Guedelha und auch Cerda. Monarch. Lusit. VI. 276.

[3]) Monarch. Lusit. VII. 595.

[4]) Die Indentität David Negro's mit David ben Gedalia Ibn Jachia unter=
liegt keinem Zweifel. Ueber Negro כושי (schwarz, Neger) s. Schalschelet 29 b:
וכשם שבניו (של רון יחייא הראשון) קראו שם משפחתם ר׳ יחייא על שמו בן נמשכו אחריו
ולקחו תבנית חותמם ומגינם ראש הכושי הזה ובן אנו עושים היום Die Herleitung dieses
Zeichens und auch des Beinamens Negro scheint mit den S. 2. erwähnten dem
ältesten Jachia geschenkten Gütern dos Negros in Verbindung zu stehen. David
war nie für das Oberrabbinat in Portugal, wie Grätz l. c. VIII. 54 irrig meint,
sondern nur für das der castilianischen Juden bestimmt, wie denn auch die
portugiesischen Chroniken übereinstimmend mit den ihm beigelegten Ehrennamen
הרב של ספרד (bei Carmoly דברי הימים לבני יחייא 10) ihn Rabbino Mor dos Judeus
Castellanos (vgl. S. 32, Note 1) bezeichnen. Ob er dem Könige Juan von
Castilien auch als Schatzmeister (Trizoureiro d'El Rey de Castella) diente
(Acenheiro, l. c 181), ist zu bezweifeln. Daß er aber das castilianische Ober=
rabbinat in Wirklichkeit angetreten, ergibt sich aus dem für die Confiscation seiner
Güter angegebenen Grund: por andar em serviço de seus — João — ene-
migos (Monarch. Lusit. VII. 523), was mit den Worten auf der Grabschrift:
בארץ פורטוגאל היו תולדותי · ולארץ קשטיליא נעו מעגלותי
vollkommen übereinstimmt.

zu belohnen und sich geneigt zu erhalten, sondern auch die bisher in den Staatsschatz geflossenen Abgaben der Juden wurden zur Belohnung für geleistete Ritterdienste verschenkt. Sein treuester Freund, Nuno Alvares Pereira, einer der bedeutendsten portugiesischen Helden, derselbe, dem der bereits erwähnte David Alguados im Auftrage des Königs von Castilien tausend Goldstücke als Geschenk vergebens offerirte [1]), und der im Jahre 1422 an David Gabai das ihm zugehörige Landgut Camarate verpachtete [2]), erhielt die Güter David Ibn Jachia's [3]) und die Abgaben (serviço) der Juden Lissabon's [4]).

Diese seine Grabschrift ist zu charakteristisch für sein ganzes Leben, als daß wir sie nicht hierher setzen sollten. Sie lautet:

זכרון לראשונים :	אלה דברי דוד האחרונים
מעשה חרש אבן פתוחי חותם :	מפתחות במלואותם
חלק אלה ממעל :	הגבר הקם על
והנה קמה אלומתו ותהצב :	לפני מלכים יתיצב
והוא שפט את ישראל :	והיה גדול ורב בעדת אריאל
ושפט בצדק דלים :	בנעימים נפלו לו חבלים
ועל טוב יזכר שמו :	ותהי המשרה על שכמו
טוב עם אל ועם אנשים :	יועץ וחכם חרשים
מחזק הבדק :	הולך תמים ופועל צדק
ולארץ קשטילייא נעו מעגלותיו :	בארץ פורטוגאל היו תולדותיו
נבח מקדש ואולם :	בחדש תשרי שנת וצדיק יסור עולם
לחזות בנעם אל ולבקר בהיכלו :	עלה דרך גבולו

Daß David Ibn Jachia nicht 1325 wie Abne Sikkarron No. 26 (bei Zunz, Zur Geschichte und Literatur 409) angegeben, sondern October 1385 gestorben ist, ergiebt sich nicht allein aus dem Zahlenwerthe des in der Grabschrift punktirten Wortes עולם = 146 (תשרי 5146 — October 1385), sondern auch aus dem Umstande, daß David neben R. Menachem ben Aron ben Serach aus Estella begraben ist. Dieser starb im Ab 1385, also kaum zwei Monate früher, als unser David.

[1]) .. hum Judeu rico, chamado D. David Algaduxe ... elle mesmo Algaduxe tinha na sua maõ quantitade de dinheiro del Rey de Castella.... Monarch. Lusit. VII. 584; Sylva l. c. II. 672. Algaduxe = Algados analog Badajuxe = Badajos. Daß dieser David ein Castilianer, ein Verwandter, wenn nicht gar Bruder des zu gleicher Zeit in Castilien lebenden Oberrabbiners D. Meïr Alguades (über den Näheres in unserer Abhandlung am Ende dieses Buches) war, ist mehr als wahrscheinlich.

[2]) No anno de 1422 ... Nuno Alv. Pereira afforou a quinta de Camarate a David Gabay, Judeo de Professão. Elucidario I. 307.

[3]) Monarch. Lusit. VII. 523.

[4]) Ibid. VII. 780, o serviço real dos Judeus da cidade de Lisboa; Sousa, l. c. III. 517.

Außerdem wurden an Ritter verschenkt die bis dahin dem Könige
zugefallenen Steuern der Juden in Montemor o Novo[1]), El=
vas[2]), Couto im Gebiete von Viseu, Beja, Serpa, Pena=
maçor, Lamego u. A.[3])

Alle diese Schenkungen, theils als Belohnungen für geleistete
Dienste, theils aber auch zur Aneiferung zu neuem Heldenmuth, ge=
schahen im Jahre 1384, noch bevor João zum Könige ausgerufen
und Portugal's Selbstständigkeit wieder völlig gesichert war. Bis
er dieses Ziel erreicht, folgten noch Tage des Schreckens und der
Bestürzung. Lissabon war einer fünf Monate dauernden Belagerung
von Seiten der Castilianer ausgesetzt; die Noth der Bedrängten
stieg immer höher, so daß man endlich beschloß, die Weiber und die
Juden, die, wie man vorgab, den Vertheidigern der Hauptstadt den
Mundvorrath schmälerten, aus der Stadt zu weisen[4]). Gegen Ende des
verhängnißvollen Jahres stürzte sich das ausgehungerte Volk auf die
Juden der Residenz, um sie zu plündern[5]).

Der castilianische König mußte seine Pläne aufgeben und un=
verrichteter Sache den Rückzug antreten Im April 1385 wurde
João endlich als König von Portugal proclamirt. Das Volk
jubelte, und die Juden hatten wider Erwarten allen Grund, in den
allgemeinen Jubel mit einzustimmen. Von den drei gleichnamigen
Königen, welche um dieselbe Zeit die drei größeren Reiche der pyre=
näischen Halbinsel regierten, verfuhr keiner gelinder mit den Juden,
als João von Portugal, und in keinem Staate lebten sie damals
glücklicher, als hier, wie überhaupt gerade damals Portugal ein sehr
glückliches Land war. „Wir haben bei uns," sagt ein zeitgenös=
sischer Chronist, „alle guten Dinge, die ein reiches Königreich haben
muß. Wir haben Ueberfluß an Brotkorn, Wein von verschiedenem
Gewächs, wovon wir nicht nur genug haben, sondern womit wir
viele Schiffe beladen für fremde Länder. Oel und Honig giebt es
unter uns so viel und so guter Beschaffenheit, daß unsere Nachbarn
uns nöthig haben, nicht wir sie. Schlachtvieh, dessen Fleisch wohl=

[1]) Memoria para a Historia das confirmações Regias, 130; Monarch.
Lusit. VII. 523.
[2]) Monarch. Lusit. VII. 524.
[3]) Ibid. VII. 595, 683.
[4]) Acenheiro, l. c. 192.
[5]) Monarch. Lusit. VII. 666.

schmeckend ist, wird auf unseren Feldern und ländlichen Besitzungen
aufgezogen; Früchte und Gemüse wachsen auf unseren Gefilden ohne
große Anstrengung der Natur" . . . .[1]).

Wiederum war es der damalige Oberrabbiner Portugal's, der
auf die günstige Stellung der Juden des Landes einen bedeutenden
Einfluß übte und von ihnen jenes namenlose Unglück abwandte,
das die spanische Judenheit an den Rand des Verderbens führte.

Ein fanatischer Priester in Sevilla, der Erzdiaconus Fernando
Martinez von Ecija, hatte sich ein Geschäft daraus gemacht, in seinen
Predigten die Juden zur Zielscheibe seines Eifers zu nehmen. Er
wollte nichts anderes, als den Pöbel gegen die besonders in Sevilla
vielfach verhaßten Juden reizen. Als die jüdische Gemeinde ge=
nannter Stadt sich im Jahre 1388 beim Könige Juan von Castilien
über das gefahrdrohende Verfahren des Priesters beschwerten, ent=
schuldigte sich dieser, von dem Monarchen zur Rede gestellt, mit der
Lüge, daß die Juden gar zu boshaft seien und sich im höchsten
Grade unehrerbietig benehmen, ihm, dem Priester, sogar den Gruß
versagen, so oft er, zum Abendmahle gerufen, an ihnen vorüberginge.
Kleinliche persönliche Beleidigungen nahm er zum Vorwand, um
seine Todfeindschaft gegen alle Juden zu rechtfertigen. Er warf
ihnen in seinen Predigten und in seiner Vertheidigungsrede vor
dem Könige nicht allein Hochmuth, Stolz, Geldgier und alle
erdenklichen Laster vor, sondern rechnete es ihnen zum Verbrechen
an, daß sie zum Bau und zur Verschönerung ihrer Synagogen große
Summen gebrauchten. Der König schützte den Fanatiker, er hielt
seinen Eifer für heilig und gut Das Einzige, was er auf die
Vorstellungen der Sevillaner Gemeinde hin that, war, daß er nicht
duldete, daß Martinez durch seine Predigten das Volk zu Thätlich=
keiten gegen die Juden aufrege, denn sie ständen unter seiner Bot=
mäßigkeit und dürften nicht angegriffen werden.

Kaum hatte der König die Augen geschlossen und sein eilf=
jähriger Sohn Heinrich den Thron bestiegen, so stachelte der Fanatiker
die Menge wiederum gegen die Juden auf und setzte den Plan der
ihnen zugeschworenen Vernichtung ins Werk. Am 15. März 1391
entflammte er das Volk zum offenen Angriff; er wurde durch die
Staatsgewalt noch frühzeitig gedämpft. Drei Monate später, den
9. Juni, hetzte der fromme Diaconus die Bevölkerung Sevilla's

[1] Azurara bei De Beer, Heinrich der Seefahrer, 68.

von Neuem gegen die Juden und dies Mal mit dem längst erhoff=
ten Erfolge: die Judenstadt wurde verbrannt, vier tausend Juden
gaben ihren Geist auf, die übrigen ließen sich' taufen. Wie ein ver=
heerender Strom wälzte sich die Judenschlächterei von Sevilla über
fast ganz Spanien; keine jüdische Gemeinde in Castilien, Aragonien,
Catalonien, Valencia blieb gänzlich verschont; sie nahm ihren Weg
über das Meer und traf auch die Gemeinden der balearischen Inseln.
Innerhalb dreier Monate wurden über Hunderttausend dem Juden=
thume theils durch den Tod, theils durch die Taufe entzogen.

Daß der Fanatismus um diese Zeit nicht auch in Portugal
seine Opfer forderte, war vornehmlich den Vorkehrungen des da=
maligen Oberrabbiners D. Moses Navarro zu danken. Voller Be=
sorgniß, die Geistlichkeit könnte in ihrem übernatürlichen Eifer sich auch
hier zu solchen Liebesdiensten hinreißen lassen, überreichte der Ober=
rabbiner, der auch zugleich des Königs Leibarzt war, seinem Herrn
und Könige gegen Ende des Jahres 1391 in Coimbra im Namen
der ganzen portugiesischen Judenheit[1]) eine Bulle des Papstes
Bonifacius IX. vom 2. Juli 1389, der ein früherer Erlaß eines
Vorgängers desselben, des judenfreundlichen Papstes Clemens VI.,
vom 5. Juli 1347 zu Grunde lag[2]). In dieser, eigens ins Portu=
giesische übersetzten Bulle wurde aufs Strengste verboten, daß ein
Christ einen Juden zur Taufe zwinge, ihn schlage, beraube oder
tödte, die Fest= und Feierlichkeiten der Juden störe, ihre Begräbniß=
plätze verletze, die jüdischen Leichen ausgrabe und die Juden zu
einem Dienste oder einer Arbeit mit Gewalt verhalte, zu denen sie
in früheren Zeiten gesetzlich nicht verpflichtet waren. Diese Bullen
ließ D. João, laut einer in Coimbra am 17. Juli 1392 getroffenen

[1]) Estando o mesmo Rey (D. João) em Coimbra .... lhe apresentou seu
Fisico Moyses, Arabi Mayor que era então dos Judeus ...., Mon.
Lusit. V. 18; Ord. Affons. Liv. II, Tit. 94: ... fazemos saber que as communas dos Judeos de nossos Regnos per Meestre Mousem nosso Fisico
e Arraby Moor dos ditos Judeos ...; Monteiro, l. c. II. 13.
[2]) Vermuthlich irre geleitet durch die falsche Jahreszahl 1241 bei Gordo l.
c. 22 — auch Brandao, Monarch. Lusit. V. 18, Monteiro l. c. II. 13 und selbst
der sorgfältige Schäfer l. c. III. 16, haben 1247 statt 1347 — setzt Grätz l. c.
VIII. 54 statt Clemens VI Innocenz IV. Der Zusatz bei Gordo u. a. datada
em Avinhão hätte leicht auf das Richtige führen können. Uebrigens erwähnt
Grätz selbst die betreffende Bulle als von Clemens VI. gegeben (VII. 385). Von
Christenkindermord steht in der Bulle nichts.

Verfügung, nicht allein in allen Städten des Reiches publi=
ciren ¹), er erließ auch gleichzeitig ein dem Inhalte derselben analoges
Gesetz ²).

Nachdem D. Moses somit für die ungestörte Ruhe seiner Glau=
bensgenossen im eigenen Lande gesorgt hatte, war er auch auf die
Sicherheit der aus Spanien neu eingewanderten Brüder bedacht.
Er stellte nämlich seinem Könige die unglückliche Lage der Juden in
den Nachbarstaaten vor, wie sie dort jüngst beraubt, um ihres
Glaubens willen gewaltsam getödtet und gezwungen wären, sich
unter die Kirchenkuppeln zu beugen und die Taufe anzunehmen,
wie Viele von ihnen sich christliche, hochadlige Namen beigelegt hät=
ten, ohne in Wirklichkeit mit Pathe und Pathinnen getauft zu sein,
nur um dem Tode durch Henkershand zu entgehen, wie von diesen
zum Schein oder gewaltsam getauften Juden viele mit Weib und
Kindern sich auf portugiesischen Boden geflüchtet, nun in Lissabon
und anderen Städten und Flecken des Landes sich niedergelassen
hätten. Für diese Unglücklichen, welche in beständiger Furcht schweb=
ten, ihren Feinden ausgeliefert zu werden, flehete der edle Moses
den Schutz João's und nicht vergebens an. Der König erließ alsbald
den Befehl, daß die Juden seines Landes, sowohl die eingeborenen,
als die neu eingewanderten, in jeder Weise geschützt werden sollen,
und verbot bei Strafe, sie gefangen zu nehmen oder aus=
zuliefern ³).   -

¹) Orden. Affons. Liv. II, Tit. 94.
²) Ibid. Liv. II, Tit. 120. Dieses Gesetz, dessen Analogie mit der
päpstlichen Bulle den portugiesischen Historikern sonderbarer Weise entgangen ist,
lautet: que nehuũ chrisptaão nem matasse nem ferisse os Judeos, nem os
rubasse dos seus becs, que tevessem, nem lhes quebrantasse seos custhumes
sem seu mandado, ... que nehuũ Chrisptaão nem britasse, nem violasse os
cimiterios dos Judeos, nem cavassem cu desterrassem os corpos ja enterrados,
por dezer que querem hi buscar ouro, ou prata, ou dinheiros. Outro sy mandou
que nehuũ Chr. nom torvasse nem embarzasse as festas dos Judeos, ou com
panos, ou com pedras, ou per outra qualquer guisa. Outro sy mandou que
nehuũ Chr. nom constranga Juden alguũ, que lhe faça serviço, ou obra per
força, salvo aquelles serviços, que elles forom, ou som acustumados de fazer,
ou dar nos tempos passados.
³) Orden. Aftons. Liv. II, Tit. 77: Sabede que a Comuna dos Judeos
de Lisboa nos enviou dizer que nos Regnos de Castella e d'Aragom forem
feitos muitos rouhous, e males aos Judeos e Judias estantes a aquella fazom
nos ditos Regnos, matando-os, e roubando-os, e fazendo-lhes grandes premas,

Unter den im Schreckensjahre 1391 aus Spanien in Portugal Eingewanderten befanden sich auch die Söhne des früher genannten castilianischen Oberrabbiners D. David Jbn Jachia-Negro, Salomon und Juda. Dieser auch dichtrisch begabte D. Juda Jbn Jachia-Negro, welcher seinem Schmerze über die Verheerung so vieler jüdischen Gemeinden in einem besondern Pijut Ausdruck gab [1], stand einige Zeit im Dienste der den Musen ebenfalls ergebenen Königin Filipa, Gemahlin des Königs João [2]), und scheint nach dem Tode des Oberrabbiners D. Moses Navarro, dem ein sonst unbekannter D. Juda Cohen im Oberrabbinate folgte, den meisten Einfluß auf den König geübt und ihn zu Gunsten seiner Glaubensgenossen angewandt zu haben. Es ist als D. Juda's Werk anzusehen, daß der spanische Judenbekehrer Vicente Ferrer in Portugal die von diesem Heiligen erwartete Aufnahme nicht fand. Als er bei dem Könige um die Erlaubniß nachsuchte, in sein Land kommen und auch dort seine taufwüthigen Predigtcyclen eröffnen zu dürfen, ließ ihm der König die wenig ermuthigende Antwort ertheilen, er könne kommen, aber mit einer Krone von glühendem Eisen auf dem Haupte [3]). Dergestalt blieben die Juden Portugal's von der Glaubenswuth Vicente's verschont.

e constrangimentos em tal guisa, que alguûs delles se faziam Chrisptaãos contra suas vontades, e outros se punham nomes de Chr. nom seendo bautizados com padrinhos e madrinhas segundo o direito ... e que alguûs desses Judeos e Judias se vierom aos ditos nossos Regnos, e trouverom suas molheres e filhos e fazendas. — Alami, אגרת מוסר (ed. Jellinek) 27: לא מצאנו באחד הדורות . . . .
יחגזרו עלינו גזרות בזמן אלו המלכיות אשר אנחנו עמם מתגוררים בחמלתו . . . וגם המלכות
Juchasin (ed Filipowsky) 225: — . יתן לנו מקום להישגב מפני חרב מרוטה
[1]) ומהם ברחו לפורטוגאל
פיט לבריך שאמר מדון יהודה בן דוד :
. שמעו כל עמים הוגתי וכ"ו
Abgedruckt bei Landshuth, Amude Ha-Aboda, XXX.
[2]) Soares da Sylva, l. c. III. 1437 bezeichnet D. Juda Negro als criado da Rainha D. Filipa; Acenheiro, l. c. 209: servidor da Rainha D. Filipa. 1417, nach dem Tode der Königin, nennt ihn Acenh. mit dem Zusatze: morador na Cidade de Lisboa.
[3]) Usque, Consolaçam as Tribulaçoës de Ysrael No. 21 — nicht 22, wie bei Grätz VIII. 137, — S. 189 .... acometeo passar a Portugal ... e antes que fizasse (frey viçente) mandou pidir licença, porem el Rey Dom Duarte — muß heißen Dom João — lhe respondio, que elle podia entrar, mas que primeiro lhe auia de mandar por hua coroa de ferro ardendo na cabeça. Wörtlich übersetzt von Joseph Cohen, Emek Habacha, 71; wenn es bei ihm aber heißt:...

Ohne daß Vicente Ferrer und Fernando Martinez ihre fluchwürdige Thätigkeit in Portugal entfalteten, hatten sich doch auch hier
die zum Christenthume bekehrten Juden in einer wider Erwarten
großen Zahl gemehrt; die Jahre der Verfolgungen und Massen-
taufen hatten der spanischen Judenheit einen viel zu empfindlichen
Schlag beigebracht, als daß deren Wirkung nicht auch im Nachbar-
lande sollte verspürt werden. D. João durfte als Monarch eines
streng katholischen Staates, als treuer Sohn der Kirche, nicht hinter
Spanien zurückstehen und mußte, so tolerant und nachsichtig er
sich auch sonst gegen die Juden zeigte, die Bekehrung zum Christenthume unbedingt begünstigen. Er ertheilte den Neubekehrten manche
neue Privilegien und erneuerte unter Anderem das aus den Ge-
wohnheitsrechten von Beja stammende Gesetz, daß, „wer Jemanden,
der sich von einer andern Religion -- Judenthum oder Islam — zum
Christenthum bekehrt, Tornadisso (Ueberläufer, Abtrünniger) schimpft,
sechzig Solidos an den Alcalde zahlen müsse" [1], mit der Abänderung,
daß, wer einen bekehrten Juden nach empfangener Taufe noch Jude
nenne, in eine Strafe von dreißig Corvas zu Gunsten des Angebers
verfalle [2].

Eine andere Begünstigung, welche João den Convertiten einräumte, war das in Tentugal 1. März 1422 ertheilte Privilegium,
daß die Aufseher über den Roßdienst die bekehrten Juden nicht
zwingen konnten, ein Pferd zum Kriegsdienst zu halten, wenngleich
sie das Vermögen dazu besaßen, oder irgend welche Waffe zu führen,
eine Begünstigung, welche später auch auf jeden Christen ausgedehnt
wurde, der eine Jüdin zur Taufe veranlaßte und sie dann heirathete [3].

...אך בריה הבא בא, so ist das ein durch den Abschreiber entstandener Fehler, der zu
emendiren wäre in בא הבא אך, בר[אש]נה שום podia entrar mas que primeiro
Unrichtig verstanden und daher falsch übersetzt wurde die zweite Hälfte der
hier angezogenen Stelle von dem deutschen Uebersetzer des Emek Habacha S. 56:
„Du wirst mit einer eisernen Krone auf dem Haupt aus dem Feuer hervorgeben".
Joseph Cohen übersetzt richtig ardendo mit האש כתיך בצאתו d. h. glühend. Nach
der deutschen Uebersetzung müßte es jedenfalls בצאתך heißen.

[1] Foro de Beja, Fol. 12 bei Brandão, Mon. Lusit. V. Liv. XVIII, S. 18:
Costume he, que quem chamar Tornadisso ao que he de outra Ley e so uolueo
Christão, pague sessenta solidos ao Alcalde.

[2] Ord. Affons. Liv. II, Tit. 89.

[3] Ord. Affons. Liv. II, Tit. 83. Mon. Lusit. V, S. 18. Ueber die Begünstigungen der Convertiten in Erbschaftsangelegenheiten s. Ord. Affons. Liv.
II, Tit. 79, mit den Zusätzen von Affonso V. und Manuel.

Daß verheirathete Frauen ihre jüdischen Männer und mit ihnen das Judenthum verließen, gehörte, ohne gerade der allzu vagen Behauptung des spanischen Exulanten und strenggläubigen Predigers Joseph Jaabez[1] beizutreten, jedenfalls zu den Seltenheiten, hingegen traf es sich öfter, daß verheirathete Männer sich taufen ließen und ihre Gattinnen als Jüdinnen zurückließen. Nach jüdischem Gesetze konnten diese unglücklich Verlassenen an eine Wiederverehelichung nicht denken, so lange sie sich in einem Mittelzustand zwischen einer verheiratheten und einer geschiedenen Frau befanden, so lange ihre nach mosaischem Rechte geschlossene Ehe nicht nach demselben Rechte durch Ertheilung eines nach bestimmten Regeln in hebräischer Sprache geschriebenen Scheidebriefes (גט) gelöst war[2] Da sich nun mehrere Bekehrte weigerten, ihren dem Judenthume treu gebliebenen Weibern den Scheidebrief freiwillig zu ertheilen, so wandten sich sämmtliche jüdische Gemeinden des Landes, ohne Zweifel durch ihren Vertreter, Juda Ibn Jachia-Negro, an den König João mit dem Gesuche, sie in ihrem alten Rechte zu schützen und durch ein besonderes Gesetz zu bestimmen, daß jeder Bekehrte, sobald er verheirathet war, zur Ertheilung des Scheidebriefes verhalten werde. Der König holte das Gutachten des damaligen Bischofs von Lissabon, D. Gil Alma[3], und seines Rathes, sowie das eines Juristen-Collegiums, an dessen Spitze der Doctor Diego Martins stand, ein und erließ, da das weltliche und geistliche Collegium sich zu Gunsten der Juden aussprach, das Gesetz, daß jeder Bekehrte verpflichtet sei, seiner nicht zum Christenthume übergetretenen Gattin die in hebräischer Sprache nach dem im rabbinischen Gesetze vorgeschriebenen Formulare abgefaßte Scheidungsurkunde einzuhändigen. Diese von João getroffene Anordnung änderte Affonso V. dahin ab, daß der Bekehrte seine Frau ein Jahr lang behalten solle; wolle sie inner-

---

[1] Joseph Jaabez, אור החים, 20 Wir kommen auf diese Stelle noch zurück.

[2] Per direito dos Judeos, heißt es in der Beschwerde der Juden (Ord. Affons. Liv. II, Tit. 72) nom devem, nem podem casar sem primeiramente esses, que foram seus maridos, lhes darem, e outorgarem Carta de quitamento, que antrelles he chamado guete, o qual deve seer escripto per Judeo e feito per regras certas e Hordenaças abraicas, e si tal quete assy feito nom ouverem, nom casarom com ellas neuhús Judeos, e casando sem teendo o dito guete, se ouverem algús filhos, serem fornazinhos (unehelich).

[3] Nicht zu verwechseln mit dem Erzbischof Gil von Toledo, vgl. mein Sephardim, Romanische Poesien der Juden in Spanien. S. 18, Note 26.

halb dieſes Jahres das Chriſtenthum nicht annehmen, ſo könne er
erſt dann zur Ertheilung des Scheidebriefes gezwungen werden[1]).
Wie bei dieſer Gelegenheit trat D. Juda Ibn Jachia = Negro
noch öfter als Anwalt ſeiner Glaubensgenoſſen auf. Als im Jahre
1416 in böswilliger Weiſe das Gerücht ausgeſprengt wurde, daß
einige · Juden Gold, Silber und Münzen aufkauften und ſich mit
Falſchmünzerei befaßten, war es wieder D. Juda, der für die An=
geſchuldigten eintrat. Er verſtand es, dem Könige klar zu machen,
daß derartige Anklagen nichts anderes bezweckten, als die Juden in
Armuth zu ſtürzen. Es exiſtirte nämlich ein altes Geſetz, daß, wer
immer Gold, Silber oder Münzen gegen das königliche Verbot auf=
kaufe, ſein ſämmtliches bewegliches und unbewegliches Vermögen der
Krone abtreten müſſe. Schon waren hungrige Hofleute und bet=
telnde Geiſtliche voll der freudigen Hoffnung, die confiscirten Juden=
güter für ſich oder die Klöſter einzuziehen: da traf der König in
Folge geſchehener Verwendung feſte Beſtimmungen und verfügte,
daß die Behörden auf ſolche Denunciationen nicht ohne Weiteres
Gewicht legen und derartige Anklagen nicht früher annehmen ſollten,
bis die Wahrheit derſelben durch unparteiiſche glaubwürdige Zeugen
dargethan wäre[2]).
D. Juda Ibn Jachia = Negro verdient die Achtung der Nach=
welt in einem weit höheren Grade, als ſie ihm lange Zeit gezollt
wurde. Er zeichnete ſich nicht allein als einer der wackerſten Ver=
treter ſeiner Glaubensgenoſſen in Portugal aus, er glänzte auch
als Gelehrter und Dichter. Eine hebräiſche Elegie, welche von den
zerſtreuten Nachkommen der ſpaniſch=portugieſiſchen Juden noch jetzt
alljährlich am Tage der Zerſtörung Jeruſalem's[3]) recitirt wird, und
einige andere religiöſe Poeſien haben ihn zum Verfaſſer[4]). Er ver=

[1]) Ord. Affons. Liv. II, Tit. 72.
[2]) Ibid. Liv. II, Tit. 78 (Santarem, 6. October 1416). Tit. 82 (Liſſabon,
7. Mai 1417).
[3]) Sie beginnt: יהודה וישראל דעו מר לי מאד und trägt das Akroſtichon
יהודה בר דוד יחייא. Ord. de oraciones de los cinco Taanijoth 518 b.
[4]) Carmoly, l. c., 12 nach ihm Landshuth, Amude Ha=Aboda I. 67. David
Ibn Jachia, ein ſpäter Verwandter Juda's, erwähnt in der Vorrede zu לשין למדים
(Sabionetta 1557).

יהודה אבן יחייא מ׳שורר :

אל אל אשר ברא   כל יש אשר נברא
קדמון בלי חברא   אליו השובתי

suchte sich auch in weltlichen Dichtungen und war der Astrologie
kundig. Im Jahre 1415 unternahm König João auf Anregung
seines heldenmüthigen Sohnes, des Infanten Heinrich des Seefahrers,
eine Eroberungsfahrt nach Ceuta [1]). Alle Welt erging sich in Muth-
maßungen über das Ziel der geheimnißvoll ausgerüsteten Flotte,
Niemand aber, die Wenigen ausgenommen, welche das Geheimniß
in der Brust sicher verbargen, ahnte das Wahre: da deutete
D. Juda in einem an den Ritter Martin Affonso be Atougia gerichteten Gedichte als Resultat astrologischer Beobachtungen auf das
Richtige, auf Ceuta, hin [2]).

Mit den unzweideutigen Beweisen der toleranten Gesinnung
João's, daß z. B. die Juden an Sabbath- und Festtagen nicht vor
Gericht zu erscheinen hätten [3]) u. a., stehen viele seiner übrigen Ver-

Ob dieser Juda Jbn Jachia noch andere Werke und Rechtsgutachten, unter-
zeichnet יחייא בן יהודה נאם נינו verfaßt, ist noch unbestimmt. Vgl. noch Wolf,
Bibl. Hebr. I. 433. Bartolocci, Bibl. Rabbin. III. 56. Barbosa Machado,
Bibl. Lusit. II. 920.

[1]) Die Eroberung von Ceuta erwähnt auch Cacuto, Juchasin 134 a. כשנת
קע"ה לכד מלך פורטוגאל דון גואן מדינת סיבטא • ... ואמרו שלקחה בעבור שקבל האנוסים
Dieser von Cacuto für die Eroberungsfahrt היהודים אשר באו מקשטיליא ומלך פ' שנה
nach Ceuta angegebene Grund findet sich in den portugiesischen Quellen nicht,
auch de Beer in seiner trefflichen Schrift: Heinrich der Seefahrer (Danzig 1865),
weiß nichts davon. Ebenfalls unrichtig angegeben ist von Cacuto die Dauer der
Regierungszeit João's; er regierte nicht 80, sondern c. 48 Jahre, und muß wohl
statt פ, נ gelesen werden.

[2]) Sylva, l. c. III. 1437: D. Judas Negro ... que era muy dado a
fazer trovas em humas, que mandou a Martim Affonso ... dizia no fim
della que os mais sizudos entendião se destinava a Ceuta, e que elle pela
scientia Astrologica (era nella peritissimo) em que havia feito algumas
observações ... — Mathaeus de Pisano, Gesta Regis Johannis de Bello
Septensi in der Collecção de Livros Ineditos de Histor. Portugueza, I. 24: ...
nemo praenovit praeter unum Judaeum, cujus nomen Judas Niger erat,
qui quatuor carminibus quasi augurandi scientiam habuisset, Martino
Alphonso praenuntiavit. — Acenheiro, l. c. 209. Die jüdischen Bewohner
Ceuta's begrüßten die Portugiesen als ihre Retter; von den Mauren unmenschlich
bedrückt, erwarteten sie, von den christlichen Portugiesen menschlicher behandelt zu
werden. Hieronymo Roman, Historia de los dos religiosos Infantes (Madrid
1595), 35.

[3]) Ord. Affons. Liv. II, Tit. 90: Monteno, l. c. II. 13; vgl. S. 16

[*]) Septa, Cepta, entstanden aus ἑπτα ἀδελφοι, wie die aus steilen Hügeln
bestehende Landzunge wegen ihrer Aehnlichkeit mit sieben Brüdern im Alterthume
genannt wurde.

fügungen und Gesetze nicht im Widerspruch; er wurde zu dem einen oder andern lieblosen Erlasse durch die Cortes und die Geistlichkeit gewissermaßen gezwungen. Er mußte das alte canonische Gesetz wieder einschärfen, daß die Juden die Erkennungszeichen tragen[1]), christliche Wirthshäuser nicht betreten[2]) er mußte 1404 decretiren, daß jeder Jude seinen Ertrag an Früchten und seine liegenden Güter am St. Martinstage einschreiben lasse, und daß im Unterlassungsfalle dieselbe den Pächtern zufallen[3]). Einem alten Gesetze zufolge durften Juden nicht im Staatsdienst verwendet werden; D. João verbot auch „den Infanten, den Erzbischöfen, Bischöfen, Grafen, Aebten und Prioren, den Rittern und Knappen und allen großen Herren, die Juden als Jäger, Haushofmeister, Einnehmer, Schreiber u. dgl. m. anzustellen". Die „großen Herren", welche diesem Verbote zuwider handelten, verfielen in eine Strafe von tausend, beziehungsweise fünfhundert Golddublonen, und der Jude, der eins der genannten Aemter übernahm, wurde öffentlich mit hundert Peitschenhieben tractirt[4]).

Trotz der angedrohten Strafen wurden diese Gesetze häufig umgangen — wählte sich doch, wie wir gesehen, die Königin selbst einen jüdischen Diener —, sodaß die Cortes immer wieder darauf zurückkamen, daß Juden öffentliche Staatsämter bekleideten[5]), und noch in dem Compromiß, der zwischen dem Könige und der Clerisei vor seinem Tode (30. August 1427) in Santarem zu Stande kam, warfen die Gegner ihm vor, daß er jüdische Aerzte und Wundärzte in seinem Palaste halte, daß er jüdische Steuereinnehmer mit executiver Gewalt dulde, und daß er den Juden im stricten Widerspruche mit dem canonischen Rechte die Erlaubniß ertheile, die Erkennungszeichen nicht zu tragen[6]).

João I. starb nach einer acht und vierzigjährigen Regierung am 14. August 1433. An demselben Tage sollte sein ältester Sohn, der schöne und gelehrte D. Duarte, zum Könige ausgerufen werden. Als man sich eben anschickte, zur feierlichen Krönung zu schreiten,

[1]) Ord. Affons. Liv. II, Tit. 86.
[2]) Ibid. Liv. II, Tit. 91.
[3]) Monteiro l. c. II 9
[4]) Ord. Affons. Liv. II, Tit. 85, §. 2, Tit. 65, §. 2
[5]) Santarem, l. c. II. 1, 12.
[6]) Ord. Affons Liv. V Art. 65, 66, 68.

rieth ihm sein jüdischer Leibarzt, Mestre Guedelha[1]) — Gedalja ben Salomon Ibn Jachia-Negro[2]) —, der als Astrolog und Gelehrter bei ihm in Ansehen stand, die Feierlichkeit aufzuschieben, weil die Stellung der Gestirne gerade Unglück verkünde: „Jupiter ist zurückgetreten, und die Sonne ist in Abnahme, das sind Unheil verkündende Zeichen". Duarte dankte dem Astrologen verbindlichst, glaubte, daß aus allzugroßer Liebe und Anhänglichkeit zu ihm er den Aufschub wünschte und ließ, über astrologische Wahrsagerei erhaben, von seinem Vorhaben sich nicht abbringen. „Gott ist und wacht über Alles", rief er aus, „und in seiner Hand ruhen die Geschicke der Menschen!" Da prophezeite Gedalja dem Könige, daß seiner Regierungsjahre nur wenige und diese voll Mühen und Unfälle sein würden[3]).

In der That traten die Weissagungen Gedalja's in der Folgezeit ein. D. Duarte regierte nur fünf Jahre, da raffte ihn die Pest hinweg in der Fülle der Manneskraft (9. September 1438). Seine Regierungszeit war keine glückliche. In seinen Unternehmungen erzielte er nicht die erhofften Resultate. Sein Bruder, der Infant D. Fernando, derselbe, der sich von D. Juda Abravanel, dem Vater des berühmten D. Isaak, bedeutende Summen vorstrecken ließ[4]), und der 1437 einen jüdischen Wundarzt, Mestre Joseph, von Fez aus mit Briefen an seinen Bruder nach Portugal schickte[5]), starb zum großen Schmerze Duarte's in maurischer Gefangenschaft. Ob Duarte wegen der unheilvollen Prophezeiung

[1]) Er wird nicht anders genannt als „Meestre Guedelha, Juden, fisico e grande Astrologe" oder auch „singular Fysico e Astrologo" (vgl. folg. Note)

[2]) Ich nehme an, daß dieser Gedalja ein Sohn des in Lissabon wohnenden, angesehenen Salomon Ibn Jachia und Enkel des erwähnten castilianischen Oberrabiners, David Ibn Jachia, war, geb. c. 1390 — 1400 Da er bei dem Krönung Duarte's 1433 zugegen war, so kann er wohl nicht 1436 geboren sein.

[3]) Pina, Chron. do Rey D. Duarte in der Collecçaõ de Livros Ineditos de Historia Portugueza, I. 76 f; Acenheiro, l. c. 238; Mariana, Historia General de España, XXI. 6, 13; Garibay, Compendio hist. de la Chronicas XXXV. ch. 11; Menasse ben Israel, נשמת חיים, III. 21.

[4]) Soar. da Sylva, Collecçaõ dos Documentos para as Memorias del Rey D. João I., IV. 162.

[5]) Memorias para a Vida do Infante D. Fernando in den Memorias para a Historia de Portugal, I. 491: ... por hum Judeo, que lhe nomearão para isso, chamado o Mestre Joseph, que era cirurgião; ... perto de quatro meses gastou o Judeo em Portugal.

gegen seinen jüdischen Aſtrologen und, wie das häufig der Fall iſt,
gegen alle Juden eine Abneigung faßte? Die Juden Portugal's
wurden von ihm mehr bedrückt, als von irgend einem ſeiner Vor=
gänger. Er erließ in den fünf Jahren ſeiner Regentſchaft mehr
Geſetze gegen ſie, als ſein Nachfolger in dreißig, er that Alles,
um den Umgang der Chriſten mit den Juden zu verhindern
und dieſe von der übrigen Bevölkerung abzuſperren[1]). Bei einer
Strafe von 50,000 Reis und hundert Peitſchenhieben verbot er ihnen,
die Güter der Kirchen, Klöſter und Kapellen in Pacht zu nehmen,
und als Pächter Zehnten und Weihegeſchenke zu erheben[2]); ſogar
den freien Kauf und Verkauf wollte er ihnen nehmen. Da wandte
ſich die jüdiſche Gemeinde Liſſabon's an ihn mit der Vorſtellung,
daß ſie bis dahin in dem freien Verkehre mit den Chriſten und
anderen Perſonen unbeſchränkt geweſen; ſie kauften von ihnen und
bezahlten ſofort, ohne irgend welchen Kaufbrief ausſtellen zu laſſen,
ganz ſo, wie ſie Brod und dgl. im Stadtzollhaus zu kaufen pflegten;
daher erſuchten ſie den König, die neuen Beſchränkungen wieder
aufzuheben. Dieſem und einem ähnlichen Begehren, den geſchäft=
lichen Verkehr betreffend, entſprach Duarte in einem Schreiben an
die jüdiſche Gemeinde Liſſabon's vom 5. December 1436[3]).

Bevor wir die Geſchichte der Juden in Portugal unter den
folgenden Königen verfolgen, wollen wir einen Blick auf ihre ſociale
Stellung werfen, wie ſie ſich vorzüglich aus der Geſetzſammlung
ergiebt, welche, wiewohl mit Unrecht, den Namen D. Affonſo's V.
an der Stirn trägt.

Während die Portugieſen unter D. Fernando mit den Mauren kämpften, zog
in Fez allein ein Jude, der Wundarzt war, den dorthin gebrachten Verwundeten
über 3000 Pfeile aus, wie der Verf. der Chronik des Infanten ſpäterhin aus dem
Munde des Juden ſelbſt vernahm Schäfer, l. c. II. 347.

[1]) Ord. Affons. Liv. II, Tit. 66 ff.
[2]) Ibid. Liv. II, Tit. 68, §. 3.
[3]) Ibid. Liv. II, Tit. 73, §. 4.

Fünftes Capitel.

Gemeinde = und Steuerverhältnisse, Judarias, Erkennungszeichen, Steuern,
Kriegsdienst, Waffengebrauch. Geschäftlicher Verkehr.

Nach dem frühen Tode D. Duarte's und nachdem seinem erst
sechsjährigen Sohne in Gegenwart des Mestre Gedalja Ibn
Jachia = Negro, der als königlicher Astrolog bei der Krönung
zugegen sein und die Constellation der Gestirne befragen mußte[1],
der Eid der Huldigung geleistet worden, trat der ebenso tugendhafte
als ob seines tragischen Endes bedauernswerthe D. Pedro, der
Bruder des Königs Duarte, an die Spitze der Regierung. Ihm
hat die wahrheitenthüllende Geschichte das Denkmal zugeeignet, das
er sich selbst zwar unter einem fremden Namen gesetzt hat; auf sein
Betreiben hin wurde die erste allgemeine portugiesische Gesetzsamm=
lung veröffentlicht, in welcher alle von Affonso II. bis auf Duarte
erlassenen Gesetze gesammelt, revidirt und geordnet wurden, und die
unter dem Namen Ordenaçoens do Senhor Rey D Affonso V.
bekannt ist.

Wie das Rabbinats= und Rechtswesen, das wir früher betrach=
teten, waren auch die Gemeinde= und Steuerverhältnisse der Juden
in Portugal durch staatliche Gesetze geregelt.

Das kanonische Recht, das als Grundlage aller kirchenstaats=
rechtlichen Verhältnisse des Mittelalters auch in die Gesetzgebungen
der pyrenäischen Halbinsel übergegangen war, verbot den Umgang
der Juden mit den Christen und war bemüht, diese von jenen so
viel wie möglich fern zu halten.

[1] Pina, Chron. de D. Affonso V. in der Collecção de Livros Ineditos etc.
I. 205, 206: E em quanto hum Meestre Guedelha, singular Fysico e Astrologo,
por mandado do Yfante regulava, segundo as ynfluencias e cursos dos Planetas.
Nach Barbosa Machado (Bibl Lusit I. 2) setzte der König der Tochter Gedal=
ja's eine Jahresrente aus.

In allen Städten und Ortschaften Portugal's, in denen über zehn Juden wohnten, befanden sich abgesonderte und genau begrenzte Judenstraßen und Judenquartiere, Judarias oder Judearias genannt. Die Juden hatten darin einen Vorzug vor den Anhängern des Islam, daß ihre Quartiere innerhalb der Stadtmauern sein durften, während jene, wahrscheinlich ihrer Beschäftigung mit dem Landbau und ihrer niederen Gewerbe wegen, in den Vorstädten und außerhalb der Stadtthore wohnen mußten[1]).

Die größte jüdische Gemeinde befand sich in der Haupt- und Residenzstadt Lissabon. Dort gab es mehrere Judarias; die eine und ältere in dem Stadtviertel de Pedreira, zwischen den Klöstern do Carmo und da S. Trinidade, und die später angelegte in dem Stadtviertel do Conceição. Seit c. 1457 befand sich noch eine dritte Judenstraße in der Nähe des Pedro-Thores unter dem Namen Judaria de Alfama[2]). Die große Lissaboner Synagoge war in der heutigen Rua Nova, Neue Straße, gelegen; dort wohnten auch später die reichsten Juden[3]).

Nächst in Lissabon waren die größeren jüdischen Gemeinden und demnach die größeren Judarias in Santarem, Lamego, in der jetzt Rua Nova, früher Cruz da Pedra genannten Straße[4]), Bragança, Guimarães, am heutigen Fischmarkt, Praça do Peixe, bis zur Heiligengeist-Straße[5]), Evora, Alcaçar, Coimbra, Viseu, Porto, wo die Camara der Stadt auf ausdrücklichen Befehl des Königs João im Jahre 1386 die Victoria- und S. Miguelsstraßen nebst dem Platze, auf dem das jetzige Benedictinerkloster sich befindet, als Judaria anwies[6]), Chaves[7]), Leiria, Trancoso, Alvito,

---

[1]) Monarch. Lusit. V. Liv. 18, Cap. 5, S. 17, VII. 243: Elucid. I. 278·

[2]) Ibid. S. 17; Monteiro l. c. II. 12.

[3]) Sousa, Provas II. 255.

[4]) Elucid. I. 278

[5]) Torquato Peixoto d'Azevedo, Memoria da antiga Guimarães (Porto 1845), 313.

[6]) Elucid. 1. 278. Então a conunha (Synagoge) dos Judeos, heißt es am Schlusse, fez seu bastante Procurador hum Ananias, para que effectuasse o Prazo com a Camera, que com effeito lho deo com foro e Pensão perpetua e annual de 200 Maravidis velhos (Doc dos Benedict. do Porto.)

[7]) Elucid. II. 20: A Luiz Pires de Voacos fez El Rey Padrão de 3000 Reis em satisfação do Genesim da Judiaria da Villa de Chaves.

Was unter Genesim hier verstanden wird, ist mir nicht klar. Nach dem Elucidario nannten die Juden in Portugal Genesim „a Cadeira ou Aula em que

Guarda, Alanquer, Elvas, Estremos', Faro, Gravão,
Covilhão, Beja, Peñamaçor, Villa=Marim, Castro=
Marim, Miranda, Porches, Cacilla[1]), Mejamfrio[2]),
Barcellos, Villa=Viciosa[3]) u. a. m.

Außerdem wohnten die Juden in Portugal, wie früher und
noch jetzt z. B. in der Schweiz, einzeln zerstreut, oder in geringer
Anzahl auf Dörfern, sodaß sie keine eigene Judaria bildeten und
ihnen die nöthige Zehnzahl Erwachsener fehlte, um regelmäßig Gottes=
dienst abhalten zu können. Dieser Umstand erklärt die Frage,
welche aus Portugal an die rabbinische Autorität R. Salomo
ben Aderet in Barcelona gelangte, ob zwei Knaben unter drei=
zehn Jahren hinsichtlich des Gottesdienstes für Erwachsene gelten,
was natürlich verneint wurde[4]).

Die Judarias wurden allabendlich, sobald die Glocken zum
Gebete läuteten, geschlossen und von zwei königlichen Wächtern be=
wacht[5]). Jeder Jude, der nach den ersten drei Glockenschlägen
außerhalb seiner Judaria angetroffen wurde, zahlte jedes Mal eine
Strafe von zehn Livres[6]) oder wurde, einer Verordnung des Königs
D. Pedro zufolge, durch die Stadt gepeischt[7]), im Wiederholungs=
falle sogar mit Confiscation des Vermögens bestraft[8]). Diese Strafe
war gar zu schwer, das Gesetz der Confiscation zu drückend.
Da wandten sich sämmtliche Juden des Reiches an den König João I.
mit der inständigen Bitte, ihnen das Joch zu erleichtern und das
draconische Gesetz aufzuheben. Der König versprach es und erließ
am 12. Februar 1412 neue desfalsige Bestimmungen. Jeder Jude
von funfzehn Jahren, der nach dem gegebenen Signal außerhalb

se lião e explicavaõ pelos seus Rabbinos os cinco livros de Moyses". Um
eine solche Aula halten zu können, mußten sie einen Tribut zahlen. Von dieser
Steuer findet sich sonst nirgends eine Andeutung.

[1]) Sousa, Provas II. 20.
[2]) Ibid. IV. 28; Elucid. II. 325.
[3]) Sousa, Provas III. 624, IV. 28.
[4]) Salomo ben Aderet, RGA I. 455.
[5]) Ord. Affons. Liv. II, Tit 102, Tit. 78; Elucid. II. 225.
[6]) Ord. Affons. Liv. I, Tit. 62, §. 13: Judeu, que foi achado fora da
Judaria despois do sino d'Ooraçom, que se tange, acabadas as trez badaladas,
pague ... dez libras.
[7]) Fern. Lopez, Chronic. del Rey D. Pedro in der Collecç. de Livros
Ined. etc. IV. 17.
[8]) Ord Affons. Liv. II, Tit. 80, §. 1.

der Judaria angetroffen wurde, verfiel das erste Mal in eine Strafe
von 5000, das zweite Mal in eiue Strafe von 10,000 Livres und
wurde das dritte Mal öffentlich durchgepeitscht. Diesem an sich
noch immer harten Gesetze wird der Stachel durch die vielen ander=
weitigen Ausnahmsgesetze genommen. Hatte sich ein Jude bei der
Rückkehr von einem entfernten Orte über die angegebene Zeit ver=
spätet, so traf ihn keine Strafe; er war nur gehalten, den allerkür=
zesten Weg nach der Judenstraße einzuschlagen, und konnte, falls
dieselbe geschlossen war, an jedem beliebigen Orte „unter anderen
Menschen“, außer bei Christenweibern, deren Männer nicht zugegen
waren, übernachten. Vernahm er innerhalb der Stadt das Zeichen
zur Einkehr in sein Quartier, so war er genöthigt, sich sofort ohne
Zögern in die Judaria zu begeben, durfte aber nicht eingezogen
werden, wenn er seine Wohnung vor Schluß des Abendgebetes
erreichen konnte. Wurde ein Jude durch einen Christen in einem
Nothfalle bei Nachtzeit gerufen, so konnte er mit ihm gehen, nur
mußte sein christlicher Begleiter ein Licht in Händen haben. Dieses
Gesetz kam ganz besonders den jüdischen Aerzten und Wundärzten,
sowie den jüdischen königlichen Steuereinnehmern, welche letztere in
Begleitung eines Christen bei Nachtzeit die Steuern erheben konnten,
zu Gute [1]).

Nichts anderes als Erniedrigung, Demüthigung und Aus=
schließung von der Gesellschaft bezweckte der von dem Papste Innocenz III.
an alle Fürsten Europa's erlassene Befehl, daß alle Juden, die in
ihren Staaten wohneten, besondere Erkennungszeichen tragen
sollten. In Portugal wurde aber von keinem Gesetze häufiger Um=
gang genommen, als von diesem. Schon dem Könige Sancho II.
und später dem Könige Diniz wurde es von der Geistlichkeit zum
bittern Vorwurfe gemacht, daß sie den Juden das Tragen der Er=
kennungszeichen nachsahen [2]). Affonso IV. schärfte dieses Gesetz auf
Antrieb der Cortes im Jahre 1325 mit allem Nachdruck ein und
mag es dann auch eine Zeit lang streng gehandhabt haben, wenigstens
wird diesem Könige von einem ihn verherrlichenden Dichter Affonso
Giraldes als vorzügliche Regententhat angerechnet, daß er alle Juden

[1]) Ord. Affons. Liv. II. 80, §§. 2 — 11.

[2]) M. s. S. 4.

4*

seines Reiches gezwungen habe, die Erkennungszeichen zu tragen[1]). Im Laufe der Zeit wurden die Juden im Tragen der Abzeichen wieder lässiger, weshalb João I. auf die Vorstellung der Cortes, daß die meisten gar keine Abzeichen oder sie so klein und an einer Stelle trügen, wo man sie nicht leicht sehen könnte, in einem in Evora den 20. Februar 1391 erlassenen Gesetze die Bestimmung traf, daß alle Juden des Landes röthliche, sechseckige Zeichen in der Größe des großen Staatssiegels auf den Oberkleidern und zwar auf der Brust tragen sollten. Zugleich setzte er fest, daß Jeder, der das Zeichen gar nicht, oder nicht nach Vorschrift, oder nicht sichtbar trüge, sein Kleid büßen oder eine funfzehntägige Gefangenschaft erleiden müsse[2]).

Obgleich das Gesetz bestätigt und in die Affonsinische Gesetzsammlung mit aufgenommen war, wurde auf die Befolgung desselben nie mit Strenge gesehen, ja João I. selbst ertheilte, wie er offen bekannte, zehn besonders angesehenen jüdischen Männern, vielleicht königlichen Steuereinnehmern oder sonst um den Staat sich verdient gemachten Personen, das Privilegium, daß sie zum Tragen der Erkennungszeichen nicht verpflichtet wären. Die Klagen in den Cortes über diesen Punkt hörten nie auf, und noch in der Versammlung von Santarem im Jahre 1468 wurde unter Anderen wieder verlangt, daß die Juden nicht ohne Zeichen gehen und ihre Wohnungen nicht außerhalb der Judarias nehmen[3]).

Mit den Judarias und Erkennungszeichen hingen noch verschiedene Einrichtungen zusammen, die man aus Furcht vor nachtheiligen Folgen für den christlichen Glauben und die bürgerliche Gesellschaft, im Grunde aus Haß gegen die Juden ge-

[1] E fez bem aos criados seus,
   E grâo honra aos priuados,
   E fez a todos Judeus
   Traser sinaes divisados.
Mon. Lusit. V. 20, VII. 243; Gordo, l. c. VIII. 2, 7.

[2] Ord. Affons. Liv. II, Tit. 86: . . . signaes vermelhos de seis pernas cada huñ no peito a cima da boca do estomago, e que estes signaaes tragam nas roupas, que trouverem vestidas em cima das outras, e sejam os signaaes tam grandes como seu seello redondo, e que os tragam bem discubertos. Von der Strafe erhielt die Hälfte der Angeber, die andere Hälfte wurde für die Brücken, Brunnen und Chausseen des Ortes bestimmt.

[3] Santarem, Historia e Theoria das Cortes Geraes, II. 1, 32.

troffen hatte, um im Verkehr und Umgang zwischen Juden und Christen eine Scheidewand zu ziehen, welche jedoch durch Zeit und Verhältnisse häufig niedergeworfen wurde.

Es war durch den König Duarte, welcher hierin seinem casti= lianischen Nachbar folgte, den Juden streng verboten, Christen oder Christinnen, Verheirathete. oder Unverheirathete, als Arbeiter, Kuh=, Schaf= und Sauhirten, als Maulthiertreiber, als Knechte oder Mägde wie bisher in Dienst zu nehmen. Wer diesem Gesetze zuwider handelte, wurde das erste Mal mit 50,000, das zweite Mal mit 100,000 Livres, das dritte Mal mit Confiscation sämmtlicher Ver= mögens oder, wenn vermögenslos, mit öffentlicher Auspeitschung bestraft [1].

Es war den Juden verboten, die Wohnungen einzeln leben= der Frauen, Witwen oder Jungfrauen oder auch Verheiratheter, deren Männer abwesend waren, zu betreten. Wollten sie mit ihnen geschäftlich verkehren, so mußte es in Städten, wie Lissabon, San= tarem, Evora, Porto u. a., auf öffentlicher Straße oder vor den Thüren ihrer Häuser geschehen. Nur Solchen, denen ihr Beruf es zur Pflicht machte, wie Aerzte, Wundärzte, Schneider, Maurer, Steinmetzer, Tischler u. s. w., war der Eintritt in christliche Häuser gestattet, allen Anderen nur in Begleitung von zwei christlichen Männern oder Frauen [2]. Juden, welche auf dem flachen Lande mit Waaren hausirten oder in den Gebirgsorten Honig, Wachs, Kaninchenfelle u. dgl. m. aufkauften, und den ambulirenden jüdischen Handwerkern war der Eintritt ebenfalls gestattet, wenn mehrere christliche Frauen sich im Hause befanden [3]. Ebenso war es. wie in Spanien, den christlichen Frauen untersagt, ohne Begleitung eines erwachsenen bärtigen (barbudo) Christen jüdische Kaufläden oder Zelte zu betreten oder Früchte, Milch, Oel, Honig u. dgl. in den Judarias zu kaufen und zu verkaufen. In eine Judaria zu treten oder mit Juden ehelichen Umgang zu pflegen, war den Chri=

---

[1] Ord. Affons. Liv. II, Tit. 66, §. 1, 2, Liv. IV, Tit. 51.

[2] Ibid. Liv. II, Tit. 67, §. 1. Mon. Lusit. V. 19; Monteiro l. c. II. 14;

[3] Ibid. Liv. II, Tit. 67, §. 2: Judeos que andarem caminho e passarem per Lugares caminhantes com mercadorias que nom possam hir pousar aas judarias . . . ., judeos que andarem pelos montes comprando mel, ou cera, ou pelles de coelhos ou salvagina, ou adubando roupas ou as fazendo.

stinnen bei Todesstrafe verboten [1]). Es wurde aber dieses Gesetz
in dieser Strenge ebenso wenig gehandhabt, wie ein anderes, daß
wenn nämlich .ein Jude christliche Kleidung anlegte, sich für einen
Christen ausgab und somit unter der Maske des Christenthums mit
Christen verkehrte, er des Königs Gefangener wurde [2]).

Auch hier, wie in Castilien, war es den Juden bei einer Strafe
von 25 Livres untersagt, in einer christlichen Schenke Wein zu trin=
ken, sobald sich in dem Orte eine jüdische Schenke mit von Juden
bereitetem Weine befand [3]).

Wir wenden uns nunmehr zu den Steuern, welche die Juden
in Portugal zu zahlen hatten.

Wohl die älteste Steuer war die Juderega oder Judenga,
eine Kopfsteuer, welche, wie in Castilien, wo sie Sancho II. 1295
eingeführt, auf dreißig Dinheiros fixirt und zur Erinnerung und
Strafe dafür eingesetzt wurde, daß die Juden den Stifter der christ=
lichen Religion um eben so viel sollen verkauft haben [4]).

Eben so früh, vielleicht gleichzeitig mit der Einrichtung des
Rabbinats, wurde eine Rabbinatssteuer erhoben; sie fiel der
Krone zu [5]).

Auch der Leibzoll war in Portugal nicht unbekannt. In
Beja, und gewiß noch in anderen Städten des Landes, mußte jeder
eintretende Jude einen Maravedi Leibzoll zahlen [6]).

[1]) Ord. Affons. Liv. II. Tit. 67, §. 3, 4, Liv. V. Tit 25. Wer einen Juden
wegen Umgehung dieses Gesetzes anklagen wollte, mußte glaubwürdige Zeugen bei=
bringen und schwören.

[2]) Ibid. Liv. V, Tit. 26.

[3]) Ibid. Liv. II, Tit. 91, Liv. I, Tit. 62, §. 17. Das Vinho Judengo
des Gesetzes ist nichts anderes als eine ungeschickte Uebersetzung von „Koscher=
Wein". Daß dieses Gesetz nicht erlassen wurde, um den Juden von dem
Genuß eines andern als „Koscher=Wein" fern zu halten, sondern nur, um seinen
Umgang mit den Christen zu verhindern, bedarf keiner weiteren Erwähnung.

[4]) Elucid II. 61, 325: Juderega, Judenga, tributo de 30 Dinheiros que
os Judeos pagavão por cabeça, para lembrança e pena de haverem vendido
a Christo por outros tantos. Vgl. die Ordonnanz Fernando's IV. von Castilien
vom 9. August 1302 (Colmenares, Historia de Segovia, Cap. 13) . . . los treinta
dineros que cada uno de vos les avedes a dar, por razon de la remembranza
de la muerte nuestro Sennor cuando los judios le pusieron en la cruz.

[5]) Elucid. I, 131: Arabiado, tributo que os Judeos pagavão a coroã.

[6]) Foro de Beja (2), Anhang, No. 2.

Ferner waren sie zu einer **Flottensteuer** verpflichtet. Seit
der Regierungszeit des Königs D. Sancho II., der das Flotten=
wesen in Portugal zuerst begünstigte, mußten sie für jedes neue
Schiff, das der König ausrüstete, einen Anker und ein neues Anker=
tau, sechzig Ellen lang, liefern oder die äquivalente Summe von
sechzig Livres erlegen [1]).

Außerdem mußte jeder Jude und jede Jüdin eine jährliche
Personalsteuer zahlen, und zwar jeder Jude im Alter vom
siebenten bis zum vierzehnten Jahre fünf Solidi, und jede Jüdin
vom siebenten bis zum zwölften Jahre zwei und ein halb Solidi.
Die Jüdin, die über zwölf Jahre, zahlte, so lange sie unverheirathet
und im elternlichen Hause blieb oder in einen Dienst trat, einen
halben Maravedi; das Doppelte der unverheirathete, im Hause der
Eltern lebende Jude. Lebte der Jude oder die Jüdin für sich oder
verheirathet, so mußten sie zwanzig und zehn Solidi zahlen [2]).

Zu **Mauth=** und **Chausseegeldern** waren sie auch in den
Ortschaften verpflichtet, in denen sie seit langer Zeit wohnten, wäh=
rend die Christen davon befreit waren [3]).

Jeder Jude, der Wein aus seinem Weinberge sammelte, zahlte
von jeder Tonne eine Steuer von vierzig Solidi und, wenn der
Wein in Trauben verkauft wurde, je nach Verhältniß der Tonne.
Diese Steuer wurde durch einen königlichen Aehrenleser und einen
Staatsschreiber controlirt. Wollte der Jude Lese halten, so mußte
er es den Colhedor (Aehrenleser) vorher wissen lassen; unterließ er
dies oder verheimlichte er ein Quantum, so büßte er den ganzen
Wein zu Gunsten des Königs und wurde im Wiederholungsfalle
noch körperlich gezüchtigt. Kaufte der Jude Trauben, um sie zu
pressen, oder verkaufte er sie im Ganzen vor der Lese, so zahlte er
von jeder Almude [4]) sechs Dinheiros (Denare, Heller [5]).

Alles, was der Jude genoß, kaufte oder verkaufte, unterlag einer
bestimmten Steuer. Schlachtete er für seinen Hausbedarf oder zum

[1]) Ribeiro, Dissert. III. 2, 87 ff. Anker wurden im Mittelalter nicht nur,
wie jetzt, zum Festlegen der Schiffe, sondern auch als Wurfgeschütz in Seeschlachten
und gegen Festungen gebraucht
[2]) Ord. Affons. Liv. II, Tit. 74, §. 2.
[3]) Ibid. Liv. II, Tit. 69.
[4]) Almude = dem Hebr. מד, Chald. מדא, Arab. Almoddi, dem Inhalte
nach = 2 Algueiras oder 2 Cantaros. Elucid. s. v. Almude.
[5]) Ord. Affons. Liv. II, Tit. 74, §. 3, 7.

Wiederverkauf, so hatte er von jeder ein= oder zweijährigen Kuh zehn Solidi, von jedem Ochsen zwanzig, von jedem Hammel und Schaf zwei Solidi, von jeder Henne, Pute oder Kapaun vier Dinheiros und von jedem kleinen Geflügel zwei Dinheiros zu zahlen [1]).

Kaufte er einen Fisch um einen Solido, so mußte er einen Dinheiro Steuer geben. Jedes Maß Weizen wurde mit vier, jedes Maß Gerste oder Hirse mit zwei Dinheiros versteuert u. s. w. [2]).

Bedenkt man, daß die Juden Portugal's bloß an directen Steuern — die durch ein Gesetz vom 15. November 1352 fixirten, eben erwähnten indirecten Steuern nicht mit inbegriffen — dem Könige Affonso IV. eine jährliche Abfindungssumme von 50,000 Livres zahlten [3]), und daß die Lissaboner Gemeinde im Jahre 1462 an serviço real allein die Summe von 50,000 Reis (ca. 3500 Francs) erlegten [4]), so läßt sich ermessen, wie ungeheuer drückend die Steuerlast gewesen sein muß. Trotz alledem mußten sie sich noch zu freiwilligen Geschenken verstehen [5]), mußten einzelne Gemeinden verarmten Infanten keineswegs kleine Summen borgen, die gewöhnlich nicht zurückerstattet wurden. Der Infant D. Fernando schuldete bei seinem Tode den Juden in Barcellos, Guimarães, Chaves, Bragança und Mejamfrio nicht weniger als 130,501 Reis [6]). Solchen Darlehen konnten sie sich nicht entziehen, denn seit der Regierungszeit des Königs Fernando, der, um etwaigen Willkürlichkeiten vorzubeugen, für das Erheben der directen Judensteuern gesetzliche Bestimmungen traf [7]), wurden auch in Portugal die Judarias und deren Steuern den Infanten, Grafen und Adligen geschenkt [8]). Die Beschenkten mußten dann als die Herren und Gebieter betrachtet

---

[1]) Ord. Affons Liv. II, Tit. 74, §. 9; vgl. auch „das castil. Gemeindestatut" am Ende dieses Werkes.

[2]) Ibid. Liv. II, Tit. 74, §. 9.

[3]) Monarch. Lusit. V. Liv. 18, S. 17.

[4]) Sousa, Provas, III. 581, II. 255·

[5]) Vgl. S. 26. ·

[6]) Sousa, Provas, III. 624.

[7]) Ley de D. Fernando de como se haca de arremdar as rendas do serviço reall imposto aos Judeos. Lisboa, 7. August 1369. Ord. Affons. Liv. IV, Tit. 53 (S. 325).

[8]) Vgl. S..., Fernando verschenkte schon 1372 la quinta do Judeu em Termo do Santarem. Mon. Lusit. VIII. 158. Chronic. de D Affonso V. S. 20 ff. Elucid. II. 325.

und gefürchtet werden. Manche arme Infantin mußte sich auch wohl mit den Einkünften einer Judaria als Mitgift begnügen¹).

Zu allen diesen Steuern und unfreiwilligen Geschenken kam noch die für sie nicht minder drückende Verpflichtung, Kriegsdienste zu leisten, d. h. den Staat zu Land und zur See zu vertheidigen. Gleich den vermögenden christlichen Vasallen mußte jeder vermögende Jude ein Pferd zum Kriegsdienst halten und Waffen führen²). Der freie Gebrauch der Waffen wurde den Juden durch ihr eigenes Verschulden später jedoch wieder entzogen. Es war nämlich ein alter Brauch, daß die Juden Portugal's auch zu den Huldigungs-feierlichkeiten und Belustigungen der königlichen Familie beisteuerten. Wie bei jeder Huldigung eines Papstes die Abgesandten der rö-mischen Judenschaft mit der Thorarolle auf den Schultern sich an dem Wege aufstellten, wo der päpstliche Zug vorüberkam, und wie die deutschen Juden dem Kaiser in einem „Aufzuge" mit der Thora entgegen gehen mußten, so waren die Juden Portugal's verpflichtet, jedes Mal, wenn der König, die Königin oder die Infanten ihren feierlichen Einzug in eine Stadt hielten, oder bei besonderen Hof-festlichkeiten, mit ihren verzierten Thorarollen einen „Aufzug zu machen" und die höchsten Herrschaften an den Thoren zu erwarten, ähnlich wie die Mauren bei solchen Gelegenheiten ihre Nationaltänze

---

¹) Die D. Brites, Tochter des Herzogs D. Fernando, erhielt zur Mitgift die Einnahme der Judaria in Lissabon, die D. Constança de Naronha, Gemahlin des Herzogs von Bragança, den serviço Real dos Judeus de Guimarães als Unterpfand für ihre Mitgift. Sousa, l. c. III. 460, 581. — D. João I. gab seinem Sohne Affonso 1425 als Mitgift den serviço Geral dos Judeos. Soares da Sylva, l. c. I. 250.

Kurz vor der Vertreibung beliefen sich die Steuern der Judaria von
Porto	auf 10000 Reis,	Guimarães	auf 25000 Reis,
Alter do Chão	= 6000 =	Chaves	= 31000 =
Barcellos	= 16000 =	Bragança	= 30000 =
Villa Viciosa	= 65000 =	Portel(?)	= 20000 =

Sousa, l. c. IV. 25

²) Ord. Affons. Liv. II, Tit. 83. In den Cortes von Elvas (1361) wird verlangt (Santarem, Historia e Theoria d. Cortes II. 2, 26), que (los Judeos) som constranjudos pera terrem cavalos e armas pera nosso serviço e recrencenlhis mesteres por mar e por terra pera nosso serviço e defendimento da terra, e que outra si ham de pagar soldades e mantimentos aos Sergentes.

aufzuführen hatten [1]). Zeit und Gewohnheit verwischten bei den Juden das Schimpfliche und Erniedrigende dieser Ceremonie, und sie benützten sie zu ihren eigenen Belustigungen. Sie schmückten sich mit Helmen und Panzerhemden, umgürteten sich mit Degen, trugen Spere und andere Waffen. Sie ließen es aber bei dem Spiele nicht bewenden, sondern mißbrauchten die Freiheit und die Waffen, so daß sie sich unter einander verwundeten und sogar tödteten [2]). Um diesem Uebel abzuhelfen und damit, wie es in dem Gesetze heißt, „die Juden in Frieden lebten", verfügte João I. in Evora den 6. März 1402 [3]), daß fernerhin kein Jude es wage, bei den festlichen Einholungen der königlichen Familienglieder irgend welche Waffe zu führen, unter Androhung der Confiscation der Waffe und einer Strafe von 1000 Golddublonen. Diese Geldstrafe hatte diejenige Gemeinde zu erlegen, aus deren Mitte der dem königlichen Gesetze Zuwiderhandelnde war. Erst auf Vorstellung sämmtlicher Gemeinden des Landes wurde dieses harte Gesetz durch König Affonso V. dahin modificirt, daß die Gemeinde nur dann diese Strafe erlegen sollte, wenn zehn Mitglieder derselben sich der Waffen bedienten; derjenige Jude aber, welcher ohne Wissen und Willen seiner Gemeinde bei erwähnten Gelegenheiten Waffen führte, wurde seiner Freiheit und des Vermögens verlustig [4]).

Erfreulicher, als das Bild, das wir aus diesem Steuersystem gewinnen, ist das des geschäftlichen Verkehrs und des Erwerbs der Juden Portugal's. In dieser Beziehung waren sie günstiger gestellt, als ihre Glaubensgenossen in den meisten anderen Staaten. Während es ihnen z. B. in dem benachbarten Castilien verboten war, liegende Gründe zu erwerben, beschäftigten sie sich in Portugal mit dem Wein- und Landbau in der weitesten Bedeutung [5]),

---

[1]) Monarch. Lusit. V. 17, VII. 498: com as Touras e a serpe costuma antigua, de que ainda conservamos alguma memoria nas processoẽs de corpus. Elucid. II. 386. Vgl. S. 31.

[2]) ... usaem d'alevantar arroidos pelos quaaes se seguem antre elles muitas feridas, e mortes, e grandes omizios; e pero lhes esto per vezes per nossas justiças fora defeso, nem o leixarom de fazer, ante o usarom d'hi era diante mais, levando armas assy cotas e casquetas nas cabeças como espadas . . . e outras armas, fazendo com ellos muito mal.

[3]) Ord. Affons. Liv. II, Tit. 75.

[4]) Ibid. Liv. II, Tit. 75, §. 5, 6.

[5]) Ibid. Liv. II, Tit. 66, Tit. 74, §. 3, 4: Monarch. Lusit. V. 15.

und wurde bereits erwähnt, daß der Oberrabbiner D. Moſes
Navarro zu den reichſten Majoratsherren des Landes gehörte.
Sie betrieben die verſchiedenartigſten Handwerke; es fanden ſich unter
ihnen Schneider, Schuſter, Tiſchler, Maurer, Schmiede — Santob
Samay war Schmied in Coimbra[1]) — Zimmerleute u. a.[2]).

Wie überall lag auch hier das Mercantilweſen faſt ganz in
ihren Händen. Sie kauften Honig, Wachs und Oel auf, verſahen
die Bewohner der Städte und Dörfer mit den nöthigen Waaren[3]),
bezogen Meſſen und Märkte und hielten in ihren Judarias offene
Kaufläden. Sie trieben Handel mit mauriſchen Sclaven. War ein
von ihnen erworbener Maure zum Chriſtenthum übergetreten, ſo
mußte er innerhalb zwei Monaten nach empfangener Taufe verkauft
werden, nach dieſer Friſt fiel er der Krone als Eigenthum zu[4]).

Da ſie die reichſten Bewohner des Landes waren und jederzeit
über Geld zu verfügen hatten, ſo wurden ſie, trotz mehrfacher Verbote, von den Königen und Infanten, von allen Großen bis zu den
Prälaten und Aebten als Steuereinnehmer und Finanziers gern
angeſtellt. Sie nahmen in den Kirchen, Klöſtern und Capellen die
Zehnten, Weihgeſchenke und Opfergaben in Pacht und nahmen ſie
in den Kirchen während des Gebetes, ſogar während des Hochamtes
in Empfang[5]).

---

[1]) Santo Samay, Judeo, ferreiro de Coimbra (1431) (Doc. de Salv. de
Coimbra) Elucid. II. 61.

[2]) Ord. Affons. Liv. II, Tit. 67.

[3]) Ausländiſche jüdiſche Kaufleute ſtanden mit Portugal und ſogar mit portugieſiſchen Infantinnen in geſchäftlicher Verbindung. D. Filipa, Tochter des
Infanten D. Pedro, welche 1493 in Odivellas ſtarb, ſchuldete laut Teſtament einem
Juden von Damaskus — Batão, Judeu de Damasco — 3300 Reis. Souſa,
l. c. I. 435.

[4]) Ord. Affons. Liv. IV, Tit. 51. Weit ſtrenger wurde es mit den zum
Chriſtenthum übergetretenen mauriſchen Sciaven in Aragonien gehalten. Nach
einem Geſetze Pedro's II. vom Jahre 1283 erkauften ſie ſich durch die Taufe die
Freiheit. Statuim que los Sarrahins dels Jueus, sis batejen, romangan livres,
e francs, donant reenço pes si, seyons quels drets volent, e es acostumat
de fer. Mém. de la Société Royale des Antiquaires de France, VI. 408.

[5]) ... vindo aas Igrejas, e recebendo hi essas ofertas, e estando em
ellas, em quanto se rezam as Oras, e celebra ho officio divino, e servindo em
alguûs lugares, e aministrando os altares. Ord. Affons. Liv. II, Tit. 68, §. 1.

Uebrigens waren sie, wie bereits erwähnt, auch in ihrem ge=
schäftlichen Verkehre manchen Beschränkungen unterworfen [1]). Ohne
königliche Erlaubniß konnten sie mit den Christen keine gültigen
Contracte abschließen. Als Inhaber derartiger Bewilligungen wer=
den unter Anderen ein Isaak Filo und dessen Ehefrau Sol, so
wie der Schmied Santob Samay von Coimbra (1481) genannt.
Diese konnten vor jedem Ortsrichter gültige Contracte mit Christen
abschließen [2]).

Es bedarf kaum der besondern Erwähnung, daß es unter den
Juden Portugal's auch Männer gab, welche durch Wissen und Ge=
lehrsamkeit, als Philosophen, Rabbiner, als Aerzte und Wundärzte,
sich auszeichneten [3]). Die hervorragendsten jüdischen Gelehrten Por=
tugal's werden wir in der Folge kennen lernen.

[1]) Es war, wie in Castilien (1411), die Proclamation in Alcala de Henares
bei Lindo, 193), den Juden Portugal's verboten, das von ihnen getödtete, ihnen
zum Genuß unerlaubte Fleisch den Christen zu verkaufen. David Jachia bei
Joseph Karo, RC. Jore Dea, Tit. 39.

[2]) Entre os Praços de Almocave se acha hum, feito a Izac Filo, Judeo, e
a sua molher Sol, no anno de 1418, e della consta, que este Judeo mostrou
huma carta d'el Rey, para poder contrautar com os christãos. Elucid. I.
307. — No anno de 1431 se passou Provisão Real a Santo Samay, Judeo,
ferreiro de Coimbra, para poder fazer qualquer contrato com christãos, sendo
perante o juiz do lugar. Elucid II. 61.

[3]) Ord. Affons Liv. II, Tit. 80, §. 9; Liv. V, Tit 65.

Sechstes Capitel.

D. Affonso V.

Religiöse Zerfallenheit der Juden in Portugal. Haß der Portugiesen gegen die Juden. Gelehrte in Portugal: David Jbn Billa, Joseph Jbn Jachia, Joseph Sarco, Joseph Chajun, Jsaak Abravanel.

Unter Affonso V., welcher nach einer fast zehnjährigen Regentschaft seines unglücklichen Oheims, D. Pedro, seinem Vater Duarte
auf den Thron folgte, war die Stellung der Juden in Portugal
eine überaus günstige. Sie waren von keinem der früheren Monarchen mehr begünstigt; es hatte den Anschein, als ob alle bisherigen kanonischen Gesetze und Beschränkungen plötzlich aufgehört
und ihre Geltung verloren hätten. Sie hielten sich außerhalb der
Judarias auf, trugen keine brandmarkenden Erkennungszeichen, sie
stolzirten auf Pferden und Mauleseln mit kostbarem Geschirre, in
langen Röcken und feinen Kapuzen, in Mäntelkappen, in seidenen
Wämsern und mit vergoldeten Degen. Sie bekleideten öffentliche
Aemter und waren von den Christen, mit denen sie ganz ungenirt
verkehrten und zu deren Töchtern sie zuweilen in intimen Verhältnissen standen, äußerlich durch nichts zu unterscheiden [1].

In dieser freien bürgerlichen Stellung wurden sie auch in der
Erfüllung religiöser Pflichten über Erwarten lax. Eine treue Schil-
derung der damaligen religiösen Verhältnisse, welche mit den Rügen
des etwa achzig Jahre später lebenden R. Abraham Saba vollkommen übereinstimmt, liefert uns Salomon Alami, ein Zeitgenosse des R. Simon Duran, in einem kleinen Werkchen, ein Send-
und Warnungsschreiben [2], aus dem, wie sein neuester Herausgeber [3]
treffend bemerkt, „die Reichen, die Angesehenen, die Gelehrten, die
Kaufleute, die Rabbiner, die Vorsteher, die Reformer und die Pil-

---

[1] Vgl. die Cortesverhandlungen von 1481 — 1482, 1451, 1473.

[2] אגרת מוסר verfaßt 1415 (nicht 1315) in Portugal, gedruckt Constantinopel
1609, Krakau 1612, Berlin 1713 u. ö.

[3] Jellinek, Leipzig 1854, vgl. auch כרם חמד, IX. 44 ff.

pulveroen lernen können, welche Aufgabe das Judenthum seinen Bekennern stellt."

Wohl gab es auch damals einzelne Männer, welche dem Talmudstudium mit frommen Eifer oblagen, aber die Achtung vor dem göttlichen Gesetze war mehr oder weniger geschwunden. Die Rabbiner lebten mit und unter einander in Zwietracht, „was der eine erlaubte, verbot der andere", sie verkleinerten sich gegenseitig und setzten sich durch ihre Zanksucht in den Augen des Volkes herab, sie hatten zu wenig Energie und zu viel Rücksicht gegen die Reichen und Angesehenen [1]).

Es machte sich unter der vornehmeren Classe eine Halbbildung geltend, welche die wahre Religiosität verdrängte. Hatte Jemand ein philosophisches Buch gelesen, so hielt er sich bald für einen Philosophen und setzte sich über alle Ceremonien mit einer gewissen vornehmen Gleichgültigkeit hinweg [2]).

Die Sabbath- und Festtage wurden nicht gefeiert, man arbeitete öffentlich und ließ es an der Zubereitung frischer Speisen am Sabbath nicht fehlen. Die Rabbiner schwiegen dazu aus Furcht vor den Reichen [3]).

In den Synagogen herrschte die größte Unordnung, zuweilen kam es auch an den Stätten der Andacht zu blutigen Auftritten. Statt zu beten, schwatzten die zur Gottesverehrung Versammelten, unterhielten sich mit einander oder lasen profane Schriften. So oft aus der Gotteslehre vorgelesen wurde, entfernten sich die Meisten, und die Anwesenden haderten und stritten mit einander, wer zuerst „aufgerufen" werden sollte, so daß das Vorlesen und Aufrufen zuweilen ganz und gar unterbleiben mußte [4]).

[1]) אגרת מוסר, 24.

[2]) Ibid. 26.

[3]) Ibid. 28. ‎ומתחלה שבת יעלימו עיניהם . . . היו מצויים לצלות תרנגולת בשבתות
‎ה' מהתענוג ומרוך רחזק את בדק גופם הרוה.
‎נמשך להם הגירוש מצד חלול שבת ומחלוקת: S. 104a (פ' בהר) צרור המור
‎וקטטה בבתי כנסיות בשבתות ו"ט . . .

[4]) ‎ובן רגילין בשעה שמוציאין ס"ת מן ההיכל: S. 89b (פ' פקודי) צרור המור
‎מיד יוצים רובם למלאכתם או לדבר לשון הרע . . . . בשעת קריאת התורה כולם מספרים
‎אלו עם אלו בדברי מהתלות ועתועים ובדברי המלאכות חדשים גם ישנים . . . . רעה שלישית
‎הנהוגה ביניני בעינתינו שעובד ס"ת פתוח ביום שבת ואינם רוצים לעלות ולראות את פני האדון
‎ח' ומולזלים בכבוד התורה בעבור כבוד כבודם ואוסרים איני רוצה לעלות אלא שלישי או שביעי, ואם אני
‎עולה מי יעלה אחרי בענין שנשאר הספר פתוח ביום השבת בתיבה ולא קם ולא זע איש מהם.
— 10 אגרת מוסר ,

Die Synagogenmelodien wichen den Gassenhauern und Trink=
liedern [1]). Es fehlte an Erhebung und Andacht.

Während der Predigt überließen sich zumal die Vornehmen
einem süßen Schlummer oder führten eitles Geschwätz, und die Pre=
diger wurden in ihrem Vortrage durch das Lärmen von Männern
und Frauen hinter der Synagoge gestört. Wehe dem Prediger, der
es sich einfallen ließ, seinen Zuhörern den leisesten Vorwurf über
Wandel und Vergehen zu machen!

Für wohlthätige Zwecke und Spenden hatten sie selten Geld
und Herz, oder gaben nur, um damit zu glänzen und sich einen
Namen zu machen. Von den Steuereinnehmern ließen sie sich zehnmal
mahnen. Die meisten jüdischen Großen, die an dem Hofe der Könige
verkehrten, denen die Schlüssel zu den Staatsschätzen übergeben wa=
ren, auf deren Befehl die Handwerker Arbeit erhielten, thaten stolz
auf ihren Reichthum und ihre hohe Stellung, entzogen sich den
Interessen der Gesammtheit und gedachten nicht der Armen und Dürf=
tigen unter ihren Glaubensgenossen. Sie baueten sich Paläste, ritten
auf reichgeschmückten Mauleseln, fuhren in prächtigen Carossen, klei=
deten sich in Prachtgewänder und schmückten ihre Frauen und
Töchter wie Fürstinnen und Edeldamen mit silbernen und goldenen
Geschmeiden, mit Perlen und Edelsteinen. Sie waren gleichgültig
gegen die Religion, verachteten die Bescheidenheit, haßten die Arbeit=
samkeit und strebten nach Herrschaft. Sie liebten Tanz und Spiel
und füllten ihren Leib mit Leckerbissen, während die Jünger der Lehre
und Wissenschaft kaum Brot und Wasser hatten und Noth litten [2]).

Die Freiheiten, welche den nie gern gesehenen Juden von dem
leutseligen König Affonso eingeräumt wurden, ihr Luxus und ihre
Vornehmthuerei erregten wieder den Volkshaß im verstärkten Maaße.
Die Abneigung gegen die Juden wuchs von Jahr zu Jahr und
machte sich zuweilen in offenen Excessen Luft.

Gegen Ende des Jahres 1449 benutzte der Pöbel Lissabon's
die Gelegenheit der inneren Unruhen und der zufälligen Abwesenheit
des Regenten, ihrem tiefen Hasse gegen die Juden der Residenz that=
sächlich Ausdruck zu geben. Einige junge Burschen beschimpften und
mißhandelten nämlich auf dem Fischmarkt zu Lissabon mehrere
Juden ohne irgend welchen Grund und trieben ihren Muthwillen

---

[1]) אגרת מוסר, 11.

[2]) אגרת מוסר, 27 ff.

so weit, daß die Beleidigten die Hilfe und den Schutz der Behörden anriefen. Der königliche Corregedor, Doctor João d'Alpoë, hielt die jungen Frevler für strafwürdig und ließ sie öffentlich durch= peitschen. Die Gerechtigkeit des Corregedors genügte, das Gesindel zu einem öffentlichen Aufruhr aufzustacheln. Die wilde Menge griff zu den Waffen, und mit dem Rufe: Laßt uns die Juden tödten und plündern! stürzten sie sich auf die Judenstadt. Vergebens leisteten die Angegriffenen tapfern Widerstand; mehrere von ihnen wurden getödtet, und das Gemetzel wäre ein furchtbares geworden, wenn nicht der Graf de Monsanto mit aller ihm zu Gebote stehenden bewaffneten Mannschaft sich in Eile auf den Kampfplatz begeben und die Revolte gedämpft hätte. Der Staatssecretär Pero Gon= salvez erstattete dem Könige, der mit seiner Gemahlin gerade in Evora verweilte, von dem Vorfalle unverzüglich Bericht, und da er ihn wissen ließ, daß untrügliche Symptome neuer Unruhen sich kund gäben und seine persönliche Anwesenheit dringend nothwendig wäre, so kehrte er schleunigst nach der Residenz zurück und ließ einige der bereits gefänglich eingezogenen Rädelsführer öffentlich bestrafen. In Folge dessen wiederholte sich der Aufstand von Neuem selbst gegen den König und zwar mit solcher Heftigkeit, daß der milde Affonso sich genöthigt sah, mit ungewöhnlicher Strenge einzuschreiten. Alle Personen, welche der Gewaltthätigkeit und des an den Juden verübten Raubes überführt wurden, hatten schwere Strafen zu erleiden [1].

Die Abneigung gegen die Juden setzte sich bei den ohnehin leidenschaftlichen Portugiesen immer tiefer, und die Klagen über die jüdische Bevölkerung hörten in den Cortes-Versammlungen nicht mehr auf. In den 1451 in Santarem abgehaltenen Cortes wurde Beschwerde darüber geführt, daß die Juden gegen das Gesetz seidene Gewänder trügen. Vier Jahre später kam es in der Cortesversamm= lung zu Lissabon zur Sprache, daß die Maulthiertreiber Juden des Sonntags reiten ließen [2], und 1461 ward bestimmt, daß die Juden in

[1] Rui de Pina, Chronic. do Senhor Rey D. Affonso V. in der Collecçaõ de Livros Ineditos de Hist. Port. I. 439: Sousa, Historia Geneal. de Casa Real Portug. IV. 40; Affonso V. ordena em huma charta se proceda e castiguem os culpados no roubo, que em Lisboa se ficera aos Judeos. Foy feita em Cintra 6 Octubio de 1450 (handschriftlich im Archiv zu Lissabon).
[2] Santarem, Historia e Theoria das Cortes, 24, 26

Cintra³) die Judaria nicht verlassen, bei Strafe von 200 Reis an Sonn- und Festtagen vor Beendigung des Gottesdienstes nichts ver= kaufen, und daß sie die verkaufte Waare den christlichen Käufern nicht selbst, sondern vermittelst eines an dem Thore der Judenstadt angebrachten Seiles durch einen eigens dazu bestellten Mann ein= händigen sollten ¹):

Sogar das Gold der Juden, das man doch sonst nicht ver= schmähete, weigerten sich die frommen Portugiesen zu nehmen: In der Cortesversammlung von Lissabon im Jahre 1460 wurde be= schlossen, daß das Land eine freiwillige Steuer von 15,000 Gold= dublonen aufbringe, und daran die Bedingung geknüpft, daß Juden und Mauren sich an dieser freiwilligen Staatssteuer nicht betheiligen dürfen ²).

Bedeutungsvolle, mehr in die öconomischen Verhältnisse des Landes eingreifende Klagen und Begehren wurden vor die Cortes in Coimbra ³) gebracht (18. März 1473). Man verlangte, daß es den Juden nicht ferner freistehe, die Kirchenabgaben in Pacht zu nehmen, und daß schwere Strafen diejenigen Christen treffe, welche sie ihnen überließen, daß das Gesetz ⁴) gehandhabt werde, nach dem die jüdischen Verbrecher nur dann in den Kirchen Zuflucht fänden,

---

¹) Cintra Pintoresca ou Memoria descriptiva da villa de Cintra (Lisboa 1838) 218. Ordena-se que os Judeós de Cintra sé servão dos portaes que tem na Judaria e tenhão nos dittos portaes humas verdezelhas da altura que deem a hum homem pella cinta para puderem dar por ellas as bofominhas e outros generos que venderem os quaes não venderão aos domingos e festas de preceito antes de finda a missa do dia sob pena de pagarem 200 Reis (L. 10 da Estremad. fol. 284, handschriftlich.) In den Cortes von Santarem wurde wiederholt decretirt, daß die Juden Erkennungszeichen tragen und nicht außerhalb der Judarias wohnen sollten, Santarém; l. c. 32

²) Santarem; l. c. 29: Es heißt ausdrücklich „que na dita contribuição não entrassem Mouros, nem Judeós, nem seus officiaes. Lindo l. c. 316 macht daraus: ... a general contribution was ordered to be levied on the Jews and Moors, but their officers were exempted from it!

Eine ähnliche Erscheinung bietet sich c. 20 Jahre später in Castilien; da schloß der König die Juden von einer außerordentlichen Kriegssteuer aus, die Stadt Segovia stellte hingegen das Begehren, daß auch sie einer alten Verpflichtung gemäß beitrügen. Vertreter genannter Gemeinde waren damals D. Juda Caragoçi (Saragossa), D. Jacob Galhon (Hahn) und Jacob Batidor.

³) Nicht Lissabon, wie Lindo, 316 und Grätz VIII. 336 irrthümlich angeben.

⁴) Affonso V. erließ das Gesetz, se alguū Judeu ou Mouro ... fugir pera a ygreja, contandose a ela. nom sera per ela defeso, nem guouoira de sua

wenn sie sich zum Christenthum bekehrten und daß die Juden keine
Liegenschaften kaufen, um sie einer Synagoge zu schenken oder an=
zueignen. Es wurde ferner verlangt, daß die Rabbiner sich einzig
darauf beschränken, von Civilstreitigkeiten zwischen Juden und Juden
Kenntniß zu nehmen, daß aber Prozesse zwischen Juden und Christen,
gleichviel ob erstere Kläger oder Beklagte seien, vor den christlichen
Richter gehören [1]).

Die Abneigung des Volkes gegen die Juden spricht sich in
diesen verschiedenen Begehren deutlich genug aus. Wie mögen nun
erst die zelotischen Geistlichen gegen die Verhaßten gewüthet und die
Flammen geschürt haben! Wir besitzen noch ein Schreiben, eine Art
Bittgesuch, eines sonst unbekannten und ungenannten Mönchs von
S. Marcus an den König Affonso V., der mit seinen Wünschen
gewissermaßen den ganzen Clerus vertritt. Der zudringliche, unbe=
rufene Klosterbruder schreibt die Armuth des Landes und die Noth
der Volksclasse einzig und allein den Juden zur Last und verlangt
als einziges Rettungsmittel, daß sie so viel wie immer möglich in
ihren Rechten beschränkt werden. „Um dieses Remedium", heißt es
in seinem Gesuche, „das von den Cortes schou so oft und so laut
gefordert wurde, bitte ich den Herrn. Es ersprießt dem Könige
wahrlich mehr Nutzen und Gewinn daraus, wenn seine christlichen
Unterthanen reich und begütert siub, als wenn die Schätze in den

imunidade, porque a ygreja nom defende, aqueles que nom uiuẽ sob a sua
ley .., saluo se ele quiser loguo tornar xp̃aõ ... Ord. Affons. Liv. II. Fol.
V a. (Evora 1565).

[1]) Santarem, l. c. 44, 45, 47. 48. Das letzte (11) Begehren lautet: Que
os Rabis dos Judeos ... sõ conhecessem dos feitos entre os Judeos, ober wie
an einem andern Orte näher explicirt wird, elles tentavam obterque nas causas
civeis entre os sectarios do judaismo, e os da religião dominante preferisse
contra o principio geral do direito e foro dos christãos quer estes fossem
auctores quer reus. Es ist durchaus irrig, hieraus den Schluß ziehen zu wollen,
daß „Christen wegen der schnellen und wenig kostspieligen jüdischen Rechtspflege
ihre Prozesse vor das Forum der Rabbiner zu bringen pflegten". Uebrigens
wird der letzte Artikel in den Cortes von Evora (5. März 1475) nochmals
behandelt und zugleich festgesetzt, que se cumprisse o capitulo determinado em
outras cortes a respeito dos Christãos, sendo demandados por Mouros,
e Judeos responderem perante os Juizes ordinarios". Santarem,
l. c. 51.

Händen der Juden sich befinden; diese bringen dem Lande doch
kein Heil, im Gegentheil nur Verderben" [1]).

Man sieht, wie recht D. David Jbn Jachia=Negro, der Bruder
des erwähnten Astronomen D. Gebalja, hatte, seinen Söhnen vor
seinem Tode dringend aufzutragen, ihr Vermögen nicht in Liegen=
schaften anzulegen, da man ntchi wisse, wie bald der Befehl
sie treffen könne, daß sie das Land räumen sollen [2]). Und in der
That! Hätte um diese Zeit ein weniger leutseliger und toleranter
Monarch in Portugal regiert, als der „gute" Affonso, es wäre den
dortigen Juden schon jetzt nicht besser ergangen, als ihren Brüdern
in Spanien, für die das schöne Land gerade jetzt eine Hölle zu
werden begann, sodaß sie sich schaarenweise unter den Schutz
Affonso's begaben. Affonso aber hatte kein Ohr für die stürmischen
Forderungen der geistlichen und bürgerlichen Judenfeinde. Statt
die Juden in ihren Rechten zu beschränken oder sie wohl gar aus=
zuweisen, zog er einzelne von ihnen, die durch Gelehrsamkeit, Talent
und Bildung sich auszeichneten, an seinen Hof, beehrte sie mit wich=
tigen Aemtern und schenkte ihnen sein volles Vertrauen. Talent=
volle, gelehrte Männer, Rabbiner, Aerzte und Philosophen gab
es gerade um diese Zeit mehr als in früheren Jahrhunderten.
Darf auch die jüdische Gelehrsamkeit in Portugal, namentlich im
Vergleich zu den Nachbarländern, nicht allzuhoch angeschlagen werden,
so ist doch nicht zu bezweifeln, daß das rege geistige Lebeu,
das unter den Juden des maurischen Spaniens im 12. und 13.
Jahrhunderte sich entfaltete, auch auf Portugal einigen, wenn auch
nur geringen Einfluß übte.

Abstrahiren wir von den bereits genannten Oberrabbinern, von
einigen ebenfalls erwähnten Gliedern der Gelehrtenfamilie Jbn
Jachia=Negro und von den beiden nicht weiter bekannten jüdischen
Gelehrten, R. Moses und R. Jakob oder Joseph, welche, letz=
terer ein Zeitgenosse des Verfassers der in dem „Daat Sekenim"
edirten Tosafot zum Pentateuch, zwischen dem 12. und 13. Jahr=
hundert in Lissabon lebten [3]), so tritt uns als die bedeutendste Per=

[1]) Herculano, Inquisição em Portugal (Lisboa 1854) I. 95.

[2]) Schalschelet, 49 a.

[3]) Zunz, Zur Geschichte und Literatur, 90, 96.

— 68 —

sönlichkeit unter den jüdischen Gelehrten Portugal's aus früherer
Zeit David ben Jom-Tob Jbn Billa (Bilja) entgegen.¹)

Jbn Billa war ein fruchtbarer Schriftsteller, der in verschiedenen
Wissensgebieten sich bewegte. Für einen seiner Freunde, der Arzt
war, schrieb er eine kleine, noch ungedruckte Abhandlung über Nutzen
und Anwendung der Astrologie in der Medicin. Er hielt sich auch
für einen Dichter und gab Anleitungen, wie man Verse machen könne.
Er gehört übrigens vorwiegend zu den jüdischen Religionsphilosophen,
die über die Weltschöpfung und andere Grundwahrheiten des Judenthums ihre Ansicht ausgesprochen haben. In seiner, erst in den
letztverflossenen funfzehn Jahren, edirten Hauptschrift יסודות המשכיל ²)
stellt er dreizehn Lehrsätze, gleichsam Glaubensartikel des Judenthums,
auf, die aber weder aus einem einheitlichen Princip folgen, noch
durchweg dem Boden des Judenthums entsprungen sind. In seiner
Erklärung von Bibelstellen verfährt er meistens mystisch, weswegen
er von dem der Skepsis sich zuneigenden Samuel Çarça oft scharf
getadelt wurde. Das Beste, was er in seiner Theorie aufstellt, ist
der Glaubensartikel, „daß Lohn und Strafe für die Seele nicht ein
ihr von Außen zukommender Zustand sei, sondern in ihr selbst, in
der Befriedigung und Freude an einem gewissenhaften, religiösen
und sittlichen Leben oder in dem Schmerze über einen verfehlten
Lebenslauf liegen."

In Vergleich zu Spanien ist Portugal, so zu sagen, arm an
jüdischen Gelehrten: Männer mit epochemachenden Erzeugnissen treten hier überhaupt nur in geringer Anzahl auf. Die Familie Jbn
Jachia, deren Glieder Jahrhunderte lang für die einzigen Vertreter
jüdischer Wissenschaft und Gelehrsamkeit in Portugal gehalten wurden, treten immer wieder in den Vordergrund der Betrachtung.

¹) Ueber Jbn Billa s. Zunz, Additamenta zu Delitzsch's Catalog der Leipziger
Bibliothek, S. 326; Dukes, Literaturblatt des Orients, VIII. 116, 456; Senior,
Sachs, בלשון, 31. Er lebte nach Zunz, Steinschneider, u. a. c. 1320. Der
fromme Klein, in der kabbalistischen Mystik vielleicht bewanderter, als in der
Geographie, hält Bilia für einen Ort in Portugal (de Bilia, du royaume de
Portugal.

²) Mit Anderen herausgegeben in דברי חכמים (Metz 1849) 56 ff. Ein
Barsilai Maimun bar Chija Chabib schrieb das in der Pariser k.
Bibliothek aufbewahrte Manuscript für Jbn Billa. Dukes l. c. VIII. 456.

Die Söhne [1]) des zuletzt erwähnten, in den sechziger Jahren des funfzehnten Jahrhunderts in Lissabon verstorbenen D. David Jbn Jachia-Negro, verkehrten sämmtlich an dem Hofe des Königs Affonso V.; keiner von ihnen gelangte aber zu einer solchen Bedeutung, wie ihr Bruder Joseph (geboren 1424—25). Er nahm eine angesehene Stellung am Hofe Affonso's ein. Der König, der selbst ein Freund der Wissenschaft und der Bücher und ein klarer Denker war, unterhielt sich gern mit ihm und lenkte das Gespräch auch zuweilen auf religiöse Themata. Einst legte er seinem Günstlinge, den er seinen „weisen Juden" zu nennen pflegte, einige wichtige Fragen in Beziehung auf die jüdische Religion vor, die dieser immer unerschrocken, aber nicht immer so geschickt beantwortete, daß der Fragende zum Schweigen gebracht wurde, denn D. Joseph förderte zwar nach Art der damaligen Reichen die jüdische Literatur und ihre Träger, ließ sich auch wohl hin und wieder ein jüdisches Werk copiren [2]), stand aber der Literatur selbst ziemlich fern; wenigstens beweisen die Antworten, die er dem Könige gab, seine Gelehrsamkeit nicht. Die erste Frage, die Affonso an ihn stellte, war, warum die Juden nicht anerkennen wollen, daß Jesus eine Gottheit oder wenigstens ein Theil derselben sei, da er doch so viele Wunder verrichtet, einen Todten belebt, die Hungrigen wunderbar gespeist und in der Wüste habe regnen lassen. Darauf erwiderte D. Joseph, daß selbst dann, wenn Jesus einen Todten lebendig gemacht habe, diese That ihm noch nicht die Bedeutung einer Gottheit beilege: Todte seien auch von Elias und Elisa ins Leben zurückgerufen. „Was aber das Herabbringen des Regens betrifft", führ D. Joseph fort, „so finden sich im Talmud viele Fromme, die dasselbe geleistet haben. Ebenso haben die Juden, als die christlichen Bewohner Toledo's von ihnen verlangten, daß sie Regen brächten, denselben durch ihr Gebet erwirkt. Desgleichen fand sich ein Mann, der seinen Arbeitern Kost geben mußte, ohne daß er davon in Bereitschaft

---

[1]) Der älteste dieser Söhne war D. Salomo, der in Lissabon vor der Vertreibung starb und dort begraben wurde, von dem dritten, Namens Gedalja, wird noch die Rede sein.

[2]) Carmoly versichert (l. c. 14), ein für D. Joseph 1473 — nach dem Zahlenwerthe זכרה, doch jedenfalls 1472 — von Salomo ben Alfok — שלמה בן אלוק — prachtvoll geschriebenes משנה תורה לרמב"ם im British Museum gesehen zu haben. Der Name אלוק kömmt nicht vor, vielleicht אלוֹרק, Alfark, abgekürzt für Alfarköstan bei Zunz, Zur Geschichte und Literatur, 413.

hatte, worauf er zu seinem Feigenbaum sagte: Feigenbaum, gieb deine Früchte her! Da gab er sie her, und jene aßen und wurden satt."

Der König legte ihm ferner die Frage vor, woher die Juden den Beweis führten, daß das Judenthum eine Offenbarung für alle Zeiten sei, und daß keine neue Religion offenbart sein könne, und dann, wenn der Zauberei und Wahrsagerei nichts Reelles zu Grunde liege, warum das mosaische Gesetz Strafen darüber verhängt habe. Affonso richtete auch die Frage an ihn, ob, nach der Ansicht der Juden, das Gebet eines Christen gleich dem eines Juden bei der Gottheit Gehör finde, was D. Joseph natürlich bejahte, aber selbst die Bejahung ersparte ihm die Zurechtweisung des Königs nicht, so daß er ihm zurief: „Um eine Unwahrheit zu berichtigen, mußt Du viele Unwahrheiten sagen." Auch darüber machte er ihm Vorwürfe, daß er — als einflußreicher Mann — seine Glaubensgenossen, Männer und Frauen, nicht von dem nur Haß und Neid erregenden Luxus fern hielte, so daß das Volk unwillkürlich der Meinung sein müsse, daß die von Gold und Silber strotzenden Juden diesen ihren augenfälligen Luxus von dem Raube hätten, den sie an Christen begangen. „Ich wünsche indeß nicht, daß du hierauf Etwas erwiderst", bemerkte der König, „denn ich weiß recht gut, daß nur Plünderung oder Tod euch bessern werden: dann werdet ihr eure Thaten beklagen[1)]."

Aehnlich dem Verhältnisse, in dem D. Joseph Ibn Jachia zum Könige Affonso stand, war das des gelehrten Joseph Sarco zu der bedeutendsten Grafenfamilie Portugal's. Joseph Sarco, gewöhnlich der „Kabbalist von Agrigent" genannt[2)], war Leibarzt des

[1)] Schevet Jehuda, 108 ff. Mit diesem Dispute hängt ein anderer zusammen, der zwischen einem Christen und einem namenlosen Juden (Joseph Ibn Jachia?) ebenfalls vor D. Affonso Statt hatte. Besser vorbereitet und mit den von Anderen bereits vorgebrachten Gründen vertraut, wurde der gar zu plumpe Gegner dieses Mal besiegt, so daß der König die Controverse mit den bedeutungsvollen Worten schloß: „Ich erkenne Deine Worte, o Jude, als trefflich an, aber logisch nothwendig sind sie nicht, und deshalb verharren wir Christen bei dem, was wir als Wahrheit angenommen haben, und ihr verharret bei dem, was ihr für wahr haltet, wofür ihr einstige Belohnung empfangen werdet, da ihr Gott dabei im Auge habet". Schevet Jehuda 64.

[2)] Schalschelet 49 b. הרב ר׳ יוסף ן׳ שרגא המכונה מקובל דארגינתי, גם הוא מיוצאי ספרד והיה מופלג בחכמת הקבלה ובעל מעשים ושמעתי ממנו מעשיב רבים בחסידות •
Er wird von Einigen Joseph Schraga — hingegen Jebuda Sarko, Joseph Sarko

Grafen Pedro de Menezes, der ihn sehr hoch schätzte, so wie des Duarte de Menezes, der Held von Alcacer, der ihn sowohl wegen seiner angenehmen philosophischen Unterhaltung als wegen der Sorgfalt, welche er in seinen Curen auf den schwächlichen Grafen verwandte, außerordentlich liebte. Bald war „Mestre Joseph Sarco" der Vertraute der Grafenfamilie, besonders der Schwester Duarte's, D. Leonora. Diese benutzte den jüdischen Hausfreund unter Anderem dazu, den Bruder zu veranlassen, sich um einen höheren Posten im Staatsdienste zu bewerben. Trotz der hohen, einflußreichen Stellung, welche Joseph bei den de Menezes einnahm, verließ er dennoch, vielleicht im richtigen Vorgefühle dessen, was über die Juden des Landes zu kommen drohete, Portugal und siedelte nach Agrigent über. Er war der Kabbala ergeben, erklärte in ihrem Sinn und Geiste nicht nur die Festgebete [1]), sondern schrieb auch einen mystischen Commentar über den größten Theil der Genesis, zu Ehren seines Gesinnungsgenossen Leon Sinai ben Samuel aus Cöln, in Agrigent wohnhaft [2]).

Bedeutender, als die genannten Männer, vermöge seiner Stellung, seines biederen Charakters, seiner innigen Liebe zum Judenthume, seiner Leistungen auf dem Gebiete der Philosophie und Exegese, seiner staatsmännischen Gewandtheit, seines praktischen Wirkens

genannt: seinen richtigen Namen Sarco, Zarco = שרגא erfahren wir erst aus der bewährten Chronik Ruy de Pina's, Chronica do conde D. Duarte de Menezes in der Collecçao de Livros Ineditos, III. S. 34 wird er schlechtweg „Mestre Joseph" genannt, seu physico, a que o Conde (D. Pedro de Menezes) dava grande authoridade." S. 63 heißt es: „o hum Judeu, que se chamava Mestre Joseph Zarco, que era bom philosopho, pello qual o Conde tinha com elle grande geito ... Alem do grande cuidado que elle mostrava nas curas do Conde, que erão quasi cada dia. Vgl. auch S. 64 und 66. — Zarco als portugiesischer Adelsname kommt schon im 13. Jahrhundert vor, Monarch. Lusit. V. 176 ff. — Ueber das ארגינטי bei Schalschelet f. S. D. Luzzatto, Steinschneider's hebr. Bibliographie, 1861, S. 22 und dessen Cat. Bodl. 1532.

[1]) ביאור תפלות מועדי ה' עד"ה לר' יוסף שרגא זצ"ל . Manuscr. in der Bibliothek Jos. Almanzi's nach Mittheilung Luzzatto's in hebr. Bibl. 1862, S. 22, No. 124.

[2]) Ibid. 1861, S. 46: ביאור על קצת פרשיות מהתורה, מפרשת וירא אליו עד קצת פרשה ואלה שמות חברו ויסדו הנשבר ונדכה בטרדת הזמן סבבוהו, אשר הגלה עם הגולה בגלות ספרד היינו גלות קסטילייה בשנת ה' אלפים ר"נ לב"ע , ויגל שנית בגלות פורטוגאלו זרוב צרות וחולאים עברו עליו הוא האלוף הנעלה יהוסף בן שרגא החכם דכולל והמקובל יצ"ו חברו לשם האלוף החסיד כמה"ר ליאון סיני מקולוניא זצ"ל תושב אריינטי בכמ"ר שמיאל מקולוני"א ולה"ה .

und seines wechselvollen Geschickes, war Don Isaak Abravanel[1]), unstreitig die berühmteste Persönlichkeit, welche unter den Juden in Portugal gelebt hat. Mit ihm schließt würdig die lange Reihe jüdischer Staatsmänner, welche der pyrenäischen Halbinsel durch Jahrhunderte außerordentliche Dienste geleistet und zu deren Blüthe nicht wenig beigetragen haben.

Abravanel leitet die Abstammung seiner hochadligen Familie wie die des Ibn Daud in gerader Linie von David ab und nennt sich mit einem leicht verzeihlichen Stolze „Abkömmling des Isai aus Bethlehem." Und in der That prägt sich der Adel seiner Gesinnung in seinem ganzen Wesen aus. Von seinen berühmten Ahnen, welche der würdige Enkel bis zum sechsten Gliede aufwärts zählte, und deren Namen, gleichsam funkelnde Sterne in seinem Familienwappen, er zu dem seinen gesellt, ist wenig Bemerkenswerthes auf uns gekommen[2]). Sevilla war ihre Heimath. Dort lebte zur Zeit des frommen und weisen Alphons von Castilien sein Urahn, ein ausgezeichneter Gelehrter. Durch eine Erklärung jenes kleinen Wörtchens[3]), das so oft den Judenhaß heraufbeschworen hat, und

[1]) Die erste kurze Biographie Abravanel's entwarf der Italiener Baruch Uziel Chasekito als Einleitung zu Abravanel's מעיני הישועה, eine vollständigere lieferte Carmoly im Ozar Nechmad II. 47 und Grätz, l. c. VIII. 334. Von geringem Werthe ist die Biographie A's von Hartmann in Ersch-Gruber's Encyklopädie s. v., wie de Boissi u. a. Trefflich gezeichnet ist A. in: Die Marannen, Novelle aus dem letzten Jahrzehend des funfzehnten Jahrhunderts von Ph. Philippson. (Philippson, Saron, Bd. I). — Ueber das Bibliographische s. Wolf, Bibl. Hebr. III. 540 und besonders Steinschneider, Cat. Bodl. 1076 ff. — Die richtige Aussprache des אבראבנאל, אברבנאל, אבראבניאל, אברבניל geschriebenen Namens ist Abravanel (mit v, nicht mit b), und darf es uns nicht gleichgültig sein, daß diese richtige Schreibart aus einer alten portugiesischen Urkunde constatirt ist. Noch vor dreißig Jahren war die Aussprache dieses Namens Gegenstand einer Controverse zwischen Gotthold Salomon und dem Rostocker Theologen Hartmann.

[2]) Abravanel's Commentar zu den Propheten (ed. Amsterdam) 293 a. Schevet Jehuda 10. Die Vorrede seines Josua-Commentars beginnt: אני הגבר יצחק בן ... יהודה בן שמואל בן יהודה בן יוסף בן יהודה מבני אברבנאל כלם אנשים ראשי בני ישראל משורש ישי בית הלחמי ממשפחת בית דוד Weit einfacher in seinen frühesten Schriften. vgl. weiter unten.

[3]) Das Wort Nochri: die Erklärung Abravanel's ist auch für unsere Zeit noch nicht überflüssig. Ein Nochri, meinte A., ist der, welcher sich seinem Schöpfer entfremdet habe und sich nicht zu den religiösen Grundlehren bekenne; der Christ hingegen, der an die Schöpfung der Welt, an die Wunder und an die Vorsehung glaube, könne nicht Nochri genannt werden. Schevet Jehuda 10 (Deutsche Uebersetzung 18).

die er gesprächsweise seinem gelehrten christlichen Freunde Thomas, dem Vertrauten des weisen Alphons, gegeben, wandte er eine drohende Gefahr von seinen Glaubensbrüdern und drängte den König zu dem Wunsche, den trefflichen Abravanel persönlich kennen zu lernen[1]). Dort lebte auch Isaak's Großvater, Samuel Abravanel, derselbe, der in Folge der Verfolgungen des Jahres 1391 sich der Taufe unterziehen und seinen altehrwürdigen Namen mit dem des Juan de Sevilla, freilich nur auf kurze Zeit, vertauschen mußte[2]), ein ebenso hochherziger, als angesehener Mann; er beschützte die Wissenschaften und unterstützte die Gelehrten, und ihm zu Ehren schrieb der aus dem Judengemetzel in Estella wunderbar gerettete Menahem ben Aron ben Serach, den er auf der Flucht bereitwillig bei sich aufnahm, sein noch heute geschätztes Werk[3]).

Aus nicht näher angegebenen, jedoch nicht sehr fern liegenden Gründen wanderte Samuel's Sohn, D. Jehuda Abravanel, nach Portugal aus und ließ sich in Lissabon nieder. Durch seinen Reichthum gelangte er auch hier bald zu Ehren und Ansehen und verwandte den Einfluß, den er auf die Großen des Landes übte, thatkräftig wie er war, gleich seinen Ahnen zu Gunsten seiner Glaubensgenossen[4]). Er wurde Schatzmeister des D. Fernando's, Bruder des Königs Duarte, dieses schwärmerisch frommen Infanten, den die Geschichte bald den heiligen, bald den standhaften Prinzen nennt, und der bei seinen geringen Einkünften des reichen D. Jehuda gar oft bedurfte. Bevor der Infant seine Heerfahrt nach dem maurischen Tanger unternahm, ordnete er im Vorgefühl seines nahen Todes testamentarisch an, daß dem „Juden Abravanel, Einwohner in Lissabon," die von ihm als Darlehn erhaltene Summe von 506,600 Reis blancos pünktlich ausbezahlt werde[5]). Es war das im Jahre 1437. In demselben Jahre wurde ihm in Lissabon sein

---

[1]) Schevet Jehuda, 10, 13.

[2]) Juchasin, 225: דון שמואל אברבנאל שהוסב שמו גואן די שיביליא בזמן השמד

[3]) M. s. meine Geschichte der Juden in Spanien und Portugal (Berlin 1861) I, 85.

[4]) Isaak bezeichnet seinen Vater als איש חי רב פעלים הנשיא בישראל גדול שמו, Vorrede zu עטרת זקנים, zu Josua-Commentar, Anfang von צרות היסודות u. a.

[5]) Mando q' paguem a Abravanel Judeu, morador em Lisboa, cincoenta e dous mil e cem reis brancos q' me emprestou, e os quarenta e cinco mil q' me emprestou o dito Abravanel ... (1437) Sousa, Provas I. 507.

Sohn Jsaak geboren[1]). Er erblickte gleichzeitig mit seinem Freunde
Gedalja ben David Jbn Jachia das Licht der Welt. Dieser,
Arzt und Verfasser eines Werkes über die „sieben freien Künste", so
wie mehrerer hebräischer Gedichte[2]), soll an einer Wiedervereinigung
der Karäer mit den Rabbaniten und zwar besonders auf Betrieb
der ersteren, gegen den Willen der letzteren gearbeitet haben[3]). Auf
einer Reise nach dem heiligen Lande begriffen, verschied er in Constantinopel, woselbst er mehrere Monate krank darnieder lag, am
3. Tischri (October) 1487 und wurde in Negroponte bestattet.

D. Jehuda[4]) ließ seinem Jsaak eine den Vermögens- und Zeit-
verhältnissen angemessene, sorgfältige Erziehung angedeihen. Wer
sein Lehrer gewesen, erfahren wir nicht, ohne Zweifel übte aber der
damalige Lissaboner Rabbiner einen wesentlichen Einfluß auf seine
Geistesrichtung.

Joseph Chajun, so hieß dieser Rabbiner, der Sohn des
Don Abraham ben Nissim Chajun[5]) und wie Jsaak in
Lissabon geboren, war ein frommer gottesfürchtiger Mann. Er be-
kleidete das Rabbinat seiner Heimathsgemeinde ein Viertel-Jahr-
hundert, die kurze Zeit abgerechnet, welche er, durch eine verheerende
Pest genöthigt, die Hauptstadt zu verlassen, in Evora zubrachte.
Hier beendigte er den 4. Siwan (Ende Mai) 1466 seinen hand-
schriftlich erhaltenen Commentar über Jeremias[6]), und vier Jahre

[1]) Vorrede zu Deuteronomium, Josua, Könige.
[2]) Das Werk עינים שבעה wurde von dem Arzte Joseph Jbn Jachia,
Sohn des als Arzt und Talmudist berühmten Jacob-Tam Jbn Jachia, zum Druck
befördert, Constantinopel s. a., Ersch-Gruber, XXXI. 82; Carmoly, l. c. 17,
woselbst auch seine Grabschrift.
[3]) Schalschelet 49 b, Israel. Annalen 1840, 26 in Abrede gestellt
[4]) D. Jehuda Abravanel starb nicht vor 1457. In seinen frühesten Jugend-
schriften spricht Jsaak von ihm als einem Lebenden und fügt diesem Namen das
bei den spanisch-portugiesischen Juden gebräuchliche Epitheton ט"ס (סוף טוב) hinzu.
[5]) Wohl zu unterscheiden von einem Abraham ben Salomon Chajun
(חיון), der mehrere synagogale Poesieen schrieb, Zunz, Literaturgeschichte 544.
Unser Don Abraham Chajun ist Verfasser eines Moralwerkchens, das unter dem
Titel: טהרה אמרות Ferrara 1556 erschien.
[6]) Der Schluß dieses handschriftlichen Commentars lautet nach briefl. Mittheilung des sel. S. D. Luzzatto.

יצתבה ויתפאר ויתרומם שמו של מלך מלכי המלכים ב"ה, העוזר תמיד הבאים ליטהר ולי אני
עבדו בן אמתו יוסף בן אברהם אוהבו נ"ע המכונה ן' חיון נתן כח להה' ולכלות לפרש
הספר הזה של ירמיהו נביאו ע"ה, והכל עבודתו יום שני ארבעה ימים לירח סיון מאתים
ועשרים ושש שנים אחר האלף החמישי ליצירה במתא איבורה ממלכת פורטוגאל, ואני

fpäter den Commentar über die Sprüche der Väter. Ueberhaupt hat Chajun, mehr der leichten Agada als dem halachifchen Talmud=ftudium zugethan, die meiften Bücher der heiligen Schrift, namentlich die Pfalmen, die Sprüche, fämmtliche Propheten mit Erklärungen verfehen [1]). Diefen Liffaboner Rabbiner [2]), dem fein Sohn Mofes vor 1490 im Rabbinate folgte [3]), betrachtete Ifaak Abravanel auch noch im reiferen Alter als feinen Lehrer, und ihn mag er fich in feinen exegetifch=philofophifchen Commentaren zum Vorbild und Mufter gewählt haben.

Schon in feiner Jugend nahm Abravanel den Plan zu feinem Commentar über den Pentateuch auf und begann auch alsbald mit feiner Erklärung des Deuteronomium [4]). Er war eine frühreife Natur von klarem, durchdringendem Verftande, befeelt von einer feltenen Liebe zur Wiffenfchaft und voller Begeifterung für das

נפרד מארצי ומולדתי ובית אבי ומקהלתי קהלת קרית לישבונה ההוללה, דואג ונחלה על מכות הארץ ההיא זתהלואיה אשר חלה ה' בה זה זה לה שלש שנים כי הדביק ה' בה את הדבר זתלאים רעים ונאמנים חדשים גם ישנים, .ותהי קהלתי הומיה וצועקת כי.רבות אנחותיה ולבי דוי דומה לי על שברה כי שבר גדול נשברה מכה נחלה מאוד , רופא רחמן ירפאה' ותרפא יושיעה ותשע, כי הוא תהלתה והוא אלהיה אשר עשה עמה מלפנים גדולות ונוראות , יחזירה לקדמותה בימי קדם תבנה ותכונן , והשב שבות יעקב ישיבני אליה ויהיה עמי , ושמה אמתיק סוד עם אחי יודעי בנית אלהים, ועינינו ועיני כל ישראל החיים זהמתים תראינה בבנין המקדש והאריאל, ובשוב שמה שכינת אל , ובבוא לציון גואל , אמן , בילא"ו.

[1]) פירוש על תהלים Ju einem handfchr. Exemplare von Jofeph Chajun's (gedruckt Salonichi 1522) lieft man auf der erften Seite die Bemerkung נתון לשד דור יהודה אברבנאל, ein Gefchenk, das Ifaak's Sohn Jehuda (Leon) unzweifelhaft noch während feines Aufenthaltes in Portugal erhielt. Mittheilung in Steinfchneider's hebr. Bibliographie, IV. 54.

[2]) Für Jofeph Chajun (לההכם הנכון ר' יוסף חיין אשכול הכופר צרור המור) fchrieb Mofes der Vorfänger im Jahre 1441 das Werk מנורת המאור des Ifrael Nakawa. Dukes נחל קדומים (Hannover 1853) 61. Nach einer Mittheilung des Herrn Raphael Kirchheim copirte ein Ezra ben Salomon für den Mofes (muß wohl heißen Jofeph) ben Abraham Chajun in Liffabon (Marchefchwan 5234 -- November 1473) ein Manufcript, enthaltend philofophifche Derafchoth auf die Haphtaroth von verfchiedenen Verfaffern, einen Commentar zu Koheleth, zu Perek Schira von Mofes Kimchi und einige märchenhafte Erzählungen. Die Handfchrift ift im Befitze Carmoly's. Vgl. Allgemeine Zeitung des Judenthums, 1856, 507.

[3]) Steinfchneider, Cat. Bodl. 1451.

[4]) Schon in עטרת זקנים, das er felbft feine Jugendarbeit nennt, citirt er feinen Deuteronomium=Commentar, f. 24a: ובפירוש משנה תורה; 24b: פירוש דתורה אשר לי; 43 b: פירוש התורה אשר אני עוש' (da ift von dem 2. Buche die Rede).

Judenthum, dabei auch nicht frei von einer gewissen Selbstgefälligkeit und Eigenliebe.. Er legte einen nicht geringen Werth darauf, neben seinem Reichthum und seiner staatlichen Stellung auch als Philosoph, als philosophischer Schriftsteller, zu glänzen.

Mit Eifer betrieb der junge Abravanel, der mit den „Königen und den Großen des Landes verkehrte", das Studium der Werke des Aristoteles, den er, wie seine Vorgänger, schlechthin den Philosophen nennt, und das der arabischen Bearbeiter des Stagyriten, Jbn Roschd, Jbn Sinai, Algasali u. a., natürlich in hebräischen Ueber=setzungen, denn eine Kenntniß des Arabischen und Griechischen darf man bei ihm nicht voraussetzen. Er machte sich vertraut mit Mamuni's More, der auch ihm eine Zeitlang als Hauptführer diente, mit Jehuda Halevi's Cusari, mit den Philosephemen des Gersoniden, trug sodann aus den Schriften dieser jüdischen und christlichen Denker zusammen, was das von ihm gewählte Thema beschlug, reihete die einzelnen Sätze an einander, verglich, combinirte [1]), und so entstand seine erste Arbeit, die man füglich seine Dissertation nennen könnte, ein wenige Seiten umfassendes Schriftchen über „Die ursprüngliche Form der Elemente [2])".

Dieser ersten Schrift folgte bald eine zweite, an Umfang und Inhalt bedeutender, unter dem Titel „Krone der Alten" [3]), in wel=cher er mit Zugrundelegung des 20. Verses aus Exodus in fünf und zwanzig Abschnitten über die wichtigsten Glaubensfragen, über die besondere Vorsehung Gottes für Israel, über Prophetie u. a. m. in verständlicher und gefälliger Weise abhandelt.

Weit größern Ruhm, als durch seine philosophisch zugestutzten Jugendarbeiten [4]), erwarb sich Abravanel durch seine staatsmännische

[1]) צורות היסודית , Anhang: ואני אקבץ מכל הגוים חכמים נבונים וידועים ואנשים מבני ישראל וכ"ו .

[2]) צורות היסודות , gewöhnlich hinter עטרת זקנים gedruckt und in diesem bereits erwähnt, 38 a: ואני הנה כתבתי בזה (צורות היסודות) דרוש אחד .

[3]) עטרת זקנים (Sabionetta 1557, Amsterdam 1739) wird in seinen späteren Schriften häufig citirt, immer mit dem Zusatze: אשר עשיתי בבחרותי , oder ישועות משיחו 60 a, 47 b שמים חדשים 36 b, זבח פסח so אשר עשיתי זה ימים ראש אמנה 14 b.

[4]) Zu seinen frühesten Arbeiten gehört auch das verlorengegangene מחזה שדי , das über Prophetie handelte und in seinen Commentaren zu Josua, Samuel und den Büchern der Könige wohl ein Dutzend Mal citirt wird; ספר מחזה שדי אשר עשיתי היא מלאכה רבה ורחבה מני ים, ולפי שבצרות הגדור יביח האויבים נשבר או נשבה מאתי הספר הזה ולא ראיתי' עד הנה (מעיני הישועה 21 b)

Thätigkeit. Schon während er die „Krone der Alten" ausarbeitete, war, er der von sich rühmen konnte, „daß er mehr als irgend Jemand vor ihm gehäuft habe Reichthum, Weisheit und Größe, Knechte und Mägde, die sein Brod essen und von seiner Wolle und seinem Linnen sich kleiden."[1]); durch mannigfache Geschäfte in Anspruch genommen, „unstät und flüchtig, bald hier, bald dort, ähnlich einem gewiegten Geschäftsmanne"[2]).

Affonso wußte das staatsmännische Talent Abravanel's zu schätzen und suchte deshalb diesen reichen, gebildeten, im Umgange liebenswürdigen Juden an seinen Hof zu ziehen; bei seinen großen, seine Mittel übersteigenden kriegerischen Unternehmungen war ihm ein solcher Mann sehr erwünscht. Er machte ihn zu seinem Finanzagenten und Schatzmeister und schenkte ihm sein volles Vertrauen. Abravanel wurde bald der Liebling des ganzen Hofes. Mit den Gliedern des Hauses Braganza, welche unter dem Nachfolger Affonso's auf dem Schaffotte endeten, stand er in freundschaftlichen Verhältnissen; Fürsten und Adlige verkehrten in seinem palastartigen Hause: die gelehrten Männer Lissabon's waren sein täglicher Umgang; der Doctor João Sezira, der sich der Sache der Juden immer kräftig annahm, zählte zu seinen intimsten Freunden[3]). So verlebte Abravanel, reich und geehrt, in Lissabon recht glückliche Jahre, wie er selbst in der Einleitung zu seinem Josua-Commentar erzählt: „Zufrieden saß ich in meiner Heimath, in einem an Gütern reichen väterlichen Erbe, in einem von göttlichem Segen erfüllten Hause zu Lissabon, der berühmten Hauptstadt des Königreichs Portugal. Der Herr hatte mir Segen, Reichthum, Ehre und Freunde beschieden. Ich hatte mir Häuser und prächtige Altane gebaut; mein Haus war der Sammelplatz der Gelehrten; Wissen und Gottesfurcht wurden von hier aus verbreitet. Ich war beliebt in dem Palaste des Königs Don Affonso, dieses mächtigen und weit herrschenden Königs, der über zwei Meere regierte und in allen seinen Unternehmungen glücklich war, des Königs, der saß auf dem Throne des Rechts, der Gnade schälten ließ und Recht und Gerechtigkeit übte im Lande, der an Gott vertraute, vom Bösen wich und das Wohl seines Volkes er-

---

[1]) זבח פסח, Vorrede.

[2]) עטרת זקנים, Vorrede.

[3]) Vgl. das 52 zeilige Gedicht seines Sohnes Jehuda-Leon vor dem Commentar zu den letzten Propheten; עטרת זקנים 7 a, 9 b.

strebte, unter deſſen Regierung auch den Juden Befreiung und Ret=
tung erſtand. Unter ſeinem Schatten weilte ich ſo gern, ich ſtand
ihm nah, er ſtützte ſich auf mich, und ſo lange er lebte, ging ich in
ſeinem Palaſt ein und aus.“

Ob ſeines Glanzes und ſeiner hohen Stellung vergaß Abravanel
ſeine Glaubensgenoſſen nicht. Er war ihnen, wie ſein dichteriſcher
Sohn Jehuda=Leon von ihm rühmt, „Schild und Mauer, rettete die
Dulder aus der Gewalt der Widerſacher, heilte die Riſſe und wehrte
die grimmigen Löwen von ihnen ab[1]“. Als König Affonſo die
Hafenſtadt Arzilla in Afrika eroberte, wanderten 250 Juden, ver=
ſchieden an Geſchlecht und Alter, aus dieſer Stadt aus und' wurden
als Sclaven und Sclavinnen im ganzen Lande verkauft. Das
konnte der gefühlvolle Abravanel nicht gleichgültig mit anſehen. Er
bildete, ſobald die Kunde des Elends zu ihm gelangte, ein Comité
aus zwölf der angeſehenſten Gemeindemitglieder Liſſabon's und ſtellte
es ſich zur Aufgabe, dieſe Unglücklichen aus der Gefangenſchaft zu
befreien. Er und ein Mitglied des Comités reiſten im ganzen Lande
umher, um Spenden zu dieſem frommen Zwecke zu erheben. In
kurzer Zeit hatte er 10,000 Golddublonen zuſammen gebracht und
220 Gefangenen die Freiheit, nicht ſelten um einen hohen Preis,
erkauft. Dieſe losgekauften Juden und Jüdinnen wurden unter=
gebracht, ernährt und bekleidet, bis ſie die Landesſprache erlernt
hatten und für ſich ſelbſt zu ſorgen im Stande waren Woher
ſollte Abravanel die beträchtlichen Summen, welche die Erhaltung
und Verſorgung ſo vieler Unglücklichen erforderte, nun noch nehmen?
Die Mildthätigkeit ſeiner Landsleute konnte er nicht nochmals in
Anſpruch nehmen, er wandte ſich daher an Jechiel von Piſa,
der vermöge ſeines immenſen Reichthums den reichſten Häuſern in
Florenz Concurrenz machte, und gab ihm zu verſtehen, daß Spen=
den für die verarmten Afrikaner aus den italieniſchen Gemeinden
dankbar angenommen würden.

Mit dieſem ebenſo wohlthätigen als reichen Jechiel von Piſa
war Abravanel innig befreundet. Als der genannte Doctor João
Sezira in Begleitung des Don Lope de Almeida ſich nach Rom
begab, um dem Papſte Sixtus IV. das Gratulationsſchreiben ſeines
Königs zu überbringen, gab er ihm eine Empfehlung an Jechiel
mit. Er erſuchte ihn dringend, dem Doctor (Sezira), dem er das

[1] Jehuda=Leon's Gedicht.

Versprechen abgenommen, daß er mit dem Papste zu Gunsten der
Juden reden würde, so viele Gefälligkeiten zu erweisen, als in seinen
Kräften stände, und sowohl ihm als seinem fürstlichen Begleiter zu
versichern, daß der Ruf Affonso's auch über die Apeninen gedrungen,
und er, der italienische Freund, hoch erfreut sei über die Gunst,
mit welcher der tapfere portugiesische Monarch die Juden seines
Landes behandele. Als Geschenk für Jechiel sandte Abravanel durch
den Doctor Sezira seine „Krone der Alten" und einen Theil seines
noch unvollendeten Deuteronomium-Commentars, so wie von seiner
Frau für die Gemahlin Jechiel's eine treue maurische Sclavin, die
längere Zeit im Hause Sezira's sich aufgehalten [1]).

Aus der Ruhe und dem Glücke, in welchem Abravanel mit seiner
trefflichen Gattin und drei hoffnungsvollen Söhnen lebte, wurde er
plötzlich durch den Regentenwechsel in Portugal herausgerissen. Der
„gute" König Affonso starb nach einer thatenreichen Regierung Ende
August 1481. Ihm folgte sein Sohn João II., ein finsterer, herz=
loser, eigennütziger Mann, voller Ernst und Entschiedenheit, der
die mächtigen Granden zu beseitigen und ein absolutes Königthum
zu schaffen strebte. Den Herzog von Braganza, den reichsten und
beliebtesten Mann des Landes, der sein Verwandter, wie Abravanel
sich ausdrückt, Fleisch von seinem Fleische und Bein von seinem
Beine war, wollte er zunächst aus dem Wege räumen. Nachdem er
eine Zeit lang Freundschaft gegen ihn geheuchelt, beschuldigte er ihn
und seine Brüder eines geheimen Einverständnisses mit Castilien,
machte ihnen den Hochverrathsprozeß und ließ den Herzog von Bra=
ganza durch das Beil fallen. Des Herzogs Brüder, der Marquis
von Montemor und der Graf von Faro, denen ein gleiches Loos
bevorstand, flüchteten ins Ausland, und João zog die reichen Be=
sitzungen des ganzen Hauses Braganza für die Krone ein.

Da Abravanel zu den in Ungnade gefallenen Gliedern genannter
Familie seit lange in freundschaftlichen Beziehungen stand, so faßte
João auch gegen ihn Verdacht, als ob er von dem Verschwörungs=
plan wüßte. „Auch gegen mich", erzählt Abravanel, „der ich nicht
Unrecht in meiner Hand, nicht Trug im Munde führte, wüthete er,

[1]) Abravanel's Brief, datirt Nissan (שמיני 'פ) 1472, an Jechiel von Pisa
edirt in אוצר נחמד II. 65, Grätz, VIII. 339. In einer Nachschrift erkundigt sich
Abr. bei Jechiel, ob der Papst den Juden geneigt sei, und ob es in Rom jüdische
Aerzte gäbe, oder ob die Cardinäle die Arzneikunst betreiben.

weil ich in früheren glücklicheren Tagen zu jenen, nun verfolgten
Edlen zärtliche Freundschaft gehegt und sie sich gern Rath bei mir
geholt hatten. Schwerer Vergehen ward ich vom Landesherrn angeklagt; er wandte seinen mächtigen Haß gegen mich und zählte mich
zu den Verschwörern; denn jene, meinte er, würden nichts unternommen haben, das mir, dem innig mit ihnen Verbundenen,
geheim geblieben wäre, und ein Empörer sei ich, wie sie! Auch ruchlose Menschen, die mich zu stürzen suchten, um sich alles Meinigen
zu bemächtigen, schürten die Flamme, spitzten wie Schlangen ihre
Zunge und beschuldigten mich böser Thaten, die ich nicht veranlaßt,
ja, die mir nicht in den Sinn gekommen waren. Mitten in dieser
Verwirrung erhielt ich die Unglücksbotschaft: der König habe befohlen,
ich solle ohne Zögern zu ihm kommen; ich gehorchte seinem Befehle
und begab mich auf den Weg, ohne Arges zu ahnen, nach dem
Orte zu, den des Königs Geheiß bestimmt hatte. Aber unterwegs
in der Herberge kam mir ein Mann entgegen und sagte mir: Nicht
weiter! Rette Dein Leben, denn es ist eine böse Zeit; üble Gerüchte
sind im Umlauf, Furcht rings umher, und gegen Dich — so vernahm ich — haben Mehrere einen Bund geschlossen. Diese Warnung bewog mich, mein Erbtheil zu verlassen, das Weib, das der
Herr mir bestimmt, die Kinder, die der Herr mir verliehen hatte,
und all das Meinige. Ich suchte Rettung durch die Flucht. In
der Nacht stand ich auf und machte mich auf den Weg, um vor
dem bösen Herrn, dem Unglücke, zu entfliehen. Und da mein
Geschick so plötzlich herangekommen war, wie der Sturmwind die
Spreu hinwegrafft, konnte ich nichts von meiner Habe retten und
kam nur mit dem Leben davon. Am andern Morgen war schon
in Pharao-João's Palaste das Gerücht von meiner Flucht verbreitet, und auf des Königs Geheiß wurden eiligst Boten ausgesandt,
die den Auftrag hatten, mich zu ergreifen und sogleich zu tödten.
Eine ganze Schaar ward mir nachgeschickt und berittene Söldlinge
verfolgten mich den ganzen Tag und die folgende Nacht nach der
Wüste zu."

"Gottes Huld ließ es nicht zu, daß mir ein Uebel geschähe. Um
Mitternacht zog ich aus Egypten, dem Reiche Portugal, und betrat
das Reich Castilien, nämlich die an der Grenze gelegene Stadt Segura
della Orden. Als der König nun sah, daß er mir das Leben nicht rauben
konnte, daß ich den Weg gegangen, auf den Gott mich gesandt, da

wüthete sein Zorn und er behandelte mich wie seinen Feind. Er legte seine Hand an Alles, was ich mir an Gold und Silber und Kostbarkeiten gesammelt hatte. Bewegliche Habe und Ländereien, Alles eignete er sich zu, und ließ mir nicht das Geringste zurück." (October 1483) [1]).

Der nunmehr verarmte Abravanel machte sich heimlich Vor= würfe, daß er im Glücke und als Staatsdiener das Studium des Gesetzes vernachläßigt habe. Frei vom Staatsdienste, den Allgütigen preisend, mit seinem Weibe und zweien seiner Söhne — der dritte war in Portugal zurückgeblieben — wieder vereint zu sein, widmete er sich wieder dem Dienste des Herrn. Er führte zunächst den bereits in der Heimath gefaßten Vorsatz aus, die historischen Bücher [2]) des Alten Testaments mit einem ausführlichen Commentare zu ver= sehen. In einem Kreise lernbegieriger Männer trug er seine Erläu= terungen mündlich vor und schrieb sie dann in überraschend kurzer Zeit nieder. In 16 Tagen (vom 10. bis zum 26. Marcheschwan = November 1483) war der Commentar auf Josua, in 25 Tagen (vom 1. bis zum 25. Kislew = December 1483) der auf das Buch Richter, und in drei und einem halben Monate (vom 1. Tewet bis zum 13. Adar II. = Januar bis April 1484) der Commentar auf die beiden Bücher Samuel beendet [3]).

Zu diesen exegetischen Arbeiten war Abravanel trefflich vor= bereitet; er hat seine Aufgabe in einer Weise gelöst, daß seine Ver= dienste um die Erklärung der Bibel von allen jüdischen und christlichen Forschern selbst noch heute bereitwillig anerkannt und gewürdigt werden. Es haben wohl selten die Schriften eines jüdischen Gelehrten aus dem Mittelalter so allgemeine Verbreitung auch unter den Christen gefunden, als die des Don Isaak Abravanel; mehr als dreißig christliche Theologen, unter ihnen Männer wie Alting, Buddeus, Constantin L'Empereur, Hulsius, Carpzov, Surenhus und ganz be= sonders Buxtorf beschäftigten sich mit ihm, übersetzten einige Theile seiner Commentare und lieferten Auszüge aus seinen sonstigen Schriften. Sie mögen es ihm hoch angerechnet haben, daß er als

---

[1]) Einleitung zum Josua=Commentar, vgl. Vorrede zu פסח זבח.

[2]) Sonderbarer Weise wurden die Bücher der Chronik von Abr. wenig beachtet, wie er selbst bekennt. (Einleitung zum Samuel=Commentar): את חטאי אני מזכיר היום כי לא קראתי בו (בספר דברי הימים) מימי לא חפשתי בעניניו מהיותי עד עתה.

[3]) M. s. den Schluß vom Josua=, Richter= und Samuel=Commentar.

Jude es nicht verschmähete, sich bei christlichen Commentatoren Raths zu erholen, und in dieser Hinsicht war Abravanel allerdings vorurtheilsfreier, als viele seiner Zeitgenossen und Nachfolger. Er benutzte die exegetischen Schriften eines Hieronymus, Augustin, Nicolaus de Lyra und sogar des getauften Paul de Burgos [1]); er hielt es mit seiner Rechtgläubigkeit für verträglich, sich mit Plotin und dem heiligen Thomas von Aquin bekannt zu machen, den er den größten der christlichen Gelehrten nennt, und hielt eine Abhandlung des letztern für bedeutend genug, sie ins Hebräische zu übersetzen [2]).

Diese Toleranz gegen die christlichen Gelehrten stimmt schlecht zu der Intoleranz, mit der er die seinem Standpunkte heterogenen Ansichten und Aeußerungen jüdischer Forscher bekämpft. Männer wie Albalag, Palkera, Narboni, Profiat Duran, Bibago, Çarça stellt er mit dem Apostaten Abuer auf gleiche Linie, wenn nicht noch unter ihn; „ihre Namen mag er nicht über die Lippen bringen"; er betrachtet sie als hochmüthige Gelehrte, als Ketzer und Irrlehrer [3]). Wie wegwerfend äußert er sich über Narboni, diesen seltenen Verehrer Maimuni's: „Ich denke, was soll ich hier mit dem Götzen zu schaffen haben? . . . Er ist hinterlistig und versteckt seine Meinungen unter dem Spiele von Versen und hohen Redensarten, weil sie der Art sind, daß ihn, den Israeliten, die Scham abhalten mußte, sie offen und deutlich auszusprechen. Er hatte die Stirn eines buhlenden Weibes, das genießt, sich den Mund abwischt und spricht: ich habe nichts Uebles gethan. Deshalb überall, wo er sich der Verse und künstlicher Redensarten bedient, mag man nur den Israeliten zurufen: Wisset, daß er Böses sinnt! und deßhalb dachte ich, ich mag seines Namens nicht gedenken [4])." Nicht besser behan-

---

[1]) Paul de Burgos (Salomo Halevi), über ihn Sephardim 61 ff. Abravanel erwähnt P. de Burgos in seinem Jesaias-Commentar, c. 34: אך אמנם זה מקרוב
חכם מבני עמינו שיצא מכלל הדת במלכיות ספרד שמו לפנים בישראל שלמה הלוי נעשה אחר
כך שר וגדול בין הנוצרים אגמון בורגינשיש.
Nicolaus de Lyra nennt er (Jesaias Cap. 34, Ezechiel, Cap. 4, u. a.)
המפרש הגדול (המזכיר) שלהם.

[2]) Jellinek, Thomas de Aquino, 8. Abravanel citirt Thomas (בספר אשר קרא זיקונ"א)
auch in seinem Samuel-Commentar.

[3]) Commentar zu Josua, Cap. 10 (ed. Leipzig 21 b): וזמה לי להביא עוד שמותם על שפתי;
בל אשא את שבותם על שפתי b 11 מפעלות אלהים.

[4]) Abravanel in der Antwort an Saül Cohen, bei Geiger Melo Chofnajim, C6, f.

delt er Jbn Caspi, diesen verdienten Philosophen von Argentierre; „durch seine vielfachen offenen und versteckten Angriffe mag er viel dazu beigetragen haben, daß in den letzten Jahrhunderten der Finsterniß man kaum den Namen, viel weniger die Schriften Caspi's zu verbreiten wagte [1]". Auch mit R. Levi ben Gerson und gleichen Größen streitet er, weil sie dem Wunderglauben nicht unbedingt gehuldigt und der freien Forschung das Wort geredet hatten. „Das ist Abravanel's Art", sagt Samuel Aschkenasi, „größere Lichter verfinstern und größere Fürsten stürzen zu wollen; macht er es ja auch so mit Jbn Esra und Maimuni! Unerträglich ist mir der Uebermuth Abravanel's [2]".

Nicht länger als ein halbes Jahr war es ihm vergönnt, seinen Studien und schriftstellerischen Arbeiten ungestört zu leben; er wurde bald wieder in den Staatsdienst gezogen. Eben als er mit dem Commentare zu den Büchern der Könige beginnen wollte, wurde er an den Hof des mächtigen Königspaares Ferdinand und Isabella berufen und mit dem Amte eines königlichen Steuerpächters betraut [3]. Als solcher trat er zu D. Abraham Senior [4]), einem reichen Juden aus Segovia, der wie er, aber geraume Zeit vor ihm, als königlicher Steuerpächter fungirte, in das Verhältniß inniger Freundschaft [5]). Dieser Abraham Senior war der intimste Freund des Andreas de Cabrera von Valencia, welcher ihn einen vorsichtigen, die Gesetze der Freundschaft gewissenhaft achtenden Mann nennt [6]. Bei der Ausgleichung zwischen dem Könige Heinrich IV.

[1]) Steinschneider, Art. Joseph Caspi in der Encyklopädie von Ersch-Gruber, 2. Sect., Bd. XXXI. S. 73. Daselbst sind auch die Stellen zusammengestellt, an denen Abr. Caspi's Schriften citirt, die übrigens noch vermehrt werden können.

[2]) Bei Geiger, l. c. 68.
Man beschuldigte Abravanel des Plagiats, s. Jost's Annalen, 1839, 101, und Luzzatto's Vertheidigung, ebendaselbst 1840, 17 ff. (vgl auch Annalen 1839, 181).

[3]) Einleitung zum Commentar der Bücher der Könige.

[4]) Abraham Senior hieß nicht Benveniste, und Abraham Benveniste — über ren das Weitere in der Abhandlung am Ende dieses Buches — nannte sich nicht Senior. Beide sind in Charakter und Stellung grundverschieden.

[5]) Imanuel Ahoah, Nomologia, 302: Todo el tiempo que estuvo (Abravanel) em Castilla tuvo intima amistad y comunicacion ... en la que tocava à sus negocios com Don Abraham Senior, que lo tomo por compañero en la massa de las rentas reales que tenia sobre si.

[6]) Vir providens recteque observans amicitiae leges.

von Castilien und deffen Schwester, der Königin Isabella, spielte
Senior eine nicht unwichtige Rolle im Interesse der Königin, in deren
Gunst er sich festzusetzen verstand. Sein Ansehen bei der Gebieterin
Castilien's und den Granden des Landes stieg immer höher, so daß
ihm die Cortes von Toledo im Jahre 1480 von 150,000 Maravedis, welche er an Steuern eingenommen und in seinem Wohnorte Segovia in klingender Münze liegen hatte, 50,000 Maravedis
erließen oder vielmehr schenkten [1]).

Auch Abravanel gelaugte wieder zu Reichthümern, erwarb sich
die Zuneigung des castilianischen Herrscherpaares und der Granden,
die den höchsten Rang im Staatsrathe einnahmen und mit denen
er verkehrte, lag, soweit die Geschäfte es gestatteten, dem Studium
ob und hätte, die früheren Uebel vergessend, während der acht Jahre,
die er in castilianischen Diensten verbrachte, ein zufriedenes, glückliches Leben geführt, wenn nicht die Zukunft ihn mit bangen Sorgen
erfüllte [2]). Der Horizont seiner Glaubensgenossen in der neuen
und alten Heimath, in Spanien und Portugal, umzog sich mit
schwarzen Gewitterwolken.

[1]) D. Miguel Salva y D. Pedro S. de Barandu, Colleccion de Documentos Ineditos para la Historia de España (Madrid 1848) XIII. 196.
[2]) Einleitung zum Commentar der Bücher der Könige und zu זבח פסח.

Siebentes Capitel.

D. João II.

Judenfreundliche Cortes. Jüdische Leibärzte und Astronomen: Joseph Vecinho, Joseph Capateiro. Abraham aus Lamego. Jüdische Drucker in Lissabon und Leiria. Einführung der Inquisition und Verbannung der Juden aus Spanien. Spanische Flüchtlinge in Portugal. Isaak Abravanel's fernere Lebensschicksale. Abraham Senior und seine Söhne. Leon Abravanel.

Kaum hatte D. Affonso die Augen geschlossen, als auch schon die Judenfeinde Portugal's den neuen König João mit Klagen über die Juden bestürmten; sie erwarteten, daß der Sohn ihren Beschwerden eher Gehör leihen und Abhilfe verschaffen werde, als der den Verhaßten immer geneigte Vater. In den Cortes, welche sich im November 1481 in Evora versammelten, gab sich der Volks= haß wieder in vollem Maße kund. Die Volksvertreter wollten ihres Triumphes gewiß sein und bekämpften dieses Mal besonders den Luxus und den, den tiefen Groll der Christen nährenden Reichthum der Juden, welchem letztern sie, um mit ihren Beschwerden durchzudringen, die Armuth des Volkes mit greller Farbe entgegenhielten. Sie wiesen auf die jüdischen Cavaliere hin, welche auf prächtig ge= schmückten Maulthieren in feinen seidenen Kleidern und Capuzen und mit Waffen einherstolzirten, so daß sie von den Christen in nichts zu unterscheiden wären. Sie beschwerten sich darüber, daß die Juden keine Erkennungszeichen trügen, als Steuereinnehmer fungirten und sich zu Herren der Christen aufwürfen, und brachten in lügenhafter Weise vor, daß die Bekenner des jüdischen Glaubens die Kirchen beträten, die Sacramente verspotteten, und daß die jüdischen ambulirenden Schneider, Schuhmacher und sonstigen Hand= werker, welche bei den Bergbewohnern und auf dem flachen Lande in Abwesenheit der Männer arbeiteten, unerlaubten Umgang mit den christlichen Weibern und Töchtern pflegten. Auch João ging auf diese Klagen und Forderungen nur theilweise ein. Er verbot den Juden das fernere Tragen seidener Gewänder und schrieb ihnen, gleich den übrigen Bewohnern, wollene Stoffe vor, er verhielt sie zum Tragen der Erkennungszeichen und beschränkte ihren Aufenthalt auf die Judarias. Hingegen war er einsichtsvoll genug, auf die letztere Beschwerde gar nicht einzutreten und sie dahin zu bescheiden, daß den Juden das Arbeiten auf flachem Lande aus Rücksicht gegen

die Landbewohner gestattet sei; hätten diese in vorgebrachter Weise
Klage zu führen, so könnten sie sich an die Behörden wenden [1]).

Man kann eigentlich nicht sagen, daß sich João in den ersten
Jahren seiner Regierung den Juden besonders feindselig gezeigt
hätte. Er verwandte die Gelehrten, die sich unter ihnen fanden,
vor wie nach in seinem Dienste, so oft sein Vortheil es erheischte.
Zu seinen Leibärzten gebrauchte er Juden. Als Solche werden
genannt Mestre Leão (Jehuda [2]), der ihm kurz vor seinem Tode
die Anwendung der Bäder Algarve's widerrieth, und Joseph oder
Diego Mendes Vecinho [3]). Sein Oberwundarzt war ein gewisser
Mestre Antonio, der feig und gewissenlos genug war, dem
Drängen seines frommen Königs und Herrn nachzugeben und sich
zum Christenthume zu bekehren. Der König selbst versah Pathen-
stelle bei ihm und beschenkte ihn mit reichgestickten Kleidern [4]). Zum
Dank überreichte ihm der Neophyt eine gegen seine früheren Glaubensgenossen gerichtete gehässige Schrift [5]).

Der genannte Leibarzt Joseph Vecinho, der auch bei der
Anfertigung der Weltkugel für den Seefahrer Pedro de Covilhão
mit thätig war [6]), saß neben dem jüdischen Mathematiker Moses [7]),
neben dem Nürnberger Seefahrer und Kosmographen Martin

[1]) Santarem, l. c. II. 2, 203: Do dissuluçam dos judeos nos traias é conver-
saçom dos Christãos (vgl. 185 und 106), und 268: Dos Judeos aljabebes.

[2]) Resende, Vida e virtudes do ... principe el rey D. Joam II. (Evora
1554) Cap. CCVI. S. CX ... principalmente em hi mestre Lião judeu
miuto bom fisico que ho contradisse.

[3]) Barros, Asia, Dec. 1, Liv. IV. Cap. 2. Joseph Vecinho und Diego
Mendes Vecinho sind nicht zwei verschiedene Personen.

Auch ein Diego Rodriguez Çacuto wird als „famoso Medico de
João II" und als „insigne Mathematico", so wie als Verfasser ungedruckter Taboas
Astrologicas und anderer Werke von Bernardo do Brito, Antonio de Leão und
Barbosa Machado, Bibl. Lusit I. 691, genannt. Die ganze Angabe beruhet auf
eine Verwechselung mit Abraham Çacuto.

[4]) Resende, l. c. Cap. CX. S. XLI: Mestre Antonio sororgiã mor
destes Reynos foy judeu, e quando foy baptizado, el Rey foy com elle a porta
da Igreja e o leuou polla mão com muita honra e muito bem vestido de
vestidos ricos, ... e fry seu padrinho etc.

[5]) Diese Schrift führt den Titel: Ajuda da Fé contra os Judeos. Author
o Mestre Antonio, Doutor em Physica Chaurgião Mor d'El Rey de Portugal
D. João II ; handschriftlich im Jesuiten-Collegium zu Evora l. c. Barbosa, IV. 21.

[6]) Mariz, Dial. IV. Cap. 10, S. 315.

[7]) Memor. d. Litterat. Portugueza, VIII. 163.

Behaim und dem poetisch begabten[1] Leibarzt Rodrigo in einem von dem Könige veranstalteten Congresse, der ein Mittel ausfindig machen sollte, durch das die einzuhaltende Richtung auf unbekannter See sich sicherer nachweisen und das einigermaßen erkennen ließe, wo man sich befände. Durch die Verbesserung des Instruments zur Messung der Sternhöhe, das nautische Astrolabium, hat sich Joseph wesentliche Verdienste um die Schifffahrtskunde im Allgemeinen und um Portugal im Besondern erworben[2].

Zur selben Zeit nahete sich dem Könige João ein kühner Genuese mit dem Vorschlage, ein Geschwader über den Ocean nach den Ländern zu führen, deren Reichthümer und hohe Gesittung Marco Polo so verführerisch geschildert hatte. Es war das der Weltentdecker Columbus. Der König legte den Antrag seiner nautischen Behörde, welche gerade, wie erwähnt, über das neue Mittel zur Ortsbestimmung auf Seefahrten berieth, zur Prüfung vor. Diese Männer, seine Leibärzte Joseph und Rodrigo und der Bischof von Ceuta, hielten Columbus' Begehr für thöricht und meinten, es gründe sich Alles auf die Grille von der Inzel Zipango des Marco Polo. Da auch D. Pedro de Menezes, Graf von Villa-Real, dem Könige rieth, nicht auf Columbus' Träumereien zu hören und sich dabei auf Joseph und Rodrigo berief, so wurde der Weltentdecker abschlägig beschieden und abgewiesen[3].

Während nun Columbus Amerika für Spanien in Besitz nahm, richtete Portugal seinen Blick unverwandt auf das noch unbekannte Indien. Um über das geheimnißvolle Land des Priesterkönigs Johannes genauere Erkundigungen einziehen zu lassen, hatte João den erwähnten Ritter Pedro de Covilhão und Affonso de Paiva nach Jerusalem gesandt. Paiva wandte sich nach Aethiopien und erhielt zum Reisegefährten einen jüdischen Kaufmann, mit dem er so

---

[1] In einem handschriftlichen Cancioneiro, 96 Bll. stark, allem Anscheine nach aus dem letzten Viertel des 15. Jahrhunderts stammend (Mem. d. Litt. Portug. III. 61), befinden sich Poesien des Mestre Rodrigo Medico. Daß Rodrigo dem jüdischen Stamme nicht angehört, ist noch immer nicht erwiesen.

[2] Barros, l. c. Dec. 1, Liv. IV, Cap. 2; Telles Sylvius, De Rebus gestis Ioannis II, 90; Matthaei, De insulis novi orbis, 80; Maffei. Hist. Judic. 51.

[3] Barros, l c. Dec. 1, Liv. III. Cap. 11: „El Rey porque via ser este Christovão Colom ... mandou que estivesse com D. Diego Ortiz, Bispo de Ceuta, e com maestre Rodrigo e maestre Josepe, a quem elle commettia estas cousas da cosmografia.

innig befreundet wurde, daß er den Zweck seiner Reise, den er auf=
tragsgemäß vor Jedem geheim halten sollte, ihm offenbarte. Bald
nach seinem Eintritte in Abyssinien erlag der Ritter einer schweren
Krankheit zum schmerzlichen Bedauern seines jüdischen Freundes, der
ihm bei seiner Kopfbedeckung das Versprechen gab, direct nach
Portugal zu reisen und dem Könige von Allem, was sie in Er=
fahrung gebracht, genauen Bericht zu erstatten. Der Jude hielt
treulich Wort, kam aber, nachdem die Schiffe, die zur Entdeckung
Indien's ausgesandt, bereits unter Segel gegangen waren, in Lissabon
an [1]). Pedro de Covilhão, welcher Goa, Calicut besucht, bis nach
Sofola vorgedrungen und eben im Begriffe war, ohne sein Ziel
erreicht zu haben, nach Portugal zurückzukehren, erfuhr in Kairo die
Anwesenheit zweier Juden aus der Heimath. Es waren dies
Joseph Capateiro aus Lamego und Rabbi Abraham aus
Beja [2]). Sie überbrachten dem Ritter Briefe von seinem Könige.

[1]) Lima Felner, Collecçaõ de Monumentos Ineditos para Historia das
Conquistas dos Portuguezes (Lisboa 1858) I. 61: .... correa toda a costa ..
em companhia de hum Judeu mercador, com que tomou tanta amizade que
lhe contou todo seu trabalho: com o qual Judeu se voltou .... onde faleceu,
de que o Judeu ouve muito pezar, prometendo - lhe que trabalharia por hir
a Portugal dar conta a el rey das cousas que queria saber ... o que o
Judeu assi fez, mas não foi a Portugal senão sendo ja partidas as naos, que
foraõ descobrir a India.

[2]) Wer dieser R. Abraham gewesen, läßt sich schwerlich bestimmen, indem um
dieselbe Zeit mehrere dieses Namens lebten; wir wollen einige derselben wenigstens
anführen. Ein Abraham (Abraham judeu fisyquo e peliquem?) war Arzt in
Elvas und wurde laut Urkunde Affonso's V. vom 27. Juli 1475 Rabbiner der
Gemeinde seines Wohnortes; ein anderer R. Abraham lebte als Arzt in
Bragança, Aveiro und Setubal, noch ein anderer R. Abraham war 1484
Rabbiner (na cadeira da synagoga dos Judens) in Lissabon, „que vagara de
Isac Chananel com fero de tres alqueiras de azeite em cada hum anno".
Mem. d. Litt. Portug. VIII. 223. Ein Abraham Sarsar (שרשר) lebte in
Lissabon (Mittheilung Steinschneider's). Gelegentlich erwähnen wir auch noch
eines R. Abraham (Abraban) aus Lerida, der als berühmter Arzt, Chirurg
und Astrolog in Aragonien lebte und d. 12. September 1468 an dem Könige
Juan die Staar=Operation verrichtete. M. s. Ferreras, Hist. de España X.
218 und Archiv für Ophtalmologie (Berlin) XI. 2, 272: „Er führte ihm", sagt
Ferreras, „die Nadel ins rechte Auge ein und nahm den Staar hinweg.
Nachdem er sich nach Ablauf eines Monats von dem guten Erfolge der Operation
überzeugt hatte, führte er, selbst gegen die Meinung des Leibarztes, dieselbe
Operation auch am linken Auge aus, welche gleich glücklichen Erfolg hatte und
wodurch der König von seinem Augenleiden gänzlich befreit wurde".

Joseph, welcher früher in Ormuz gewesen und Alles, was er dort über den weltberühmten Stapelplatz der Spezereien und Reich=thümer Indien's gehört, nach seiner Rückkehr dem Monarchen erzählt hatte, war von diesem beauftragt, in Begleitung des genannten R. Abraham den umherirrenden Covilhão aufzusuchen und ihm die Weisung zu überbringen, daß er durch Joseph Nachrichten über den Erfolg seiner Forschungen gebe, selbst aber mit Abraham nach Ormuz reise und sich über die Verhältnisse in Ormuz unterrichte. Covilhão leistete dem Befehle João's pünktlichen Gehorsam, er reiste mit Abraham nach Ormuz und schickte Joseph mit einer nach Aleppo ziehenden Karawane nach Portugal zurück [1]).

Das sind Dienste, welche einzelne Juden dem portugiesischen Monarchen, beziehungsweise dem Lande erwiesen. Sie machten sich aber auch dadurch um Portugal und die Wissenschaft wesentlich verdient, daß sie die Buchdruckerkunst auch dort sehr früh einführten [2]). Sie errichteten gegen 1485 in Lissabon eine hebräische Druckerei, der der gelehrte Elieser Toledano als Besitzer vorstand, und in der Joseph Chalfon und Jehuda Gedalja, welcher letzterer noch im Jahre 1526 in Salonichi lebte, als Drucker beschäftigt waren [3]). Aus dieser Officin gingen mehrere, heute sehr selten ge=wordene Werke hervor [4]), so der Pentateuch mit dem Commentar des R. Moses ben Nachman (1489 [5]), das Ritualwerk des R. David Abudarham (Januar 1490 [6]), der Pentateuch mit

[1] Ueber die Quellen s. meine portugiesischen Entdeckungen im Jahrbuch für die Geschichte der Juden und des Judenthums. III. 309.

[2] Von in Portugal geschriebenen Thorarollen finden sich noch einige in den Bibliotheken. Eine von Samuel ben Jom Tob 1410 zu Lissabon geschriebene Bibel wird in der Bibliothek zu Bern aufbewahrt; ein zu Lissabon von Samuel de Medina 1469 geschriebener Pentateuch und eine andere Abschrift desselben von 1473 befinden sich in Parma. Dos Mss. biblicos copiados em Portugal in Mem. de Litt. Portug. I. Cap. 7.

[3] Jakob b. Chabib, עין יעקב, Vorrede, Abravanel, משמיע ישועה, Schluß.

[4] Steinschneider und D. Cassel, Art. Typographie in der Encyklopädie von Ersch=Gruber, Sect. 2, Bd. XXVIII. S. 37; Mem. d. Litt. Portug. VIII. 6 ff.

[5] M. s. Wiener in Frankel's Monatsschrift II, 280.

[6] De Rossi, Annales Hehr. Typogr. Sec. XV. (Parma 1795) 67 ff. Am Ende heißt es:

נשלם ביום ברוא מאורות   גדול כח להאיר כל אפילות

והחדש לישראל לטובה   שמו טבת אשר ארוך בלילות

שנת רנ"ה בשוב הה"א אלפים   וצדקנו באותיות מגולות

באשביי‌ה ....

Onkelos und Raschi (Juli 1491 [1]). Jesaias und Jeremias mit dem Commentar Kimchi's und die Sprüche Salomons mit dem Commentar des R Schalom ben Abraham (1492).

Nächst in Lissabon entstand in dem in einsamer Gebirgsgegend gelegenem Leiria bald eine zweite hebräische Druckerei in dem Hause eines Samuel D'Ortas (D'Orta [2]), welche acht Tage vor der großen Vertreibung der Juden aus Spanien (1. Ab = 25. Juli 1492) auf Kosten eines Samuel Colodero (קולודרו) die Sprüche mit Targum und Commentaren und noch zwei Jahre später die ersten Propheten mit den Commentaren Kimchi's und Levi ben Gerson's beendete.

Wie unendlich glücklich mußten sich die Juden in Portugal preisen, wenn sie an die damalige Lage ihrer Glaubensbrüder in Spanien dachten. Das große Drama, in dem die Juden selbst die Hauptrollen spielten, näherte sich seinem Ende und schloß mit einer schrecklichen Scene.

Man kann von den Juden im spanischen Reiche, auf deren tragisches Leiden wir einen kurzen Blick werfen müssen, mit Recht sagen, was von den Tempelrittern in Frankreich behauptet wird: ihr größtes, vielleicht ihr einziges Verbrechen war ihr Reichthum. Wegen ihres Reichthums wurden sie Jahrhunderte hindurch gehaßt, bedrückt, gemartert und gefoltert, wegen ihres Reichthums wurden sie aus dem Reiche vertrieben, wurden tausende von ihnen zum Feuertode verurtheilt.

Ferdinand und Isabella, das katholische Königspaar, das über Castilien und Aragonien regierte, wollte, von einem unbegrenzten Ehrgeize gestachelt, sich die ganze Monarchie unterwerfen und Spanien zu einer Weltmacht erheben. Nach seinem Regierungsantritte wollte der junge Ferdinand der Maurenherrschaft auf spanischem Boden völlig ein Ende machen, aber es fehlte ihm das Geld zur Kriegs-führung; die Staatscassen waren erschöpft, die Kunst, Staatsanleihen

---

[1] De Rossi, l. c. 81 und Math. Assumpção Brandão in Historia e Memorias da Acad. das Sciencias de Lisboa T. X. Pars I. 141 ff. Brandão bot ein Jude aus Mazagão, der sich zufällig in Lissabon aufhielt, für diese Ausgabe 8000 Reis, c. 130 Preuß. Thlr.

[2] Er nennt sich in em von ihm besorgten Almanach ou Taboas Astronom. de Abraham Çacuto Mag. Ortas (אורטאש). Raymund Diosdado vermuthet, daß Samuel D'Orta identisch sei mit Affonso d'Orta, der 1496 in Valencia druckte. De prim. Typogr. Hisp. aetate, 123, Mem. de Litt. Portug. VIII. 28.

zu machen, kannte man noch nicht, das einzige Auskunftsmittel war eine Erhöhung der Steuern. Eine Hauptquelle für Staatseinnahmen bestand in der Confiscation des Vermögens solcher Personen, welche wegen irgend eines Verbrechens angeklagt und verurtheilt. waren. Man mußte, um den Staatsschatz wieder füllen zu können, eine neue Classe reicher Verbrecher ausfindig machen. Diese Idee, welche, deß war man im Voraus gewiß, dem Volksgefühl mehr zusagte, als die Erhöhung der Steuern, beschäftigte den beschränkten Verstand der Finanzmänner im Priestergewande. Die Religion schien die passende Gelegenheit zur Verwirklichung dieser Idee zu bieten. Man darf nicht vergessen, daß das damalige Spanien nicht das streng katholische wie heute war. Im letzten Viertel des funfzehnten Jahrhunderts waren dort die verschiedenartigsten Ansichten und Meinungen über Religion und Kirche vertreten. Die reichsten und gebildetsten Spanier, nicht selten altadlige Familien, waren durch ihren täglichen Umgang mit Mauren und Juden und durch ihre innigen Beziehungen zu den letzteren der engherzigen Orthodoxie entzogen und zu einer freiern Auffassung kirchlicher Lehren gelangt. Diesen gegenüber standen die Zeloten, die ungeheure Menge Geistlicher, von dem Primas von Spanien bis zum niedrigsten Bettelmönche, welche durch eben diese Thatsache, durch das allmälige Schwinden äußerer Frömmigkeit, angefeuert wurden, das sinkende Gebäude zu stützen; sie fanatisirten den Pöbel, der ihnen blindlings folgte. Zwischen den beiden Extremen stand die große Masse der Nation, welche, leichtgläubig und unwissend, wie sie war, für die Pläne ihres Monarchen leicht gewonnen werden konnte. Die Verfolgung der Juden und Marranen und aller derer, welche mit ihnen in freundlichem Verkehre standen: das war die große staatsmännisch-kirchliche Finanzidee, welche realisirt werden sollte. Es lag darin das sicherste Mittel, sowohl die zur Ausführung des Krieges nöthigen Finanzen zu erschwingen, als auch das Gefühl der strenggläubigen und somit verfolgungssüchtigen Christen zu befriedigen. Die Königin Isabella konnte gegen die Ausführbarkeit eines solchen Projectes keine erheblichen Einwendungen machen, sie theilte immer die strenge Ansicht der Dominicaner. Ihr Gemahl Ferdinand legte auf die religiösen Motive freilich weniger Gewicht, aber dieser Mangel wurde durch die politischen und ganz besonders durch die finanziellen Gründe reichlich aufgewogen. Es leuchtete diesem herrschsüchtigen Monarchen

ein, daß Uebereinstimmung in der Religion und strenge Kirchen=
gewalt für eine centralisirte und machtvolle Staatsregierung von
unberechenbarem Werthe sei.

In demselben Jahre (1478), in welchem Mulei Aben Hasan
den spanischen Gesandten in dem prächtigsten Saale der Alhambra
zum letzten Male empfing und ihm den Tribut aufkündigte, ver=
weilten Ferdinand und Isabella längere Zeit in Sevilla. Eine
scheinbar unbedeutende Anzahl von Priestern und Laien hatte sich
dort versammelt, um zu berathen, in welcher Weise dem schlimmen
Einfluß, den die jüdische Bevölkerung auf die spanische Christenheit
üben sollte, begegnet werden könnte. Das Resultat dieser Be=
rathungen, an denen das Königspaar selbst Theil nahm, war, daß
alle Priester in den Städten und Dörfern angewiesen wurden, die
ernstesten Maßregeln in Anwendung zu bringen, um die verirrten
Schafe zum wahren Glauben zurück zu führen. Welchen Erfolg
konnte man sich von derartigen Maßregeln bei Menschen versprechen,
welche, wie die Marranen, mit inniger Liebe an dem Judenthum
hingen und einen nicht minder unüberwindlichen Widerwillen gegen
das Christenthum zeigten, welche an die Hauptdogmen der christlichen
Lehre nicht glaubten und sich über alle Kirchengebräuche hinweg=
setzten? Man wollte den Glauben mit Gewaltmitteln erzwingen.
Ferdinand und Isabelle wandten sich nach Rom und ersuchten den
Papst Sixtus IV. um eine Bulle, welche den früheren Prior des
St. Cruz=Klosters in Segovia, Thomas de Torquemada (Turrecremata),
den Beichtvater Ferdinand's, als Groß=Inquisitor ernenne, und diesem
blutgierigen Frater die Erlaubniß ertheile, sich seine Henker und
Helfer selbst auszuwählen. Sixtus IV., der mehr weltlicher Fürst
als Kirchenhaupt und bei dem für Geld alles zu erlangen war,
gewährte die Bitte der Majestäten: im Jahre 1481 erließ er die
Bulle und ernannte Torquemada zum Großinquisitor. Mit jener
den Zeloten eigenen Art, mit Verheißungen von Verzeihung und
Gnade, einem allgemeinen Pardon eröffnete er seine inquisitorische
Thätigkeit; er veröffentlichte ein Edikt, das an alle Kirchenthüren im
ganzen Reiche angeschlagen wurde, und in dem er die Marranen
aufforderte, innerhalb einer bestimmt angegebenen Zeit ihren Abfall
von dem Glauben zu bekennen und aufrichtig zu bereuen. Mehr
als 15000 erschienen mit Büßermienen vor dem Ungeheuer. Schwere
Strafen, je nach der Größe des Verbrechens, wurden ihnen auferlegt.

Sobald die Gnadenzeit vorüber war, begann das Tribunal seine Schreckensherrschaft zur Verherrlichung des Glaubens. Die Scheiter= haufen lohten in ganz Spanien, und das ganze Land war von Angst und Zittern ergriffen.

Es darf nicht unbeachtet bleiben, daß die Bevölkerung das Glaubensgericht nicht wollte und mit der Einführung desselben höchst unzufrieden war. Ganze Provinzen und Städte sandten Deputationen an das Königspaar mit der Erklärung, daß solche Grausamkeiten nicht zu ertragen wären. Der Volkssturm war so allgemein, daß jeder Widerstand eine Zeit lang unmöglich schien; Ferdinand und Isabella wurden vom Sturm nicht berührt und blieben in ihrem Vorhaben unerschütterlich. Sie schickten an die Statthalter der einzelnen Provinzen Commissaire mit geheimen In= structionen, drohten bald mit den schrecklichsten Strafen oder suchten die Unzufriedenen durch Verheißung von Reichthümern und Ehren= stellen für das Tribunal zu gewinnen. Alle derartigen Versuche blieben erfolglos. Die Inquisitoren konnten selbst mit Hilfe bewaff= neter Mannschaft keinen Boden gewinnen. Kaum hatten sie ihren Einzug gehalten, so wurden sie wieder vertrieben-und mußten der Volkswuth weichen. Die Opposition hatte sich bis nach Rom erstreckt, der Papst selbst war in Schrecken versetzt; er modificirte die ertheilte Bulle und gestand den Verbrechern Recurs an die Curie zu. Das durchkreuzte Ferdinand's Pläne, auf deren Erfolg er so sicher ge= rechnet hatte. Am 13. Mai 1482 richtete er von Cordova aus ein energisches Schreiben an den Papst, in dem er ihm unumwunden erklärte, daß er sich Eingriffe in die einmal ertheilten Rechte nicht gefallen lasse, und ihm alles Ernstes rieth, dem heiligen Officium keine weiteren Hindernisse in den Weg zu legen[1]). Der Papst mußte sich aus diesem Dilemma von Verlegenheiten kaum mit Ehren zu ziehen; er wagte es nicht, dem mächtigen König entgegen zu treten, versprach in seinem Antwortschreiben, die Angelegenheit in Berathung zu nehmen und sie vor der Hand unentschieden zu lassen. Nichts= destoweniger berücksichtigte er auch ferner die Gesuche der Marranen,

---

[1]) Haec conccessiones sunt importunae et eis nunquam locum dare intendo Caveat igitur Sanctitas Vestra impedimenta sancto officio concedere. Handschr. im Arch. General de la Corona de Aragon in Barcelona bei Bergenroth. Calendar of Letters, Despatches and State Papers, relating of the negotiations between England and Spain, London 1862, I., XLV.

so daß Ferdinand den Befehl erließ, daß Jedweder ohne Unterschied des Ranges, Standes und Geschlechts, ob Christlicher oder Laie, der es wage, von päpstlichen Absolutionen Gebrauch zu machen, ohne Weiteres mit dem Tode und Confiscation des Vermögens bestraft werde [1]).

Man sieht, es lief bei Ferdinand Alles auf materielles Interesse aus, und von diesem Gesichtspunkte betrachtet, erscheint die Inquisition in einer noch weit gräßlicheren Gestalt: den Fanatismus, der den Holzstoß anzündet, kann man noch verzeihen, nicht aber die Habgier, die die Asche durchwühlt. Der Confiscation des Vermögens wegen verfolgte er nicht allein die lebenden Marranen, auch den längst verstorbenen wurde der Prozeß gemacht. Die Henker rissen die Gebeine längst verstorbener Marranen aus den Gräbern, verbrannten sie feierlichst und entzogen ihr Vermögen den Erben als Staatsgut. Unter den vielen Opfern, welche noch nach dem Tode dem Glaubensgerichte anheim fielen, befanden sich die Eltern und die Großmutter des Bischofs von Segovia, D. Juan Arias de Avila. Juan's Vater, Diego Arias de Avila, in der Schreckenszeit Ferrer's zum Christenthume übergetreten, war von König Juan zum Staatsdienst befördert und von Heinrich IV. in den Adelsstand erhoben. Sobald nun der dem jüdischem Stamm entsprossene Prälat, dessen jüngerer Bruder gar zum Grafen von Pugnourostro ernannt worden, erfuhr, was man mit den Gebeinen seiner nächsten Verwandten zu thun beabsichtigte, vertrieb er die Inquisitoren aus seiner Diöcese und wandte sich an das katholische Königspaar mit der Bitte, dahin zu wirken, daß man diese, die Verstorbenen nicht minder als ihn, den Bischof, schändende Procedur unterlasse. Da aber alle seine Vorstellungen erfolglos blieben, so begab er sich in der Todesstille der Nacht auf den Friedhof, grub die Gebeine der theuren Verwandten aus und verbarg sie an einem Orte, der den Blicken der Henker verborgen bleiben mußte. Nach vollbrachter That ergriff er die Flucht und schlug seinen Weg nach Rom ein. Die Flucht des Bischofs blieb nicht lange ein Geheimniß. Isabella schrieb unverzüglich ihrem Gesandten in Rom und ertheilte ihm den Auftrag, schleunigst dem Papst von dem Vorfalle Kenntniß zu geben. „Ich habe", sagt Isabella in diesem Schreiben, „durch die Einführung

[1]) Ibid. I., XLV.

der Inquisition allerdings viel Unheil und Jammer verursacht, Städte, Provinzen und Königreiche der Bewohner beraubt, aber was ich that, geschah aus Liebe zum heiligen Glauben"; nur Lügner und Verleumder, fügte sie hinzu, könnten die freche Behauptung aufstellen, die Liebe zum Mammon hätte sie zur Einführung des Tribunals verleitet; sie hätte nie einen Maravedi von dem Vermögen der Verurtheilten sich angeeignet, sie hätte im Gegentheil die Gelder zur Erziehung und Ausstattung der Kinder der Verurtheilten verwendet. Vage Behauptungen, in denen auch nicht ein Körnchen Wahrheit liegt. Niemand kannte die eigentlichen Absichten der frommen Isabella besser, als der Papst Sixtus IV. „Uns dünkt", heißt es in einem Breve vom 23. Januar 1483, „daß die Königin mehr aus Ehrgeiz und Gier nach vergänglichen Gütern, als aus Eifer für den Glauben und aus wahrer Gottesfurcht zur Errichtung und Befestigung der Inquisition getrieben werde" [1]). Die Documente der spanischen Archive, welche erst in allerneuester Zeit der Wissenschaft zugänglich gemacht wurden, verschaffen uns Gewißheit über die Vermuthungen des Papstes und lassen die Wahrheitsliebe der heuchlerischen Isabella in trübem Licht erscheinen. Wir wollen statt vieler Belege nur ein Beispiel ihrer Habgier anführen. Der Marrane Pecho von Xerez wurde als Ketzer verurtheilt und sein Vermögen im Betrage von 200,000 Maravedis confiscirt. Der zehnte Theil dieser Summe fiel als Erbgut der Witwe des Verbrannten zu, welche mit ihren kleinen Kindern in die äußerste Armuth gerieth. Was that Isabella? Als ein Zeichen besonderer Gnade gab sie der durch sie unglücklich gewordenen Familie statt 20,000, 30,000 Maravedis; alles Uebrige floß in ihre Privatchatulle [2]).

[1]) Llorente, Histoire critique de l'Inquisition d'Espagne, I. 165.
[2]) Bergenroth, l. c. XLVI nach Acten aus dem Arch. General de la Corona de Aragon.
Noch crasser tritt Isabella's Habgier durch folgende Thatsache hervor. Mehrere Juden hatten bei ihrem Scheiden aus Spanien die Summe von 428000 Maravedis in Wechselbriefen auf englische Häuser mitgenommen. Sobald Isabella davon Kunde erhielt, schrieb sie dem Könige Heinrich VII. er möchte doch nicht zugeben, daß die genannte Summe den Juden ausgehändigt werde, da dieselbe nicht in den königlich spanischen Staatsschatz fließe. Hier das Schreiben, dat. Segovia 18. August 1494, bei Bergenroth l. c. 51:
„Certain Jews who have left the dominions of Spain have seized the sum of 428000 maravedis belonging to Diego de Soria, and in the keeping

Wir wollen uns hier auf die Unterhandlungen, welche zwischen dem verworfenen Papste und der bigotten, geldgierigen Heuchlerin gepflogen wurden, des Weiteren nicht einlassen. Das Tribunal stand trotz aller Demonstrationen von Seiten des Volkes bald unerschütterlich fest und verbreitete Furcht und Schrecken überall hin. „Es wüthete, wie der jüdische Dichter Samuel Usque die Inquisition treffend zeichnet, gleich einem wilden Ungeheuer von so frembartiger Gestalt und so fürchterlichem Aussehen, daß vor seinem Rufe allein ganz Europa erzitterte." Tausende und abermals Tausende der geheimen Juden erlitten den Feuertod; in Xerez, Sevilla und Cordova waren schon nach dem ersten Jahre der inquisitorischen Thätigkeit vier tausend Häuser ohne Bewohner. Wir finden unter den armen Duldern alle Schichten der bürgerlichen Gesellschaft vertreten: Geistliche, Staatsdiener, Militairs, Schneider und Schuhflicker — und eine unverhältnißmäßig große Zahl Witwen. Ob diese wegen ihres Reichthums und ihrer Hilflosigkeit besonders ausgewählt wurden, oder ob sie der „Ketzerei" mehr geneigt waren, wie letzteres der kabbalistisch-mystische Prediger Joseph Jaabez in seiner Antipathie gegen jede profane Wissenschaft zu behaupten sich nicht scheut? Kannte er von allen den Männern, welche als Dichter, Philosophen, kurz als Gelehrte sich auszeichneten und dennoch für ihren Glauben Alles ertrugen und selbst vor dem Feuertode nicht zurückschreckten, kannte er von allen den Männern keinen oder wollte er keinen kennen? Der Fanatismus macht blind![1]

of Fernau Lorenço, alleging that Diego de Soria owes them certain sums de bills of exchange, which were given to them when they were expelled from Spain. The Jews have forfeited their rights, for they had carried away prohibited goods, and Diego de Soria has been ordered to pay the said bills of exchange into the royal exchequer. Request Henry to annul the arrest, for by so doing he will not only act justly, but also render them (Ferdinand and Isabella) a special service".

[1] Die Aeußerung des Joseph Jaabez ist charakteristisch, sie lautet in seinem Werke: אור החיים (bei Menachem de Lonsano, שתי ידות, (Venedig 1618, 94 b): אלה האנשים אחרי שהם מהפארים שידעו את השם בחכמתם פורקים עול תורה ועול מצות מתנכרים לאביהם שבשמים מלעיגים ומשחקים במקיימי התורה והמצות, נער הייתי גם זקנתי ולא ראיתי כי אם אחד למאה מהם עוסק בתורה מצות ואותו היחיד פוכה על שתי הסעיפים ..וראיתי הנשים ועמי הארץ מסרו נפשם ומומנם על קדושת השם ורוב המהפארים בחכמה כמעט כולם המירו את כבודם ביום מר.

Also nur die unwissende Menge und die unwissenden, leicht erregbaren Weiber sind dem Judenthume treu geblieben, während die Gelehrten, die Männer der Wissen-

Eine beträchtliche Anzahl geheimer ·Juden suchten durch die Flucht dem Feuertode zu entgehen, sie wanderten im Geheim nach Afrika, der Provence, nach Portugal, Italien, Holland und selbst nach England aus. In Portugal fanden sie den erhofften Schutz nicht. Da dem Könige João hinterbracht wurde, daß die aus Spanien in sein Land eingewanderten Marranen als schlechte Christen oder vielmehr aufrichtige Anhänger des Judenthums lebten, setzte er mit Erlaubniß des Papstes eine aus Juristen und Theologen bestehende Commission, eine Art Inquisition im Kleinen, nieder, welche über die Lebensweise der geheimen Juden genaue Er- kundigungen einziehen sollte. Viele der Eingewanderten wurden für schuldig befunden und, wie ihre Leidensbrüder in Spanien selbst, zum Feuertode oder zu· lebenslänglichem Kerker verurtheilt[1]). Die Stadt Porto, welche besonders viele der geheimen Juden gastlich aufgenommen hatte, zwang der fromme João (1487), die Ketzer zu vertreiben[2]). In demselben Jahre verbot er den eingewanderten Marranen bei Todesstrafe und Confiscation des Vermögens ohne seine ausdrückliche Erlaubniß die Auswanderung zur See; es war ihnen lediglich gestattet, sich nach christlichen Ländern und der Levante zu begeben[3]). Um diese Zeit starb vermuthlich Jehuda Jbn Verga, ein auch vom Statthalter von Andalusien geschätzter Kabbalist, der von Sevilla, seiner Heimath, nach Lissabon geflüchtet war, den Mär- tyrertod, weil er die geheimen Juden den Spürhunden des Glaubens= gerichtes nicht angeben wollte[4]).

Der Umstand, daß die von der spanischen Inquisition verfolg= ten Anhänger des Judenthums in Portugal Schutz suchten, und das unmenschliche, grauenhafte Verfahren dieses Tribunals erbitterten die ʾPortugiesen auch gegen die einheimischen Juden und trieben den Haß gegen sie aufs Höchste. Die Sprache und die Begehren der Repräsentanten der Städte und Dörfer in den Cortes von Evora

schaft ihm leichtfertig den Rücken kehrten! Welches Armuthszeugniß ertheilt mit dieser Behauptung der fromme Prediger der altehrwürdigen jüdischen Religion und alle die Frommen unserer Zeit, welche ihm gedankenlos nachbeten und nach= schreiben. Wahrlich, „sie wissen nicht, was sie Böses thun"!

[1]) Garcia de Resende, l. c Cap. 68, S. 43 a.
[2]) Elucid. II. 123. (Nach einem Docum. d. Camera de Porto).
[3]) Pina, l. c. Cap. 29, S. 79; Resende l. c. 43 a.
[4]) Schevet Jehuda, 94, vgl. 66.

(März bis Juni 1490) waren stürmischer, als in allen früheren gleich=
artigen Versammlungen. Einstimmig wurde verlangt, daß die Juden
ein für allemal von dem öffentlichen Staatsdienst ausgeschlossen und
als Pächter königlicher oder Privat = Steuern und Zölle nicht zuge=
lassen werden. Man behauptete, daß den Juden als Steuerpächtern
und Zolleinnehmern eine Herrschaft eingeräumt worden, die dem
Volke aus politischen und religiösen Gründen unerträglich sei, daß
sie die Christen unterdrückten und sie an den Bettelstab brächten.
Der König wies die Volksvertreter mit ihrem Begehren ab, wohl
weniger aus Zuneigung zu den Juden, als aus eigenem Interesse;
das Volk war verarmt, und wer hätte außer den Juden die könig=
lichen Steuern und Zölle in Pacht nehmen können? Es war das
gleichsam ihr Monopol. Die Cortes mußten es sich ruhig gefallen
und sich noch obendrein sagen lassen, daß die christlichen Einnehmer
noch weit größere Bedrücker des Volkes als die Juden wären, und
daß gerade deshalb die früheren Monarchen beschlossen hätten, diese
Aemter den Juden mit geringer Beschränkung zu übergeben.

In diesen Cortes zeigten sich noch verschiedene andere Spuren
der öffentlichen Abneigung gegen die Juden; so wurde unter Anderm
das Begehren gestellt, daß es ihnen nicht gestattet sei, maurische
Sclaven zu kaufen, daß sie in Rechtsstreitigkeiten mit Christen diese
nur vor christlichen Behörden belangen lassen u. dgl. m.[1]).

Während diese judenfeindlichen Berathungen in den Cortes von
Evora stattfanden, trat João, die langdauernden Feindseligkeiten mit
Spanien vergessend, mit dem katholischen Königspaar in eine so
innige Verbindung, daß dadurch auch die spanische Politik auf por=
tugiesischen Boden verpflanzt wurde, eine Familienverbindung,
welche auf das Geschick der Juden Portugal's mindestens mittelbar
den größten Einfluß übte: João's einziger Sohn Affonso wurde mit
der ältesten Tochter der katholischen Isabella versprochen. In allen
Kirchen und Klöstern ließ der König für das glückliche Zustande=
kommen dieser ehelichen Verbindung Gebete anstellen, und seine
Freude über das Gelingen derselben war so groß, daß er mehrere
zum Tode Verurtheilte begnadigte. Am 27. November langte die
sehnlichst erwartete Braut in Evora an. Die Juden führten ihr zu
Ehren hier, wie später in Santarem, ihre pflichtschuldigen Aufzüge —

---

[1]) Santarem, l. c. II 1, 73; Herculano, l. c. I. 100 f.

wie die Mauren ihre Nationaltänze — auf [1]) und überreichten der
Prinzeſſin Geſchenke an Kühen, Schafen, Hühnern u. dgl. m. [2]).

Nach kaum acht Monaten wurde dieſe überglückliche Verbin=
dung wieder gelöſt. Affonſo, der Liebling Portugal's und der ſchönſte
Mann ſeiner Zeit, ſtürzte auf einem Spazierritte mit ſeinem Pferde
und blieb auf der Stelle todt (9. Juli 1491 [3]). Der König João
war über den Verluſt dieſes hoffnungsvollen Sohnes tief gebeugt; er
brütete vor ſich hin, blieb in Gram verſunken, und Niemand ſollte
ihn erheitern, ſelbſt die Juden durften ihn nicht mehr mit den
Thorarollen empfangen [4]).

Die junge Witwe, bigott und abergläubiſch wie ihre Mutter,
ſchob die Schuld des Todes auf die Nachſicht, mit der João die
aus Caſtilien vor der Inquiſition geflüchteten Juden im Lande dul=
dete. Mit einem unverſöhnlichen Haß gegen das jüdiſche Geſchlecht
kehrte ſie in das elterliche Haus zurück [5]).

Es bedurfte bei der fanatiſchen Mutter nicht erſt noch der Auf=
reizung der vom Unglück ſchwer heimgeſuchten Tochter, um den ſeit
lange gefaßten Entſchluß, ſämmtliche Juden aus ihrem Reiche zu
vertreiben, zur Ausführung zu bringen. Es war Alles vorbereitet,
ſie wollte nur erſt den Fall Granada's abwarten, um mit den
Mauren ſich auch zugleich der Juden zu entledigen Granada mußte
ſich endlich ergeben. Am 2. Januar 1492 hielten Ferdinand und
Iſabella ihren feierlichen Einzug in die alte Reſidenz der einſt mäch=

[1]) Resende, l. c. 69 b; Pina l. c. 123.

[2]) Pina, l. c. 131.

[3]) Ibid. 131 ff. Usque ſieht in dem Tode des Prinzen eine Strafe für die
Grauſamkeit, daß João die Judenkinder nach den verlorenen Inſeln geſchickt
(l. c. 229 b): El Rey D. Joham o segundo de Portugal que mandou os
minimos aos lagartos, cazando depois seu filho Dom Afonso com a filha de
El Rey Dom Fernando de Castella, no milhor tempo de seus conten-
tamentos — was der Verfaſſer des הבכא עמק, 89, ſehr unpaſſend mit
לבו שמחת ביום überſetzt — correndo o nouio huã carreira se lhe atreuesou o
demonio e do cauallo a abaixo o derribou de que ao seguinte dia — nach
ſpaniſchen Quellen ſofort — pereçeo. Vgl. auch Aboab, Nomologia 307: Y
muchas vezes oi dezir (!) a mi señor Isaac Ahoah etc. Das Ganze iſt
Phantaſie, der Prinz ſtarb 1491, und die Kinder wurden 1495 fortgeſchickt; von
der ſtrafenden Hand Gottes kann hier alſo keine Rede ſein.

[4]) Monarch. Lusit. V. 17, Monteiro, l. c. II. 10.

[5]) Manuel y Vasconcellos, Vida y Acciones del Rey D. Joam II. (Madrid
1639) 239.

tigen Khalifen, und am 31. März erließen die katholischen Könige das schreckliche Edikt, daß sämmtliche Juden ihres Reiches mit ihren Söhnen und Töchtern, ihren Knechten und Mägden, Alle, jeglichen Alters, Standes und Geschlechts, innerhalb vier Monate bei Todes= strafe auswandern sollten [1]).

Wie ein Blitz aus heiterm Himmel traf dieser Befehl die Juden des weiten Reiches. Don Isaak Abravanel gehörte in Folge seiner Stellung am königlichen Hofe zu den ersten, die von dem unmenschlichen, Tausende ins Unglück stürzenden Erlasse Kunde er= hielten. Er faßte Muth, näherte sich dem Könige und flehete ihn an, menschlich mit den Juden zu verfahren und das harte Decret zurück= zunehmen. „Lege uns doch auf", flehete er ihn an, „daß wir Gaben und Geschenke bringen, und was Einer aus dem Hause Israel be= sitzt, das wird er hingeben um sein Land." Abravanel wandte sich an seine christlichen Freunde, die bei dem Königspaare in Gunst standen, und die einflußreichsten redeten vereint dem Herrscher mit aller Macht zu, daß er jene Befehle des Zornes zurücknehmen und einen Vorsatz zur Vernichtung der Juden aufgeben möge, aber wie die taube Otter verschloß er sein Ohr und wollte Niemand ant= worten. Die Königin besonders stand mit mächtiger Beredtsamkeit ihm zur Seite, und sie, das Werkzeug ihrer frommen Beichtväter und der fanatischen Clerisei, bestärkte ihn darin, das einmal begon= nene Werk beharrlich auszuführen [2]). Auch diese Hoffnung, daß durch Abravanel's und seiner Freunde Einfluß das Verbannungs= edikt wieder aufgehoben werde, war vereitelt. Sei es, daß der königliche Erlaß vom 31. März noch nicht zur allgemeinen Kenntniß

[1]) Die eigentliche primäre Quelle für die Verbannungs=Urkunde ist das freilich schwer zugängliche Werk Pragmaticos y Leyes hechas y recopiladas por mandado de los muy altos catholicos principes el Rey D. Fernando y la Reyna D. Isabel. Medina del Campo 1549, fol. 3.

[2]) Abravanel's Einleitung zum Commentar d. B. d. Könige. Torquemada's Aeußerung: „Judas Ischariot hat Christus zum ersten Male für dreißig Silber= linge verkauft, Eure Hoheiten wollen ihn zum zweiten Male für dreißig tausend (nicht 300000) Ducaten verkaufen!" ist ihm von den Jesuiten in den Mund gelegt und nicht historisch. Possevinus, der Verfasser des apparatus sacer und der fanatische Paramus, Origo Inquisitionis, die diese Aeußerung zuerst mitgetheilt, wollen damit den Großinquisitor und ihren Orden verherrlichen, als ob Torque= mada's Einfluß und Dazwischenkunft die Vertreibung hauptsächlich bewirkt hätte. M f. die treffliche Beleuchtung dieser Aeußerung bei Adolfo de Castro, Historia de los Judios en España (Cadiz 1847) 137.

war gebracht worden, sei es, daß das Königspaar jeden Verdacht einer etwaigen Rücknahme abwenden und einen überaus großen Eifer für den Glauben wiederholt an den Tag legen wollte: Ende April wurde unter Trompetenschall an allen Orten des Reiches zu ein und derselben Stunde von den Alcalden öffentlich verkündet, daß bis Ende Juli alle Juden und Jüdinnen mit ihren Angehörigen und ihrem Vermögen bei Todesstrafe und Confiscation sämmtlichen Vermögens das Reich räumen sollten[1].

„Als das Volk diese Nachricht erfuhr, da trauerte es, und überall, wo des Königs Befehl bekannt wurde, sah man große Trauer bei den Juden, und es war Schrecken und Angst, wie dergleichen nicht gewesen, seit Juda vertrieben ward aus seinem Lande in das Exil. Und einer sprach zum andern: Wir wollen einander stärken in unserm Glauben und in der Lehre unseres Gottes vor der Stimme der Lästerer, vor dem tobenden Feinde. Lassen sie uns am Leben so leben wir, und tödten sie uns, so wollen wir umkommen, aber nimmer unsern Bund entweihen und unser Herz abwendig machen, sondern wandeln im Namen Gottes, unsers Herrn[2]!"

Glaubenshelden gleich zeigten sich die abziehenden Juden; die meisten verharrten trotz der verzweifelten Lage im Judenthume. Nur Wenige, getrieben von schnöder Geld= und Ehrsucht, gingen zum

---

[1] Cronicon de Valladolid zum ersten Male gedruckt in den unschätzbaren Colleccion de Documentos Ineditos para la Historia de España por D. Miguel Salva y D. Pedro Sainz de Barandu, XIII. 192: En ultimo de Abril se pregonó con tres trompetas, Rey de armas, dos Alcaldes, dos Algucilles en el real de S. Fée sobre Granada, qne se vayan de la villa de S. Fée é del real y de Granada, asi mesmo de los reinos del Rey é de la Reyna, nuestros Señores desde este dia fasta en fin del mes de Julio proximo inclusive todos los Judios y Judias con sus personas e bienes sopena de muerte y de confiscacion para el fisco e camara de sus Altezas. E este mesmo dia se habia de pregonar en todos los reinos y señorios de los dichos Reyes, nuestros Señores." Dieselbe Notiz wiederholt sich an einer andern Stelle desselben Cronicon: „Fue pregonido el ultimo dia de Abril del año de 1492 que Judio no quedase en el reino de Castella, y Aragon, ni Cecilia, ni en otro qualquier lugar que fuese sujeto a los muy esclarecidos Rey D. Fernando é Reyna D. Isabel dentro de tres meses so pena de muerte." Hiermit stimmt auch voll= kommen überein die Mittheilung Çacuto's im Juchasin 277: ואחר ארבעה חדשים נתנו הכרוז בסוף ארבל (אבריל) בכל מדינה ומדינה בחצוצרות שילכו כל היהודים ממלכותו עד ג׳ חרשים, und Abravanel in der Einleitung zum Commentar der B. d. Könige: זכרווא קורא בחיל

[2] Abravanel, Einleitung zum Commentar d. B. d. Könige

Chriſtenthum über. Unter dieſen Wenigen befand ſich der königliche
Oberſteuerpächter von Caſtilien, derſelbe D. Abraham Senior,
welcher für die Auslöſung der bei der Einnahme von Malaga zur
Sclaverei verurtheilten Juden ſo außerordentlichen Eifer an den
Tag legte. „Freitag, den 15. Juni 1492, Nachmittags, wurde D.
Abraham Senior und ſein Sohn (David) in der Kirche S. Maria
de Guadalupe in Valladolid getauft. Der König, die Königin und der
Cardinal von Spanien verſahen Pathenſtelle. Der alte Abraham Senior
nannte ſich fortan Ferrad (Fernando) Perez Coronel und der
Sohn Juan Perez Coronel. An demſelben Tage und mit den=
ſelben hohen Pathen wurde ein Rabbiner ſammt ſeinen beiden
Söhnen als Chriſten aufgenommen; ſie empfingen die Namen
Ferrad, Pero und Francisco Nuñez Coronel[1])“. Der
Leibarzt des Cardinal=Erzbiſchofs von Spanien, ein gewiſſer D.
Abraham, war der Verführung vierzehn Tage früher erlegen[2]).

Das waren Bekannte und Vertraute des Don Iſaak Abravanel,
Abraham Senior war ſein Compagnon, ſein Freund[3]). Wie groß
erſcheint er im Vergleich mit ſolchen Menſchen! Noch vor Ablauf
der beſtimmten Friſt verließ er das Land, gegen das er — und wie
konnte es anders ſein? tiefen Groll im Herzen nährte, vertraute ſich
einem Schiffe und wanderte mit ſeinen Kindern und den Trümmern
ſeines Reichthums nach Neapel. Hier nahm er ſeinen in Caſtilien
unterbrochenen Commentar der Bücher der Könige wieder auf und
beendete ihn September 1493 (am letzten Tage des Jahres 5253[4]).
Der König Ferdinand von Neapel erhielt von der Anweſenheit des

---

[1]) Cronicon de Valladolid, l. c. 195: En quince de Junio viernes en la
tarde fueron bautizados en S. Maria de Guadalupe D. Abraem Senior e su
hijo D.... (Don o David?) que mientra Judios se llamaban;.... fueron
padrinos el Rey, é la Reyna, nuestros Señores, y el Cardinal Despaña. Dieronles
por linage Coroneles: al padre llamaron Ferrad Perez Coronel, al fijo Juan
Perez Coronel. Asimesmo se convertieron e fueron bautizados esa mesma ora,
e fueron los sobredichos Rey e Reyna e Cardinal padrones, el Rabimayor e
dos fijos suyos. · Al Rabimayor llamaron Ferrad Nuñez Coronel etc.

[2]) Cronicon de Valladolid l. c. 194.

[3]) Man wird ſich nicht mehr wundern, warum Abravanel des früher für die
Intereſſen ſeiner Glaubensgenoſſen ſo thätigen, reichen Freundes in allen ſeinen
Schriften mit keiner Silbe erwähnt.

[4]) Einleitung und Schluß zum Commentar d. B. d. Könige. Sämmtliche
Commentare zu den erſten Propheten, gedruckt 1512, Leipzig 1686, Hamburg 1687
(mit Noten von Jak. Fidanque).

geflüchteten spanischen Staatsmannes sehr bald Kunde und zwar
durch das katholische Königspaar selbst. Ferdinand und Isabella
ließen dem neapolitanischen Könige melden, daß reiche spanische
Juden sich in sein Land geflüchtet hätten, und forderten ihn in einem
gebieterischen Tone auf, diese Emigranten ohne Schonung zum Tode
zu verurtheilen, die Reste des geretteten Vermögens den Vertretern
Spanien's für dessen Staatsschatz auszuliefern[1]). Ohne auf die
Drohungen der spanischen Majestäten zu achten, zog König Ferdinand
den erfahrenen jüdischen Staatsmann an seinen Hof und veranlaßte
ihn, in seine Dienste zu treten. So lange dieser menschenfreundliche
Monarch lebte, genoß Abravanel Tage des Glückes; „er erwarb sich
Namen und Vermögen, lebte in Ruhe und Frieden und hatte
Freude und Ueberfluß an Allem"[2]). Doch auch hier war es ihm
nicht lange vergönnt, der Ruhe zu genießen. Schon im folgenden
Jahre überzog Carl VIII. von Frankreich Neapel mit Krieg.
Alfonso II., der Nachfolger des edlen Ferdinand, mußte die Flucht
ergreifen, Abravanel begleitete ihn nach Sicilien und blieb ihm bis
zu dessen Tode treu (1495). Aller seiner Habe, auch seiner
Bibliothek beraubt, trat bei dem vielgeprüften Abravanel „Noth an
Stelle des Ueberflusses, seine Freude wurde verwandelt in Trauer,"
und er dankte Gott, daß er nach einer beschwerlichen Reise auf einer
der ionischen Inseln, in Corfu, sich endlich niederlassen konnte.

Ein Gefühl des Mitleids beschleicht Jeden, der sich in die
traurige Lage Abravanel's versetzt: ein beinah sechzigjähriger Greis,
getrennt von Weib und Kindern, ein Fremdling in fremden Lande,
der Sprache nicht kundig, dabei geschwächter Gesundheit, ohne Vermögen und Hilfe! Von Allen verlassen, suchte er Trost und Er-
holung in dem Studium und fand seine Ruhe in den tröstenden
und belebenden Weissagungen des Propheten Jesaias, die er im
Juli (1. Ab) 1495 zu commentiren begann. Ein Umstand besonderer
Art veranlaßte ihn jedoch, diese Arbeit unvollendet bei Seite zu
legen. Er fand nämlich seinen in der Jugend begonnenen, lange
Zeit für verloren gehaltenen Commentar des Deuteronomium zu seiner
großen Freude in Corfu wieder und setzte denselben nun mit neuem
Eifer fort[3]).

---

[1]) Bergenroth l. c. XLVII.
[2]) Chasekito's Biographie Abr's. n. פסח זבח Vorrede.
[3]) Einleitung zum Deuteronomium=Commentar und Schluß zu Jesaias.

Nach einem kurzen Aufenthalte auf der Insel lenkte er seine Schritte nach Monopoli im Königreiche Neapel und entfaltete hier eine reiche literarische Thätigkeit; die meisten seiner Schriften entstanden in Monopoli. Im Januar (20. Schewat) 1496 vollendete er seinen Deuteronomium = Commentar [1]), ungefähr zwei Monate später den Commentar zur Peßach=Hagada [2]), im Juli desselben Jahres für seinen jüngsten, damals drei und zwanzig Jahre alten Sohn Samuel, den Commentar zum Tractat Aboth [3]), und im December (1. Tewet) 1496 den von ihm selbst sehr geschätzten Commentar zum Buche Daniel [4]). Es folgten seine Schriften über einzelne Capitel, so wie sein Commentar des More [5]) über Prophetie und Erlösung [6]), über Glaubensartikel [7]), über Auferstehung, Belohnung und Bestrafung [8]), auch sein Commentar zum Jesaias [9]) wurde in Monopoli beendet. Er blieb hier bis gegen 1503 und siedelte dann auf Betrieb seines zweiten Sohnes, Joseph (geboren in Lissabon 1471), der als Arzt und Gelehrter in hoher Achtung stand [10]), nach Venedig über.

In dieser reichen Dogenstadt verflossen die letzten Lebensjahre des würdigen Greises ungetrübt und freudenreich. Er wurde nochmals in die Politik mit hineingezogen, die Staatslenker vernahmen gern seinen Rath und verwandten ihn als Friedensvermittler zwischen

---

[1]) Schluß zum Deuteronomium, zuerst gedruckt 1512, und dann häufig zusammen mit den Commentaren zu den übrigen Büchern des Pentateuchs.

[2]) זבח פסח (beendet ערב פסח רנ״ו) Constantinopel 1505, Venedig 1545 u. ö. ganz und auszüglich.

[3]) נחלת אבות, gedr. Constantinopel 1505, Venedig 1545 u. ö.

[4]) מעיני הישועה, Ferrara 1551, Amsterdam 1647.

[5]) שמים חדשים über More II, 19, beendet 14. Nissan (April) 1498, gedruckt zum ersten Male Rödelheim 1828. מפעלות אלהים, über die Schöpfung, zum Druck befördert durch Menachem Asaria de Fano und Samuel Frances. Venedig 1592. פירוש על ס' מורה נבוכים, 2. Theile. Prag 1831, 32.

[6]) ישועות משיחו beendet 20. Tewet (Januar) 1498. Carlsruhe 1828. להקת נביאים, handschriftlich. משמיע ישועה beendet 4. Adar II. März 1498, Salonichi 1526.

[7]) ראש אמנה gegen Maimuni, Crescas, Albo, Constant. 1505, Venedig 1545.

[8]) צדק עולמים, noch handschriftlich, häufig von ihm citirt, so Ezechiel 204 b: ...הלא הם כתובים באזהו מאמר צדק עולמים אשר עשיתי; ר״מ 57 b, 56 a, עיקרי התחייה ושרשיה.

[9]) Der Commentar zu Jesaias beendet Anfangs Elul (August) 1498.

[10]) Aboab, Nomologia 220. Aboab sah bei ihm eine 180 Jahre früher in Lissabon geschriebene hebr. Bibel.

der Republik und Portugal, seinem Heimathslande. Ihm wurde auch hier das Glück zu Theil, mit seinem ältesten Sohne Jehuda auf einige Zeit wenigstens wieder vereint zu werden.

Noch weilte Jehuda, von dem später die Rede sein wird und den der Vater selbst für den bedeutendsten Philosophen seiner Zeit hielt, im väterlichen Hause, als D. Isaak von einem gelehrten Kandianer, Saul Cohen, zwölf Fragen über philosophische Themata erhielt, welche er in der ihm eigenen geschmackvollen Weise bald beantwortete. Ueberhaupt lag er bis zu seinem Tode dem Studium ob und war unablässig bemüht, die gewonnenen Wahrheiten zu verarbeiten und zum Gemeingut zu machen Die Commentare zu Jeremias [1]), Ezechiel und den zwölf kleinen Propheten, so wie zu den vier ersten Büchern Mosis [2]), wurden kurz vor seinem Tode aus= und umgearbeitet. Gerade diese seine umfassenden Com= mentare wurden Lieblingsschriften seiner Glaubensgenossen. Ihnen gefiel die von ihm zuerst gehandhabte Behandlungsweise, jedem Buche eine besondere Einleitung und jedem Abschnitte oder jedem Capitel eine Anzahl Fragen voranzuschicken; oft warf er solche Fragen freilich unnöthiger Weise auf, nur um Gelegenheit zur Beantwortung zu haben. Rechnet man dazu noch die fließende, leicht faßliche Darstellung, der er sich in seinen exegetischen Schriften befliß, manches Neue und Piquante, das er aus anderen Wissens= gebieten gelegentlich einschob und seine strenggläubige, philosophisch gefärbte Richtung, so wird man es erklärlich finden, daß keiner der früheren und späteren Exegeten im Stande war, Abravanel zu verdrängen.

Dou Isaak starb als Siebzigjähriger in Venedig im Jahre 1509. Die angesehensten Männer der Stadt begleiteten seine irdischen Reste nach Padua, wo sie neben denen des R. Jehuda Minz bestattet wurden; sie ruheten dort aber nur wenige Wochen, da wurde die Grabesstätte Abravanel's in Folge der Kriegsunruhen vernichtet [3]). So verfolgte ihn die Laune des Schicksals bis über die Grenze des irdischen Daseins.

---

[1]) Der Commentar zu Jeremias wurde beendet am Vorabend des Scha= wuoth=Festes (Mai 1504). Die Abfassungszeit der übrigen prophetischen Bücher ist nicht angegeben. Die Commentare zu den Propheten, gedruckt 1520, Amsterdam 1642.

[2]) Das 2 Buch Moses beendet 1. Marcheschwan (October) 1505.

[3]) Chasekito, a. a. O., Isaak Chaim Cantarini, פחד יצחק, 10, setzen sein

Ein ebenso vielbewegtes, sorgen= und kummervolles Leben, als
Abravanel, der Vater, hatte sein nicht minder berühmter, ältester
Sohn Jehuda=Leon. Hätte Leon statt in italienischer Sprache,
wie sein Vater Hebräisch geschrieben, er wäre von seinen Glaubens=
genossen sicherlich eben so sehr, wenn nicht mehr geschätzt, als sein Vater,
da er aber statt mit talmudischen Grübeleien sich mit astrologischen
Untersuchungen [1] und philosophischen Träumereien abgab, sich mehr
in den Kreisen gelehrter Christen, als frommer Juden bewegte, so
schenkten seine Glaubensgenossen ihm und seinen Leistungen wenig
Beachtung, und die böse Zunge, sowie christliche Bekehrungssucht,
sprengten über ihn aus, er sei Christ geworden [2]. Leon Hebreo
oder Medigo, wie er seiner medicinischen Kunst wegen genannt
wurde, war ein geistreicher Arzt, den man, weil er auf diesem Ge=
biete Ausgezeichnetes leistete, ungern aus Castilien scheiden sah, und
der sich Ruhm und Anerkennung auch auf italienischem Boden
erwarb. Nahm ihn doch sogar der spanische Großcapitän Gonsalvo
de Cordova als Vicekönig von Neapel zu seinem Leibarzte, und in
dieser Stellung verblieb er, bis Gonsalvo, von seinem Posten ab=
berufen, die Stadt verließ. Später siedelte er nach Genua über.
Dort schrieb er seine Gespräche über die Liebe „Dialoghi di amore“.
Dieses Werk, das über die wichtigsten Bestimmungen des Menschen
handelt, viele Uebersetzungen und Auflagen erlebte, und das den
deutschen Schiller „nicht nur sehr belustigte, sondern ihn auch in
seinen astrologischen Kenntnissen weiter förderte“ [3], erstrebte eine
Vereinigung des Plato und Aristoteles durch Unterordnung beider

---

Todesjahr 1508. Grätz hat jedoch nachgewiesen, daß Abr sowohl wie Jehuda
Minz nicht vor 1509 gestorben sind (VIII. 437.)

[1] Es ist unzweifelhaft, daß Leon eine astrolog. Schrift im Auftrage des
mystischen Pico de Mirandola geschrieben hat. Es berichtet das nicht allein
Amatus Lusitanus Curationes Medicinales, Cent. VII. Cur. 98 (Geiger,
Ozar Nechmad II. 225 und danach Grätz IX. 7) sondern Pico selbst erwähnt
Leon's in der kurz vor dem Tode verfaßten Schrift Contra Astrologos, Lib. IX.
Cap. 8, Pag. 454, Cap. 11, Pag. 459, und sagt von ihm „vir insignis et celcher
mathematicus“, „autor excellent. can.“

[2] Daß Leon Jude geblieben, geht aus seinen Dialoghi unzweideutig hervor,
und verweisen wir der Kürze halber auf die Beweisführung bei Grätz IX. 236.

[3] Briefwechsel zwischen Schiller und Goethe, I. 287.

unter den Mysticismus der neuplatonischen Schule und der Kabbala¹).

Auf den jüngsten Sohn Abravanel's, Samuel, der mehr eine dem Vater ähnliche Stellung einnahm, kommen wir später zurück und wenden uns jetzt der Leidensgeschichte der Juden in Portugal wieder zu.

¹) Eine Charakteristik der Dialoghi lieferte Delitzsch, Orient, Literaturblatt, 1840, 81 ff.

Achtes Capitel.

D. João II.

Isaak Aboab. Die Auswanderung aus Spanien und die Einwanderung in Portugal. Grausamkeit João's und Leiden der Juden. Joseph Ibn Jachia.

Glücklicher, als D. Isaak Abravanel, die letzte politisch hervor=
ragende Persönlichkeit der spanisch = portugiesischen Juden, war sein
Lehrer und Freund D. Isaak Aboab, der letzte Gaon von
Castilien. Kaum war das spanische Verbannungsedikt zur öffentlichen
Kunde gekommen, so schickte sich dieser greise Rabbiner, einer der würdig=
sten Schüler, des im Alter von ein hundert und drei Jahren (1463)
verstorbenen R. Isaak Campanton, mit dreißig der angesehensten
Juden des Landes zu einer Reise nach Portugal an, um mit
dem Könige João betreffs der Aufnahme und Uebersiedelung
ihrer unglücklichen Glaubensgenossen Unterhandlungen anzuknüpfen.
João nahm den ehrwürdigen, halb erblindeten Greis, den Lieb=
ling der spanischen Majestäten, sehr freundlich auf, ging auf seine
Wünsche ein und stellte ihm nicht ungünstige Bedingungen; den Juden,
welche sich in Aboab's Begleitung befanden, wies er das reizend ge=
legene Porto zur Niederlassung an und ließ ihnen in der S. Miguel's=
Straße, in der sich auch die alte Synagoge befand, welche ein Enkel
Aboab's in der Jugend noch gesehen zu haben versichert, durch den
Magistrat Wohnungen einräumen; jedes Haus dieser spanischen
Emigranten war mit einem P, dem Anfangsbuchstaben der Stadt,
bezeichnet. Nicht mehr als funfzig Maravedis sollte Jeder der dreißig
Einwanderer der Stadt jährlich zahlen, dafür mußte sie ihnen noch
die Straße pflastern lassen [1].

[1] Ahoah, Nomologia 299: En Castella fue muy estimado de los Reyes
Fernando y Isabel, y luego que en fin de Março de 1492 hicieron en Granada
la prematica contra los Judios, se fue el venerable Sabio (R. Ishac Ahoah)
on otras treynta casas de nobles Israelitas à Portugal a cons(c)ertar con el

Die freundliche Aufnahme und die Zusicherung, welche dem greisen Aboab von dem Könige zu Theil wurde, schwellte die Brust der spanischen Flüchtlinge mit neuen Hoffnungen Alle Diejenigen, welche eine weite Seereise scheuten oder aus Gesundheitsrücksichten nicht unternehmen konnten, welche die Hoffnung hegten, von hier aus desto leichter die alte Heimath wieder besuchen, die öden Gräber ihrer Eltern und Geschwister wieder betreten zu können, oder denen es nur um einen zeitweiligen Ruhepunkt zu thun war, um früher oder später die Reise nach Afrika, nach europäischen oder asiatischen Staaten anzutreten, waren überglücklich, in einem der alten Heimath so nahen, ihr an Sprache und Sitten so ähnlichen Lande Aufnahme zu finden. Mehr als das verlangten sie vor der Hand nicht, und mehr konnte ihnen der König nicht versprechen.

So sehr auch João den reichen Gewinn ins Auge faßte, den er von den flüchtigen Juden zu ziehen beabsichtigte, so konnte es ihm doch nicht gleichgültig sein, durch die Aufnahme der Vertriebenen den mächtigen spanischen Nachbar sich zum Feinde zu machen. Der finstre misanthropische João wurde durch nichts als durch Gold zu diesem scheinbar menschlichen Acte bestimmt, er wollte mit dem Gelde der Juden den Staatsschatz, welcher durch den byzantinischen Aufwand bei den Hochzeitsfeierlichkeiten seines Sohnes geleert worden, wieder füllen und ganz besonders den Krieg gegen die Ungläubigen in Afrika unternehmen.

Mit diesem vorgefaßten, Allen bekannten Plane ging João mit den Granden und Gelehrten seines Reiches über die Aufnahme der vertriebenen Juden zu Rathe. Die Versammlung fand in Cintra Statt. Einige Räthe, welche gleich dem Könige die materiellen

Rey, que era entonces Juan, segundo de aquel nombre .... Fueron bien recebidos del Rey ... A estas treynta familias mando el Rey acomodar en la ciudad de Porto, y hizo que la ciudad diesse a cada una delles una casa; como dieron muy comodas en la calle que llaman de S. Miguel, y en medio de todas ellas estava la Sinagoga, que yo me acuerdo auer visto aun en mi niñez sin estar derrocada. Tenian dichas treynta casas una P por armas, que mostraua el nombre de la ciudad. Pagauan de pension cinquenta reis o marauedis cada una a la ciudad, y ella les hazia impedrar la calle. — Auch Damião de Goes, Chron. de D. Manuel, Cap. 10, Fol. 10. deutet auf eine Gesandtschaft der spanischen Juden an João hin. Dos quaes (Judeos) algũs antes que saissem de Castella mandarão pedir licença à el Rey D. João pera servirem a Portugal ...

Vortheile sehr hoch anschlugen oder sich von Mitleid und Mensch=
lichkeit leiten ließen, stimmten für die Aufnahme, die Majorität erhob
sich aus Fanatismus mit aller ihr zu Gebote stehenden Beredtsamkeit
gegen sie. Diese Judenfeinde gaben zu erwägen, daß es Portugal
zur ewigen Schande gereichen müsse, in Glaubenssachen gleichgültiger
zu sein, als das benachbarte Spanien, das jetzt in eclatanter Weise
der Welt gezeigt habe, wie die Reinheit des Glaubens höher stehe,
als alle Schätze, daß durch die Aufnahme der vertriebenen Juden
der Kirche eine große Zahl Seelen entzogen werde, indem die Flücht=
linge, zwischen zwei ihnen drohende Elemente, zwischen Wasser und
Feuer, Taufe und Scheiterhaufen, gestellt, aus natürlicher Liebe zum
Leben sicher das erstere vorziehen und wenigstens die Kinder der
Kirche zuführen, auch wohl selbst die Taufe annehmen würden.
Der König möge den afrikanischen Krieg lieber für immer unterlassen,
als durch eine der Religion so gefahrdrohende, dem Lande zur
Schande gereichende That sich die Mittel zu demselben verschaffen.
Der geldgierige, eigensinnige João war nicht der Mann, der sich
von seinem Vorhaben leicht abbringen ließ; trotz des Widerspruchs
der Majorität seiner Räthe wurde die Aufnahme der flüchtigen Juden
beschlossen[1]). Den spanischen Juden aber trat Alles in den Weg,
selbst die eigenen Glaubensgenossen in Portugal suchten die Auf=
nahme zu hintertreiben; wird doch der Arme und Gedrückte sogar
seinen Freunden verhaßt! Die Eingeborenen fürchteten, daß durch
eine massenhafte Einwanderung die leidenschaftlichen Portugiesen
noch mehr ergrimmt, auch auf ihre Verbannung bestehen würden.
Sie widersetzten sich der Aufnahme gewissermaßen aus Selbsterhaltung,
sie wehrten sich ihrer eignen Haut und gingen in ihren nicht ganz
ungegründeten Befürchtungen so weit, daß sie dem Könige zu be=
denken gaben, wie sein Land einen so bedeutenden Zuwachs der
Bevölkerung, so viele arme, brot= und mittellose Menschen ohne
Beeinträchtigung Anderer unmöglich fassen und ernähren könne.
Der edle Joseph ben David Ibn Jachia nahm sich der un=

[1]) Pina, Chronica d'El Rey D. João in der Collecção d. Livros Ineditos II,
Cap. 65, S. 173 ff. Resende, l. c. 96 Schäfer l. c. II, 647 meint, daß
die meisten Räthe dem Könige beigestimmt hätten. Herculano (l c. I, 106)
fand in einer handschriftlichen Relation, daß die Majorität sich gegen die Auf=
nahme der Juden aussprach. M. s. auch die Adresse eines eifervollen Prälaten
bei Aug. Manuel y Vasconcellos, Vida y Acciones del Rey D. Joam 270 ff.

glücklichen Glaubensbrüder an und suchte die Gegner in der Heimath
zu beschwichtigen. Alle Ueberredungskünste halfen nichts. Die Vor=
stellungen der eingeborenen Juden wurden jedoch vom Könige ebenso
wenig berücksichtigt, wie die Widerrede seiner Staatsräthe; es blieb
bei dem Versprechen, das er dem greisen Aboab gegeben hatte [1]).

Die Stunde der Trennung rückte für die Juden Spanien's
immer näher, und der Gedanke, die gesegneten Fluren des einst so
geliebten Landes, das sie viele Jahrhunderte ihre Heimath nannten,
nun für immer verlassen zu müssen, versetzte sie mehrere Wochen vor dem
bestimmten Tage in die tiefste Trauer. Sie hatten keine Ruhe
mehr in ihren Häusern und verbrachten ganze Nächte auf den Grä=
bern ihrer Vorfahren, auf den Friedhöfen, die das Theuerste bargen,
was sie zurückließen, und deren Heilighaltung und Schutz vor Ent=
weihung ihnen besonders am Herzen lag. So verkauften die Juden der
Stadt Plasencia ihren ungeheuer großen Begräbnißplatz dem Decan
der Stadt D. Diego de Xerez um den Spottpreis von vierhundert
Reales, aber unter der urkundlich festgesetzten Bedingung, daß der=
selbe nie dürfte bebaut und umgeackert werden [2]).

Wie die Juden Plasencia's, welche sich dem Plasencianer Capi=
tän Francisco Hernandez Floriano anvertrauten, schiffte sich der
Kern der spanischen Juden, ungefähr 120,000 Personen [3]), unter

[1]) Schalschelet 95 a und der Brief des David Jbn Jachia bei Grätz l. c.
VIII, 466.

[2]) Von welchem Umfange dieser Friedhof gewesen, ersieht man aus der Angabe
bei Alonso Fernandez, Historia y Anales de la Ciudad y Obispado de Plasencia (Madrid 1627) 154: Este cimeterio era casi todo el berrocal desde cerca
de la puente de S. Lazaro, rio baxo, hasta passado el molino de los naranjos,
y desde cerca de S. Anton, todo el camino que va a Castilla y Salamanca,
hasta enfrente de la tierra, y berrocales, passado el molino de los naranjos,
y por la parte de la ciudad, desde el arroyuelo quo baxo de S. Anton, y
entra el rio a la dicha puente. Der Decan verkaufte den Friedhof im Jahre
1496 an die Stadt, welche ihn zum Weideplatz bestimmte und jährlich mehr
Einnahme davon hatte, als der Kaufschilling betrug. Die Synagoge der Gemeinde
Plasencia, welche sich hinter dem frühern Stadthause befand, wurde in eine Kirche
umgewandelt und zu Ehren der Königin Isabel la de S. Isabel genannt.

[3]) Ueber die Zahl der Eingewanderten divergiren die Quellen in ihren Angaben.
Çacuto gibt l. c. 227 über 120000 Seelen an: עקר קשטיליא נכנס לפורטוגאל מפני
שלא חיו יכולים ליכנס בים ולורו עצמם ... יותר מק"כ אלף נפשות.
Eine fast gleiche Zahl hat Damiaô de Goes l. c. 10: segundo se affirma
entrarão nestes Regnos mais de vinte mil casaes, em que hauia algûs
de dez e doze pessoas e outros de mais (20000 Familien, wovon .

den von João ihnen gestellten Conditionen und von den der Con=
trolle wegen eigens ihnen angewiesenen Häfen Olivença, Arronches,
Castello=Rodrigo, Bragança und Melgaço nach Portugal ein. Der
Verabredung gemäß mußten die sechshundert meist reichen Familien,
für welche die Erlaubniß zur Einwanderung und zum Aufenthalte
anfänglich erwirkt war, die Gesammtsumme von 60,000 Gold=Cru=
zaden.[1]), jeder sonstige Einwanderer mit Ausnahme der Säuglinge
acht Gold=Cruzaden in vier Terminen erlegen [2]). Handwerker,

einige 10 und 12 Seelen stark waren. Die Familie wird im Durchschnitt zu 5
Personen gerechnet). Samuel Usque, nach ihm Aboab (l. c. 299), weiß nur von
den 600 Familien, denen der König die Aufnahme zugesichert hatte: . . . .
acordandose seiscentas casas com El Rey D. João (l. c. 195 a); ebenso ein
handschriftl. Mem. de Ajuda (bei Herculano I, 106): 600 meist reiche Familien
contractarem particularmente con el Rey.

Nach Bernaldez (bei Ad. de Castro, Judios en España, 143) wanderten in
Portugal ein:

von Benevent	nach Braganza über	3000 Personen		
= Zamora	= Miranda	= 30000	=	
= Ciudad Rodrigo	= Villar	= 35000	=	
= Alcantara	= Marban	= 15000	=	
= Badajoz	= Yelves	= 10000	=	

Zusammen über 93000 Personen
und zwar aus Castilien allein. Die Ungenauigkeit bei de los Rios l. c. 208
überrascht Niemand, der sein Werk nach Verdienst würdigt. Es ist durchaus kein
Grund vorhanden, die Angaben Çacuto's und Damião de Goes zu verwerfen und
eine größere Zahl als 120000 anzunehmen

[1]) Mem. de Ajuda bei Herculano l. c. I, 106.

[2]) Auch über die Eingangssteuer differiren die Quellen. Goes L c. 10 gibt
8 Cruzaden an . . . com lhe pagarem por cabeça oito cruzados pagos em
quatro pagas, Osorius, De Rebus Emanuelis 7 a: octonos aureos singuli regi
persoluerunt; Pina und Resende lassen die Summe unbestimmt. Genauer ist
Çacuto l. c. 227: ונתנו מעשר מכל ממונם ועד על כל נפש דוקאדו אחד חוץ משליש
דוקאדו בעבור (הרשאה) לעבור דרך המדינות, ועוד נתנו רביע כל הממון שהכניסו זמן קרוב
לשליש, ואפילו מי שלא היה לו ממון כלל נתן כופר נפש ח' דוקאטוש ואם לאו שידיה שבוי
Nach dieser Angabe — Çacuto als Leidensgenosse ist gewiß ein zuverlässiger
Berichterstatter — war es mit einer Kleinigkeit von 8 Cruzaden nicht abgethan,
sondern auf eine systematisch angelegte Erpressung abgesehen. Seine Angabe
דוקאדו אחד על כל נפש finden wir anderweitig belegt. Ein handschr. Mem. de Ajuda
bemerkt . . . . que pagassem par cabeça huũ tanto: o tanto era huũ cruzado.
Auch Ad. de Castro l. c. 146 hat ohne Quellenangabe . . que pagasen un
cruzado por persona. Aboab gibt nach Osorius ocho Escudos an; dous Escudos
bei Usque beruht sicher auf einem Irrthum. Da nun Çacuto, Goes und Osorius

Metallarbeiter und Waffenschmiede, welche sich im Lande dauernd niederlassen wollten, zahlten blos die Hälfte. Ueber diese Eingangs= steuer wurde ihnen von den dazu bestellten Controleuren und Ein= nehmern Quittungen ausgehändigt; wer auf heimlichen Wegen oder ohne Quittung ertappt wurde, war des Königs Eigenthum, gleich allen denen, welche nach der verabredeten Frist noch ·im Lande blieben; ·denn nicht länger als acht Monate durften sie in Portugal verweilen, innerhalb dieser Zeit mußten sie wieder abziehen. Der König machte sich jedoch anheischig, zu billigen Fahrpreisen nach den von ihnen gewünschten Orten für Schiffe zu sorgen und sie führen zu lassen [1]).

Welcher Art auch die Hoffnungen und Erwartungen der ein= gewanderten Juden gewesen sein mögen, so konnte die Aufnahme, die sie in Portugal fanden, sie nicht befremden; sie waren es schon gewöhnt, auf mißgünstigen Neid zu treffen, auf Schmähungen und schlechte Behandlung, auf Wortbrüchigkeit und pfäffische Bekehrungs= versuche. In letzterer Beziehung war es seit einigen Jahren in Por= tugal nicht besser, als in der Heimath des heilig gesprochenen Fray Vicente; auf ausdrücklichen Befehl des bigotten João wurden den Juden von taufwüthigen Mönchen bald in den Synagogen, bald in den Vorhallen der Kirchen Bekehrungspredigten gehalten [2]). Der abergläubische Pöbel und die ungläubigen, eifervollen Pfaffen waren immer und allenthalben die größten Feinde des jüdischen Geschlechts.

Zu allem Unglücke für die schwer heimgesuchten Einwanderer brach die schon mehrere Jahre verheerend wüthende Seuche bald nach ihrer Ankunft stärker aus und raffte Tausende von ihnen weg. Die christliche Bevölkerung, welche den thörichten Glauben nährte,

übereinstimmen (1 Gold=Cruzade gleich einem Dukaten), so ist diese Angabe als die richtige festzuhalten; das gab auch eine ganz erkleckliche Summe, wenigstens 1000 Dukaten, für die damalige Zeit ein königlicher Schatz.

[1]) Vgl. außer den Quellen in der vorhergehenden Note noch besonders Resende l. c. Cap. CLXVIII S· 96 b, Pina, Goes u. a.

[2]) Monarch. Lusit. V. 18: ... se lhes mandaua fazer sermoens em certos dias, humas vezes nas Synagogas, e outras os mandauão vir aos adros fora das igrejas. Junto ao alpendre da igreja de S. Maria dos Olivaes da Villa de Tomar auia humas casas dos Vigairos cõ hũ pulpito de pedra banda de fora, o qual servia de fazerem em dias determinados as praticas aos judeus... Este costume que auia em Tomar se usaua em todo o mais Reyno.

daß die Juden die Pest eingeschleppt hätten [1]), bestand mit Ungestüm
auf die schleunige Entfernung der Unheilsstifter. Angesichts der
Wuth der Portugiesen flüchteten viele, kaum zur Ruhe gekommen,
in die Gebirge und Einöden, wo sie theils verhungerten, theils von
dem Pöbel ermordet wurden. Die Uebriggebliebenen schickten sich,
um der Volkswuth zu entgehen, zur Weiterreise nach Afrika und der
Türkei an und forderten von dem Könige die ihnen vertragsgemäß
zugesicherten Schiffe. Nach langem Zögern kam er seinem Versprechen endlich nach. Er befahl den Schiffskapitänen, die Juden
menschlich zu behandeln und sie nach den von ihnen angegebenen
Plätzen zu führen, aber die Schiffsherren, gewinnsüchtig und juden-
feindlich wie sie waren, kehrten sich wenig an des Königs Befehl;
sie forderten mehr Geld von ihnen, als anfänglich bedungen war,
führten sie unnützer Weise auf dem Meere umher und belästigten
sie mannigfacher Art; sie verkauften ihnen die Speisen und Ge-
tränke, deren sie unterwegs bedurften, zu willkürlich übertriebenen
Preisen, so daß die dem Hungertode Nahen ihre Kleider oft um ein
Stück Brot hingeben mußten. In Gegenwart der Eltern und Gatten
schändeten sie die Töchter und Frauen und warfen sie sodann in
den Abgrund; die Schiffskapitäne und Bootführer benahmen sich
nach dem Chronisten wie Meineidige und Uebelthäter, wie Ungeheuer,
nicht wie Menschen [2]).

Die Kunde von dem namenlosen Unglücke der Auswanderer
und von der Unmenschlichkeit, mit welcher sie von den Schiffsleuten

[1]) Pina, Resende u. a. Usque l. c. 195, Çacuto, 227. In einem kleinen,
gegen 1530 geschriebenen Tractate Descripção da cidade de Lamego in der
Collec. de Livros Ineditos d. Hist. Portug. V. wird S. 597 behauptet, daß
die Stadt Lamego bis zum Eintritt der Juden aus Spanien selten von bös-
artigen Krankheiten heimgesucht wurde, e desque os Judeus de Castella entraram
em Portugal, que entam forom mui grandes pestelenças, núca mais ouve pestes.
Uebrigens war die Seuche in dem letzten Regierungsjahre Affonso's V. ausgebrochen und wüthete bis zur Thronbesteigung Manuel's oder bis zur Zeit, em
que como catholico Principe de todo tivou e arrancou de seus reynos a velha
Ley de Mouses, lancando fora delles os Judeus que nom quiseram ser christãos. Pina, l. c. 597. Vgl. auch Abravanel, Commentar zu Jeremias 128 a.

[2]) Die portugiesischen Chronisten machen aus dieser Grausamkeit kein Hehl.
Damião de Goes, l. c 10, erzählt: os capitaes e mestres destas naos por
delles tirarem mais dinheiro e mores fretes do que per suas auenças erão
obrigados, alem do mao trato que lhes dauão, lhes fazião has derrotas de

behandelt wurden, konnte kein Geheimniß bleiben und wurde den Zurückgebliebenen mit den schwärzesten Farben ausgemalt. Da Diejenigen, welche in Portugal verweilten, sich einem gleichen Schicksale nicht aussetzen wollten oder das allernothwendigste Reisegeld nicht erschwingen konnten, so verblieben sie im Lande und wurden, nachdem die bestimmte Frist zur Auswanderung verstrichen, sämmtlich zu Sklaven gemacht und verschenkt. Die Granden und Hofleute konnten sich die Juden und Jüdinnen jeglichen Alters je nach Belieben auswählen [1]).

König João ging in seinen Grausamkeiten gegen die spanischen Juden noch weiter. Zu Anfang des Jahres 1493 ließ er den zurückgebliebenen Eltern die kleinen Kinder von zwei bis zehn Jahren entreißen und sie durch den Capitän Alvaro de Caminha Souta Major aus Faro, einen abgehärteten Soldaten, nach den neu entdeckten St. Thomas= oder verlorenen Inseln bringen [2]). Wer das Schluchzen und Geschrei der Eltern nicht vernommen, als die Kinder ihnen entrissen und auf die Schiffe geschleppt wurden, hat nie in seinem Leben Jammer und Elend und Unheil wahrgenommen. Die trostlosen Mütter erhoben ein Wehgeschrei zum Entsetzen, die Kinder wimmerten und klammerten sich an sie, die Väter rauften sich vor Seelenschmerz das Haar aus; Niemand war da, der Erbarmen mit ihnen hatte, ihnen Trost zusprach oder ein gutes Wort für sie bei

sua viagem mais longas polos assi auexarem e lhes venderem has viandas, agoa e vinho ao preço que lhes bem parecia, com lhes fazerem outras afrontas em suas pessoas e deshonras a suas molheres e filhas, mais a lei de perjuros e maos homens que de Christãos ... Ebenso Osorius l. c. 7 a. Resende fügt zum Schluß hinzu: ... nunca tanta perseguição em lembrança de homens foy vista em nenhuma gente, como nestes tristes Judeus, que de Castella sahirão, se vio. Vgl. noch Usque l. c. 195 b und die schauerliche Erzählung des Jehuda ben Jakob Chajat in der Einleitung seines Commentars מנחת יהודה zu dem cabbalistischen Werke מערכת האלהות (Mantua 1558), so wie Grätz, VIII. 382 f.

[1]) Osorius, 7 b, Goes, 10.

[2]) Dieses Factum berichten, außer den jüdischen Chronisten Schevet Jehuda, 93 und Usque, 197, dem letzteren Joseph Cohen, 88 und Aboab, 303 nachschreiben, auch Pina l. c. Cap. 68, S. 181, Resende, Cap. 178, S. 102 a, Manuel y Vasconcelos, Vida del Rey D. Joam II. 304; Silva Lopes, Corografia do Reino de Algarve 406, Acenheiro l c. 320. Vgl. auch Farisol, אגרת עולם Cap. 16: נמלך פורטוגאל מלא אותה (פורט' זאנט') נערים ונערות צאן ובקר וגם אנשים ונשים שמעתי שהיו אנוסים בזמן הגירוש .

dem herzlosen König einlegte. · Einer Frau hatte man sieben Söhne
entrissen. Als die Arme hörte, daß der König sich in die Kirche
begeben wollte, eilte sie ihm entgegen und warf sich vor die Füße
seiner Rosse, flehend, man möchte ihr doch wenigstens ihren jüngsten
Sohn lassen; aber er hörte nicht auf sie und rief seinen Dienern
zu: „Entfernt sie von meinem Angesichte"! und als sie ihre Bitte
nichtsdestoweniger mit Nachdruck wiederholte, fuhren die Trabanten
sie hart an. Da sprach der König: „Lasset sie, sie macht es wie eine
Hündin, der man die Jungen entzieht!" Viele Mütter fleheten um
die Erlaubniß, ihre Lieblinge begleiten zu dürfen. Eine Frau drückte
ihr Kind an die Brust und stürzte sich in Folge ihres Seelenkampfes
mit ihrem Lieblinge aus dem Schiffe ins Meer, wo sie beide ihr Grab
fanden. Glücklich waren die armen Kinder zu preisen, welche den
Kampf bestanden und den Tod gefunden hatten. Die St. Thomas=
Inseln, wohin die den Eltern gewaltsam entrissenen Kleinen trans=
portirt wurden, waren nämlich „eitel Wildniß"[1], von Eidechsen,
Krokodilen, Schlangen und den durch João exportirten Verbrechern
bewohnt. Die meisten jüdischen Kinder starben schon auf den Schiffen
oder wurden bei ihrer Landung von den Krokodilen und den wilden
Bestien, welche dort hausten, verzehrt; nur wenige blieben am Leben
und wurden, als die Bevölkerung und Cultur sich mehrte, reiche
Pflanzer auf dieser nicht unfruchtbaren portugiesischen Besitzung[2].

Kaum war das Schiff mit den unglücklichen Judenkindern unter

[1] Auf der Erdkugel Martin Behaim's (bei von Murr, Diplomatische Ge=
schichte des portugiesischen berühmten Ritters M. Behaim's (Nürnberg 1728)
liest man unter der Insel S. Thomas die Bemerkung: Diese Inseln, wurden
gefunden mit den Schiffen, die der König aus P. ausgeschickt zu diesen Porten
des Mohrenlandes A. 1484. Da war eitel Wildnis und keine Menschen funden
wir da, dann Wald und Vögel, da schickt der König aus Portugal nun jährlich
sein Volk dahin, das sonst den Tod verschuldet hat, man und frawen, und gibt
Inen damit sie das Felt bauen und sich nehren, damit diß Landt von den
Portugalesen bewohnt würde; vgl. Usque, l. c. 197·a: a yiha... cujos moradores erã lagartos, serpes e outras muito peçonhentas bichas e deserta de
criaturas rracionães, onde desterraua os mal feitores que a morte eram jaa
obrigados.

[2] Os que escaparam vieram pelos dotes ingenitos da sua raça a ser
colonos opulentos daquella fertil possessão com o progresso da sua povoação
e cultura; Msc. d. Ajuda bei Herculano I. 111.

Segel gegangen, so verfiel João in eine schwere Krankheit, von der
er nicht mehr völlig genas. In einem Anfall von Geistesverwir=
rung und irre geleitet von seinen fanatischen Pfaffen, kam er auf
den Gedanken, auch die seit Jahrhunderten in seinem Lande woh=
nenden Juden zur Annahme des Christenthums zu zwingen Seinen
alten Günstling, den siebzigjährigen Don Joseph Ibn Jachia,
forderte er auf, mit der Ableugnung des Judenthums seinen Glau=
bensgenossen, bei denen er in großem Ansehen stand, voranzugehen;
er verhieß ihm als Belohnung die Herrschaft der Stadt Bragança
und drohte ihm im Falle der Weigerung mit dem Tode. Mit seinen
drei Söhnen, David, Meïr und Salomon, und anderen Familien=
gliedern und einem Vermögen von hundert tausend Cruzados wurde
Joseph alsbald flüchtig und entging glücklich den Verfolgungen
João's, der seine unbändige Wuth an den zurückgebliebenen Glie=
dern der Familie Jachia kühlte, gleich wie er an einem Enkel
Abravanel's, dem einjährigen Kinde Leon Hebreo's, grausam
Rache nahm, es taufen und als Christ erziehen ließ zur Höllenpein
für den untröstlichen Vater [1]. Joseph Ibn Jachia kreuzte eine Zeit
lang auf dem Meere und landete endlich in einem Hafen Castilien's;
hier wurde er, weil er das wenige Jahre vorher erlassene Gesetz,
wonach kein Jude den spanischen Boden betreten durfte, verletzt
hatte, zum Scheiterhaufen verdammt und erlangte nur durch die
Fürsprache des ebenfalls von João verfolgten Herzogs Alvaro de
Branganza, mit dem Joseph früher befreundet war, die Freiheit und
die Erlaubniß, die Reise von Neuem antreten zu können. Nach
fünfmonatlicher Seefahrt landete er in Pisa, das damals von den
Truppen des auf dem Zuge gegen Neapel begriffenen Carl VIII.
besetzt war. Don Joseph wurde mit den Seinen in Fesseln ge=
schmiedet und erst nach Erlegung großer Geldsummen wieder in
Freiheit gesetzt. Da suchte er bei dem Herzoge von Ferrara Schutz.
Anfangs freundlich aufgenommen, wurde ihm später der Prozeß ge=
macht, daß er mit den Seinen die Marranen zur Wiederannahme
des Judenthums verleitet und deshalb den Tod verwirkt habe. So
wanderte der edle Joseph wiederholt in den Kerker, aus dem er
auch jetzt nur gegen Zahlung von sieben tausend Goldstücken be=
freit wurde. Er starb wahrscheinlich in Folge der ausgestandenen

---

[1] Sieh die Elegie Leon Hebreo's im Ozar Nechmad II. 70 ff.

Tortur im Jahre 1498 im Alter von beinah 74 Jahren und wurde neben dem angeblichen Grabe des Propheten Hosea beerdigt[1]).

Als Don Joseph aus Portugal entfloh, eilte ihm die drei und zwanzigjährige Dina, die Gattin seines ältesten Sohnes David, Epitomator eines von seinem Verwandten David ben Salomon Ibn Jachia für ihn geschriebenen, kleinen grammatischen Werkchens[2]), in Mannskleidern nach, verbarg sich in demselben Schiffe und wurde erst in Castilien entdeckt. Trotz ihrer Schwangerschaft enthielt sie sich während der mehrmonatlichen Seefahrt jeder verbotenen Fleisch= art und stürzte sich, um den Angriffen der französischen Banden in Pisa zu entgehen, von einem zwanzig Fuß · hohen Thurme, blieb aber wie durch ein Wunder unversehrt und gebar in Florenz 1494 Joseph ben David Ibn Jachia, von dem noch später die Rede sein wird[3]).

Zugleich mit Don Joseph wanderte auch David ben Salomon Ibn Jachia, der eben erwähnte Verfasser einer hebräischen Grammatik[4]), und seit 1476 Prediger der Lissaboner Gemeinde, aus. Wie D. Joseph war auch er beschuldigt worden, die Marranen auf por= tugiesischem Boden zur Wiederannahme des Judenthums verleitet zu haben. João wollte ihn tödten lassen, und nur durch schleunige Flucht vermochte er sich mit seiner Familie zu retten. Sein Reise= ziel war Neapel. Dort ereilte ihn das Unglück, nur mit Mühe und durch den Verkauf seiner Bibliothek gelang es ihm, nach der Insel Corfu und von da nach Larta zu entkommen. Krank und mittel= los richtete er von hier aus einen zugleich seine Lebensgeschichte enthaltenden Bettelbrief an den reichen Jesaias Meseni, durch dessen Hilfe er die Türkei erreichte. Dort starb der gelehrte Ver= fasser mehrerer Schriften im Jahre 1504[5]).

[1]) Ueber D. Joseph sieh die Vorrede zu dem Werke des Don Joseph Ibn Jachia תורה אור, und Schalschelet 49 b.

[2]) M. s. Zedner in Steinschneider's hebr. Bibliographie II. 110. David verfaßte auch einen Klagegesang über die Vertreibung der Juden aus Portugal; אעירר יגונים ואפליג בקינים (S. 29), ד'ה לב''י.

[3]) תורה אור Vorrede; die betr. Stelle ist von dem neuesten unberufenen Historiographen der Familie Jachia (S. 28) sehr nachlässig und wie gewöhnlich leichtfertig copirt.

[4]) לשון למודים.

[5]) M. s. das Schreiben Jachia's an Meseni bei Grätz VIII. 466 f. und דברי הימים לבני יחייא, 17 ff.

Auch die Tage des Urhebers so vielen Unglücks waren gezählt. König João's letzte Lebensjahre waren ein ununterbrochener Kampf mit dem Tode. Schwere Leiden plagten ihn bis an sein Ende, er wurde durch Gift aus der Welt geschafft (25. October 1495 [1]).

[1] Aboab, l. c. 308: ...: murio ... no sin sospecha de veneno, Joseph Cohen, 89; וימת גם המלך יואן כי כלתו עץ בלחמו, in Uebereinstimmung mit Pina u. a.; vgl. noch Portugal Pittoresco (Lisboa 1846) I. 266: Ha toda apparencia de que D. João II. pereceo con consequencia de veneno.

Neuntes Capitel.

D. Manuel.

Manuel's Begünstigung der Juden. Abraham Çacuto. Manuel's Verbindung mit Spanien und der verderbliche spanische Einfluß auf die Juden in Portugal. Verbannung der Juden aus Portugal. Grausamkeit Manuel's, gewaltsame Taufe. Abraham Saba und seine Leidensgenossen. Geheime Juden oder Neu=Christen.

Nachdem D. João II. aus der Welt geschieden war, bestieg sein Neffe, D. Manuel, Herzog von Beja, den portugiesischen Thron. Dieser junge Fürst, das Glied einer verfolgten Familie, der Sohn eines auf dem Schaffot geendeten Vaters, hatte in den Tagen des eigenen Unglücks es gelernt, menschlich zu fühlen und sich der Bedrängten anzunehmen. In seiner Menschenfreundlichkeit, die einen Grundzug seines Charakters bildete, war es eine seiner ersten Regententhaten, daß er den Juden die Freiheit schenkte, die ihnen durch João entzogen worden war, und sie hinsichtlich der Steuern mit den übrigen Bewohnern gleichstellte. Eine ansehnliche Geldsumme, welche die Beglückten für diese Gnade mit freudigem Danke ihm überreichten, wies er zurück; er wollte sich ihnen als Wohlthäter zeigen und, wie sein Biograph, der Bischof Osorius, sich ausdrückt, durch Wohlthaten sie zur Annahme des Christenthums bewegen [1]).

D. Manuel, ein Freund und Beschützer der Wissenschaften und Künste, selbst den Studien ergeben und gern in Gesellschaft gelehrter Männer, verschmähete es nicht, einen Juden als seinen Astrologen und Chronisten anzustellen. Es war dies Abraham Çacuto [2]),

---

[1]) Osorius, De Rebus Emanuelis 7b: Hoc illi beneficio permoti, ei magnum argenti pondus obtulere, quod accipere noluit; Dam. de Goes, Chron. de D. Manuel, C. 10, fol. 11: El Rey D. Emanuel ... tanto que regnou libertou logo estes Judeus catiuos, nem delles, nem das communas dos Judeus naturaes do Reyno querer acceptar hũ grande serviço etc.

[2]) זכות, זכותו, זאקוטו, Çacuto, Zacuto, gewiß nicht Zachuto, wie Jost, Geschichte des Judenthums, III. 113, noch schreibt. Der von Francisco da Fonseca (Evora Gloriosa, 411) und nach diesem von Barbosa Machado (Bibl. Lusit. I. 691) genannte Diogo Rodriguez Zacuto „com opinio de famoso medico e

der berühmte Urgroßvater des nicht minder berühmten Arztes Abraham Çacuto mit dem Beinamen Lusitano. Er stammte väterlicher Seits aus dem südlichen Frankreich [1]) und wurde in einer Stadt Castilien's [2]) geboren; er widmete sich den mathematischen Studien, vorzugsweise der Astronomie und lebte mehrere Jahre als Professor dieser Wissenschaft in Salamanca, wo Augustin Ricci sein Schüler war [3]), und später in Saragossa. In Folge der Vertreibung der Juden aus Spanien folgte er seinem greisen Lehrer Isaak Aboab nach Portugal, er stand an seinem Grabe und hielt dem Anfangs 1493 in Porto verstorbenen Meister die Leichenrede [4]). Çacuto widmete dem Lande, das ihm gastliche Aufnahme geschenkt, fortan seine Dienste. Aller Wahrscheinlichkeit nach wurden seine eminenten mathematischen Kenntnisse schon während der Regierungszeit João's zum Wohle des Staates verwendet; wer anders als unser Abraham Çacuto sollte der unter diesem Könige lebende Abraham „Estrolico" (der Astrolog) sein, der von João den 9. Januar 1494 eine Belohnung von zehn Goldespadins erhielt [5])? Dafür spricht auch die Erzählung, die der etwa hundert Jahre später lebende Portugiese Menasse ben Israel, vielleicht vom Hörensagen, mittheilt. Der König João sei einst zu Çacuto gekommen und habe, um ihn auf die Probe zu stellen, die Frage an ihn gerichtet, durch welches Thor er bei seinem Einzuge in Evora kommen würde. Hierauf habe ihm der Astrolog geantwortet: Wozu fragst

insigne Mathematico" ist kein anderer als unser Abraham Çacuto. Nach den von Barbosa citirten Bernardo de Brito, Geogr. Ant. da Lusit. und Antonio de Leaõ, Biblioth Geogr. III. 1719, ist Çacuto auch Verfasser eines Werkes Do clima e Sitio de Portugal.

[1]) Juchasin (ed. Filipowsky) 223.

[2]) Gewöhnlich wird Salamanca als Geburtsort Çacuto's angenommen, andere nennen Toledo und Saragossa, auch Evora.

[3]) Ricci versichert in seinem Werke De Motu Octavae Sphaerae (Paris 1521) 4: Abraham Zacuth, quem praeceptorem in Astronomia habuimus in civitati Salamancha. Vgl. Ribeiro dos Santos, Sobre alguns Mathematicos Portuguezes in den Memorias d. Lit. Portug. VIII. 163.

[4]) Juchasin 226 (134 a): ר"י אבוהב רבי ומורי ז"ל ... נפטר בפורטוגאל שנת רנ"ג ... ז חדשים אחר הגירוש והיה ששים שנה ואני דרשתי עליו הנה אנכי שולח מלאך ... Aboab, l. c. 300.

[5]) Die Urkunde dat. Torres Vedras, 9. Januar 1494 in Torre de Tombo, mitgetheilt von Ribeiro dos Santos, l. c. VIII. 166.

Du mich? Du wirst doch gewiß das gerade Gegentheil dessen thun, was ich Dir sage. Man brachte Dinte und Feder und Çacuto schrieb nieder: „Der Fürst wird seinen Einzug durch ein neues Thor halten." So geschah es. João, der des Juden Prophe=zeihung durch die That widerlegen wollte, ließ die Stadtmauer durchbrechen und zog somit durch ein neues Thor¹).

D. Manuel ernannte den berühmten Çacuto zu seinem Astro=logen und Chronisten²). Bevor er Vasco da Gama zur Ent=deckungsfahrt nach Indien aussandte, berief er seinen ihm vertrauten Astrologen, ohne dessen Gutheißen er Dinge von solcher Wichtigkeit nicht unternehmen wollte, zu sich nach Beja, seiner Residenz, um den Entdeckungsplan mit ihm zu berathen. Çacuto stellte dem Mo=narchen sowohl die Gefahren vor, welche mit einer Reise nach einem so entlegenen Erdstriche wie Indien verknüpft seien, als auch die Aussicht, daß er sich dieses Land in kurzer Zeit unterwerfen würde, denn „Euer Planet, Majestät, ist groß³)".

¹) נשמת חיים, III. Cap. 21, dort heißt es freilich דון יואן הראשון, darunter kann aber weder D. Juan I. von Castilien, noch D. João I. von Portugal ver=standen werden; ersterer starb lange bevor Çacuto geboren worden, und als D. João I. starb (1433) war Ç. noch ein Kind; das איבורה לארץ ist Druckfehler und muß לעיר heißen. Menasse theilt auch noch ein anderes Factum mit.

²) Jost, Geschichte des Judenthums, schreibt (III. 113): Manuel stellte Çacuto in seinem Reiche als Lehrer der Geschichte und Astronomie an!

³) Lima Felner, Collecção de Monumentos Ineditos para Historia das Conquistas dos Portuguezes, (Lisboa 1858) I. 10.

Lima Felner theilt Mehreres von Çacuto und seinen Verdiensten um die Schifffahrt mit, von dem wir Einiges in der Ursprache hier folgen lassen:

El Rey D. Manuel era muyto inclinado a Estrolomia, polo que muytas vezes praticaua com o Judeu Çacuto, porque em todo achaua muy certo. Hum dia o Judeu Çacuto disse a El Rey: Senhor, o mar que as vossas naos correm he muy grande (em que) em humas partes ha verão, e em outras inuerno, e todo em hum caminho, e poderia hir duas naos, humas após outra e ambas per hum caminho, huma chegara a huma paragem quando aly for inuerno, e achara tormenta; e a outra quando aly chegar será verão, e non achara tormenta, e outros naõ E porque os inuernos e verões non são certos em hum proprio lugar he porque e mar he muy largo e muy deserto, apartado das terras, e cursão as tormentas e bonanças per muytas partes incertas.... E porque, Senhor, com o muyto desejo que tenha a seo seruiço, tenho muyto trabalhado por entender os segredos desta nauegação tenho entendido que o apartamento da sol causa as tormentas e desuairos dos tempos, porque apartandose o sol da linha equinocial pera a parte do Norte....

Çacuto's Arbeiten haben es Vasco da Gama und vielen spä=
teren Entdeckungsfahrern erst möglich gemacht, ihre großen Pläne
zur Ausführung zu bringen. Von ihm, der die von dem Toledaner
Vorsänger Isaak Jbn Sib angelegten astronomischen Tafeln, die
unter dem Namen Alfonsinische bekannt sind, mehrfach benutzte
und verbesserte, besitzen wir Sonnen=, Mond= und Sternentafeln,
deren Gebrauch weit einfacher, als ʼder aller anderen bis dahin be=
kannten war. Außer der vervollkommneten Berechnung, zum ersten
Male von vier zu vier Jahren, verbesserte derselbe Astronom das
Instrument, dessen sich in jener Zeit die portugiesischen Seeleute be=
dienten, um die Höhe der Sterne zu messen, indem er die Astro=
labien, die bisher von Holz waren, von Metall fertigen ließ[1]).

Sein Hauptwerk ist das Almanach perpetuum, das er für den
Bischof von Salamanca ausgearbeitet und ihm gewidmet haben
soll. Dasselbe ist in der ersten Ausgabe so selten, daß sich kaum
mehr als zwei bis drei Exemplare davon finden dürften[2]). Sein
Schüler Joseph Vecinho[3]) übersetzte es ins Spanische[4]), woraus

O que todo bem ouvido por El Rey houve muyto contentamento e prometendo ao Judeu muytos merces por seu trabalho, lhe muyto encomen-
dou que desse cabo a tão boa cousa como tinha começado. Ao que o Judeu
se offereceo, e como ja tudo tinha experimentado, e sabido a certeza do
discurso do sol ... tomando o esprimento polas estrellas com suas artes da
estrolomia, fez hum regimento desta declinação do sol, apartando os annos,
cada hum sobre sy, e os mezes e dias, de hum ano bisexto até o outro, que
são quatro anos apontadamente, de quanto anda o sol cada dia, contado de
meo dia a meo dia, assi pera a banda do Norte, como pera a banda do sol,
todo per grande concerto e boa ordem, pera o que fez huma posta de cobre
da grossura de meo dedo, redonda, com huma argola em que estava depen-
durada direita, e nella linhas e pontos, e no meo outra chapa ... tudo per
grande arte e sobtil modo, e lho chamou estrolabio ... O que o Judeu en-
sinou a alguns pilotos, que el Rey mandou, como e de que modo
hauião de tomar o sol e ponto do meo dia com o estrolabio. — Dios seja
pera sempre muyto levado, que lhe aprouve, que o Judeo falou tão certo em
todo e nas pequenos barcos ... Alles dies, schließt der Bericht, wurde ausge=
führt durch den Juden Çacuto, den großen Astrologen.

[1]) Schäfer, l. c. III. 75 und vorhergehende Note.

[2]) Zuerst gedruckt Leyria 1496. (Ein Exemplar dieser 1. Auflage befindet sich
in der Königl. Bibliothek zu Lissabon und eins in Coimbra. Neu aufgelegt
1499, 1500, 1502.

[3]) M. s. über ihn S. 86.

[4]) Los Canones dellas Tables de Sacut. Steinschneider, Cat. Bodl. 706.

es ins Hebräische übertragen wurde[1]). Außer verschiedenen astrono=
mischen und astrologischen Werken schrieb Çacuto auch noch über
die Seele, über Paradies, über das Jenseits und über die Aufer=
stehung[2]).

Ob der astronomische Freund den König günstig für seine
Glaubensgenossen gestimmt hat?

In den ersten Regierungsjahren D. Manuel's ahnten die Juden
nicht, was ihnen in Portugal noch Alles bevorstände, welche Leiden und
Marter der Regent, der sich ihnen jetzt so huldvoll bewies, ihnen noch
bereiten würde. Nach all den harten Schlägen, die sie in den letztver=
flossenen Jahren getroffen, athmeten sie einen Augenblick freier auf und
sammelten gewissermaßen neue Kräfte für die Zukunft. D. Manuel
schützte die Juden, soweit er immer konnte. Als einst ein Geistlicher
aufstand und vor der Menge predigte und, wie es bereits zur Zeit
João's zu geschehen pflegte, auch die Juden zu seiner Predigt ein=
lud, begaben sich die Vornehmsten und Angesehensten unter ihnen,
weil sie Schlimmes von dem Predigermönche erwarteten, zu dem
Könige und sprachen zu ihm: „Unser Herr und König! Du bist
unser Vater, und auf Dich vertrauen wir, daß Du uns von der
prahlerischen Zunge dieses Menschen retten werdest." Hierauf er=
widerte er ihnen: „Euch erschreckt ja das Rauschen des Blattes, wie
Euch Euer Lehrer Moses voraus verkündet hat. Nachdem ein königs=
liches Edikt in früherer Zeit erlassen worden, daß Alles, was wider
Euch behauptet worden, falsch sei — vor wem habt Ihr Euch zu
fürchten? Was aber den erwähnten Geistlichen betrifft, so weiß ich,
daß er mich zu seinen Predigten einladen wird, und ich bin bereit,
ihm die Zähne einzuschlagen, wenn er Falsches spricht." Der König
wurde in der That zur Predigt eingeladen, und als der Mönch mit
den Worten begann: „Was ist mit diesem nichtswürdigen Volke,
diesem Judenvolke, zu machen?" erhob er sich voller Zorn und ging
von dannen[3]).

---

[1]) באור לחיות, vgl. Grätz VIII. 379. Die astronomischen Tabellen, hand=
schriftlich in der Königl. Bibliothek zu München, mit Einleitung. Dieselbe
beginnt: אמר החכם ר' אברהם זכות יצ"ו לפי יש כבר התבאר שהשורש והתחלה וכ"ו
Steinschneider, Cat. der Münchener hebr. Handschriften, Cod. 109. (handschriftl.)

[2]) Fürst, Bibl. Judaica, III. 201.

[3]) Schevet Jehuda 36. Der in dieser Erzählung erwähnte Erlaß kann
nicht wohl von D. Manuel herrühren, dafür spricht auch der Ausdruck.

Zur selben Zeit, berichtet die jüdische Chronik, tödtete ein
Christ den dreijährigen Knaben einer Nachbarin, mit der er in
Feindschaft lebte, und warf die Leiche bei Nachtzeit in das Fenster
seines abwesenden, jüdischen Nachbars. Es währte nicht lange, so
wurde das Gerücht ausgesprengt, die Juden hätten das Kind ge=
tödtet, in der Absicht, dessen Blut zu gebrauchen; es wäre in der
That leicht zu einer Blutanklage gekommen, wenn nicht die Jüdin
in ihrer Geistesgegenwart ein Rettungsmittel ausfindig gemacht hätte.
Sie band die Kindesleiche fest an ihren Leib und schrie so jämmer=
lich, als wenn sie in Kindesnöthen wäre. Es wurde Haussuchung
gehalten, die natürlich nichts ergab. Am folgenden Morgen kam
der Mord au den Tag. Der Mörder zankte sich nämlich mit
seinem Weibe und schlug sie lebensgefährlich auf den Kopf, sodaß
das Weib in ihrem Schmerze ausrief: „Gedenkst Du mich auch zu
ermorden, wie Du der Nachbarin Sohn ermordet hast?" Die Mutter
des Knaben, die das hörte, machte die Anzeige dem Richter, der
Mörder wurde eingezogen und gestand die Schuld. „Die Jüdin
leugnete Anfangs, weil sie sich fürchtete; als ihr aber der Richter zu=
schwor, daß keine Strafe sie treffen sollte, wenn sie ihm die Sache
genau erzählte, theilte sie den Hergang mit, und der Richter freute
sich über die Klugheit der Jüdin[1]".

Das Glück, dessen sich die Juden unter D. Manuel zu erfreuen
hatten, war leider nicht von langer Dauer. Die Gunst, die er
ihnen in den ersten Jahren seiner Regierung erwies, wurde bald
durch politische Interessen wichtigster Art verdrängt.

Manuel hegte in seinem Ehrgeize den sehnlichen Wunsch, die
ganze pyrenäische Halbinsel unter seinem Scepter zu vereinen; das
konnte nicht leichter, als durch eine Heirath mit einer castilianischen
Prinzessin ermöglicht werden. Hatte er nun auch die ihm bald nach
seiner Thronbesteigung angetragene Hand einer Tochter Isabella's
ausgeschlagen, so war er doch sehr geneigt, Isabellens ältere Tochter,
Isabella, die junge Witwe des jung verstorbenen Infanten von
Portugal, zu ehelichen. Im October 1496 schickte er seinen Vetter
D. Alvaro als Brautwerber nach Castilien. Auch bei dem katho=

אשר יצא דבר מלכה מלפני בימים הראשונים מלפני mag Das etwas schwierige
blos des stehenden Sprachgebrauchs wegen beibehalten sein.
[1] Ibid. 34.

lischen Königspaar sprachen vorwiegend politische Gründe für eine
Verbindung mit dem portugiesischen Nachbar, und trotz der ent=
schiedenen Abneigung gegen jede Wiederverehelichung wurde die junge
Witwe durch die Vorstellungen der Priester, die ihr diese Verbin=
dung als gottgefällig und der Staatswohlfahrt zuträglich priesen,
schließlich überredet, ihr Jawort zu geben. Ehe jedoch die Maje=
stäten dem jungen Manuel die Hand ihrer Tochter zusagten, machten
sie es ihm zur ausdrücklichen Bedingung, daß er mit Spanien ein
Schutz = und Trutzbündniß gegen Frankreich und dessen König
Carl VIII. schließe und — alle Juden, sowohl die von den aus
Spanien eingewanderten noch zurückgebliebenen, als auch die einge=
borenen, in kurzer Frist aus dem Lande jage.

Wahrlich, einen unversöhnlichern Haß hat dem jüdischen Ge=
schlechte wohl nie Jemand geschworen, als diese spanische Isabella.
Nicht allein, daß sie in ihrem eigenen Reiche den jüdischen Stamm
völlig entwurzeln wollte, auch die Regenten anderer Staaten suchte
sie, bald durch Drohungen, bald durch Bitten und Schmeichelworte,
für ihre fluchwürdige Politik zu gewinnen. Den kleinen italienischen
Fürsten glaubte sie die Vertreibung der Juden gebieten zu können,
dem mächtigen Heinrich von England gegenüber nahm sie zu Bitten
ihre Zuflucht. Sie schickte den Prior von S. Cruze mit einer ge=
heimen Mission nach England und ließ dem frommen Sohn Albion's
ihr innigstes Bedauern darüber ausdrücken, daß er so unchristlich
handle, Juden auf der Insel zu dulden, den Ketzern, welche vor
der Inquisition geflohen wären, Aufenthalt zu gestatten. Wie groß
mag die Freude des fanatischen Weibes gewesen sein, als sie aus
dem Briefe ihres Gesandten ersah, daß Heinrich „die Hand auf die
Brust gelegt und bei dem Heiligsten seines Herzens geschworen habe",
jeden Juden, der in seinem Reiche sich fände, schonungslos zu be=
strafen [1]). Wie hätte Isabella ihre Tochter einem Manne geben
dürfen, der toleranter war, als sie!

D. Manuel konnte auf die ihm von Spanien gemachten Be=
dingungen nicht so ohne Weiteres eingehen; es fanden erst diplo=
matische Unterhandlungen Statt, ehe ein fester Entschluß in dieser
Heirathsangelegenheit gefaßt wurde. Er brachte die bei Weitem

---

[1]) M. s. das Schreiben des Priors von S. Cruze v. 18. Juli 1498, bei
Bergenroth l c. 164.

wichtigste Forderung, die Vertreibung der Juden, vor den Staats=
rath; hier waren die Meinungen getheilt. Die Judenfeinde wiesen
wieder auf Frankreich, England, Schottland, das skandinavische
Reich hin, wo die Juden schon längst nicht geduldet würden; alle
diese Monarchen hätten die Verbannung gewiß nicht zugegeben,
wenn sie nicht durch triftige Gründe dazu bewogen worden wären;
auch das katholische Königspaar hätte es wohl unterlassen, nahezu
eine Million Menschen aus seinen Staaten zu jagen, wenn die Ver=
treibung ihnen nicht nützlicher und vortheilhafter geschienen hätte.
Portugal müsse in dieser Frage nicht allein auf den mächtigen Nach=
barstaat, den man durch die Aufnahme und Duldung der von ihm
verwiesenen Juden gegen sich aufreizen und sich zu einem gefähr=
lichen Feinde machen würde, sondern auch auf den Willen des
Volkes Rücksicht nehmen; daß das Volk gegen das jüdische Geschlecht
eine tiefwurzelnde Antipathie habe, sei allgemein bekannt; es be=
trachte die Juden nun einmal als die Feinde des christlichen Glau=
bens und Namens und sei voller Befürchtung, daß sie alle Staats=
geheimnisse den Gegnern des Landes verrathen werden; der mate=
rielle Schaden, den der Abzug der Juden verursache, könne leicht
gedeckt und schon durch den Nachtheil gehoben werden, der durch
sie selbst entstehe, denn bei längerem Verbleiben würden sie das
Land aussaugen und alles bewegliche Eigenthum an sich ziehen.

Dieser castilianisch gesinnten Partei gegenüber machten Andere,
welche von religiöser Toleranz geleitet wurden, mehr aber noch
das eigentliche Staatswohl im Auge hatten, in beredten Worten
geltend, daß alle Fürsten und Republiken Italien's, daß Ungarn,
Böhmen und Polen, daß Deutschland und andere christliche Reiche,
daß sogar das Haupt der Kirche selber sie in seinen Staaten in
freier Uebung ihrer Religionsgesetze und ohne besondere Einschrän=
kungen des geschäftlichen Verkehrs seit Jahrhunderten dulde. Es
sei gegen jede Staatsklugheit, so viele nützliche, fleißige und
gewinnbringende Menschen, welche noch dazu dem Staate unter den
früheren Monarchen viele wichtige Dienste geleistet hätten, zu ver=
treiben; es sei vorauszusehen, daß die Juden mit ihren Reich=
thümern sich unter den Schutz der maurischen Fürsten begeben, mit
ihrem freien und gewandten Geist, mit ihren Kenntnissen und Fähig=
keiten den Moslemen nützlich werden und diesen Feinden der
Christen mit ihren mechanischen Fertigkeiten dienen würden; sie

seien in jeder Hinsicht, namentlich in der Verfertigung von Waffen, sehr tüchtig, und aus ihrer Verbindung mit den Mauren könne der Christenheit erheblicher Nachtheil erwachsen. Auch aus religiösen Rücksichten solle man sie nicht vertreiben; so lange sie unter Christen wohnen, dürfe man die Hoffnung nicht aufgeben, sie zur Annahme des Christenthums zu bewegen; es sei aber gewiß keine Bekehrung zu erwarten, wenn sie aus den christlichen Staaten verbannt seien [1]).

So einleuchtend dem Könige die wohlgemeinten Gründe der judenfreundlichen Staatsräthe auch immer gewesen sein mögen, er hatte sich von vornherein für die castilianische Partei entschieden: die Vertreibung der Juden aus Portugal mußte zur Wirklichkeit werden. Ohne diese dem ganzen Lande eine unheilbare Wunde versetzende That konnte er die spanische Isabella, diese der Mutter so ähnliche Tochter, welche einen wenn möglich noch größern Haß gegen die jüdische Nation hegte, nie heimführen. Wollte sie doch, wie sie ihrem sie an der Grenze erwartenden königlichen Bräutigam in einem Handschreiben unumwunden erklärte, Portugal nicht früher betreten, bis das ganze Land von den verhaßten Juden gesäubert sei [2]).

Am 30. November 1496 wurde der Heirathsvertrag zwischen Manuel und Isabella unterzeichnet; über das Schicksal der Juden in Portugal war entschieden. Sonntag den 24. December, am jüdischen Weihefeste (29. Kislew [3]), erließ der König in Muja, wo er sich gerade zur Jagd aufhielt, nach Anderen in Presmona, in der Nähe von Santarem [4]), die Ordonnanz, daß bei Todesstrafe und

---

[1]) Goes, l. c., Cap. 18, S. 17 ff., Osorius, l. c. 12 b f. Heine, Beiträge zur Geschichte im Zeitalter der Reformation, in der Allgemeinen Zeitschrift für Geschichte, herausgegeben von Schmidt (Berlin 1848), IX. 147.

[2]) Heine, l. c. 147.

[3]) Die portugiesischen Chronisten geben wohl den Monat — no mes de Decembro — nicht aber den Tag an, die genaue Datenbestimmung findet sich einzig bei Çacuto, Juchasin 227: המלך השני שמלך צורר היהודים כ"ד לרייימברי יום ... ראשון בכ"ט לכסלו בחנוכה בפריימונא אצל שטרין גזר הגזירות בפורטוגאל עד י"א חדשים Nach der königlichen Ordonnanz (s. folg. Note) lief die Frist mit Ende October aus. Cassel, Encyklopädie von Ersch-Gruber, 2. Sect. XXVII. 231, und nach ihm Grätz, VIII. 390 wissen, daß die Ordonnanz am 20. October erlassen worden.

[4]) Muja nach Goes, l. c. Cap. 18: estando el Rei ainda en Muja; Çacuto (s. vor. Note): בפריימונא אצל שטרין, Presmona in der Nähe Santarem's. Beide

Confiscation des Vermögens alle Juden innerhalb zehn Monate bis Ende October des Jahres 1497 Portugal verlassen sollten. Unter keinem Vorwande sei es nach Verlauf dieser Frist irgend einem Juden gestattet, innerhalb der Grenzen des Reichs zu wohnen oder sich aufzuhalten [1]).

D. Manuel, der, wie wir gesehen, aus Rücksichten gegen Casti= lien und von einem falschen politischen Gesichtspunkte aus die Ver= treibung der Juden decretirte, wollte anfangs mild und mit Scho= nung gegen sie verfahren. Er sicherte ihnen in dem Verbannungs= edicte selbst freien, ungehinderten Abzug und die Freiheit zu, ihr Vermögen mitzunehmen, er erließ auch den Befehl, daß die christ= lichen Schuldner ihnen die Rückstände unfehlbar bezahlten, und ver= sprach, ihnen bei der Auswanderung mit Eifer und nach Kräften beizustehen [2]). Es dauerte jedoch nicht lange, so schlug die Milde in die empörendste Grausamkeit um. Der König hatte sich der

---

Ortsnamen fehlen bei Zunz in der Abhandlung: „Ueber die in den hebr. jüdischen Schriften vorkommenden hispanischen Ortsnamen", in Zeitschrift für die Wissen= schaft des Judenthums.

[1]) ... determinados e mandamos que da pubricaçam desta nossa ley e determinaçã ate per todo omes doutoubro do ano do naçimento de nosso senhor de mill e quatrocentos e noventa e sete todos os judeus. ... que em nossos reynos ouuer se sayam fora delles sob pena de morte natural, e perder as fazēdas pera quē os acusar. E qualquer pessoa que passado o dito tempo teuer escondido alguū judeu, per este mesmo feito queremos que perca toda sua fazenda e bēs pera que o acusar. E rogamos e encomēdamos e manda- mos por nossa bemça e sob pena de maldiça aos reis nossos subçessores, que nunca em tempo alguū leixem morar nē estar em estes nossos reynos e senhorios d'les ninhuū judeu por ninhūa cousa nem razam que seya ... Ordenaçoēs d'el Rey D. Manuel (Evora 1556). Liv. II. Tit. 41. Den Chronisten scheint dieses Verbannungs=Decret nicht bekannt gewesen zu sein. Goes, l. c. Cap. 18, schreibt ... que hos Judeus se fossem do reyno com suas molheres e filhos e bēs; Osorius legt in seiner Frömmigkeit auf die Taufe besondern Nachdruck: omnes Judaei atque Mauri, qui Christi religionem profi- teri nollent, e regni finibus excederent (l. c. 13 a). Ueberraschend ist, daß Usque, l c. 197 b, den Tenor, ja sogar den Wortlaut des Decretes kannte: .. nam se sayndo ... Judeos moressem morte natural e perdesem as fazendas per ysso.

[2]) ... os quaes judeus leixaremos hir liuremente com todas suas fazendas, e lhe mandaremos paguar quaesquer dinidas, que lhe em nosos reynos forē deuidas, e assi pera sua hida lhe daremos todo auiamēto e despacho que cumprir.

vagen Hoffnung hingegeben, daß die Juden sich lieber taufen,
als das Land verlassen würden; wie wenig kannte er die Abnei=
gung der Gehetzten gegen das Christenthum! Nur eine verhältniß=
mäßig sehr kleine Zahl suchte mit dem Glaubenswechsel ihr Bleiben
zu erkaufen, die meisten trafen Vorkehrungen zum Abzuge. Es
verdroß den König, sich in seinen Erwartungen so gewaltig getäuscht
zu sehen, und doch wollte er die Juden mit ihren unermeßlichen
Reichthümern nicht ziehen lassen, er wollte sie mit ihren geistigen
Fähigkeiten und materiellen Kräften im Lande behalten — als
Christen.

Im Februar 1497, also wenige Wochen nachdem er den Ver=
bannungsbefehl erlassen, regte er im Staatsrathe die Frage an, ob
man die Juden gewaltsam zur Taufe bringen dürfe. Auch über
diese wichtige Materie waren die Ansichten getheilt. Viele könig=
liche Räthe sprachen sich grundsätzlich gegen jeden Zwang in Glau=
benssachen aus, unter ihnen ein alter Rath des Königs João II.,
der ehrwürdige D. Fernando Coutinho, der Obertribunals=
präsident und Bischof von Silves. „Alle Zwangsmaßregeln und Ver=
folgungen", behauptete er, „sind nicht im Stande, auch nur aus einem
einzigen Juden einen aufrichtigen Christen zu machen [1]). Alle Ge=
lehrte und auch ich, weniger weise, als alle, haben aus mehreren
Rechtssprüchen und mit Belegen von Autoritäten bewiesen, daß man
die Juden nicht zwingen kann, eine Religion anzunehmen, welche,
wie die christliche, Freiheit will und erfordert, nicht aber Zwang [2])".

Der König, mehr geblendet von Eifer als von Liebe, hatte kein
Ohr für solche Aussprüche; er erklärte unumwunden, daß er sich
um bestehende Gesetze nicht kümmere und in dieser Angelegenheit
nach eigenem Gutdünken handele [3]).

---

[1]) So ein Bischof im 15. Jahrhundert; ein „strenggläubiger" Rabbiner des
19. Jahrhunderts behauptete (1861) mit aller Entschiedenheit, N. N. sei aus
Ueberzeugung Christ geworden!

[2]) Omnes litterati et ego insapientior omnibus monstravi per plurimas auctori-
tates et jura quod non poterant cogi ad suscipiendam christianitatem quae vult
et petit libertatem et non violentiam. Der merkwürdige Brief des Bischofs,
ein Gutachten zu Gunsten eines Neu=Christen (1531), abgedruckt bei Heine. l. c.
178 ff., handschriftlich nach Herculano, I. 120 in Symmicta Lusitana, Vol. 31,
Fol. 70 ff.

[3]). Dicendo quod pro sua devotione hoc faciebat et non curabat de juribus.
Ibid.

Nichtsdestoweniger wurden die staatsräthlichen Verhandlungen
in Estramoz zu Ende geführt, ohne daß sie ein Resultat erzielten.
Von Estramoz begab sich D. Manuel nach Evora und erließ dort
Anfangs April „aus Gründen, die ihn dazu bewogen", den schauder=
erregenden Befehl, daß den Juden an einem bestimmten Tage,
nämlich dem Ostersonntage, alle Söhne und Töchter, die das vier=
zehnte Altersjahr noch nicht erreicht, gewaltsam genommen und in
die verschiedenen Städte und Ortschaften vertheilt werden sollten,
damit sie dort auf seine Kosten erzogen und in dem christlichen
Glauben unterrichtet würden [1]. Aus Besorgniß aber, daß die
Juden, welche von dem beabsichtigten Raube Kunde hatten, ihre
Kinder vorher bei Seite schaffen und verbergen möchten, ließ der
König das Verbrechen ungesäumt — es war gerade am Passah=
feste [2] — ausführen. Was nun geschah, war, wie der Chronist
sich ausdrückt, nicht nur herzzerreißend für die Juden, sondern flößte
auch den Christen Staunen und Bewunderung ein; denn kein Ge=
schöpf giebt zu und duldet, daß seine Kinder ihm durch Menschen=
gewalt entrissen werden, und geschieht es Anderen, dann fühlen Alle
aus natürlichem Mitleid dasselbe, wie sie. So trug es sich zu, daß
viele Christen aus Erbarmen die Verfolgten in ihren Häusern auf=
nahmen und sie verbargen, damit man die Kleinen nicht ihren
Eltern entreiße. Das Geschrei der Mütter, von deren Brust man
die unschuldigen Kinder riß, das Klagen und Jammern der Väter,
das Schluchzen und Gewinsel der auf fremden Armen gewaltsam
fortgeschleppten Säuglinge: alles das verwandelte jede Stadt und
jedes Dorf in ein Theater, in dem ein unmenschliches, teuflisches
Drama aufgeführt wurde. Gleich Wahnsinnigen irrten die zur Ver=
zweiflung getriebenen Väter umher, und wie Löwinnen setzten die
Mütter sich zur Wehr. Viele zogen vor, ihre Kinder mit eigener
Hand zu tödten; sie erdrückten sie in der Umarmung zum letzten

---

[1] Goes, l. c. Cap. 20. S. 19; el Rei ordenou, que em hum dia certo
lhes tomassem a estes hos filhos e filhas de idade de 14 años pero baixo...
e isto concluio el Rei... em Estramoz no começo da Quaresma do anno de 1497,
onde declarou que ho dia assinado fosse dia de Pascoela. Osorius l. c. 13 b,
Çacuto, 227: וערב שבת הגדול נגזר שיוצאו נערים ונערות מהכלל באיבורה ובכל מלכות
פורטוגאל והיתה צעקה גדולה באיבורה שלא היתה כמוה.
[2] Ibid. ובפסח באו ולקחו כל הילדים והילדות ונתפשטה הגזירה כי אפילו
זקנים מוצאים מן הכלל בעל כרחם, והרבה מתו על קדושת השם שהיו ממיתין עצמן.

9 *.

Lebewohl oder warfen sie in Brunnen oder Flüsse und legten dann Hand an ihr eigenes Leben. „Ich habe es mit eigenen Augen gesehen", sagt der biedere Continho, „wie viele an den Haaren zum Taufbecken geschleift wurden, wie ein Vater mit verhülltem Haupte unter Schmerz und Klagen seinen Sohn dorthin begleitete und den Allwissenden auf den Knieen zum Zeugen anrief, daß sie, Vater und Sohn, vereint als Bekenner des mosaischen Glaubens, als Märtyrer für das Judenthum sterben wollten. Ich habe noch weit Schrecklicheres, wahrhaft Haarsträubendes gesehen, das ihnen zugefügt wurde [1]".

Isaak Ibn Zachin, ein gelehrter Mann, Sohn eines Abraham Ibn Zachin, der aus Bouilla della Sierra in Portugal eingewandert war, brachte sich und seine Kinder um, weil er sie als Juden sterben sehen wollte [2]. Jünglinge von zwanzig Jahren wurden von den königlichen Häschern gewaltsam in die Kirchen zur Taufe geschleppt; war es doch allbekannt, daß der König alle Juden zu Christen machen wollte [3].

Alle Juden unter allen Umständen zur Annahme des Christenthums zwingen und sie als Christen im Lande behalten, das und nichts anderes beabsichtigte der aus Liebe und Sonderinteressen zum Unmensch gewordene König. Den Juden war das kein Geheimniß. Wer unter ihnen es in irgend einer Weise bewerkstelligen konnte, verließ heimlich die Heimath, um den Gräuelthaten zu entgehen, welche man gegen seine Stamms- und Glaubensgenossen ins Werk setzte.

„Der Sommer war vorüber, die Ernte beendet, und den Juden war nicht geholfen". Der verhängnißvolle October rückte immer näher. Da näherten sich die angesehensten jüdischen Familienväter des Landes dem Throne mit dem bescheidenen Gesuche, ihnen dem königlichen Versprechen gemäß die drei zu ihrer Einschiffung bestimmten Hafenplätze anzuweisen. D. Manuel vertröstete sie von einem Tage auf

---

[1] ... mnitos vidi per capillos ductos ad pillam, et patrem filium adducentem cooperto capite in signum maximae tristitiae et doloris ad pillam baptismatis protestando et Deum in testem recipiendo, quod volebant mori in lege Moysi.

[2] Çacuto, l c. 51 (ed. Cracau 47 a).

[3] E porque a tenção del Rei era fazer cristãos a todos, tomaram muytos da edade de XX annos. Mem. Ms. bei Herculano, I. 125.

ben anbern, bis ,baß die Frist der Auswanderung verstrichen war,
enblich erklärte er ihnen, daß sie Alle nach Liſſabon kommen unb
aus keinem anberu Hafen als dem der Reſidenz auslaufen sollten.
Was blieb ihnen anders übrig, als zu gehorchen? Mehr als zwanzig
tausenb Perſonen strömten in Liſſabon zuſammen, unb dort ange=
kommen, trieb man sie wie Schafe in die „Eſtãos"[1] unb eröffnete
ihnen, daß sie, da die Frist verstrichen sei, nunmehr als des Königs
Sclaven betrachtet würden unb er mit ihnen nach Willkühr ver=
fahren wolle.

Anfangs verſuchte Manuel, durch Schmeichelreden unb Ausſicht
auf Ehrenstellen die Juden zur Annahme des Christenthums zu be=
wegen, da er aber merkte, daß alle ſeine Bemühungen an der
Glaubensfestigkeit der jübiſchen Jünglinge scheiterten, ertheilte er ſeinen
Häſchern den Befehl, sich nun auch auf sie zu stürzen, wie es einige
Monate früher auf die unschulbigen Kinder im zarten Alter geschah.
Ohne Unterschied des Geschlechts wurden die kräftigsten unb schönsten
Perſonen den Eltern auf die unmenſchlichste Weise entriſſen[2]. Man
ergriff sie bei den Armen, an den Locken ihres Hauptes unb
schleppte sie in die Kirchen, beſprengte sie mit Weihwaſſer, legte
ihnen christliche Namen bei unb überlieferte sie den Bewohnern des
Landes zur christlichen Erziehung. Nachbem auch dieſe Gräuelthat
ausgeführt, begab man sich zu den Eltern[3], stellte ihnen vor, daß
ihre Kinder das Christenthum freiwillig angenommen hätten, unb
brang in sie, aus Liebe zum Leben daſſelbe zu thun. Als sich Viele
von ihnen dennoch unerschütterlich in ihrem Glauben zeigten, befahl
der König, ihnen drei Tage lang Speiſe und Trank zu entziehen,
er wollte sie durch Hunger unb Durst nachgiebig machen; aber auch
dieſe Maßregeln konnten sie zu keinem Glaubensbruche bewegen.

[1] Die Eſtãos waren ein Palaſt, an beſſen Stelle sich jetzt die königliche
Reſibenz befindet, Goes, l. c. Cap. 19, verbeckt die Grauſamkeit mit den Worten:
se nelles agasalharem; das Richtige hat Uſque, l. c. 198 a: „os estãos onde
depois que os vio nó curral como ouelhas ao degolèo", übereinſtimmend mit
einem Mem. Ms. bei Herculano, I. 126, in dem, wie bei Goes von 20000 Perſonen
die Rede ist.

[2] Goes, l. c. Cap. 19: alli lhe tornarão a tomar nouamente os outros
fylhos sem oulhar a idade: Mem. Ms. l. c.; Usque, 198 b.

[3] ... e fynalmente dos fylhos uierão aos paes e os fazerem todos cristãos.
Mem. Ms. bei Herculano, ebenſo Uſque, 198 b: ... esta violenta obra acabada
tornarem aos padres.

Lieber wollten sie· den Tod durch Henkershand erleiden, als mit solchen grausamen Menschen das Himmelreich theilen. Da ließ der Barbar dieselbe Gewaltthat gegen sie in Anwendung bringen, wie gegen ihre Kinder. In der allergräßlichsten Weise wurden sie in die Kirchen· und Capellen geschleppt, wo man sie schlug und auf sie einhieb, ohne selbst das ehrwürdige Antlitz der Greise zu schonen. Um der gewaltsamen Taufe zu entgehen, stürzten sich Viele aus Gittern und Fenstern in Gruben und Flüsse. Ein Vater bedeckte seine dem Tode geweihten Söhne mit seinem Betmantel und flößte ihnen Muth ein, den Einig=Einzigen zu heiligen, worauf sie einer nach dem andern aus dem Leben schieden und der Vater mit ihnen. Ein anderer tödtete sein Weib und stürzte sich dann selbst ins Schwert [1]).

Ein solches Verfahren durfte sich ein christlicher Monarch in da=maliger Zeit nur gegen Juden erlauben. Die Mauren, welche Portugal gleich ihnen verlassen mußten, konnten ungehindert ab=ziehen, ihnen wurden keine Schwierigkeiten in den Weg gelegt, weil man fürchtete, die maurischen Fürsten in Asien und Afrika würden Rache an den unter ihnen wohnenden Christen nehmen; aber die Juden, deren kein Fürst und kein Regent der Welt sich annahm, die auf dem ganzen weiten Erdenrunde macht= und hilflos waren — was wäre von ihnen auch zu fürchten gewesen [2])?

Dergestalt wurden die Juden als solche in Portugal vernichtet [3]).

[1]) Usque, l. c. 199, und nach ihm Joseph Cohen. Sponde erzählt in seinem Epitome Annal. Ecclesiast. (Paris 1612), daß, als D. Manuel den Mauren freistellte, entweder binnen 60 Tagen das Reich zu verlassen oder die Taufe anzunehmen, mehrere Väter lieber ihre Kinder in die Brunnen stürzten, als daß sie sie taufen ließen, und daß Viele sich mit eigener Hand tödteten.

[2]) Sogar der portugiesische Historiograph Damião de Goes hebt diesen Umstand hervor, indem er bemerkt: ... os Judeus ... que andão espelhados pelo mundo no qual hos Judeus per seus peccados nam tem reynos, nem sen-horios, cidades, nem villas, mas antes em toda parte onde uinem s. peregrinos e tributarios, sem terem poder, nem authoridade pera executar suas vontades contra has injurias e males.

[3]) Garcia de Resende sagt in seiner Reimchronik (Miscellanea [Evora 1554] XI b) vom Jahre 1497:

> Hos Judeos vii caa tornados
> todos nũo tempo christaõs,
> hos mouros entã lançados
> fora do reyno passados.

Die meisten eingeborenen und die von den spanischen Einwandrern zurückgebliebenen mußten sich unter die Kirchenkuppeln beugen und, wie selbst ein christlicher Zeitgenosse einzugestehen nicht umhin kann, gegen jedes Gesetz und jede Religion einen Glauben annehmen, den sie tief im Herzen verachteten [1]).

Nur sieben oder acht heroische Charaktere leisteten unerschrocken hartnäckigen Widerstand, so daß selbst die Tyrannei dieser seltenen Glaubensfestigkeit die Hochachtung nicht versagen konnte: der König ließ diese Helden, deren Namen uns die Geschichte nicht überliefert hat, übers Meer nach Afrika führen [2]). Unter ihnen befand sich vermuthlich der 1492 aus Castilien eingewanderte Gelehrte und Arzt [3]) A b r a h a m S a b a [4]), der Verfasser des wiewohl mystischen,

> Vijmos synogas, mezquitas,
> em que sempre erã dictas,
> e preegados heresias,
> tornadas em nossas dias
> igrejas sanctas benditas.

> Vijmos ha destruyçam
> dos judeas tristes errados
> que de Castella lançados
> forõ com gram maldiçam

> Vijmos grandes judarias,
> judeus, guinolas e touras . . . .

[1]) Osorius. l. c. 14 a: Fuit quidem hoc nec ex lege, nec ex religione factum. Quid enim? Tu rebelles animos, nullaque ad id suscepta religione constrictos, adigas ad credendum ea quae summa contentione aspernatur et respuunt? . . . Voluntarium enim sacrificium, non vi mala coactum ab hominibus expetit. Nichtsdestoweniger rühmt der fromme Bischof: Fructus tamen eximios ex hac Regis actione, quamvis parum justa, d. h. der Zweck heiligt die Mittel!

[2]) Somente sete ou oito cafres contumasses a que el Rey mandou dar embarcaçam pera os lugares dalem. Mem. Ms da Ajuda l. c.

[3]) Elia Misrachi, מים עמוקים RGA. No. 26 nennt ihn הרופא המובהק.

[4]) Eine wichtige Notiz über Abr. Saba aus dessen handschriftl. Commentar zu Esther (Einleitung) veröffentlichte Jellinek (Frankel's Monatsschrift II. 246)· Um sie einerseits vor nochmaliger Vergessenheit zu sichern, andererseits die häufigen Citate aus derselben zu vermeiden, möge sie hier eine Stelle finden: והנה בהיותי בפורטוג[ו]אל מגירוש קאסטיליא והנה עלה בדעתי לפרש חמש מגלות ופירשתי אותם, ואו חרה אף בעמי בגירוש שני של פורטוגאל והנחתי כל הספרים בפורטוגאל ושמתי עצתי להביא עמי לליסבון פירוש התורה שחברתי בפורטוגאל עם פירוש המגלות ופירוש.

doch noch heute geschätzten Pentateuch=Commentars צרור המור. Seine beiden Söhne, „die Wonne seines Herzens", wurden gewaltsam zur Taufe geschleppt und dann ins Gefängniß geworfen; er erblickte sie nie wieder. Bei seiner Flucht aus Portugal ließ er seine sämmt= lichen Bücher zurück[1]), nur seine eigenen Geistesprodukte, den Commen= tar zum Pentateuch, den fünf Megilloth[2]), dem Tractat Aboth[3]), sammt dem in der Jugend verfaßten Ritualwerk צרור הכסף[4]) nahm er als sein einziges Besitz mit nach Lissabon. Da er aber dort erfuhr, daß der König Jeden, bei dem ein hebräisches Buch ge= funden würde, mit dem Tode bestrafen wolle, vergrub er seine lite= rarischen Schätze unter einen Baum[5]). Nach sechs Monate langem Aufenthalte in Lissabon gelang es ihm, nach Fez in Afrika zu ent= kommen. Kaum hatte er diese Stadt erreicht, so verfiel er in eine schwere Krankheit[6]). Nach seiner Genesung schrieb er dort seinen verlorenen Commentar aus dem Gedächtnisse nieder[7]), hielt reli=

מסכת אבות עם חיבור הכסף שהברתי בימי נעורי, ובהגיעי לליישבון באו אלי אנשי יהודה
זאמרו לי שעבר קול במחנה שמי שמוציא ספר אחד דתו להמית, ומיד הלכתי
זטמנתי אותם תחת זית אהד זית רענן יפה פרי תואר ואמרתי שהוא מר כלענה וקראתי לו
אלון בכות לפי ששם קברתי כל מחמד עיני לפי שפירושי התורה והמצות הנחמדים כזהב
ומפז . . . . לפי שבהם הייתי מתנחם על שני בני שהיו קיר[ו]ת לבי שלקחום
בעל כרחם להמיר דתם, והייתי אומר הלא זה טוב לי מבנים ומבנות ולא ראיתים
יותר לפי שמיד השליכום בבית הסוהר, ועמדתי שם קרוב לששה חדשים,
ואחר שזיכני ה' בעבור זכות אבותי והביאני למלבוה פאס עלה בדעתי להחזיר עטרה
ליושנה ולזכור קצת ממה שהיה כתוב שם וברוך ה' אשר זיכני לחזור ולפרש גַ[י]' התורה ופי'
מס' אבות ופי' מגלת רות ופי' מגלת איכה ומה' יתברך אשאל עזר לגמור שאר מגלות
הששאר ספרים שדעתי עליהם . ובימים הראשונים קראתי שם המגלות אשכול הכופר לפי
שהספרים הראשונים הם צרורות כספי, הראשון קראתי צרור הכסף זפי' התורה קראתי
צרור החיים ולפי שכבר בטלו הצרורות קראתי שמם אשכול הכופר לפי שהוא דומה קצת
לצרורות כספי . . . .

[1]) צרור המור, 153 b.

[2]) Er erwähnt im צ"ה den Commentar zu dem Hoheliede (9a, 74a, 152b), zu Ruth (69b), zu den Klageliedern (4a, 124b, 129b), zu Koheleth (59a, 93b, 101b, 108b, 119b), zu Esther (20b).

[3]) Sieh vor. Seite Note 4 und צ"ה 3a, 6a, 14a, 97a, 5b.

[4]) Dieses Werk umfaßte: ה' תפילה, תפילין, יה"כ, יבום, חליצה זכ"ו.

[5]) צרור המור 23b, 33b u. ö.

[6]) כשבאתי לכאן (פאס) מיד נפלתי חולה זה לי עשרה ימים חליתי: 133a, צרור המור מחולי מעים והגעתי אל שערי מות ומלאך מליץ וזכות קדושתך סגר הדלת בעדי מים עמוקים RGA. No. 26.

[7]) Von diesen Commentaren ist gedruckt der zum Pentateuch, das mehrer= wähnte צ"ה, Constantinopel 1517, Venedig 1523, 1546, 1566 u. ö.

giöfe Vorträge¹) und befchloß feine kummervollen Tage in Fez
(nicht vor 1510). Abraham Saba, von der Myftik umfangen, war
hinfichtlich des Dogmas der Auferftehung ein „Wortführer des
ftrengen Partikularismus" und machte, etwa wie David Vital,
das künftige Leben von dem Glauben an die dreizehn Artikel ab=
hängig²), nichtsdeftoweniger predigte er Toleranz und behauptete,
auf einen talmudifchen Grundfatz fußend, daß wer die Einheit
Gottes bekenne, auch als Jude anzuerkennen fei; „in einer Zeit
barbarifcher Unduldfamkeit und priefterlicher Bekehrungswuth genügt
der bedeutungsvolle Abfchnitt „Höre Israel", um die Kinder im is=
raelitifchen Glauben zu erziehen und fie gegen Verlockungen zu
fchützen³)".

Zu gleicher Zeit mit Abraham Saba trat auch D. Manuel's
gelehrter Freund, der um die portugiefifchen Entdeckungen fo ver=
diente Mathematiker und Aftrolog Abraham Çacuto, mit feinem
Sohne Samuel die Wanderfchaft an. Zweimal gerieth er in Ge=
fangenfchaft und ließ fich, mit Gefahr dem Tode entronnen, in
Tunis nieder⁴). Dort verfaßte er feine bekannte und gefchätzte
Chronik „Juchafin" (1505⁵) und verlebte den Reft feiner Jahre in
Ruhe⁶).

Auch der gelehrte Isaak ben Joseph Karo, der Oheim

¹) זה דרשתי בכל בתי כנסיות של קהל פאס, RGA. No. 26: מים עמוקים)
Auf Abraham Saba berief fich noch in neuefter Zeit Schindler, Aber=
glaube des Mittelalters (Breslau 1858), 9; „Die Juanimaten" fagt er, „find
Gefchöpfe ganz eigener Art und nach dem Zeugniffe des R. Abraham im Buche
Zeror Hamor unvollkommene Gefchöpfe Gottes, da fie Gott, von wegen des
Sabbaths, der ihm auf den Hals kam, nicht fertig bringen konnte, weshalb fie
auch den Sabbath fcheuen und Sabbaths am unruhigften find".
²) ה"ץ 122b, vgl. Zunz, Zur Gefchichte, 375.
³) Ibid.
⁴) Juchafin 223: ... השם ב"ה זכני שאקדש שטו עם שמואל בני ובאנו לאפריקא והיינו
Die Angabe in der Collecção de Monumentos Ineditos para שבויים שני פעמים.
Historia das Conquistas dos Portuguezes von Lima Felner I, 262, daß Çacuto
1502 ausgewandert fei ... Çacuto que depois fugio de Portugal pero Julfo
(Gulfo) (vielleicht ein Ort in Afrika?), la morréo em sua erronia em que o
imigo o cegoa (1502), ift ungenau; 1502 befand fich Çacuto bereits in Tunis.
Der erwähnte Berichterftatter fchrieb 1561.
⁵) Erfte Ausgabe, Conftantinopel 1566, dann Cracau 1580, Amfterdam u ö.;
Die neuefte und bedeutend vermehrte Ausgabe beforgte Filipowsky, London 1857.
⁶) Er ftarb vor 1515, Steinfchneider, Cat. Bodl. 706.

des weit berühmtern Joseph ben Ephraim Karo, der aus To=
ledo nach Portugal geflüchtet war und hier seine erwachsenen
sowohl wie unmündigen Söhne, die „schön wie Königssöhne" waren,
sämmtlich verloren hatte[1]), Jakob Jbn Chabib[2]), ein Ver=
wandter des Grammatikers Moses Jbn Chabib[3]), der seine
Heimath Lissabon schon zwanzig Jahre früher verlassen mußte: Alle
diese und verschiedene andere durch Wissen ausgezeichnete Männer
wanderten aus und dankten dem Schöpfer für die Gnade, daß sie
die gefahrvolle Meeresfahrt überstanden und die Türkei erreicht
hatten.

Die in Portugal zurückgehaltenen, getauften Juden waren
Christen, dem Scheine nach, ihre Seele war von der empfangenen
Taufe nicht befleckt, sie blieben dem Judenthume und seinen Satzun=
gen mit einem sie adelnden Trotze auch als Schein= oder Neu=
Christen (Marranen) treu[4]).

Charakteristisch in dieser Beziehung ist, was der erwähnte
Abraham Saba als Augenzeuge erzählt[5]). Mit ihm zusammen
lebte in Lissabon ein gelehrter und frommer Mann, Simon
Mimi, sammt dessen Frau, Schwiegersöhnen und einigen anderen
geheimen Juden. Sie waren in strenger Haft, weil sie, wiewohl
gleich vielen anderen Juden getauft, das Judenthum nicht ver=
leugnen und von der Befolgung seiner Ceremonien nicht lassen
wollten. Um sie davon abzubringen, wurde Mimi und seine Fa=
milie sowie alle seine Leidensgenossen unmenschlich gemartert; man
mauerte sie bis an den Hals ein und ließ sie drei Tage in dieser
qualvollen Lage. Als sie dennoch standhaft blieben, wurden die
Mauern niedergerissen; sechs der Gefolterten hatten den Geist be=
reits aufgegeben. Mimi wurde durch die Stadt geschleift und
erschlagen. Zwei geheime Juden, Vater und Sohn, die als Wärter

[1]) Einleitung zu dessen Pentateuch=Commentar תולדות יצחק, Kore Ha=Dorot
(ed. Cassel) 31a.

[2]) Verfasser des hagadischen Werkes עין יעקב u. a.

[3]) Er schrieb דרכי נעם über Metrik, מרפא לשון u. a.; seine letzten Jahre ver=
lebte er in Italien.

[4]) Usque, l. c 199b: mas nunca nas almas lhes tocou macula, antes
sempre tiueram emprimido o selo de sua antiga ley; Auch Isaak Karo sagt
שיאמרו הגוים לא המירו אלו דתם לפי שמאמינים באמונתנו אלא שלא נהרגם ואינם שומרים לא
דת שלנו ולא דתם. — 4 u. ö. משמיע ישועה. Abravanel

[5]) Abraham Saba, צרור המור 105b, מאורעות עולם bei Grätz, VIII. 398.

im Gefängnisse dienten, wagten bei dieser Gelegenheit ihr Leben; sie erbaten sich von ihrem Vorgesetzten die Erlaubniß, die irdischen Reste dieser Marranen der Muttererde übergeben zu dürfen. Es wurde ihnen gestattet, und mehr als vierzig geheime Juden, fromme Männer, begleiteten den Märtyrer Mimi zur letzten Ruhestätte, sie begruben ihn auf dem jüdischen Friedhofe und hielten ihm dort die übliche Trauerfeierlichkeit. Die Genossen Mimi's blieben noch eine Zeit lang im Kerker, weil sie als geheime Anhänger des Judenthums galten, wurden aber von dem glaubensgenössischen Gefangenwärter in Ehren gehalten; später schickte sie der König nach Arzilla in Afrika, wo sie von einem judenfeindlichen Fürsten gezwungen wurden, am Sabbath Schanzarbeiten zu verrichten.

Die in Portugal zurückgebliebenen Juden, welche der äußeren Gewalt erlagen, das christliche Bekenntniß auf der Zunge und die Liebe zum Judenthume im Herzen trugen, sannen auf Mittel, ihre traurige Lage zu verbessern. In ihrer Bedrängniß wandten sie sich an einen Fürsten, von dem man meinen solle, er müsse ihr ärgster Feind sein: an das Oberhaupt der sie verfolgenden Kirche, an den Papst. Es saß damals auf dem päpstlichen Stuhl Alexander VI., einer der verworfensten Kirchenfürsten, von dem für Geld Alles zu haben war. Zu ihm kam eine Gesandtschaft portugiesischer Juden, denen es durch Geld auch bald gelang, ihn und sein Collegium für sich zu gewinnen, aber die katholischen Regenten ergriffen ebenfalls ihre Maßregeln und nahmen gleich den Juden ihre Zuflucht zur Bestechung [1]). Ob der Papst mehr Gold von den Juden, als von den Majestäten erhielt, ob er zu Gunsten dieser oder jener entschied, darüber sind wir im Dunkeln, so viel ist gewiß, D. Manuel schlug in seinem fernern Verfahren gegen die Juden den Weg der Milde ein.

---

[1]) Heine, l. c. 154. Daß die Gesandtschaft der geheimen Juden aus sieben Personen bestand, daß Pedro Essecutor und der dunkle Jurado Allemian die Häupter derselben waren und daß der Cardinal S. Anastasio als ihr Schutzherr sich ihrer annahm, wie Grätz VIII. 396 meint, sagt Heine nicht. Der ganze Bericht über diese Gesandtschaft ist verdächtig, um so mehr als alle Anderen davon schweigen, und der neueste portugiesische Geschichtsschreiber Herculano, der aus meistens ungedruckten Quellen geschöpft, ihn mit keiner Silbe erwähnt; auch Schäfer legt ihm wenig Gewicht bei.

Zehntes Capitel.

D. Manuel.

Schutz der geheimen Juden, Volkshaß, Auswanderung und deren Verhinderung. Ausbrüche der Volkswuth gegen die geheimen Juden. Das Gemetzel im April 1506 und dessen Folgen; Amnestie und Jahre der Ruhe.

Wenige Wochen nach den eben geschilderten, gegen die Juden geübten Gewaltthaten vermählte sich D. Manuel mit der Tochter der spanischen Isabella, um derentwillen er all das Leid und Unheil über unschuldige Menschen gebracht hatte. Ohne Hochzeitsfeierlichkeiten begab er sich mit seiner jungen Gemahlin nach Evora; diese war durch den plötzlich erfolgten Tod des spanischen Thronerben in tiefe Trauer versetzt. Ein Jahr später war sie selbst eine Leiche; sie starb bei der ersten Entbindung, und der neugeborene Prinz folgte ihr, ehe zwei Jahre vergingen [1].

König Manuel fühlte sich nicht glücklich; die Stimme des Gewissens erhob sich mahnend in seiner Brust; er ließ für sein Seelenheil das prächtige Kloster Belem bauen und schenkte ihm mit apostolischer Erlaubniß die in eine Kirche umgewandelte große Lissaboner Synagoge [2]. Auch diese fromme That vermochte nicht, sein Gewissen zu beschwichtigen. Das Geschehene konnte nicht rückgängig gemacht werden; er war bemüht, die Schandthat durch Milde zu verdecken.

Am 30. Mai 1497 [3] erließ er ein Gesetz zum Schutze der gewaltsam bekehrten Juden, welche jetzt noch mehr als früher, dem blinden Volkshasse ausgesetzt waren. Sie galten in den Augen der alten Christen nicht für Juden und nicht für wirkliche vom Glauben

---

[1] Osorius, l. c. 18 a.

[2] Barros, Asia, Dec. 1. Lib. 4, Cap. 12, P. 376: ... a qual elle fez de esnoga, que era dos Judeos. Sousa, Provas II. 255: que foi esnoga dos Judeus situada no lugar a que hora chamão Villa nova ...

[3] Nicht aber Ende des Jahres 1497, wie Grätz VIII. 397 vermuthet.

durchbrungene Christen, sondern für Scheinchristen, „Neu Christen", für Verbrecher, die dem Judenthume nicht entsagen und das Christen= thum nicht annehmen, die christliche Ceremonien üben und nach den jüdischen Satzungen leben wollten. König Manuel ließ ihnen Zeit, sich in ihren neuen Glauben hineinzuleben; er verbot den Behör= den, während der nächsten zwanzig Jahre irgend eine Untersuchung über ihr religiöses Leben und Treiben anzustellen. Würde nach Verlauf dieser Frist ein geheimer Jude der Anhänglichkeit ans Juden= thum angeklagt, so sollte auch alsdann noch auf dem Civil=Wege gegen ihn verfahren werden und dürfte die Anklage nur innerhalb der ersten zwanzig Tage nach entdeckter That und nicht später ge= schehen. Im Falle der Angeklagte für schuldig erklärt und mit Confiscation des Vermögens bestraft würde, sollte dieses nicht dem Fiscus, sondern den christlichen Erben des Verurtheilten zufallen. Mit diesem Gesetze sollte jeder Unterschied zwischen Christen und ge= heimen Juden oder alten und neuen Christen fortan aufhören und aus der Gesetzgebung schwinden.

Es hat nach Allem den Anschein, als wollte D. Manuel die gewaltsam getauften Juden durch Liebe und Milde für den christ= lichen Glauben erziehen. Er verbot ihnen deshalb auch, hebräische Bücher zu besitzen, geschweige zu benutzen, und wollte es als einen Akt besonderer Gnade betrachtet wissen, daß er den bekehrten jüdi= schen Aerzten und Wundärzten, deren es sehr viele im Lande gab, die Benutzung der hebräisch=medizinischen Werke noch ferner ge= stattete. Schließlich wurde allen geheimen Juden, welche sich im Lande befanden, eine allgemeine Amnestie verheißen [1]).

---

[1]) S. Anhang.
Die Clausel, daß die Amnestie auf die Flüchtlinge aus Spanien keine An= wendung finde, fehlt in der Abschrift bei Ribeiro. Manuel durfte bei dem besten Willen die Amnestie aus Rücksichten gegen seine Gemahlin nicht weiter ausdehnen und mußte dem in dem Heirathscontracte gemachten Versprechen treu bleiben. In diesem Vertrage (Capitulações do casamento bei Sousa, Provas II. 392) heißt es ausdrücklich: Primeramente es consertado y asentado que plaziendo al dicho Ser. Rey de Portugal nuestro fijo, de echar fuera de todos sus Reynos y Señorios a todos los que fueron condenados por herejes que estan en los dichos Reynos y Señorios, y poniendolo asi en obra, enteramente por todo el mes de Setiembre, que primero verna deste prezente año de 1497 de manera que ninguno dellos dixos herejes quede en ninguna parte de sus Reynos y Señorios.

Die geheimen Juden durften somit und zwar mit königlicher Erlaubniß noch zwanzig Jahre Anhänger des Judenthums bleiben, sie durften in ihren Wohnungen im Verborgenen die Satzungen des Judenthums beobachten, in altväterlicher Weise zu dem Einig-Einzigen beten, nur öffentlich mußten sie sich als gute Katholiken zeigen und gegen die Kirchenriten nicht gleichgültig sein.

Tiefer als der Gesetzgeber blickte das Volk, das solche Christen nicht als seinesgleichen anerkennen wollte; es hielt sie für nichts anderes als für Religionsverächter und Ketzer. Der Gedanke, daß christliche Gebete auf den Lippen solcher Bekehrten Blasphemie sei, fachte den natürlichen Haß der Menge immer mehr an; die spanische Inquisition, deren Einfluß in Portugal so groß war, daß sie in Wirklichkeit auch hier schon existirte[1]; eine junge, fanatische Königin, eine beständig aufwiegelnde Geistlichkeit — Alles trug dazu bei, die Feindschaft zwischen den alten und neuen Christen aufs Höchste zu steigern. Die alten Christen standen den Neu-Christen noch feindseliger gegenüber, als früher den Juden. Mancher Portugiese, in dessen Adern „altes Christenblut floß", scheuete es, sich von einem bekehrten Judenarzte behandeln zu lassen, und überließ sich lieber seinem Schicksale, als daß er zu einem geheimen Juden seine Zuflucht nähme. Man traute weder den Aerzten noch den Apothekern unter den Marranen, sodaß der König gezwungen wurde, auf Verlangen der Cortes in Lissabon am 11. Februar 1498 den Aerzten bei einer Strafe von zwei tausend Reis zu untersagen, in einer andern als der Landessprache Recepte zu verschreiben. Noch schwerer wurden die Apotheker bestraft, falls sie Medicamente nach Recepten in einer andern, als der Landessprache geschrieben, ferner anfertigten und verabreichten[2].

---

[1] Schon 1498 fand im S. Domingo-Kloster zu Lissabon eine Aburtheilung zweier Juden statt, bei der Jorge Vogado als Großinquisitor präsidirte. Historia da Inquisição em Portugal (Lisboa 1845), 5.

[2] Santarem, Documentos para servirem de Provas para Historia e Theoria dos Cortes Reales (Lisboa 1828) 310: ... ontorgamos ... com penna ao Boticario que naõ uzo mais de officio se der as menzinhas per recepta de Latim. E mais pague dous mil reis ... E em outra tanta penna queremos que encorra o fizica, que per Latim receptar, e naõ por lengoagem como he dito. — Goes, l. c. 28.

Unter solchen Umständen fühlten sich die geheimen Juden trotz der verheißenen Amnestie in der alten Heimath nicht mehr sicher. Die Verständigeren und Vermögenderen unter ihnen, überhaupt Alle, denen die Religion noch etwas mehr als bloßes Spiel war, trafen Vorkehrungen, um bei Zeiten dem nahen Verderben zu entgehen. Sie verkauften ihre Häuser und Güter, schickten ihr Vermögen in Gold und Waaren voraus und begaben sich auf die Wanderschaft. Ganze Schaaren geheimer Juden schifften sich nach Italien, Flandern, nach Afrika und dem Orient ein; an allen Orten wurden sie gastlich aufgenommen und fanden religiöse Duldung. Freilich sollte auch dieses Mal ihre Auswanderung verhindert werden D. Manuel, dem es, wie aus dem ganzen Verlaufe der Geschichte unzweideutig hervorgeht, lediglich darum zu thun war, die geheimen Juden wegen ihres Reichthums und ihrer Geschicklichkeit nicht aus dem Lande zu lassen, versperrte ihnen auch dieses Mal gewaltsam den Weg. In zwei Ordonnanzen, vom 20. und 24. April 1499, verbot er allen eingeborenen und fremden Christen, mit den Neu=Christen Tausch= und Kaufgeschäfte abzuschließen, und verlangte, daß die auf Waaren oder Geld bereits abgeschlossenen innerhalb einer Frist von acht Tagen der Behörde zur Anzeige gebracht werden, daß kein Christ ohne besondere königliche Erlaubniß liegende Gründe von ihnen kaufe, und daß endlich kein geheimer Jude mit Weib und Kindern ohne ausdrückliche königliche Bewilligung ins Ausland, am allerwenigsten unter die Herrschaft der Mauren sich begebe[1]. Dieses Gesetz, das die vor kaum zwei Jahren Amnestirten in den Zustand der Knechtschaft und Bedrückung zurückwarf, rief einen Kampf hervor zwischen der Wachsamkeit der Behörden und der Schlauheit der unglücklichen Neu=Christen, einen Kampf, aus dem in den meisten Fällen die letzteren als Sieger hervorgingen. Wie leicht war es, für Geld Menschen zu bekommen, welche ihnen Vorschub zur Flucht leisteten! Freilich mißglückte auch mancher Versuch. Eine mit geheimen Juden beladene Caravelle, welche Afrika zusteuerte, wurde nach den Azoren verschlagen; dort geriethen die unglücklichen Emigranten in Gefangenschaft; sie wurden dem Gesetze gemäß zur Sclaverei verdammt und von dem Könige einem seiner Ritter, Vasqueanes de Corte=Real, geschenkt. Ein ge-

---

[1] Figueiredo, Synops. Chronolog. I. 148 f.

wiſſer Gonçalo von Loulé wurde ſchwer beſtraft, weil er Neu=
Chriſten aus Algarve nach Laraſch in Afrika geführt hatte [1]).

Unter Umſtänden waren die Neu=Chriſten, welche ſich den man=
nigfachen Gefahren nicht ausſetzen wollten, gezwungen, im Lande zu
bleiben und Alles über ſich ergehen zu laſſen; ſelbſt die Vortheile,
welche das Geſetz von 1497 ihnen einräumte, konnten ſie nicht ge=
nießen. Die königlichen Behörden ſelbſt kehrten ſich nicht ans
Geſetz und leiteten gegen diejenigen Unterſuchungen ein, welche im
leiſeſten Verdacht der Anhänglichkeit ans Judenthum ſtanden. Die
Mönche, beſonders die Dominicaner, ließen nicht nach, die leicht=
gläubige Menge in ihren Predigten gegen die geheimen Juden zu
hetzen. Der Fanatismus kam, ehe man ſich verſah, zum Ausbruch
mit allen ſeinen Abſcheulichkeiten [2]).

Zu Anfang des Jahres 1503 entſtand im ganzen Lande eine
ſo ſchreckliche Theuerung, daß nicht nur die ärmere Claſſe, ſondern
auch die Begüterten die Steigerung der Preiſe aufs Empfindlichſte
wahrnahmen; kaum fand man noch für Geld Getreide, Brot oder
Gemüſe, und von Hunger getrieben, bediente man ſich Wurzeln,
Kräuter und ſchädlicher Nahrungsmittel, welche nachmals peſtartige
Krankheiten erzeugten. Man war nur zu geneigt, die Schuld von
allem Uebel, ganz beſonders aber die Urſache der Hungersnoth, auf
die geheimen Juden zu wälzen; betrieben ſie doch ſeit der Amneſtie
wieder mit Eifer den Kornhandel und nahmen, was ihnen bis an=
her verboten war, die Zehnten der Kirchen und Klöſter in Pacht.
Der Volkshaß beſchuldigte ſie, daß ſie auch die „Chriſten von Blut"
veranlaßt hätten, die Getreidepreiſe noch mehr, als ſie ſelbſt, in die
Höhe zu treiben [3]).

Alle Vorkehrungen, welche die Regierung traf, um die Neu=
Chriſten gegen den immer mehr wachſenden Haß der Bevölkerung
zu ſchützen, erwieſen ſich als ungenügend. D. Manuel glaubte, ihn
wenigſtens in Etwas zu beſchwichtigen, wenn er den Einwanderun=

---

[1]) Huũ gonçalo de loulé foy culpado em os passar de algarve a larache.
Mem. Mss. bei Herculano, I. 34.

[2]) Usque l. c. 200 a: ... os pregadores nos pulpitos, e dizendo os
señores em lugares publicos e os cidadãos e vilãos nas praças, que qualquer
fome, peste ou terremote que vinham a terra era por nam se cm bos cristãos,
e que secretamente judaizauã.

[3]) Goes, l. c. 20 f, Acenheiro, l. c. 334.

gen ihrer Leidens= und Glaubensgenossen ein Ziel setzte. Getrieben
von dem katholischen Königspaar, erließ er nach längeren Unterhand=
lungen mit Castilien und auf Grund früherer Verträge das Gesetz
(1503), daß kein Spanier den portugiesischen Boden betreten dürfe,
wenn er sich nicht darüber ausweise, daß er nicht der Ketzerei be=
schuldigt sei. Mehr wollte D. Manuel nicht nachgeben; die Ein=
wanderungen dauerten fort. Da verlangte endlich der rachsüchtige
Ferdinand, wiederum gestützt auf frühere Verträge und auf die be=
kannte Bulle des Papstes Innocenz VIII. vom Jahre 1487, daß
alle diejenigen, welche aus Furcht vor der Inquisition oder
deren Nachstellungen nach Portugal geflüchtet, an Spanien ausgeliefert werden sollten. Ob aus Humanität oder der materiellen
Vortheile wegen — Manuel schlug das Begehren unter dem Vor=
wande ab, daß die bestehenden Verträge solche Einwanderer nicht
mit inbegriffen; übrigens räumte er Spanien das Recht ein, Agenten
der Inquisition nach Portugal zu schicken, um hier als Kläger gegen
die Flüchtlinge aufzutreten, dann werde nach dem Landesrechte über
sie geurtheilt werden [1]). Die Bemühungen der spanischen Inquisition
und ihres Beschützers, des aragonischen Ferdinand, scheiterten somit
an dem festen Willen Manuel's zum großen Leidwesen des portu=
giesischen Volkes, dessen glühender Haß gegen die jüdische Race keine
Grenzen mehr kannte und nunmehr in offenen Flammen aufloderte.
Der Funke, den die fanatische aufwiegelnde Geistlichkeit unter die
bigotte Volksmenge geworfen hatte, entzündete plötzlich einen unheil=
vollen Brand.

Schon einige Jahre vorher begannen die Vorspiele des schreck=
lichen Dramas.

Am Pfingstsonntage (25. Mai) 1504 trafen sich in der Rua=
Nova, der meistens von geheimen Juden bewohnten Hauptstraße der
Residenz, einige dieser Neu=Christen und plauderten sorglos mit
einander. Plötzlich sahen sie sich von einer Schaar Burschen um=
ringt, von denen fast keiner das funfzehnte Lebensjahr zurückgelegt
hatte, welche sich in Schimpfen und Schmähungen über sie ergossen.
Einer der Beleidigten zog seine Waffe und verletzte fünf oder sechs
der jungen Uebelthäter. Es kam zum Aufruhr, und nur das Her=

[1]) M. f. das Schreiben D. Ferdinand's an D. Manuel vom 12 Juli 1504
(nicht 13. August, wie Heine l. c. 156 angibt) bei Herculano, I. 141.

beieilen des Gouverneurs mit bewaffneter Mannschaft konnte weitere
Folgen verhüten. Vierzig Burschen wurden ergriffen und in Ver=
wahrsam gebracht. In Anbetracht ihrer Jugend verurtheilte sie das
Tribunal zu Peitschenhieben und zu lebenslänglicher Verbannung
nach den S. Thomas=Inseln. Auf Fürbitte der Königin wurde
ihnen letztere Strafe in Gnaden erlassen[1]).

Im April 1505 demolirte der Pöbel die Synagoge zu Evora[2]),
und in demselben Monate des folgenden Jahres fand unter den
geheimen Juden in Lissabon ein furchtbar cannibalisches Gemetzel
Statt, das seines Gleichen in der Geschichte sucht.

In der Nacht des Passahfestes, 17. April 1506, acht Tage nach
Charfreitag, entdeckte man in Lissabon mehrere geheime Juden,
welche etliche Lämmer und Hennen, „nach jüdischer Art zugerichtet,
ungesäuerte Brote und bittere Kräuter nach der für das Passahfest
bestehenden Vorschrift vor sich hatten.“ Sie blieben bis tief in die
Nacht versammelt und feierten ihr Fest. Da kam plötzlich der Un=
tersuchungsrichter mit vielen Schergen in das Haus, das ihnen als
Versammlungsort diente, ergriff die an dem gedeckten Tische noch
betenden Juden und nahm siebzehn von ihnen gefangen; die
übrigen ergriffen die Flucht. Man berichtete den Vorfall dem Kö=
nige, der nicht in der Residenz, sondern in Abrantes sich aufhielt.
Schon nach zwei Tagen entließ man einige der Eingezogenen „aus
Ursachen“ in Freiheit. Das Volk murrte, redete von Bestechung
und guten Freunden, die die geheimen Juden in höheren Kreisen
hätten, und war in der ersten Aufregung nahe daran, Scheiterhaufen
anzuzünden, um sie Alle zu verbrennen[3]).

[1]) Mem. Ms bei Herculano, I. 139.

[2]) Aceuheiro, l. c. 136.

[3]) Dieses Vorspieles gedenken, außer dem Verfasser des Schevet Jehuda, dem
es ein Greis erzählte (93), ein deutscher Zeitgenosse in der Schrift: „Von dem
christenlichen Streyt, kürtzlich geschehen zu Lißbona, ein Haubstatt in Portigall,
zwischen den Christen und Neüwen Christen oder Juden, von wegen des Ge=
kreutzigten Gottes (6 Bll. o. D. u. J.)“ Dieses sehr seltene in der Königl.
Bibliothek zu München befindliche Schriftchen ist mangelhaft und ungenau abge=
druckt am Ende des Aufsatzes von G. Heine l. c. Der von Heine ausgelassene
Anfang dieses Schriftchens lautet:

„Als man zalt n. Chr. geburt 1506 Jar. In Lißbona am 17. tag im
April was VIII tag nach dem heyligen Karfreytag do wurden davor begriffen

Das Volk schwor Rache, und die Gelegenheit war günstig. Die Pest wüthete in Lissabon, die königliche Familie weilte fern von der Residenz in Santarem, Abrantes und Almeirim. Die meisten Adligen und Vornehmen hatten aus Furcht vor der Seuche ebenfalls die Stadt verlassen. Die Epidemie machte rasende Fortschritte, im April starben an manchen Tagen 120 Personen und noch mehr; in allen Kirchen wurden öffentliche Gebete angestellt. Am 19. April [1]), dem Sonntage, an dem die wegen der Passahfeier Eingekerkerten frei gelassen worden, war viel Volk, darunter auch Neu-Christen, in der Kirche des Dominicanerklosters versammelt. Da fesselte eine Seitencapelle dieser Kirche, die Jesuscapelle genannt, auf deren Altar ein Crucifix mit einem Reliquienkästchen in Glas stand, gar bald die Aufmerksamkeit der Andächtigen, und Viele glaubten, indem sie das Auge auf dasselbe richteten, eine übernatürliche Helle aus ihm strahlen zu sehen. Ob die schlauen Dominicaner dieses vermeintliche Wunder künstlich erzeugt, oder ob die leichtgläubige, durch das große Sterben geängstigte und deshalb dem Wunderglauben geneigte Menge

---

vill newer christen in eynem hauß, die haben zu der osterlichen zeyt gemacht Brot, auch etlich lemmer auch hennen getödt vn zugericht aufz jr jüdisch art, vn assen vmb zwo uhr in der nacht jr osterlamp vn hielten also jr ceremonias aufz jüdisch. vn einer vnder in der gieng heimlich vn verrieth sie, vn brachte mit im ein richter von der stat mit etlichen viel schergen, vn kamen in das hauß vn begriffen die essende ob warer that, vn fangen ihr XVII weyb vn man der die andern fluhen oben zu den Dächern hin auß, auch wo sie sunst darum mochten kommen; die andern XVII furt man in die gefenknuß Do wardt als baldt dem kunig geschriben, der was nicht zu Lißbona, sonder in einem stettlein 24 meyl vun Lißbona, genannt Brantes, wie man es mit den gefangenen halten solt, nit weyß ich was der kunig zu antwurt gab, denn in zwey tagen nach dem sie gefangen waren, ließ man jr etlich auß, war gesagt sie weren unschuldig auß ursachen, sie villeycht gelt oder sunst gut freundt hatten, die in auß hulffen. Do wardt vnder der gemeine heimlich ein groß murbeln vnd gesagt sie weren werdt, das die gefangenen vnd ander die solchs theten alle verbrennt wurden.

---

[1]) Ueber dieses Gemetzel berichten: Goes, l. c. 141 ff, Osorius, 114 f. Garcia de Resende, Miscellan. XI b, Pina, Chr. de D. Affonso V. Cap. 130, Acenheiro, 333 f, Monteiro, II. 439 ff. Von jüdischen Quellen: Schevet Jehuda, 93, Usque, 200 und nach ihm Emek Habacha, 90. Außerdem noch: Von dem christlichen Streyt (s. vorherg. Note), das handschriftl. Memoriale der geheimen Juden, auszugsweise bei Herculano, I. 142 ff. Vgl noch De Mendoça, Historia de Portugal, VI. 955 — 970, Peine, 156 ff, Schäfer, III. 25 ff., ganz besonders Herculano, I. 142 ff.

das natürliche Licht für ein Wunder hielt? Genug, das Volk warf sich mit dem Rufe „Wunder, Wunder!" in Anbetung nieder. Ein geheimer Jude, der, wie mancher vernünftige Christ [1]), in diesem Wunder nichts anders als den Wiederschein einer neben dem Bilde brennenden Kerze sah, war unvorsichtig genug, seine ungläubige Meinung laut zu äußern; er bemerkte in der Einfalt seines Herzens, es scheine ihm, daß das Ganze von einer Lampe herrühre, die neben dem Bilde hinge [2]). Dieser ausgesprochene Zweifel, an dieser Stätte, aus dem Munde eines verhaßten geheimen Juden, unter einer Menge schwärmerischer Wundergläubigen, in Gegenwart fanatisirender Dominicaner: was bedurfte es noch mehr, um die aufgeregten Gemüther zum schrecklichsten Wuthausbruche zu veranlassen! Der unglückselige Zweifler wurde auf der Stelle bei den Haaren ergriffen, unter Verwünschungen und Mißhandlungen vor die Kirche

---

[1]) ... „o qual (milagre) a parecer de todos era fingido", heißt es in zeitgenössischen handschr. Berichten (Mem. Avulsos dos Reinados de D. Manuel e D. João III. Miscell. Vol. 2, F. 120) „ou a imaginação dos devotos se afigurou que lhe pareces verem fogo ē o lado ao crucifico. Mem. Mss. da Ajuda bei Herculano, I. 144.

Auch der judenfeindliche deutsche Berichterstatter hielt es für eine „Buberey"; er schreibt: Ich bin auch do geweßt, hab aber keyn scheyn gesehen, auch keyn liechtlein, aber ich hab es wol von 200 Personen gehört, vnd von viel Meiner guten Freundt, den wol zu glauben ist, die solchs zu mer mal gesehen haben, die liecht vnd stern scheynen vnd leuchten, hab sie auch gefragt, ob sie nicht meinen, das es gemacht Ding von den munchen oder andern were. als man dan solch buberey wol machen kan, sagten sie vnd meynten genßlich, das das rechtuertig vnd ein zeychen von Got were". Heine hat diesen ganzen Passus, vielleicht nicht ohne Absicht, ausgelassen.

[2]) So Goes l. c. 141; nach Osorius soll er gesagt haben (114 a) „nec enim esse verisimile ut aridum lignum miraculum aderet", ähnlich auch Mem. Mss. da Ajuda: „como havia um pan secco de fazer milagres?" und der deutsche Berichterstatter (bei Heine 172): „Was möchte ein dürres Holz für Wunderzeichen ihun? Nehmet Wasser und benetzt es, so soll es alsbald erlöschen". Der Verf. des Schevet Jehuda, der sich während des Vorfalls außerhalb der Stadt befand, war schlecht berichtet; die Aeußerung, die er dem geheimen Juden in den Mund legte: „Möchte sich doch das Wunder lieber durch Wasser, als durch Feuer kund thun, denn bei der Dürre haben wir Wasser nöthig" ist unwahrscheinlich (das Wörtchen „spöttisch" bei Heine, 156, ist überflüssig; Goes, den H. wörtlich übersetzt, hat es nicht).

geschleppt, von den rasenden Weibern getödtet und sein Leichnam auf einem Scheiterhaufen, der auf dem Rocio-Platze schnell ange= zündet wurde, in Asche verwandelt[1]). Ein Dominicaner forderte in einer wüthenden Predigt die versammelte Volksmenge zur Rache auf und fachte die Verfolgungswuth noch mehr an. Zwei andere Mönche — João Mocho aus Evora und Bernaldo, ein Aragonese, der eine Arzt, der andere Organist des Klosters[2]), — durchzogen mit dem Crucifix in der Hand unter dem Rufe: Ketzerei! Ketzerei! die Straßen, Alle aufwiegelnd, das fluchbeladene Ketzervolk aus= zurotten. Dem zügellosen Pöbelhaufen schlossen sich deutsche, nieder= ländische und französische Matrosen, die von den im Tajo liegenden Schiffen zur Plünderung herbeieilten, rasch an, und nun begann das entsetzlich schauderhafte Drama. Alle geheimen Juden, die sie auf den Straßen fanden, wurden ermordet, die todten Körper, ja, wenn die Menschen auch nur halbtodt waren, schleppte man auf die Scheiterhaufen, zu denen die Burschen das Holz mit großer Behendigkeit zusammenbrachten, und verbrannte sie. Der Criminalrichter, welcher mit seinen Schergen herbeigesprengt war, um die Mörder und Anstifter gefangen zu nehmen, entging nur mit Mühe den Verfolgungen der wilden Menge; sie beschuldigten ihn der Parteinahme für die geheimen Juden und wollten auch ihm das Garaus machen. Der Volkswuth war kein Einhalt mehr zu

[1]) Nach Schevet Jehuda, 93, und dem deutschen Berichterstatter bei Heine, 172, sei auch der Bruder des Ermordeten herbeigeeilt; wir stellen beide Relationen zur Vergleichung hierher:

Schevet Jehuda.	Deutscher Berichterstatter.
Als sein Bruder dies hörte, eilte er herbei und sprach: Wehe, wehe, mein Bruder! Wer hat dich ge= tödtet? Worauf sich Einer, der mit einem Schwerte versehen war, erhob, ihm den Kopf abschlug und ihn auf den Leichnam seines Bruders warf.	Da kam ein anderer neuer Christ oder Jude dazu, der gesehen hatte, daß man den andern umgebracht; der sagte: warum tödtet ihr diesen Mann? Sagt das Volk: Du bist freilich auch der Schalke einer, und huben an, ihn zu raufen, und schlugen, bis sie ihn auch tödteten, und wollten sie danach alle beide auf dem Platze verbrennen.

Alle übrigen Quellen schweigen hiervon.

[2]) Nur Acenheiro, 333, und Monteiro l. c. II. 439 nennen die Namen der beiden Dominicaner.

thun, das Schlachten und Verbrennen währte den ganzen Sonntag, über fünfhundert Menschen wurden an diesem einen Nachmittage aus der Welt geschafft; Gruppen von funfzehn und zwanzig Personen loderten zusammen auf dem Feuerstoße[1]).

Am folgenden Montage wiederholten sich die Mordscenen mit noch größerer Unmenschlichkeit. Tausende von Subjecten der gefährlichsten Art waren bei der ersten Nachricht von dem, was Tages zuvor sich zugetragen hatte, vom Lande in die Stadt geströmt und hatten sich mit dem Gesindel und den Mönchen, „die ohne Gottesfurcht die Straßen durchzogen und das Volk zum Morde ermunterten", zum gemeinschaftlichen Werke vereint. „Man bekam an diesem Tage Dinge zu sehen", sagt ein deutscher Augenzeuge, „die fürwahr unglücklich zu sagen oder zu schreiben sind". Da man in den Straßen schon keine geheimen Juden mehr fand, so griffen die Unmenschen die Häuser, in welche sie sich zurückgezogen hatten, mit Mauerbrechern an, stürmten sie mit Leitern, rissen die Bewohner heraus, zogen sie sammt ihren Söhnen, Weibern und Töchtern durch die Straßen und warfen sie ohne alles Mitleid, lebend und todt, bunt durch einander, auf die Scheiterhaufen. So groß war die Grausamkeit, daß selbst die zarten Kinder, die in der Wiege lagen, nicht verschont wurden; sie ergriffen sie bei den Beinen und zerschellten sie an den Wänden, ja, sie stürzten sich in die Kirchen und zogen Alle hervor, die dort Schutz und Zuflucht gesucht hatten. Die Mönche rissen Frauen und Jungfrauen vom Hochaltare, schändeten sie und warfen sie in die Flammen[2]). Ein heldenmüthiges Weib erschlug einen solchen frommen Priester, der sie schänden wollte, mit dem Mordgeräthe, das er in der Hand hielt[3]). Selbst

---

[1]) E traziam XV e XX cristãos nouos em manada a fogueira. Mem. Mss. da Ajuda, 219. Nach derselben Quelle wurden auf dem Rocio allein 300 Personen verbrannt „quaimados no Resyo ccc pesoas"; ein anderer Scheiterhaufen war am Ribeira unterhalten.

[2]) Goes, l. c. 143 . . . . „das egrejas tirauão muitos homems, molheres, moços, moças destes innocentes . . . . ;" „e compridas suas desordenadas vontadas as levavam as fogueiras: Mem. avuls. vol. cit. 121; Usque l. c. 200 b: atasalhando os homês arremesando as criaturas as paredes e desmẽbrandoas desonrrado as molheres e corrõpendo as virgens e sobre ysso tirandolhe a vida . . .

[3]) Usque l. c. 200 b: . . . . entre estas se achou huã que esforçado a muyta yra e sua honra a hum frade que aqueria forçar matou com hũas faças

alte Christen wurden gemordet. wenn sie irgend Aehnlichkeit mit den Juden hatten oder von ihren Feinden als solche bezeichnet wurden; ehe sie sich rechtfertigen konnten — mancher Unschuldige lieferte in seiner Angst den factischen Beweis, daß er nicht zum Volke Israel gehöre![1]) — waren sie als Opfer der Wuth und Rache gefallen.

Den Schluß des Tagewerkes bildete die Ermordung des am meisten gehaßten João Rodrigo Mascarenhas. Er war einer der reichsten und vermöge seiner Stellung als Steuerpächter angesehensten unter den Neu = Christen, der sich stolz gegen die Bevölkerung benahm und auch wohl manches harte Gesetz gegen sie erwirkt haben mag. Auf ihn hatte das gemeine Volk einen ganz besonderen Grimm. Schon beim Ausbruche des Sturmes am Sonntage versuchte die aufrührerische Menge, sein Haus zu demoliren; er hatte aber alle Thüren verrammelt und Alles aufs Beste zugemacht so daß Niemand hineinkommen konnte; er stand oben an dem Fenster und schimpfte auf die Aufständigen. Es gelang ihm später, sich zum Dache hinaus zu retten. Es war aber am Montage kein Schutz möglich. „Als er gefangen war, lief Jedermann hinzu, ihn noch einmal zu sehen und ihn todt zu schlagen. Das geschah in einer Gasse, Differia genannt, hinter der S. Maria da Conception=Kirche; man schleifte ihn in die Rua=Nova=Straße, und Alle hieben und stachen nach seinem Leibe, und wer ihm nicht einen besondern Hieb oder Stich versetzte, der meinte, er könne nicht selig werden. Man zertrümmerte seine Hausmobilien, zertrümmerte sein Haus; Jeder griff nach einem Stück, wie nach einer Reliquie; der Eine nahm ein Stück von seiner Hausthür, der Andere ein Stück von einem Sessel, Stuhl, Bank oder Bett, was er nur greifen oder finden mochte, ihn damit zu verbrennen. Unter großem Frohlocken und Jubeliren wurde dieses Strafgericht auf dem Dominico=Platze an ihm vollführt"[2]).

So kamen an diesem Tage Mascarenhas und mehr als tausend Personen um; alles Silber und Gold, alle Juwelen und Kost-

que o mesmo frade trazia (das Wort faças [faça — Messer] übersetzt Joseph Cohen im Emek Habacha mit כלי; an „Crucifix" oder „Kelch" ist nicht im Entferntesten zu denken).

[1]) Algũus cristãos velhos ... conveolhes fazer mostra que naõ eram circumcidados. Mem. Mss. da Ajuda f. 219 bei Herculano, I. 147.

[2]) Des Zollpächters Mascarenhas erwähnt nur Schevet Jehuda und der deutsche Berichterstatter, der ihn Mastarenhus nennt.

barkeiten wurden geraubt. Niemand wagte, Widerstand zu leisten.
Den öffentlichen Beamten fehlte es an Macht und Muth, gegen die
an Wildheit „Bären und Abendwölfen" gleiche Menge einzuschreiten,
so daß das Gemetzel Montag bis tief in die Nacht hinein dauerte
und auch noch am Dienstage fortgesetzt wurde. Allmälig legte sich
die Mordlust, es fehlte an Opfern; man fand nur noch wenige
Neu = Christen, die meisten hatten sich zu „anständigen und frommen"
Leuten begeben, die sie verbargen oder ihnen Gelegenheit zur Flucht
verschafften. Ueber zweitausend, nach Anderen sogar vier tausend
geheime Juden kamen innerhalb acht und vierzig Stunden auf die
grausamste Weise um [1].

Am Dienstag Nachmittag, als fast Alles zu Ende war, rückten
D. Ayres de Silva, der Obertribunalspräsident (Regedor da justiça),
und D. Alvaro de Castro, der Gouverneur, mit Truppen vor die
Stadt und riefen die Bürger unter Androhung schwerer Strafen
zu den Waffen. Sobald der König, der sich in Avis aufhielt,
Nachricht von dem Blutbade in der Residenz erhielt, gerieth er in
großen Zorn und schickte[2] sofort D. Diogo de Almeida, den Prior
von Crato, und den Baron de Alvito, D. Diogo Lobo, dorthin mit
Vollmacht, alle Diejenigen zu bestrafen, welche sie für schuldig be=
finden würden[3]. Die Hauptträdelsführer nahm man alsbald ge=
fangen, vierzig oder funfzig der Verbrecher, Lissaboner Kinder —
die meisten Fremden, welche an dem Gemetzel Theil genommen,
waren schleunig unter Segel gegangen — wurden gehängt, anderen
wurden die Köpfe abgehauen und andere geviertheilt[4]. Die beiden

[1] Nach Schevet Jehuda, 94, belief sich die Zahl der Gefallenen auf 3000,
alle übrigen Quellen rechnen 2000, Goes l. c. 142: mais de mil e nouecentas
(1900) almas, Monteiro II. 440 und der Verfasser des seltenen Schriftchens „Von
Michel Judentod" (Marbach 6. Juni 1549), übereinstimmend mit dem deutschen
Berichterstatter, 1930. Die höchste Zahl hat Usque, 201 a: quatro mil almas
(4000), eben so Resende in seiner mehrerwähnten Reimchronik.

[2] Usque und die übrigen jüdischen Chronisten sind hier ungenau; der König
erhielt die Nachricht von dem Aufstande nicht, wie sie angeben, in Abrantes,
sondern in Avis (na villa de Avis, indo Dabrantes visitar a Infante D. Beatriz
suã mãi, Goes, 142) und kam auch nicht selbst sofort nach der Stadt.

[3] M. s. die beiden königl. Schreiben im Anhang No. 6.

[4] Acenheiro, l. c. 333: nos culpados emforçarão e esquartejarão e
deseparão te quoreta ou simquoenta. Nach dem Mem. Mss. da Ajuda bei
Herculano l. c. I. 150 wurden 46 oder 47 Verbrecher gemordet.

Dominicaner, welche den Aufstand mit dem Kreuz in der Hand ge=
leitet hatten, wurden, nachdem sie sich einige Tage versteckt gehalten [1],
endlich ergriffen, nach Setubal und von da nach Evora transportirt,
aus dem Orden gestoßen, im Juli 1506 erst garrotirt und dann
verbrannt [2]. Die übrigen aufwieglerischen Cleriker wurden aus dem
Kloster gejagt.

Um ein warnendes Beispiel zu constatiren, verfuhr der König
auch gegen die Stadt Lissabon und deren Behörden mit Strenge.
Die Stadt, welche in früheren Zeiten die allertreueste genannt wurde,
verlor auf Manuel's ausdrücklichen Befehl diesen Ehrentitel auf drei
Jahre [3], außerdem wurde ihr das Recht entzogen, vierundzwanzig
Stadtverordnete (Misteres) und vier Procuradores, die in dem
Stadthaus das Regiment führten und mit den Inspectoren (Verea=
dores) die öffentliche Sicherheit überwachten, selbstständig zu wählen;
wie in allen übrigen Städten des Landes, wurden für die Folge
auch in Lissabon königliche Beamte eingesetzt. Alle des Mordes und
Raubes schuldigen Bewohner der Residenz und ihrer Umgebung
sollten, der königlichen Verfügung vom 22. Mai 1506 zufolge,
Körperstrafen erleiden und nebstdem noch ihr sämmtliches Vermögen

---

[1] Der deutsche Berichterstatter schließt seine Relation (dieser Schluß fehlt
bei Heine): Weyter ist sonder biß aufs Dato nichts besunders gehandelt worden,
allein der Kunig hat drey mechtig von seinen rethen gen Lißbona geschickt, sich
zu erkundigen wer vrsach des auflaufs gewesen sey, auch auß lassen ruffen, wer
der munnich wiß oder beherbergt, die mit dem creutz vmb geloffen sindt, soll sie
sahen oder den Herren ansagen, damit sie gefangen werden, bey grosser peen und
straff an leyb vnd gut, aber biß her ist der munnich noch keyner begriffen worden,
man sagt auch sie sollen schon auß dem laudt sein. —

[2] Acenheiro l. c. 334 gibt die Verurtheilung der beiden Mönche am aus=
führlichsten; auch Resende sagt in seiner Reimchronik:

dous frades observantes
vimos por isso queimados.

vgl. noch Schevet Jehuda 94: צוה המלך לתפוש הכימרים וגזר עליהם לשורפם

[3] Ibid. 94: ומדינת לישבונה נקראת בימי קדם קריה נאמנה וצוה המלך שיכריזו עליה
לשלש שנים המדינה המורדת ..

übereinstimmend mit Resende l. c.

El rey trne tanto a mal
ha cidade tal fazer
que ho titulo natural
de noble e sempre leal
lhe tirou e fez perder.

einbüßen; von Solchen aber, welche nicht nach Recht und Pflicht
die Aufrührer bekämpft, sollte der fünfte Theil ihres Vermögens für
die Krone eingezogen werden [1]).

Während D. Manuel auf diese Weise die Theilnehmer an dem
Aufstand bestrafte, schützte er — vielleicht ward er wegen dieser
einzigen That von den jüdischen Chronisten der „fromme König" genannt [2]) — die geheimen Juden und verlieh ihnen neue Privilegien.
Durch ein Decret vom 1. März 1507 gestattete er ihnen, frei und
ungehindert, ganz nach Belieben das Land zu verlassen, ihr Vermögen in Gold und Waaren fortzuschicken, wohin sie wollten. Alle
früheren Beschränkungen sollten aufgehoben, keinerlei Ausnahmsgesetze mehr gegen sie erlassen, sie sollten den übrigen Bewohnern
des Landes vollkommen gleichgestellt sein [3]). Um sich den so schwer
Heimgesuchten noch recht wohlwollend zu zeigen, erneuerte er auch
einige Tage später (13. März) in Thomar das Gesetz vom 30.
Mai 1497, daß sie noch zwanzig Jahre lang wegen ihres religiösen
Verhaltens nicht zur Rechenschaft gezogen werden dürfen, eine Begünstigung, welche am 21. April 1512 auf weitere zwanzig Jahre
verlängert wurde [4]).

Nach so bitteren Erfahrungen waren den geheimen Juden die
wenigen Beweise königlicher Huld und Gnade Balsam für ihre
Wunden, und sie hofften auf bessere Zeiten, auf dauernden, kräftigen
Schutz der Regierung, so daß nach der schrecklichen Katastrophe von
1506 eine verhältnißmäßig nur kleine Zahl das Land verließ.
Unter den Wenigen, welche damals auswanderten, befand sich auch
vermuthlich Salomon Ibn Verga [5]), derselbe, den die spanischen
Gemeinden absandten, um Auslösungsgelder für die jüdischen Gefangenen in Malaga zu sammeln, [6]), und der die Leidensgeschichte
seiner Stammesgenossen in dem schätzbaren Werke „Schevet Jehuda"

[1]) Anhang No 6.
[2]) In einigen Familien-Ueberlieferungen wird ihm der Name el Rey Judeo
(der jüdische König) gegeben. Da Costa, Israel und die Völker, deutsch, 270.
[3]) Monarch. Lusit., V. Liv. XVIII. Cap. 4, S. 17.
[4]) Monteiro, l. c. I. 429.
[5]) Daß der oben erwähnte Jehuda Ibn Verga Vater des hier genannten
Salomon sei, hat schon Wiener in seiner Einleitung zu dem Schevet Jehuda mit
Recht bezweifelt; es spricht nichts für eine solche Annahme.
[6]) Schevet Jehuda, 101.

ſammelte und beſchrieb [1]). Während des Gemetzels in Liſſabon be=
fand er ſich noch in Portugal, wenn auch nicht in der Reſidenz,
wohin er jedoch noch einmal zurückkehrte [2]) und von wo er bald
nachher die Wanderſchaft nach der Türkei angetreten haben mag.
Viele geheime Juden, welche durch Grundbeſitz, Erwerbszweige und
Familienverbindungen an die Heimath gefeſſelt waren, ließen ſich
von dem ſchwachen Hoffnungsſchimmer blenden und ſchloſſen ſich
ihren auswandernden Brüdern nicht an. Wie bald ſahen ſie ſich
in ihren Erwartungen getäuſcht! Sie hielten den Krater des Volks=
haſſes und der geiſtlichen Unduldſamkeit für erſchöpft, während er
nur einige Zeit ruhete, um neue Flammen auszuſpeien und mit
ſeinem Lavaſtrome Alles zu vernichten.

Im Vergleich zu der jüngſten Vergangenheit waren die Jahre
von 1507 bis zum Tode Manuel's Zeiten der Ruhe für die
Juden; ſie wurden von dem Regenten und den Staatsbehörden mit
aller möglichen Sorgfalt behandelt und gegen die Gewaltthätigkeiten
des Pöbels, ſelbſt gegen die Nachſtellungen der ſpaniſchen Inquiſition
kräftig geſchützt; ſie ihrerſeits thaten das Mögliche, um ihre Gegner
durch ein äußerlich kirchlich frommes Leben zu entwaffnen. Aeußer=
lich beobachteten ſie die Kirchenriten mit derſelben Genauigkeit, wie
im Verborgenen die Satzungen der jüdiſchen Religion, der ſie im
Herzen unveränderlich treu blieben, und gerade dieſes treue Feſthalten
an der Stammreligion, das von den Zeitgenoſſen nicht genug be=
wundert werden kann, dieſe ſeltene Opferfähigkeit und Ausdauer
legen uns noch jetzt die Pflicht auf, ſie als Juden, als jüdiſche
Märtyrer, zu betrachten. Duldeten ſie doch für ihren Glauben die
Auswüchſe der grauſamſten Intoleranz: Marter, Qual, Folter und
Scheiterhaufen!

Die Vorurtheile des portugieſiſchen Volkes waren nicht ſo bald
geſchwunden, ſelbſt die königliche Macht konnte ſie nicht vernichten.
Die Erbitterung des Volkes gegen die Neu=Chriſten erreichte wieder
eine ſolche Höhe, daß der König ernſtlich daran denken mußte, das

---

[1]) Das Werk erlebte verſchiedene Ueberſetzungen und nahezu ein Dutzend
Auflagen, die neueſte (Hannover 1855) von Wiener, der auch die erſte deutſche
Ueberſetzung deſſelben (Hannover 1856) mit Einleitung und Regiſter veranſtaltete.
[2]) Schevet Jehuda, 93: גזירת ההריגה אשר שם בליששבונה מחוץ לעיר הייתי
wie da noch von Verga als Augenzeugen die Rede ſein kann, ואחר ימים בשובי
begreife ich nicht.

aufgewiegelte Volk zu besänftigen: er zeigte sich der verhaßten Race weniger günstig. Im Juni 1512 verbot er, daß keine Anklagen über Theilnahme an dem Aufstande von 1506 mehr angenommen wurden, und ließ alle darüber noch schwebenden Prozesse nieder= schlagen. Das gab dem bis dahin im Zaum gehaltenen Pöbel neuen Muth, neue Excesse wurden vorbereitet. Im Spätsommer des Jahres 1515 fand man an den frequentesten Plätzen Lissabon's gegen die Neu=Christen aufreizende Placate, in denen mit Mord und Brand gedroht wurde. Die Bedrohten setzten eine Belohnung von hundert Ducaten für Denjenigen aus, der den Verfasser zur Anzeige und den Behörden zur Bestrafung bringen würde. Allgemein hieß es, wenn nur hundert handfeste Männer, wie verabredet, zusammen= treten würden, so wäre es um alle Neu=Christen bald geschehen; derartige Gerüchte und Drohungen ließen die Behörden auf ihrer Hut sein, und sie trafen auch Vorkehrungen, daß die Blutscenen von 1506 sich nicht wiederholten.

So lange D. Manuel lebte, wurden die in beständiger Angst schwebenden Neu=Christen allerdings nicht weiter gefährdet, hingegen beschränkte er ihre Freiheiten und legte ihnen schwere Fesseln an. So erließ er im Jahre 1521, kurz vor seinem Tode, wiederholt das Verbot, daß kein Neu=Christ sich aus dem Lande entferne und namentlich ohne königliche Erlaubniß nach Afrika auswandere. Wer diesem Verbote zuwiderhandelte, wurde mit Confiscation des Ver= mögens und mit Sclaverei bestraft, so wie jeder Christ, der geheime Juden ins Ausland führte oder ihnen zur Flucht behilflich wäre, auf vier Jahre nach Afrika transportirt, beziehungsweise getödtet werden sollte[1].

Hätte D. Manuel länger gelebt, wer weiß, ob nicht er noch ins Werk gesetzt, was sein Sohn und Nachfolger auszuführen sich zur Lebensaufgabe stellte.

[1] Ordenações do Senhor Rey D. Manuel (Coimbra 1797), Liv. IV. Tit. 82.

Elftes Capitel.

Portugiesische Eroberungen und Entdeckungen.

Safi, Azamor, Jacob Adibe, die Bencemero, Calecut, Cranganor.

D. Manuel, dessen Ruhm am meisten durch sein schimpfliches Verfahren gegen die Juden verdunkelt wird[1]), ist unter den Zeitgenossen als Manuel der Glückliche gepriesen, und in der That bildete seine Regierungszeit die Glanzepoche des portugiesischen Reiches; so klein das Mutterland auch war, so gab ihm D. Manuel durch Eroberungen und Entdeckungen in Afrika und Amerika eine Ausdehnung und Bedeutung, die es zu einer Großmacht ersten Ranges erhob.

Die aus der alten Heimath vertriebenen Juden haben sich auch bei diesen Eroberungen und Entdeckungen mehr oder weniger thätig und wirksam, helfend und unterstützend bewiesen; nahm doch der Jude an allen Weltereignissen Antheil! Diese Eroberungen und Entdeckungen füllen in Portugal's Geschichte eine so wichtige Blattseite, daß auch wir dieselben nicht ganz mit Stillschweigen übergehen dürfen[2]).

Im Jahre 1508 gelang es dem alten Diogo D'Azambuja, der portugiesischen Krone eine sehr wichtige Besitzung am atlantischen Meere, die alte Küstenstadt Safi in der Provinz Duccala, zu erwerben. Sie war von Juden stark bevölkert und vornehmlich durch sie ein bedeutender Handelsplatz geworden, wie es denn auch den Portugiesen durch Hilfe der Juden gelang, Safi in ihre Gewalt zu bekommen.

---

[1]) Voll Wärme für die unglücklichen, vertriebenen Juden sprechen sich über diese That Manuel's tadelnd aus Chaumeil de Stella et Auguste de Sauteul, Histoire du Portugal (Paris 1839) I. 181 u. A.

[2]) M. f. meine „Theilnahme der Juden an den portugiesischen Entdeckungen" im Jahrbuch für die Geschichte der Juden und des Judenthums, III.

Mit nur wenigen Perſonen begab ſich Azambuja nach Saſi.
Kaum hatte er den feindlichen Ort betreten, ſo brachte er durch
einen dort wohnenden Juden, Rabbi A b r a h a m mit Namen, der
vielleicht aus Portugal vertrieben, dort als Rabbiner fungirte und
dem General als Dolmetſcher diente [1]), in Erfahrung, daß einige
Bewohner der Stadt, ihm, dem berufenen Friedensſtifter, nach dem
Leben trachteten. Die Ausſage des Rabbi wurde noch durch Andere
beſtätigt, ſo daß der Feldherr in dieſem Momente der Gefahr es für das
Gerathenſte hielt, ſich vorläufig in die Feſtung Caſtello=Real zurück=
zuziehen. Schon am 6. Auguſt 1507 traf er mit neuen Ver=
haltungsbefehlen in Begleitung des ihm von D. Manuel zur Unter=
ſtützung beigegebenen Garcia de Melo in Saſi wieder ein. Keine
der ſtreitenden Parteien wollte ſich mit ihm in Unterhandlungen
einlaſſen. Der ſchlaue Azambuja ſann auf Mittel, die Stadt dem
portugieſiſchen Scepter zu unterwerfen, und griff zu einem nicht
weniger uneblen, als wirkſamen: er ſtreute, wie der Chroniſt ſich
ausdrückt, Unkraut zwiſchen die beiden, ſich befehdenden Parteiführer
und Tyrannen, erregte gegenſeitiges Mißtrauen und nahm die Stadt
durch folgende Liſt.

Garcia de Melo, Azambuja's erwähnter Begleiter, lag im Lager
krank darnieder; ein jüdiſcher Arzt, der zu den beiden Tyrannen
ebenfalls Zutritt hatte, wurde zu ihm aus der Stadt geholt. Ihn
ſuchten die portugieſiſchen Feldherren für ihren Zweck zu gewinnen,
und der Jude ließ ſich als Vermittler gebrauchen. Sie überredeten
ihn, den beiden Führern Briefe in einer ſolchen Weiſe zu über=
bringen, daß der eine von dem Schreiben des andern nichts erführe.
Beide wurden von der Lebensgefahr benachrichtigt, welche ihnen von
gegneriſcher Seite bevorſtehe, Beiden wurde gerathen, den Portu=
gieſen zu vertrauen, jedem Einzelnen die Verſicherung gegeben, daß
er als Vaſall mit dem vom Könige Manuel ernannten Gouverneur
gemeinſchaftlich die Herrſchaft führen ſolle. Niemand außer den
in dieſer Angelegenheit betheiligten Perſonen erfuhr von dieſer
ſtrategiſchen Kunſt. So joſt nämlich der Arzt den kranken, oder

[1]) Goes, l. c. 187: ... porque soube per via de hum Judeu, per nome
Rabbi Abrahão que era sua lingoa que alguns da cidade andauam pera o
matar. So auch Oſorius l. c. 138. Nach Ribeiro dos Santos, Memorias d.
Lit. portugueza VIII. 223, war ein gewiſſer Abraham um 1500 zum Rabbiner
der Juden in Saſi erwählt „outro Abrahão feito Rabi dos Judeos de Çafim“.

vielmehr sich krank stellenden Melo besuchte, legte er die Hand unter die Bettdecke, als ob er dem Patienten den Puls fühlen wollte, aber statt nach dem Puls griff er nach den in seiner Abwesenheit von Melo fabricirten Briefen und entfernte sich schleunigst. Die Kriegslist gelang, jeder der Führer ging in die gelegte Schlinge, und Safi fiel in die Gewalt der Portugiesen[1]).

Dieser Ort blieb noch mehrere Jahre der Kampfplatz. Mehr als einmal versuchten die Mauren, diese wichtige Handelsstadt den Fremden wieder zu entreißen.

Als Nuno Fernandes D'Ataybe Oberbefehlshaber der Stadt war (1511), wurde sie plötzlich von mehr als 100,000 Mann eingeschlossen. Ataybe sah sich der größten Gefahr ausgesetzt. Zwei Juden aus Azamor, geborene Portugiesen, erhielten hiervon Kunde und faßten den Entschluß, dem ihnen befreundeten Landsmann zu Hilfe zu eilen. Isaac Bencemero (ben Simra) und ein gewisser Ismael bemannten auf eigene Kosten zwei Fahrzeuge mit Glaubensgenossen und segelten nach Safi ab. Im Dunkel der Nacht verschafften sie sich, ohne von den wachthabenden Posten bemerkt zu werden, Zugang zu der belagerten Stadt. Freudig nahm Ataybe sie auf: ihren Leistungen verdankte er seine und seines Heeres Rettung[2]).

In dieser Stadt durften die Juden mit Manuel's Erlaubniß auch ferner als Juden wohnen. Am 4. Mai 1509 ließ er ihnen eine förmliche Urkunde ausstellen, in welcher er sowohl denjenigen, welche bis dahin in Safi gewohnt hatten, wie denjenigen, welche sich noch dort ansiedeln würden, feierlich versprach, daß sie nicht aus der Stadt vertrieben, noch gewaltsam zum Christenthume sollten bekehrt werden. Würde aber das Interesse des Königs es erfordern, daß die Juden Safi räumen müßten, so wird ihnen versprochen, ihnen zwei Jahre zum Abzuge mit all ihrem Eigenthume nach einem Orte ihrer Wahl zu vergönnen. Manuel's Nachfolger, João III., erlaubte ihnen, nach Arzilla überzusiedeln (2. August 1533[3]).

---

[1]) Goes, l. c. 188; Osorius l. c. 139 a.

[2]) Hieronymo de Mendoça, Jornada de Africa (Lisboa 1607) 89 a.

[3]) Die Urkunde und die Privilegien von Safi und Arzilla sah und benutzte Herr Professor Dr. Kunstmann in München im königlichen Archiv zu Lissabon, vgl. auch Kunstmann, über Rechtsverhältnisse der Juden in Spanien und Portugal, in Münchener Gelehrt. Anzeig. 1848, Nr. 31.

Lange vor der Einnahme von Safi hielt König Manuel, um den Frieden und die Freundschaft mit den Mauren von Azamor aufrecht zu erhalten, einige vertraute Personen in dieser Stadt. Auf ihren Betrieb und mit Beihilfe des Rabbi der dortigen Juden, Namens Abraham, geschah es im Jahre 1512, daß die Einwohner von Azamor mit Zustimmung ihres Führers, Muley Zeyan, durch Briefe und Verträge sich dem Könige von Portugal unterwarfen. Nachdem aber Muley Zeyan, welcher mit der größten Tyrannei herrschte, die Verträge mehrere Male gebrochen hatte, beschloß Manuel (1513), die Stadt durch Gewalt einzunehmen. Er ließ eine Flotte von mehr als 400 Segeln ausrüsten und übertrug seinem Neffen, D. Jaime, Herzog von Braganza, den Oberbefehl: Am 23. August ging D. Jaime unter Segel; schon nach wenigen Tagen erblickte er Azamor.

Muley Zeyan, von seinen beiden Söhnen begleitet, rückte mit einer ansehnlichen Kriegsmacht den Portugiesen entgegen; er selbst hatte das Commando übernommen. Es kam zum Kampf. Mit Löwenmuth vertheidigten sich die maurischen Krieger. Plötzlich erhob sich ein lautes Wehklagen in der Stadt. Ihr tapferer Befehlshaber, welcher nicht allein mit seiner furchtbaren Stimme, sondern mit Händen und Füßen die Seinen zum Kampfe anfeuerte, der gepriesene Cide Mansus, war von einer Bombarde niedergeworfen. Mit ihm war all ihr Muth geschwunden. Sie zogen aus der Stadt und zwar in solcher Hast, daß über achtzig in den Thoren erdrückt wurden.

Ehe noch der Morgen anbrach, ließ sich von der Mauer des in Todesstille versunkenen Azamor eine Stimme vernehmen: Diego Berrio! Diego Berrio! Es war die Stimme eines Freundes, eines alten Bekannten aus der Heimath, des aus dem Vaterlande verjagten Jacob Adibe. Ohne Verzug wollte Jacob zum Herzoge geführt werden. Diego Berrio geleitete den Freund. „Die Stadt ist frei!" Mit diesem Ausruf fiel Jacob auf sein Gesicht. „Azamor ist geräumt, o Herzog! Azamor ist frei. Ich flehe um mein Leben und um das meiner Brüder und Glaubensgenossen." D. Jaime hob den Juden auf, versprach ihm Schutz und Erhaltung; er selbst sank nieder und dankte Gott für die Gnade, daß er ihn diese große und treffliche Stadt habe einnehmen lassen ohne Verlust Derer, die mit ihm gezogen waren. Jacob Adibe hatte das Wort des Herzogs

und kehrte freudig zu den Seinen zurück, mit denen er bald nach=
her die Stadt verließ, später aber dorthin zurückkehrte[1]).

In den nachmaligen Streitigkeiten zwischen den Mauren und
den Statthaltern von Safi und Azamor bedienten sich die Portu=
giesen der Vermittlung der Juden und zwar (1526) eines Abraham
ben Zamaira (Bencemero oder ben Simra), vielleicht eines
Verwandten des genannten Isaak Bencemero[2]), und ganz
besonders des Abraham Cazan, des angesehensten Juden in
Azamor (1528[3]).

Wie in dem nördlichen Afrika, so kamen die Portugiesen auch
in Indien mit den Juden mehrfach in Berührung.

Den von João II. entworfenen Plan der Entdeckungsfahrt nach
Indien nahm Manuel mit neuem Eifer wieder auf. Er sandte bald
nach seinem Regierungsantritte ein Geschwader aus, zu dessen Be=
fehlshaber er den als tüchtigen Seefahrer und Entdecker des See=
weges nach Indien berühmten Vasco da Gama erwählte. Nachdem
der Admiral in Gegenwart seiner versammelten Schiffsmannschaft
mit dem mehrerwähnten Astrologen Abraham Çacuto Rück=
sprache und von diesem, auch von ihm hochgeschätzten Manne Ab=

---

[1]) Goes, l. c. 372; Ant. Cajetano de Sousa, Historia Genealog. da Casa
Real Portugueza, V. 522 (wörtlich nach Goes)'; Barrios, Historia Univ.
Judayca 13.

[2]) Ein Abraham ben Simra ging bei der Vertreibung aus Malaga
nach Oran und von da nach Tlemcan (c. 1500); er stand im Rufe eines großen
Dichters und ist Verfasser einer Tochacha: „Eine Ansprache an die eigene Seele
zur Stillung der Sehnsucht nach dem Wahren und Ewigen".

[3]) João de Souso, Documentos Arabicos para a Historia Portugueza,
copiados dos Originaes da Torre do Tombo (Lisboa 1790), 159: Na ultima
tregua, que se consegua por meio do Judeo Abraham ben Zamaira (‏زميرا‎
‏ابراهيم بن‎) 187, der Neffe des Xarifen an den Gouverneur von Azamor.
1528): Sabei que o Judeo que vos temos enviado com a nossa Carta, chegou
sem trazer-nos resposta della . . . nos temos respondido . . . per o Judeo Abraham
Alcazan (‏ابراهيم الخزان‎) (Vgl. S. 159: o Judeo Abraham Cazan).
Ob dieser Abraham Cazan (Chasan) zu der in Italien blühenden Familie Can=
tarini (‏מהרכ"ץ‎) gehörte, müssen wir dahin gestellt sein lassen. Auch die Juden
Abraham und Samuel Cabeça in Marokko, welche beide sehr reich und
angesehen waren, standen zu den portugiesischen Feldherren in Beziehung. Diego
de Torres, Histoire des Chérifs, 124.

11

schied genommen hatte[1]), trat er im Juli 1497 seine große Ent=
deckungsfahrt an. Auf seiner Rückreise in die Heimath hielt er sich
längere Zeit in der an Malabar's Küste gelegenen, von Juden
stark bevölkerten Stadt Calecut auf[2]). Er hatte diese Stadt kaum
verlassen, als in der Nähe von Andiebiva sich seinem Schiffe in
einer kleinen Barke unerwartet ein Fremder, ein Weißer, näherte
und ihm in castellanischer Sprache den Schiffsgruß entbot: Gott
segne die Schiffe und die Herren Capitäne und die gesammte Mann=
schaft! (Dios salve los Navios, y los Señores Capitães, y la
compaña que nelles viene). Unbeschreiblich groß war die Freude
der Portugiesen, heimathliche Laute zu vernehmen. Der Gruß wurde
erwiedert, der Fremde kam näher und rief dem Admiral zu: „Nehmet
mich, Herr Capitän, in euer Schiff und erzählt mir von meinem
theuren Heimathlande. Vierzig Jahre schon lebe ich als Gefan=
gener, und jetzt erweist mir Gott die Gnade, mich Schiffe aus
Spanien, meinem Heimathlande, sehen zu lassen. Gebt mir Sicher=
heit, denn ohne dies Versprechen kann ich Euer Schiff nicht betreten;
auch Ihr sollt von mir hören." Man gewährte ihm die Bitte, er
trat ein, die Schiffsmannschaft erwies ihm die Ehre eines Admirals.
Wer war dieser Fremde? Ein Jude aus Granada. Bei der
Einnahme dieser Stadt noch jung, nahm er die Flucht, begab sich
nach der Türkei, von da nach Mekka und nach Indien. Hier lernte
ihn der Fürst Sabayo kennen und machte ihn, den granadischen
Juden, der durch seine Größe imponirte, zum Admiral seiner Flotte
(Capitão mor de sua armada[3]). Er verblieb nunmehr bei Vasco

---

[1]) De Lima Felner, l. c. I. 16, 23.

[2]) Goes, l. c. 162. In dieser jetzt unter brittischer Herrschaft stehenden
Stadt befindet sich noch gegenwärtig eine große jüdische Gemeinde mit einer
alten Synagoge. Vgl. Jewish Intelligence, London, November 1858, 341
הפלה שהתפלל ר' אלעזר אהרן עראקי הכהן חזן בית הכנסת. הקדמונית בעיר כלכתה ביום
ראשון ושני של חג השבועות שנת התרי"ז ליצירה (25. Mai 1857)

[3]) De Lima Felner, l. c. I. 125 f. Anders erzählt dies Barros, Asia,
Dec. I Lib. VI. Cap. 11, Pag. 362. Nach Barros war der Fremde, aus Polen
vertrieben, durch Handelsgeschäfte nach Indien gekommen; m. s. ausführlich in
der erwähnten Abhandlung: Theilnahme der Juden, im Jahrbuch, III. 309. Daß
der Jude aus Granada und nicht aus Polen war, verdient mehr Glaubwürdig=
keit (vgl. auch Grätz VIII. 445). Peschel, Geschichte des Zeitalters der Ent=
deckungen (Stuttgart, 1858) 30, nennt ihn den jüd. Piloten Gaspar; er hat die
auf seinen Reisen gemachten wissenschaftlichen Beobachtungen niedergeschrieben

da Gama, der, nach einer andern Quelle, ihn taufen ließ und ihm den Namen Gaspar da Gama beilegte. Gaspar kehrte mit ihm nach Europa zurück und leistete als Lotse der portugiesischen Flotte unersetzliche Dienste.

Dieser Gaspar hatte in Cochin seine jüdische Gattin, welche zur Annahme des Christenthums zu bewegen er nicht vermochte und welche als in jüdischem Gesetze sehr unterrichtet geschildert wird. Als der erste Vicekönig von Indien, D. Francisco D'Almaida, sich (1506) auf seinen Posten begab, schickte der Corregedor da Corte, Doctor Martin Pinheiro, seinen Sohn mit einer ganzen Kiste voll hebräischer, geschriebener Bücher (Thorarollen?), welche dieser aus den kurze Zeit zuvor zerstörten Synagogen Portugal's hatte sammeln lassen, mit nach Indien, damit er sie dort, wo, wie er wußte, es viele Juden und Synagogen gab, verkaufte. Gaspar's Frau besorgte den Handel; um einen hohen Preis verkaufte sie diese Bücher den dortigen Synagogen [1]).

Auch Affonso de Albuquerque, der das vollends ausführte, was Vasco da Gama in Indien begonnen, hatte mehr als eine Probe jüdischer Dienstfertigkeit erfahren. So schickte ihm einmal der Priesterkönig Johannes einen in chaldäischer Sprache geschrieben Brief, Niemand im Lager konnte ihn lesen. Zur nicht geringen Freude des Generalcapitäns befand sich in der Nähe ein aus Portugal vertriebener, in Kairo niedergelassener Jude, Namens Samuel, der verschiedene Sprachen verstand und mit Bereitwilligkeit den königlichen Brief ins Portugiesische übersetzte [2]).

Der Zufall wollte es, daß Albuquerque meistens Landsleuten, portugiesischen Juden, begegnete. Auf seiner Fahrt nach Goa traf er mit einem aus der Heimath verwiesenen, in Kairo wohnhaften Juden zusammen, der ihm ein Gesuch von fünf in Aden gefangen gehaltenen Portugiesen überreichte. Nicht lange nachher brachte ein

(Paesi nuov. ritrov. Venet. 1507. Cap. LXI). — Auch im Dienste des Priesterkönigs Johannes stand ein Jude als Capitän; Historia das Cousas que muy esforcado capitão D. Christ. da Gama fez nos Reynos do Presto João in den Collecção de opusculos relat. a historia das navegações (Lisboa 1855) I. 53
[1]) De Lima Felner, l. c. I. 656.
[2]) Barros, Asia, Dec. II. Lib. VII. Cap. 8, Pag. 219.

11*

anderer Jude aus Beja dieselbe Angelegenheit vor und ertheilte ihm geradezu den Rath, sich Aben's zu bemächtigen [1]).

Ein anderer portugiesischer Gouverneur in Indien, Martin Affonso de Sousa, fand in Cranganor, vier Meilen von Cochin, woselbst sich um Mitte des 16. Jahrhunderts eine ansehnliche Gemeinde befand, mehrere Tafeln mit alterthümlichen Schriftzügen. Schon hatte er die Hoffnung aufgegeben, den Inhalt dieser ehernen Denkmäler aus alter Zeit zu erfahren, als man ihm einen Juden aus Calecut brachte, der im Rufe der Gelehrsamkeit stand und mehrerer Sprachen mächtig war. Mit Briefen des Königs von Cochin, welcher ebenfalls um Aufschluß über Inhalt der Tafeln bat, wurden ihm die Tafeln von de Sousa übergeben, und es dauerte nicht lange, so erklärte der Jude, daß auf diesen Tafeln Privilegien in sehr altem Style und abgefaßt in chaldäischer, malabarischer und arabischer Sprache sich befanden. Der Jude übersetzte sie ins Malabarische, woraus sie dann ins Portugiesische übertragen wurden [2]).

Was für Privilegien diese von beiden Seiten beschriebenen kupfernen Tafeln, deren jede ein und eine halbe Spanne lang und vier Finger breit war [3]), enthielten, wer könnte das mit Bestimmtheit angeben? Wir vermuthen, daß der Inhalt derselben bis auf uns gekommen sei. Ein Mitglied der portugiesischen Gemeinde zu New-York, Herr Leo, früher Chasan der Green-Street-Synagoge genannter Stadt, verwahrt nämlich unter anderen alten Documenten einen Brief, in hebräischer Sprache geschrieben, den die Juden Malabar's an die portugiesische Gemeinde zu New-York im Jahre 1789 rich-

[1]) Goes, l. c. 331; Barros, Asia, Dec. II. Lib. VIII. Cap. 6, Pag. 319.

[2]) Goes, l. c. 133: „.. lhe vieram a enculcar hum Judeu... homem docto em muitas lingoagens e experto na antiguidade dellas, ao qual mandou as taboas com cartas del Rey de Cochim, per que lhe mandaua que declarasse o que se nellas continha, o que o Judeu faz com muito trabalho porque a escriptura era de tres lingoagens Caldeu, Malabar e Arabio, e o estilo muito antigo mas a substancia dos privilegios... o que o Judeu mandou declarado em lingoa malabar, da qual se tresladou na Portugueza. Osorius l. c. 108 a.

[3]) Estas taboas sam de Metal fino, de palmo e meo cada huma de comprido e quatro dedos de largo, scriptas dambalas bandas e infiadas pela banda de cima com hum fio da rame grosso; Goes, l. c. 134.

teten ¹). In diesem Briefe findet sich die „Uebersetzung ²) der kupfer=
nen Tafel, übertragen von der malabarischen in die heilige Sprache",
welche wir hier folgen lassen:

„Im Frieden Gottes, des Königs, der die Erde nach seinem Willen
geschaffen. Zu diesem Gott erhebe ich, Irwi Bramiu, meine Hand,
(zu ihm) der seit vielen hundert Jahren herrscht, da ich nun zwei
und ein halbes Jahr in Cranganor throne, im 36. Jahre meiner
Herrschaft. Ich habe mit starker Macht befohlen und mit starker
Macht erlaubt dem Joseph Rabban, fünf Arten Farben... Tuta...'
das Reiten auf Elephanten und zu Pferde, vor sich ausrufen zu
lassen, Platz zu machen, von den fünf Völkern zu bekehren, Teppiche
zu legen auf die Erde, Teppiche zur Zierde, fliegende Thürme...
Trompeten, Pauke, die man mit zwei Stäben schlägt: Alles dieses
habe ich ihm und den zwei und siebzig Häusern (Familien) gestattet,
und der Grundzins und die Wage ist ihm erlassen. In den übri=
gen Provinzen, in denen sich Ansiedler und Synagogen finden, soll

¹) J. J. Benjamin II., Reise in den östlichen Staaten der Union und San=
Francisco (Hannover, 1862) 20 ff. Danach Frankel in Monatsschrift für Ge=
schichte und Wissenschaft des Judenthums, 1863, 370, 431 ff.

²) Das Schriftstück ist zu originell, als daß wir nicht das hebräische Ori=
ginal hierher setzen sollten. Der Uebersetzer ins Hebräische scheint der hebräischen
Sprache übrigens nicht sehr kundig gewesen zu sein, und konnte auch die deutsche
Uebersetzung nicht wortgetreu werden:

וזה העתקה של טס הנחושת שנעתק מלשון מלב"ר ללשון הקודש . בשלום האלוה הוא
מלך שעשה הארץ כרצונו , ולזה אלוה נשאתי ידי איר"וי ברמיו בפריטנגא זה שהרבה מאות
אלף שנים נהג המם שלה שנה ושני שנים בזה היום יושב בכ"נגנור וגזר זהר שהם ל"ו שנים למלכותו .
בגבורה אמיץ גזר , בגבורה אמיץ הרשה ליוסף רבן ה' מיני צבע . תותא¹) , רכיבת פיל וסוס ,
וקריאה לפ נות הדרך , ולגייר מן ה' אומות , גר היום , מצעות בארץ , מצעות הקשוטים לנוי ,
ומגדל הפורח , צל . דמאן²) חצוצרות . תוף שמכה בשני עצים . ואת הכל נתתי לו ולע"ב
בתים ושכירות ארץ והמאזנים עזב . ושאר המדינות שיש בהם תושבים ובתי כנסיות יהיה הוא
ראש וכו'של . ובלי שום שנוי וערעור עשה טס הנחושת של ה' מיני צבעיו הוא
יוסף רבן לו ולזרעו בנים ובנות חתן וכלה . כל ומן שזרעו קיים בעולם . וכל זמן שהירח קיים .
זורעם יקיים ויברך האלוה . ולזה העדים ח' מלכים³) הנוכרים והסופר שכתב כילא"פיז וזהו
חתימתו .

¹) Die Bedeutung dieses Wortes ist unbekannt.
²) Was sollen diese Wörter bedeuten?
³) Diese acht Könige werden im Eingang des Briefes genannt: לשמנה מלכים ...
שהם מלך טירב"נגור nicht Terbengar oder Terbangur,
wie bisher übersetzt, sondern Travankor כריכננגור (muß wohl heißen Cranganor)
כליכוט (Calecut) ארגוט . פלכט"שירי . כולאס"טירי . כורבינט . ומלך קונין (Cochin)

er Oberhaupt und Herrscher sein. Die eherne Tafel hat er ohne
Veränderung und Einwand gemacht, und sie dem Herrn von fünf
Farben, Joseph Rabban, übergeben, für ihn und seine Nachkommen,
Söhne und Töchter, Schwiegersohn und Schwiegertochter, so lange
seine Nachkommen auf der Welt leben, so lange der Mond bestehet.
Seine Nachkommen möge Gott segnen und erhalten! Zeugen sind
die acht gedachten Könige und der Schreiber, der es schrieb, Kilapis,
und dies ist sein Siegel."

„Die Juden waren in Cranganor ansässig", heißt es weiter in
dem Schreiben der Juden Malabar's, „bis die Portugiesen kamen.
Diese waren ihnen zum Anstoß und zum Strauchel; sie zogen daher
von hier weg und kamen nach Cochin im Jahre 5326 der Schöpfung
(1566). Der König von Cochin räumte ihnen Stellen zu Häusern
und zu einer Synagoge nahe bei seinem Palaste ein. Und es wurde
hier im Jahre 5328 (1568) eine Synagoge durch vier vornehme
Männer gebaut: Samuel Castiel, David Belilla, Ephraim Salach,
Joseph Levi. Sie befanden sich aber noch in Bedrängniß durch die
Portugiesen, sie konnten nicht nach dem Gesetze leben und an den
von Portugiesen bewohnten Orten dem Erwerb nicht nachgehen."

Zweites Buch.

Erstes Capitel.

D. João III.

João's unversöhnlicher Haß gegen das jüdische Geschlecht; judenfeindliche Cortes. João's geheime Nachstellungen: Themudo, Henriquez Nunes = Firme = Fé, dessen Spionage und Tod. Der Abenteurer David Reubeni und der Schwärmer Diogo Pires = Salomon Molcho. Messianische Bewegungen und Verzückungen unter den Neu = Christen und deren tollkühnes Benehmen gegen die Inquisition. Der Inquisitor Selaya. Vorfälle in Gouvea und Olivença und deren üble Folgen. Das Erdbeben in Santarem und Gil Vicente. João's vergebliche Bemühungen um die Einführung der Inquisition. Cardinal Pucci. Die Bulle vom 17. December 1531.

Die Juden waren aus Portugal vertrieben, ihre Synagogen demolirt oder in Kirchen verwandelt, die Gräber der selig Entschlafenen zerstört, ihre Friedhöfe in Weide= oder öffentliche Plätze umgestaltet oder bebaut [1]: der Name Jude, das Judenthum selbst, ließen sich aus dem Lande, in welchem Beide Jahrhunderte hindurch zur Geltung und Blüthe gelangt waren, nicht so leicht verdrängen. Es befanden sich in Portugal lange nach der Vertreibung immer noch Juden, wenn auch unter einem andern Namen, und die jüdische Religion feierte hier auch nach der gewaltsamen Bekehrung ihrer Anhänger noch manchen glorreichen Sieg. Die Geschichte dieser geheimen Juden oder Neu=Christen (Novos-Christianos), wie die geheimen Anhänger des Judenthums bis in die Neuzeit genannt wurden und wie auch wir sie hin und wieder nennen werden, ihre verhängnißvollen Kämpfe mit dem Katholicismus,

---

[1] No anno de 1520 se compoz a Camera de Coimbra com Pedro Alvarez de Figueiredo sobre a tapagem que fezera aos Chãos, chamados Almocovar (Begräbnißplatz) dos Judeus, os quaes tinha comprado em Praça publica por ordem del Rey. Elucid. I. 99.

ihre Siege und ihre Niederlagen, ihr Märtyrerthum und ihre Märtyrerheroen, ihre Sänger und ihre Gelehrten sollen nunmehr gewürdigt und dargestellt werden.

D. João, der als der Dritte nach dem am 13. December 1521 erfolgten Tode seines Vaters Manuel den portugiesischen Thron bestieg, zählte bei seinem Regierungsantritte noch nicht zwanzig Jahre. Einen beschränktern, unwissendern König hatte Portugal noch nicht gehabt, selbst die ersten Rudimente jeder Sprache und Wissenschaft gingen ihm ab. In seiner Geistes= und Charakterschwäche hatte er sich dem mächtigen Clerus in die Arme geworfen; kirchliche und geistliche Rücksichten und Bestrebungen traten vom Anfange seiner Regierung in den Vordergrund. João war ein unwissender Schwärmer, ein Fanatiker, zum inquisitorischen König wie geschaffen.

Schon als Kind hegte er, der leibliche Enkel der allerkatholisch= sten Isabella, den Wunsch, die Ungläubigen aus dem Reiche seines Vaters verbannen zu können. Kaum trug er die Krone, so beschäf= tigte ihn die Einführung der Inquisition, und wie verschiedenartig und mannigfach auch die Hindernisse waren, die sich seinem uner= schütterlichen Willen in den Weg stellten, er überwand sie nach einem zwanzigjährigen, hartnäckigen Kampfe.

João nährte einen unversöhnlichen Haß gegen die jüdische Nation[1]); das war allgemein bekannt, und das allein genügte, die unteren Schichten der Bevölkerung zu reizen und zu Excessen gegen die verhaßten Neu=Christen zu ermuntern. Es bildeten sich geheime Gesellschaften, welche es auf ihre völlige Vernichtung abgesehen hatten. Die Neu=Christen erhielten aber von der ihnen drohenden Gefahr früher Kunde, als ihre Feinde vermutheten, und riefen den Schutz der Regierung an, auf deren Hilfe sie noch mit Zuversicht rechnen konnten, denn die bei Weitem größere Zahl der Staatsräthe, die erfahrenen Männer aus der Zeit D. Manuel's waren tolerant, so daß der fanatische João sich der Mehrheit seiner Minister fügen mußte. Diesmal wurde der erbetene Schutz den Neu=Christen noch

---

[1]) Usque beginnt das Capitel Da Ynquisição de Portugal (201b) mit folgenden Worten: ‚Desta tribulação (de 1506) a quinze años socedeo no reyno El Rey D. Johão III. deste nome e com sua vinda muitos mayores rreçeos e angustias em minha alma sobreuieram pela maa ynclinação que sendo principe contra este aflito pouo mostrou . . . .

bewilligt; alle die Privilegien, welche Manuel ihnen eingeräumt hatte, erlangten die Bestätigung des Königs (16. December 1524 [1]).

Das Glück war indessen auch dieses Mal nicht von langer Dauer. João hatte dem jüdischen Geschlechte den Tod geschworen: diese Idee, von der er, der Lenker eines monarchischen Staates, mächtig ergriffen war, mußte früher oder später verwirklicht werden. Die Macht des königlichen Wunsches verband sich mit dem Willen des leidenschaftlichen portugiesischen Volkes, das die geheimen Juden ebenso sehr als der König haßte und verabscheute. Waren sie doch noch immer Gegenstand des Hasses und Neides. Sie galten für die Reichsten des Landes, Handel und Industrie lagen fast ganz in ihren Händen, aus ihnen gingen fast sämmtliche Aerzte hervor. Zu diesem Neide gesellte sich der Fanatismus, welcher durch den Clerus wach gehalten und durch die Predigten der frommen Priester noch genährt wurde. Erklärten diese ja die rohen Ausbrüche des Pöbels für Gott gefälligen Religionseifer! Und nun gar der verstärkte Einfluß Spanien's.

Die ausschweifende Lebensweise des überfrommen João bewog nämlich seine Verwandten, ihm eine Lebensgefährtin zu geben. Die Wahl wurde auf die D. Catharina, eine Schwester Carl's V. gelenkt, während dieser sich zu gleicher Zeit mit einer Schwester João's verband. In Folge dieser Familienverbindungen wurden die Cortes nach Torres-Novas berufen, und hier gab sich der Haß gegen die geheimen Juden seit zwanzig Jahren zum ersten Male wieder öffentlich kund.

In Mitten der Klagen über die ökonomische, moralische und religiöse Gesunkenheit des Staates vergaßen die Staatsprocuratoren nicht, auch die immer wachsende Antipathie der Gesammtbevölkerung gegen das jüdische Geschlecht zur Sprache zu bringen. Sie beschwerten sich über die verkappten Juden, welche das Getreide aufspeicherten, um es in den Jahren des Mißwachses, wie gerade die letztverflossenen Jahre es waren [2]), zu hohen Preisen zu verkaufen;

---

[1]) Ribeiro, Dissertações V. 319, s. Anhang.

[2]) Die Hungersnoth stieg schnell in so schreckender Weise, daß Entsetzen, ja Verzweiflung allgemein die Gemüther ergriff, weil weder der Fleiß der Armen, noch die Mittel der Reichen irgend Hilfe zu gewähren vermochten. Die Einen wie die Anderen sahen sich genöthigt, um den Hunger zu stillen, zu unbekannten Wurzeln, zu ungewohnten und der Gesundheit schädlichen Nahrungsmitteln zu

freilich gaben sie zu, daß die Christen in dieser Hinsicht um kein Haar besser wären. Sie hoben ferner hervor, daß der Haß gegen die geheimen Juden sich nicht deutlicher, als in dem wiederholt gestellten Verlangen äußern könne, daß der Staat für altchristliche Aerzte schleunigst sorge, daß den Neu-Christen der Verkauf der Medicamente gänzlich verboten und die Recepte nicht wie in letzter Zeit, mit Umgehung des Gesetzes vom 11. Februar 1498, lateinisch, sondern in der Landessprache geschrieben werden, denn es herrschte unter dem Volke der Glaube, daß die Aerzte und Apotheker, alle oder zum größten Theil jüdischen Ursprungs, sich verabredet hätten, die „alten" Christen zu vergiften. Zur Begründung dieser gehässigen Anschuldigung theilten die Herren Procuratoren als Factum aus neuester Zeit mit, daß ein gewisser Arzt aus Campo-Major, der in Llerena in Spanien als Jude verbrannt worden, auf der Folterbank bekannt habe, verschiedene Personen seines frühern Wohnortes vermittelst Gift aus der Welt geschafft zu haben[1]).

Auf diese Vorstellungen und Insinuationen nahm der Staatsrath wenig Rücksicht; dem Begehren der Procuratoren wurde nicht entsprochen, so sehr der König es auch wünschte. Je größer aber die Kluft zwischen den Ansichten und Bestrebungen des Regenten und seiner Räthe wurde, desto mehr eiferten die Feinde der jüdischen Nation und alle Freunde des Fanatismus, in vorderster Reihe die blutdürstigen Dominicaner, den König an, auch in seinem Staate dem Glaubensgerichte Eingang zu verschaffen. Bischöfe und andere Prälaten, Individuen, welche, wie ein vorurtheilsfreier Portugiese sich ausdrückt, zu behaupten wagten, daß sie Gott fürchteten, Prediger und Beichtväter, welche die Bekenntnisse oder vielmehr Angebereien, von denen sie im Beichtstuhle Kunde erhielten, schändlich mißbrauchten, alle Diejenigen, welche an einzelnen Juden Rache nehmen wollten, häuften Beweise auf Beweise, wahre und falsche, über die Gottlosigkeit der zum Schein bekehrten Juden. Prozesse wurden anhängig gemacht, von hochgestellten Personen Untersuchungen geführt, sie förderten die längst bekannte Wahrheit an den Tag, daß die Neu-Christen eifrige Anhänger des Judenthums seien.

greifen, deren Genuß, vereinigt mit den verderblichen Einflüssen einer höchst ungesunden Witterung, neue und schwere Krankheiten erzeugte, in welchen dem Tode meistentheils gänzliche Geisteszerrüttung vorausging. Schäfer, l. c. III. 331.

[1]) Cortes von 1525 und 1536 bei Herculano, I. 186.

Das genügte dem Könige noch nicht. In demselben Jahre, in dem ein Pascha die ägyptischen Juden verfolgte (1524), ließ er Nach=forschungen über die Lebensweise der geheimen Juden in Lissabon, wo sie zu Tausenden wohnten, in Geheim anstellen. Jorge (Georg) Themudo, das ist der Name des Mannes, der in Monte = Mor mit dieser hohen Mission betraut worden, erstattete am 13. Juli desselben Jahres Bericht über das ab, was er unter dem „Siegel der Verschwiegenheit" von den betrogenen Neu=Christen in Er=fahrung gebracht hatte. Seine Nachforschungen ergaben, daß die Neu=Christen an Sonn= und Festtagen die Kirchen nicht besuchten, daß sie den Sabbath und das Passahfest feierten, daß sie ihre Todten nicht auf Kirchhöfen, in der Nähe der Klöster und Kapellen beisetzten, sondern in jungfräuliche Erde begruben, daß sie in der Todesstunde nicht nach den Sacramenten verlangten, daß sie in den Testamenten keine Summen für Messen aussetzten und Aehnliches mehr.

Wer wird aus diesen einzelnen Anschuldigungen nicht auf den ersten Blick den Verleumder erkennen? Es ist nicht in Abrede zu stellen, daß die größte Zahl der Neu=Christen ihrer Stammreligion, dem Judenthume, treu geblieben waren: sie beobachteten, so weit es die Umstände gestatteten, mit Pünktlichkeit die wichtigsten mosaischen Gesetze und Ceremonien, zeigten sich aber doch, aus Furcht Verdacht zu erregen, öffentlich als eifrige Katholiken.

Themudo hatte seine Rolle zur Zufriedenheit seines Monarchen gespielt. Ihm folgte bald ein anderer Spion, der eine traurige Berühmtheit in der Geschichte erlangt hat.

Es lebte nämlich damals am königlichen Hofe ein getaufter Jude, Namens Henriquez Nunes; wegen seines erheuchelten Eifers, mit dem er seine früheren Glaubensgenossen verfolgte, be=legte ihn der König mit dem Namen Firme=Fé. Von jüdischen Eltern in Borba geboren, begab sich Nunes später nach Castilien, ließ sich taufen und trat in die Dienste Lucero's, des blutgierigsten und grausamsten aller spanischen Inquisitoren, dem ähnlich zu werden er sich zur Lebensaufgabe gestellt. Er hatte sich auch alsbald in der Folterkunst so berühmt gemacht und einen solchen Namen ver=schafft, daß König João auf Empfehlung des Theologen Pedro Margalho ihn von den canarischen Inseln eigens berief, damit er ihm in der Ausführung seines Vorhabens, der Errichtung der In=quisition, mit Rath und That zur Seite stehe. Nach den Briefen zu schließen, welche von dem glaubensfesten Nunes noch handschriftlich aufbewahrt werden, benutzte ihn sein König als geheimen Spion.

In einer Privataudienz, welche er ihm in Santarem ertheilte, gab er ihm den ausdrücklichen Befehl, sich mit den geheimen Juden in Verbindung zu setzen, sich als Bruder und Glaubensgenosse bei ihnen einzuschleichen, mit ihnen zu essen und zu trinken und in vertrauten Gesprächen ihre religiösen Ansichten zu ergründen. Nachdem er die Neu-Christen in ihren Verstecken in Lissabon, Santarem und anderen Orten ausspionirt hatte, begab er sich nach Evora, dem zeitweiligen Aufenthalte des Hofes, wo er einige Tage verweilte, und setzte dann seinen Weg nach Olivença fort, um auch dort seine Rolle als Spion zu spielen. Hier gingen den betrogenen Juden endlich die Augen auf; sie merkten zu ihrem Schrecken, daß der Elende, der Freundschaft und Bruderliebe geheuchelt, ein schändlicher Verräther sei, dessen sie sich um jeden Preis versichern müßten. Auf dem Wege nach Badajoz, in Valverde, erhielt er den wohlverdienten Lohn, er wurde erdolcht (Juli 1524).

Als der König den Tod seines treu ergebenen Nunes erfuhr, kannte sein Zorn keine Grenzen. Zwei neu-christliche Cleriker, Diogo Vaz aus Olivença und Andreas Dias aus Viana, galten als Mörder des Verräthers; es hieß allgemein, sie hätten auf Geheiß der geheimen Juden die That verübt. Man spannte sie auf die Folter, um sie zu Geständnissen und zur Angabe der Mitschuldigen zu bringen; Nichts war aus ihnen zu erpressen. Man leitete gegen mehrere angesehene Neu-Christen Untersuchungen ein; auch diese führten zu Nichts. Die beiden Cleriker wurden als des Mordes verdächtig in der grausamsten Weise hingerichtet (Novbr. 1524); man hieb ihnen die Hände ab und schleifte sie an Pferdeschweifen zum Richtplatz. Der Verräther Nunes, an dessen Leichnam und Grabstätte man Wunder über Wunder erblicken wollte, wurde heilig gesprochen; seinem Grabe schrieb die abergläubische Menge Wunder-Heilkraft zu [1]).

---

[1]) Die Hauptquelle ist Acenheiro, welcher als Zeitgenosse über Firme-Fé berichtet. Wir lassen diesen unberücksichtigt gelassenen Bericht wörtlich hier folgen Chronicas dos Senhores Reis de Portugal in der Collecção d. Liv. Ineditos V. 350 f.):

El Rei (D. João) mãodou vir das canarias, e o chamado seu veo Amrique Nunes Firme-Fee, Christão Novo, criado de Luzeiro, que

Die Ergebniſſe ſeiner Spionage verzeichnete der elenbe Diener Lucero's in drei an ben König João gerichteten Briefen [1]). In bem erſten ertheilte er mehrere Rathſchläge, wie der moſaiſche Glaube unter ben geheimen Juden Portugal's aufs nachbrücklichſte bekämpft werben könne. Der zweite Brief enthielt ein genaues Verzeichniß aller ber Perſonen, denen Nunes unter erheuchelter Freundſchaft

fora Inquisidor de Castella; e era este Firme - Fee Portugues natural de Borba, e o dito Rei queria fazar Inquisição em Portugal, e per esta Caussa o mão- dara chamar e amdamdo algũs dias na Corte nesta Cidade de Evora, por a causs? não vir afim, se partio a Olivemsa, e dahi caminho de Badal- houcc em Castella, e a arraia Diogo Vas d'Olivemsa e Amdre Dias de Viana, que o levavão esprado (espiado) o matarão as chussadas, e lhe derão hũa lamsada pello meio da coraçam; onde no falsso peito levava a figura de trimta dinheiros de papel com o nome de Jesu Christo lembrate de minha alma, que por tua fee me matão: e semdo esta morte o mês de julho 1524, esteve asim morte em verão da quarta feira té sesta sem numca cheirar mal, e cã os dedos poleguares em crus com outro segumdo; e o levarão a Valverde termo de cidade de Badalhouce, e alii o emterárão eõ grandes exsequias, como a omẽ que morera pella fé de Christo; e fês a terra de sua sepoltura por milagre de Deos muitos milagres de emfermidades que como a deitavão saravão com ella; e eu desto Escritor vi hũ estromento de Castella dos milagres, e o tive em meu poder muitos dias. E o dito Rej zellozo de justissa teve tamta diligencia per seu magnanimo coroção, que os ouve pressos em sua corte e cadea della, domde estiveião algũs dias pressos; e nem per allta aderemcia que tiverão, nem por se chamarẽ as ordens o dito Rei, visto a inmadidade do crime grave contra a fee os mamdou emforçar primeiro ao pé da picota d'Evora, mãos decepadas, e arrastados té forca, e primeiro metidos a trometo de pollé pera cõfesarem outros cul- pados, e asim que nada da justissa falleceo de fazer o Catholico Rei: asim foi vimguado o samgue do bom Christão Firme-Fee, e a morte dos cul- pados foi o Novembro 1524. Nar in Einzelheiten weicht der nicht ſehr zuverläſſige Bericht in der Informatione sommaria del principio et progresso della conversione etc. *) hiervon ab. Nach der Informatione reiſte Nunes nach Spanien und wurde auf der Rückreiſe ermordet. Daß Nunes im Juii 1524 und ſeine Mörder November 1524 endeten, iſt unzweifelhaft, da Acenheiro (beenbete ſeine Chronik in Evora 1536) von der ganzen Angelegenheit gewiß ſehr genau unterrichtet war

[1]) Handſchriftlich im Arch. Nacional, benutzt von Herculano, I. 199 ff.

*) Die Informatione, welche ich nach einer in Berlin angefertigten Abſchrift des Mſcr. im Anhang abbrucken wollte, iſt inzwiſchen von Gräß in dem 9. Bande ſeiner Geſchichte (LIV. ff), freilich mit vielen Fehlern, veröffentlicht, und halte ich eine nochmalige Edition für überflüſſig.

und dem Siegel der Verschwiegenheit Geständnisse ihres geheim ge=
haltenen Glaubens entlockt hatte, und in dem dritten rechnete er die
äußeren Zeichen auf, an welchen die geheimen Juden leicht zu er=
kennen wären, daß sie nämlich auf ihren Schmucksachen keine
Heiligenbilder und keine Kreuze trügen, daß sie sich des Rosenkranzes
nicht bedienten, nicht zu Processionen gingen und nicht wallfahrteten,
keine Messen lesen ließen, und daß sie ihre Todten in besonderer
Weise und in jungfräuliche Erde beerdigten. In seinem tiefen Grolle
gegen seine früheren Glaubensgenossen dichtete er in seinen Be=
richten dem jüdischen Geschlechte noch alle erdenklichen Laster und
Schändlichkeiten an. Der Judenhaß hätte nie einen bessern Anwalt
finden können. Charakteristisch für die Grausamkeit und Verruchtheit
dieses Täuflings ist, daß er auf die Liste der strafwürdig befundenen
geheimen Juden seinen eigenen Bruder obenan setzte. Diesen habe
er, so meldete er dem König, nach Castilien kommen lassen, um ihn
dort fromm katholisch erziehen zu lassen, in seiner Verstocktheit
aber sei derselbe nach Lissabon geflüchtet und lebe dort unter den
geheimen Juden [1]).

Nunes, Themudo und noch manche Andere gleichen Schlages
sollten einerseits das stets raub= und verfolgungssüchtige Gesindel zu
Feindseligkeiten gegen die geheimen Juden noch mehr aufstacheln,
anderseits dem Könige Materialien in die Hand geben, welche ihm
hinreichenden Vorwand verschafften, gegen die Ketzer energisch auf=
zutreten und den reichsten, gebildetsten und arbeitsamsten Theil der
portugiesischen Bevölkerung aus dem Lande zu treiben. Die Juden=
frage gewann in den Jahren 1525 bis 1530 immer mehr an Be=
deutung, die Einführung des schauervollen Glaubenstribunals wurde
täglich mehr zur Gewißheit. Die Abneigung des Volkes gegen die
geheimen Juden war sehr groß; die Anklagen, welche über Gering=
schätzung religiöser Ceremonien, öffentliche Verhöhnung der Staats=
religion und ihrer Diener gegen sie erhoben wurden, mehrten sich
und reizten zu Demonstrationen, der Schutz der Behörde wurde
immer schwächer. Am Hofe selbst erhielt der Fanatismus neue
Nahrung durch die junge Königin Catharina, welche, wie das von

---

[1]) Herculano, I. 205 : ... mi hermano que lo habia mandado hurtar de
acá para Castilla ... por lo hazer Catholico, como lo tenia hecho, e vino a
Lisbona a bazerse Judio como los otros.

einer Enkelin Isabella's nicht anders zu erwarten ist, einen un=
natürlichen Haß gegen das ganze jüdische Geschlecht mit in die neue
Heimath brachte und die Inquisition als das einzige sichere Mittel
pries und empfahl, um den Katholicismus zu befestigen. Während
sie selbst ihren Einfluß auf den schwachen, wie sie fanatischen König
ohne Mühe geltend machte, mußten eigens von ihr aus Spanien
verschriebene Dominicaner in diesem Sinne das Volk·bearbeiten.

Angesichts der immer wachsenden Gefahr und des unvermeid=
lichen Untergangs gaben sich die armen geheimen Juden neuen trü=
gerischen Hoffnungen hin; sie vertrauten den ihnen von D. Manuel
ertheilten und von dem regierenden Köuige noch jüngst neu be=
stätigten Privilegien und erwarteten durch unmittelbare göttliche
Einwirkung Erlösung und Befreiung vom portugiesischen Joche.

Damals kam nämlich ein Jude aus fernem Lande, der sich für
einen Prinzen eines regierenden jüdischen Königshauses, für einen
Abgeordneten der verloren gegangenen zehn Stämme ausgab, auf
seinen Wanderungen auch nach Portugal. Dieser Mann, David
Rëubeni mit Namen, hatte in seiner ganzen Erscheinung etwas
Fremdartiges, Geheimnißvolles: er war von schwarzer Hautfarbe,
zwerghaft, skelettartig, dabei voll Muth und Unerschrockenheit, ent=
schieden in seinem Auftreten. Nachdem er in Hebron die heiligen
Gräber besucht, sich mehrere Wochen in Jerusalem, Alexandrien und
Cairo aufgehalten hatte, reiste er nach Venedig [1]) und Rom, wo er
vom Papste Clemens VII. empfangen und mit großer Auszeichnung
behandelt wurde. Von Rom schiffte er sich nach Portugal ein. Er
ging nach Tavira, Beja und Evora, hielt sich in Santarem auf und
erreichte im November 1525 Almeirin, wo João sein Hoflager hielt.
Er wurde von dem Könige sehr ehrenvoll aufgenommen und sprach
zu ihm: „Ich bin ein Hebräer und fürchte den Herrn, den Gott
des Himmels; mein Bruder, der König der Juden, hat mich hierher
zu Dir, Herr und König, um Hilfe gesandt. Sei demnach unser
Helfer, auf daß wir gegen den Türken Soliman in den Krieg ziehen
und das heilige Land seiner Gewalt entreißen können." Der König

[1]) Es ist Grätz' Verdienst, die Geschichte David Rëubeni's und Salomon
Molcho's in ein klares Licht gesetzt zu haben, die Identität Molcho's mit Diego
Pires ist von ihm zuerst nachgewiesen; das veranlaßte mich, diese Partie in
meinem Mscr. mit Benutzung der von Grätz beigebrachten Quellen und an der
Hand seiner lichtvollen Darstellung (IX. 264 ff. und Note 4) umzuarbeiten.

soll sein Begehren nicht abschläglich beschieden, vielmehr einen Plan mit ihm verabredet haben, wie für die israelitischen Reiche in Arabien Waffen und Kanonen von Portugal aus geliefert werden sollten. Die Kunde von der Anwesenheit eines jüdischen Prinzen in Lissabon, von der Gunst, welche er bei Hofe genoß, rief unter den geheimen Juden nah und fern eine fast fieberhafte Aufregung hervor; sie hielten David für den ihnen von Gott gesandten Er= löser und verehrten ihn als den längst erwarteten Messias.

David Rëubeni's Erscheinen berückte in Portugal's Hauptstadt einen hoffnungsvollen vier und zwanzigjährigen Jüngling, den Neu= Christen Diogo Pires oder Salomon Molcho, unter welchem Namen er bekannter ist [1]). Als Neu=Christ in Portugal geboren, hatte sich Pires eine gelehrte Bildung zu eigen gemacht, die ihn befähigte, ein ansehnliches Staatsamt (Escrivão aos ouvidores na casa da supplicação [2]) zu bekleiden. Bedenkt man, daß der junge Referendar einige Jahre später ein hebräisches Werk schrieb und Verfasser einer aramäischen synagogalen Poesie wurde [3]), so liegt die Vermuthung sehr nahe, daß er sich schon in früher Jugend die Kenntniß des Hebräischen und Rabbinischen angeeignet hatte. Als David Rëubeni mit seinen chimärischen Plänen in Portugal auf= getreten war, wurde Diogo von wilden Träumen und Visionen, die sämmtlich einen messianischen Hintergrund hatten, arg geplagt. Er drängte sich an ihn, um Aufschluß über seine Träumereien und mystischen Bilder zu erhalten; er wurde aber von David kalt be= handelt und gleichsam abgewiesen. Diogo meinte nicht anders, als der Prinz und angebliche Messias wolle deshalb nichts von ihm wissen, weil er selbst das Bundeszeichen noch nicht an seinem Leibe trage und schritt daher zu dieser gefahr= und schmerzvollen Operation;

[1]) Herr G. Wolf in Wien fand in Diar. Sanut. a Marciana (Tom LIV. p. 151; Allg. Zeit. d. Judenthums 1866, No. 37), daß David Rëubeni im Jahre 1530 zum zweiten Male in Venedig war. „Der Senat schickte den be= rühmten Reisebeschreiber Ramusio zu David, um ihn über Herkunft, Pläne, Mittel ꝛc. zu befragen. Nach dieser Unterredung erstattete Ramusio Bericht. David sei ein Abenteurer und sei nichts an dem, was er sage. Hierauf wurde David intimirt abzureisen".

[2]) Königlicher Geheimschreiber an einem hohen Gerichtshofe war er nicht; seine Stelle wird am besten mit der eines „Referendars am Appellationsgericht" bezeichnet.

[3]) Zunz, Literaturgeschichte, 534.

ein dadurch erzeugter Blutverluſt warf ihn aufs Krankenlager.
David war ſehr ungehalten darüber, als ihm Diogo dieſe Mit=
theilung gemacht hatte, weil beide in Gefahr kommen könnten, wenn
es dem Könige kund würde, daß ein Neu-Chriſt ſich durch einen
entſchiedenen Akt zum Judenthume bekannt, und es dann heißen
würde, er ſei von jenem dazuzüberredet worden. Nach der Beſchneidung
hatte Diogo oder Salomon Molcho als Reflex ſeines beſtändigen Ideen=
ganges verſchiedene Träume, die ſich faſt immer auf die meſſianiſche
Erlöſung der Neu-Chriſten bezogen. Im Traume wollte er auch vom
Himmel den Auftrag erhalten haben, Portugal zu verlaſſen und
nach der Türkei auszuwandern.

Der junge, ſchwärmeriſche, dem Judenthume neu gewonnene
Kabbaliſt machte an allen Orten großes Aufſehen. Er bereiſte die
Türkei, hielt ſich eine Zeit lang in Paläſtina und namentlich in Sefat
auf, hielt oft Predigten, von denen er auf Drängen ſeiner zahl=
reichen Anhänger einen kurzen Auszug in Saloniki (1529) ver=
öffentlichte, deren Hauptinhalt das nahe Anbrechen der meſſianiſchen
Zeit war. Er gab genau das Jahr an, in dem der Meſſias er=
ſcheinen würde, und verſetzte die ganze Judenheit in eine Exſtaſe,
die unbeſchreiblich iſt [1]).

Nirgends wurden die üblen Folgen ſeines ſchwärmeriſchen Auf=
tretens eher und mehr verſpürt, als in ſeinem Geburtslande, in
Portugal. Seine glänzenden Erfolge in der Türkei beſtärkten ſeine
früheren Leidensgenoſſen in der Heimath in ihren Erwartungen, ſie
gewannen neuen Muth und ließen ſich zu Unternehmungen hin=
reißen, die den Tod der Einzelnen herbeiführten und die Lage ſämmt=
licher geheimer Juden verſchlimmerten. Einige Neu-Chriſten, welche
vor der ſpaniſchen Inquiſition geflohen waren, hatten in Campo-
Major endlich ein Aſyl gefunden. Kaum fühlten ſie ſich ſicher, ſo
zogen ſie mit bewaffneter Hand nach Badajoz, wo ſie noch jüngſt
ſelbſt im Kerker ſchmachteten, entriſſen ein dort gefangen gehaltenes
Weib den Krallen der Inquiſition mit Gewalt und richteten in der
Stadt allerlei Unfug an (1528). Voller Wuth über die Ver=
meſſenheit der dem Scheiterhaufen entronnenen Neu-Chriſten, ſchrieb
der Inquiſitor von Badajoz, Selaya, an den König João, und
verlangte, geſtützt auf alte Verträge zwiſchen Spanien und Portugal,

[1]) Gräß, IX. 264

die sofortige Auslieferung und Bestrafung der Verbrecher. Abgesehen
davon, daß die Befreier des Weibes ihre Tollkühnheit mit dem
Tode büßen mußten: es veranlaßte dieser Vorfall, der in ganz Por=
tugal großes Aufsehen erregte, nicht allein die Königin von Spanien,
sich beschwerend an den portugiesischen Monarchen zu wenden, son=
dern hatte noch weitere Folgen sehr ernster Art. Der Inquisitor
Selaya legte João dringend ans Herz, nun endlich dem Beispiele
des Nachbarlandes zu folgen und die Ketzerei mit Stumpf und
Stiel auszurotten. In diesem an sich merkwürdigen Schreiben vom
30. März 1528 erzählt der genannte Inquisitor unter Anderm, daß
vor zwei oder drei Jahren ein Jude aus weiter Ferne ins Land
gekommen sei und die Ankunft des Messias, die Befreiung der
jüdischen Nation und die Wiederherstellung eines jüdischen Reiches
prophezeiet habe. Dieser Mann — David Rëubeni — habe viele
geheime Juden für seine Sache gewonnen, er sowohl wie seine An=
hänger seien Ketzer im wahren Sinne des Wortes, im günstigsten
Falle jüdische Reformer; die eigentliche jüdische Orthodoxie würde
einzig von den Karäern vertreten, weil sie sich an den Buchstaben
der Bibel hielten. Das ganze jüdische Geschlecht mit Ausnahme
der Karäer müsse demnach vernichtet, David Rëubeni und sein An=
hang unter allen Umständen verbrannt werden [1]).

David Rëubeni hat, wie alle kabbalistisch=messianischen Schwär=
mer welche vor und nach ihm im Verlaufe der letzten achtzehn=
hundert Jahre in den verschiedensten Gegenden Europa's und Asien's
auftraten, nur Unheil über den jüdischen Stamm gebracht. In
Spanien verbrannte man viele von Denen, welche durch David's
Träumereien und Molcho's Thorheiten sich verleiten ließen, und in
Portugal pflog man ernstlich Rath über die Maßregeln, die gegen
die Anhänger des angeblichen Messias zu ergreifen seien. Der
Bischof von Coimbra erklärte dem Könige João geradezu, daß die
Gefahr für das Reich groß sei: die geheimen Juden, durch Gewalt
zum christlichen Glauben gebracht, hegten einen unnatürlichen Haß
gegen das Christenthum; durch das Beispiel so vieler gelehrter
Männer, die dem Judenthum trotz aller über sie schwebenden Ge=
fahren noch immer zugethan seien, fände die jüdische Religion nicht
nur unter den geheimen Juden selbst, sondern auch unter den alten

[1]) Quellen bei Herculano, I. 211, Heine l. c. 160.

Christen immer mehr Anhänger; der Dringlichkeit der Umstände
wegen solle man die portugiesischen Prälaten zu einem National=
Concile beförderlichst zusammen berufen.

So war der Haß gegen die geheimen Juden noch gewachsen.
Hatten auch die Privilegien den Ausbruch der Volkswuth noch im=
mer verhindert, so konnte er doch nicht ganz unterdrückt werden.
Es war, als ob sich Alles gegen sie verschworen hätte; an vielen
Orten des Landes, namentlich da, wo sich die reichsten Neu=Christen
befanden, erhob sich zu scheinbar verabredeter Zeit der Sturm.

Ein von der Menge besonders verehrtes Marienbild fand man
in Gouvea plötzlich in Stücke zerschlagen. Niemand anders als
den geheimen Juden der Stadt wurde diese Heiligenschändung zur
Last gelegt. Drei von ihnen zog man gefänglich ein, entließ sie
aber schon nach wenigen Tagen. Diese Freilassung wurde von der
wüthigen Menge dazu benutzt, die Juden der Bestechung anzuklagen.
Wie ein Lauffeuer ging durch die ganze Stadt das Gerücht, die geheimen
Juden des ganzen Reiches hätten sich verbunden, an allen Orten
mit allen ihnen zu Gebote stehenden Mitteln sich gegenseitig Hilfe zu
leisten und zu unterstützen. Man redete bald von Nichts, als von
der weitverzweigten, die Grenzen des Landes überschreitenden ge=
heimen Juden=Verbindung, von der auch der König durch den
Municipalrath der Stadt Gouvea bald gewisse Kunde erhielt. Die
Untersuchung gegen die der Haft entlassenen geheimen Juden wurden
in Folge unablässiger Forderungen der Bürger wieder aufgenommen.
Verruchte Subjecte traten gegen die Angeklagten als Zeugen auf
und auf Grund der, wie sich später erwies, falschen Aussagen endeten
sie als Ketzer und Heiligenbildschänder auf dem Scheiterhaufen.

Noch war dieses Drama nicht zu Ende geführt, so wurden
neue und schwärzere Verdächtigungen gegen verschiedene andere
geheime Juden Gouvea's erhoben; es kam hier zu den gräßlichsten
Scenen der Anarchie. Auf ein von der Hauptkirche gegebenes
Zeichen rottete sich die wilde Menge zusammen, zog unter
Lärmen und Toben mit dem Rufe: „Im Namen des Königs
unsers Herrn gegen die Ketzer!" „Nieder mit den Ketzern!" durch die
Stadt. Ein Steinregen fuhr gegen die Thüren und Fenster der
Häuser, welche von den reichsten geheimen Juden bewohnt waren.
Wochen lang wiederholten sich bei Einbruch der Nacht diese Tu=

12*

multe, welche die armen Gehetzten in beständiger Todesangst
hielten [1]).

Unmenschlicher noch und organisirter waren die Verfolgungen
in Alemtejo; dort verfuhr der Bischof von Ceuta, ein ehemaliger
Franciscaner, ein eifriger Gegner des jüdischen [Stammes, mit
solcher Tyrannei, daß man dreist behaupten kann, daß in Alemtejo,
ja in der ganzen Diöcese Olivença, die Inquisition ihre schönsten
Triumphe feierte, bevor sie in Portugal noch gar eingeführt war.
Der Bischof leitete Untersuchungen ein, nahm Verhaftungen vor
und ließ die Eingezogenen ohne Weiteres verbrennen. Den Un=
menschlichkeiten dieses Prälaten zollte die fanatisirte Menge lauten
Beifall. Als an einem Tage fünf Marranen, „welche das mo=
saische Gesetz beobachteten", in Olivença öffentlich verbrannt wurden,
führte das Volk zur Verherrlichung des Geschehenen Stiergefechte
und andere Spiele auf. Es fehlte auch nicht an niederträchtigen
Menschen, die solche Tumulte benutzten, um in eigenem Interesse
Erpressungen zu machen; sie schickten den geheimen Juden anonyme
Zuschriften, legten ihnen untergeschobene Edicte vor, um Geschenke
an Gold und Waaren von ihnen zu erschleichen [2]).

Nur Wenige mißbilligten damals derartige, im Namen der
Religion verübte Grausamkeiten, noch Wenigere nahmen sich der
geheimen Juden an und traten offen für sie in die Schranken, wie es
von dem mehrerwähnten Bischof Coutinho und dem portugiesischen
Plautus in hochherziger Weise geschehen.

Am 26. Januar 1531 wurden die Portugiesen durch ein Erdbeben
in Schrecken gesetzt, das große Verheerungen anrichtete. Die Mönche, statt
das aufgeregte Volk zu beruhigen und zu trösten, benutzten diese Ge=
legenheit, um von allen Predigtstühlen nicht nur gegen die geheimen
Juden, sondern auch gegen Diejenigen loszudonnern, welche die Ver=
haßten unter sich duldeten und mit ihnen Umgang pflogen. Sie
stellten das Erdbeben geradezu als eine Strafe Gottes für die Dul=
bung der geheimen Juden dar, sie verkündeten drohend eine wieder=
holte Erderschütterung — Zeit und Stunde wußten sie schon genau

[1]) De Injuriis et Tumultibus in oppido de Gouvea, Symmicta 31, Fol. 102
bei Herculano, I. 221.

[2]) Instr. oppid. Oliventiae, Ibid. I. 222; Informat. sommar. l. c. LV.;
Heine l. c. 161.

anzugeben —, falls das Volk bei seinen Sünden beharre. Die rachsüchtigen Portugiesen gaben solchen Aufhetzungen willig Gehör; die geheimen Juden wurden aus ihren Häusern gejagt und mußten mitten im Winter im Gebirge Schutz und Rettung suchen.

Diese Scenen fielen in Santarem vor. Zufällig befand sich im Momente der höchsten Aufregung der Mann dort, den die Portugiesen ihren Plautus, ihren Shakespeare nennen, der gefeierte Gil Vicente.

Es ist hier nicht der Ort, auf die literarische Bedeutung dieses „Vaters der portugiesischen Comödie" näher einzugehen, nur das Eine wollen wir nicht unerwähnt lassen, daß, wie Dante in seinem Manuele einen jüdischen Freund besaß, und wie Camoëns in dem Neu=Christen Salomoncino seinen Vertrauten fand, der ihm bei der Lusiade thätigen Beistand leistete [1], auch Vicente geheime Juden unter seinen Freunden zählte; an einen derselben, Affonso Lopez Capaio, der als professionirter Dichter in Thomar lebte und von dem eine Sentenz (rifaõ) in dem großen portugiesischen Liederbuche (Cancioneiro Portuguez) Aufnahme fand, richtete Gil Vicente mehrere kleinere Gedichte [2].

Der sechzigjährige Vicente nahm die Aufregung und tolle Wuth des Volkes wahr: er ermißt die Gefahr der unschuldigen Sühnopfer, erinnert sich der schrecklichen Menschenschlächterei vom Jahre 1506, hört die Veranlassung des Tumults und versammelt die eifernden Mönche in die ihm zunächst gelegene Kirche des Franciscanerklosters. Hier erinnert der Priester Thaliens die Priester des Evangeliums an ihre wahre Mission der Liebe und Versöhnung, und er, der Dramatiker, ermahnt die Diener der Kirche zur Mäßigung mit folgenden Worten:

„Ehrwürdige Väter! Der hohe und erhabene Gott verlieh uns zwei Welten. Die eine war immer und wird immer sein: sie mit ihrer himmlischen Seligkeit, der dauernden Ruhe, dem ewigen Frieden, der Ruhe ohne Streit, dem Vergnügen ohne Störung,

---

[1] W. d. Hagen, die romantische und Volks=Literatur der Juden, 1. Theil, in den philol. Abhandlungen der k. Akademie der Wissenschaften zu Berlin vom Jahre 1854, S. 76.

[2] Vicente, Obras (Hamburg, 1834) III 379 ff. In dem einen dieser Gedichte deutet er auf Capaio's „fingirtes Christenthum" hin . . . pois matou christaõ fingido.

der triumphirenden Eintracht; das ist die eine Welt. Die andere, die wir bewohnen, in der wir leben, erbauete der allmächtige Gott in seiner unergründlichen Weisheit, ein Ganzes ohne Ruhe, ohne bestimmte Festigkeit, ohne sicheres Vergnügen; Alles in dieser Welt ist kurz, Alles schwach, Alles voller Lug, voller Furcht, voller Ver= druß, Alles matt, Alles unvollkommen. Durch die Gegensätze muß die Vollkommenheit der Glorie jener Welt erst erkannt werden; damit wir uns von ihrer trostbringenden Harmonie noch besser überzeugen, erzeugte der Allmächtige in den Geschöpfen dieser Welt Neigungen und Leidenschaften. Nichts auf der Erdoberfläche sollte von beständ= diger Dauer sein, deshalb begründete Gott in der Weltordnung, daß ein Zustand dem andern ein Ende setze, daß jeder Glanzseite auch eine Schattenseite folge. Folgt nicht der Schönheit und Milde des Frühlings die Gluth des Sommers? Naht nicht der irdischen Nichtigkeit die Hoffnung nach dem Tode? Folgt nicht dem blühen= den Aussehen Hinfälligkeit und Schwäche, dem kraftvollen Mannes= alter Gebrechen und Leiden, der Gunst der Fürsten Neid und Argwohn? Folgt nicht dem Reichthum Mangel und Entbehrung? Werden nicht starke und hohe Bäume durch die Heftigkeit der Winde entwurzelt? Stürzen nicht schöne Tempel, prächtige Gebäude durch Erdbeben zusammen? Durch diese Naturerscheinungen sind schon gar viele Häuser, viele Städte in verschiedenen Theilen des Reiches zur Erde geworfen; derartige Ereignisse aber sind Wirkungen der Natur und deshalb auch nicht besonders verzeichnet worden, wie es alle diejenigen sind, welche den Wundern anheimfielen, wie der Frie= denstempel in Rom, welcher ganz plötzlich in demselben Augenblicke zusammenstürzte, als die Jungfrau gebar, oder das Verschwinden der volkreichen Städte Sodom und Gomorrha, das Versinken der Egypter ins rothe Meer, der plötzliche Untergang Derjenigen, welche gegen Moses und Aron gemurrt, die Zerstörung Jerusalems: Alles das war wunderbar, geschah durch unmittelbare Fügung des Höchsten, wurde als Wunder verzeichnet.... Ich betheure, daß dieses fürchterliche Erdbeben nicht eine Kundgebung des göttlichen Zornes war."

Auch die thörichte Prophezeiung der Mönche, daß am 25. Febr. desselben Jahres die Erde von Neuem beben und das Meer sich erheben werde, würdigte Vicente einiger Worte der Widerlegung.

Es gelang in der That dem vorurtheilsfreien Dramatiker, Ruhe

und Frieden da herzustellen, wo die Diener der Kirche Drachen=
zähne gesäet hatten; er betrachtete diese That als einen der schönsten
Dienste, welche er je seinem Vaterlande erwiesen; er selbst stattete
seinem fanatischen Monarchen Bericht über den Vorfall in San=
tarem ab und theilte ihm die bei dieser Gelegenheit gehaltene
Rede mit [1]).

Wie der Dramatiker Gil Vicente erhoben auch verschiedene
Geistliche, hohe Würdenträger, laut ihre Stimme gegen die dama=
ligen Orgien des Fanatismus; so der Bischof Diogo Pinheiro
von Funchal und ganz besonders der mehrerwähnte edle Bischof
Fernando Coutinho von Silves. Welche seltene Ausnahmen!
Als ein geheimer Jude aus Loulé in Algarve angeklagt war,
von der Maria unehrbar und ketzerisch gesprochen zu haben, und
der königliche Rath die Akten dieses Verbrechens dem Bischof
Coutinho zuschickte, weigerte er sich, in einer solchen Angelegenheit
ein Urtheil abzugeben, und eröffnete unverhohlen die Gründe seiner
Weigerung sowohl dem Erzbischofe von Lissabon, als dem Könige
selbst. Als Hauptgrund seiner Weigerung gab er an, daß die ge=
heimen Juden als Juden und nicht als Christen zu betrachten seien;
es könne bei ihnen von einem Abfall von der christlichen Religion
gar nicht die Rede sein, denn sie seien nicht Christen, sie hätten mit
der Taufe, zu der sie gezwungen, nur das äußere Zeichen des
Christenthums empfangen, nicht aber das Christenthum selbst an=
genommen. Mit welch bitterer Ironie geißelte der siebzigjährige,
an Erfahrungen und Kenntnissen reiche Greis die jungen Juristen
und die unerfahrenen Richter, die dem Fanatismus deshalb hul=
digten, weil es zum guten Tone gehörte, fanatisch zu sein! „Wäre
ich nicht ein Siebzigjähriger, sondern ein Mann unserer Zeit, so
würde ich dennoch diesen Beweis für falsch erklären, weil es klar
und deutlich ist, daß ihn das Recht für falsch hält. Der Profoß,
der die Sache anhängig gemacht hat und alle Zeugen sollten auf

---

[1]) Carta que Gil Vicente mandou de Santarem a El Rei D. João III.
estando S. A. em Palmella sobre o tremor de terra, que foi a 26 de Janeiro
de 1531, in den Obras de Gil Vicente, III. 385 — 389. Vgl. auch mein: Erd=
beben in Santarem, in Pruß, Deutsches Museum, 1859, No. 42, und Ferdinand
Wolf, Art Gil Vicente in der Encyklopädie von Ersch=Gruber, 1. Sect., LXVII.
Band. S. 325 ff

die Folterbank kommen; denn man pflegt nicht als Ankläger gegen
Ketzerei aufzutreten und keine andern Zeugen aufzustellen, als solche,
die durch Gold oder andere Mittel erkauft sind. Ich will mit der
Sache Nichts zu schaffen haben, ich brauche kein Pilatus zu sein.
Andere, jüngere Gelehrte mögen urtheilen [1])!"

Der König hinderte das Umsichgreifen der Volkswuth und die
Hetzereien der Geistlichen in keiner Weise; es war ganz in seinem
Sinn. Was hätten da die Bemühungen einzelner edler Männer
vermocht! Ihn beschäftigte nur der eine Gedanke: die Einführung
der Inquisition. Er entschloß sich, einen Schritt weiter zu gehen,
und ertheilte seinem Gesandten am römischen Hofe, Bras Neto
im Sommer 1531 die Weisung, von dem Papste Clemens VII. im
Geheim eine Bulle zu erwirken, welche der neuen Schöpfung als
Grundlage dienen könnte. Der portugiesische Gesandte hatte eine
schwierige Aufgabe. Zunächst wandte er sich an den Cardinal
Lorenço Pucci, eine der einflußreichsten Persönlichkeiten der
Curie, und theilte ihm das Begehren seines Monarchen mit. Dieser
erklärte dem portugiesischen Gesandten geradezu, daß unlautere Mo=
tive dem Wunsche João's zu Grunde lägen; es sei bei ihm, wie
bei seiner Großmutter, der Königin von Spanien, mehr der Ehr=
geiz und das Haschen nach den Reichthümern der Juden, was ihn
zur Errichtung des Tribunals triebe, als der Eifer für den Glauben.
Er thäte weit besser daran, wenn er den gewaltsam getauften
Juden es freistelle, frei und öffentlich nach ihren Gesetzen zu leben,
und nur diejenigen bestrafe, welche, falls sie den Rückschritt ver=
schmäheten und freiwillig das Christenthum annähmen, sich als
Christen gegen die Kirchenriten und den Glauben verfehlten. Eifern
und hartnäckig zeigte sich der alte Cardinal gegen alle Vorstellungen
Bras Neto's, der sich einen solchen Widerstand nicht erklären und
nicht begreifen konnte, daß ein im Kirchendienst ergrauter Prälat
zur Verherrlichung und Befestigung des Christenthums nicht willig

---

[1]) Quia ego, si septuagenarius non essem et fueram hujus modernae
aetatis, hanc probationem pro falsa habueram, quia est tam clara et tam aperta
quod jus illa pro falsa habet, et barricelles qui querelavit et testes omnes
debuerant venire ad torturam, quoniam non est de consuetudine querelam
proponere de haeresi et testes omnes esse de auro et simili colore. Pro-
dterea faciant domini examen, quod sibi visum fuerit et judicent. Lavo manus
ab isto processu, licet non sem Pilatus, judicent alteri litterati moderni.

die Hand biete. Erst später erfuhr er die eigentlichen Gründe dieser in seinen Augen ketzerischen Unbeugsamkeit[1]).

In Rom weilte nämlich zur Zeit der kabbalistische Schwärmer Pires=Molcho. Nach einem längern Aufenthalte im Orient und in Italien, namentlich in Ancona, wo er auch mit dem aus dem Kerker entlassenen David Reubeni wieder zusammentraf, hatte er sich nach der ewigen Stadt begeben. Hier führte er Anfangs ein wahres Bettlerleben Sein exaltirtes Wesen und seine messianischen Träumereien verschafften ihm Zutritt zu dem Papste Clemens VII. sowohl, als auch zu dem einflußreichen Cardinal Pucci. Während er diesen durch das ihm aus der Heimath zugeflossene Gold für sich und seine marranischen Glaubensgenossen gewann, wußte er sich durch seine Träume und Visionen das Oberhaupt der Kirche so ge= neigt zu machen, daß er ihm Schutz und Sicherheit gegen jede Unbill verbriefte. Molcho bedurfte des päpstlichen Schutzes nicht allein gegen die christlichen Auflaurer, sondern ebensowohl und noch mehr gegen seine jüdischen Gegner, welche sich in eben dem Maße mehrten, als seine Anhänger zunahmen. Seine Freunde und An= hänger, deren Zahl sehr groß war, verehrten ihn wie einen Hei= ligen und wurden durch die religiösen Vorträge, welche er mehrere Monate allsabbathlich hielt, förmlich begeistert. Ganz anders alle diejenigen seiner Glaubensgenossen, welche diesen tollkühnen Schwär= mer als der gesammten Judenheit gefahrbringend fürchteten. Seine Gegner, an deren Spitze der spanische Flüchtling Jacob Mantino, der gelehrte Leibarzt des Gesandten Carl V. am venetianischen Hofe, stand, verfolgten ihn aufs grimmigste. Auf Mantino's Anstiften wurde Molcho vor die römische Inquisition geschleppt, zum Feuer= tode verurtheilt, durch eine List des Papstes aber gerettet und aus Rom geschafft (Frühling 1531[2]).

Zum Unglück für die portugiesischen Neu=Christen starb wenige Monate nach Molcho's Entfernung aus Rom der judenfreundliche Cardinal Pucci (August 1531). Sein Neffe, Antonio Pucci, der ihm als Cardinal Santiquatro in seiner Stellung folgte, war das gerade Gegentheil des Oheims; er wurde der eifrigste Anwalt Bras Neto's bei der Curie. Diese war im Allgemeinen dem Verlangen

---

[1]) Herculano, l. c. I. 223 ff.
[2]) Grätz, l. c. IX. 271 ff.

João's nicht abhold, und so erließ Clemens VII., gedrängt vom Kaiser Carl V. und mit schwerem Herzen, am 17. December 1531 die lang ersehnte Bulle, welche die Grundlage für die Errichtung der portugiesischen Inquisition wurde [1]). Der Beichtvater des Königs, der Franciscaner Diogo da Silva, wurde vorläufig zum Großinquisitor ernannt und mit den nöthigen Vollmachten zur Organisation des Tribunals versehen.

Wiewohl diese Bulle schon im März 1532 officiell nach Portugal gelangte, so verstrichen doch noch mehrere Monate bis zur Publication derselben und zwar aus keinem andern Grunde, als weil der Sohn Manuel's nicht wollte, daß sein Land so vieler Reichthümer und so vieler fleißiger Hände entbehre. Die geheimen Juden, welche von Allem, was in Rom in ihrer eigenen Angelegenheit vorging, genau unterrichtet waren, hatten auch von der Errichtung der Inquisition durch ihre Freunde in der Weltstadt frühzeitig Kunde erhalten und suchten sich durch die Flucht zu retten. Doch auch dieses Mal wollte João die Auswanderung mit Gewalt verhindern. Er erließ am 14. Juni 1532 in Setubal ein Gesetz, das allen geheimen Juden, groß wie klein, verbot, aus dem Lande zu gehen oder ihr Grundeigenthum zu veräußern; selbst eine Auswanderung nach den Azoren oder anderen Inseln und Colonien des portugiesischen Reiches war ihnen untersagt. Jeden geheimen Juden, der diesem Verbote zuwiderhandelte, so wie jeden Christen, der geheimen Juden bei der Auswanderung Hilfe und Vorschub leistete, traf Confiscation des Vermögens und Körperstrafe. Die Capitäne und Schiffsherren, welche geheime Juden transportirten, wurden zum Tode verurtheilt. Allen Portugiesen wurde aufs strengste untersagt, Wechsel auf Häuser im Auslande abzugeben, sie müßten denn vorher sichere Bürgen gestellt haben, daß in gleichem Werthe Waaren innerhalb Jahresfrist aus dem Auslande einliefen.

---

[1]) Sousa, Annaes, Memorias e Documentos (Lisboa, 1844) 373. Wenn es in dieser Bulle, die Sousa mittheilt, heißt, daß Viele zurückkehren ad ritum Judaeorum, a quo discesserant, und auch Andere, von christlichen Eltern geboren, im jüdischen Glauben erziehen, so ersieht man daraus, wie genau man es damals in Rom mit der Wahrheit nahm. Die Juden hatten sich nicht vom Judenthum losgesagt, sie waren gewaltsam zur Taufe getrieben worden, sie waren trotz der Taufe Juden geblieben und hatten als solche ihre Kinder erzogen.

Endlich wurde allen Bürgern und Corporationen eingeschärft, von geheimen Juden keine Grundstücke und Gebäude zu kaufen [1]).

Drei Jahre sollte dieses allen Menschenrechten Hohn sprechende Gesetz streng gehandhabt werden. Die unglaubliche Schnelligkeit, mit welcher dasselbe an allen Enden des Reiches, in allen Städten, Flecken und Dörfern publicirt wurde, belehrte die an den Rand des Elends geführten Neu=Christen, daß es auf mehr als eine bloße Drohung abgesehen und daß es dem Könige mehr um ihr Gold, als um ihre Seelen zu thun war.

Trotz des Gesetzes schickten sich viele von ihnen zur Auswan=derung an, fliehend das Land, welches das giftige Ungeheuer (die Inquisition) berührt hatte. Ehe sie aber noch das Schiff betraten, ergriff man sie sammt ihren Frauen und Kindern und schleppte sie in die düstern Kerker und von da zum Scheiterhaufen. Andere, ehe sie noch das Schiff erreichten, das ihrer wartete, um sie fort=zuführen, wurden von den stolzen Meereswogen fortgerissen. Viele von ihnen wurden aus den geheimsten Verstecken hervorgezogen und in den Flammen verbrannt. Diejenigen, welche unter Angst und Gefahr den Krallen des Ungeheuers entgangen und dem portu=giesischen Reiche entronnen waren, fanden neues Leid in fremden Ländern: angehalten in Flandern, ungern gesehen und übel auf=genommen in England und Frankreich. Unter solchen Drangsalen verloren Viele ihr Vermögen und zugleich ihr Leben. Diejenigen, welche Deutschland erreichten, kamen auf den Alpen im äußersten Elend und Mangel um, Viele hinterließen die Frauen dem Gebären nahe, die auf ödem und kaltem Wege ihre Kinder zur Welt brachten. Als ob all dies Mühsal noch nicht genügte, erhob sich gegen sie in Italien ein grausamer Verfolger, Namens João de la Foya. Er erwartete sie in dem Gebiete von Mailand wie eine Otter am Wege und nahm dort ganze Wagen voll von ihnen gefangen. Da sich seine Macht nicht so weit erstreckte, sie zu tödten, beraubte er sie des letzten Gewandes, unterwarf schwache Frauen und matte Greise tausend Foltern, damit sie bekennten und entdeckten, was sie bei sich

---

[1]) Das Gesetz in Synopsis Chronol. 345 und in Historia da Inquisição em Portugal (Lisboa, 1845), 164 ff.; Gordo, l. c. 32. Das Gesetz wurde nicht den 4. Mai, wie Heine l. c. 162 angibt, sondern den 14. Juni erlassen.

verborgen hielten, und Andere meldeten, die ihnen nachfolgen wür=
den, um auch diesen aufzulauern und auch sie auszuplündern [1]).

Es gehört gerade nicht viel Phantasie dazu, sich ein Bild des
Schreckens und Jammers Derjenigen zu entwerfen, welche in Por=
tugal zurückgeblieben waren; hatte sich doch das ganze Land für sie
plötzlich in ein enges Gefängniß verwandelt! Die Inquisition mit
allen ihren Schreckensbildern erhob sich vor ihren Augen wie ein
schaudererregendes Gespenst. „Die Ankunft der Inquisition machte
sie todtenblaß, raubte ihnen die Ruhe des Geistes, erfüllte ihre Seele
mit Schmerz und Trauer, zog sie aus der Behaglichkeit ihrer Häu=
ser, wies ihnen dunkle Kerker zu Wohnungen an, wo sie in Angst
und beständigem Seufzer lebten. Da legt sie (die Inquisition) ih=
nen die Schlinge an und schleift sie zum Scheiterhaufen; da mar=
tert sie sie, daß sie ihre Söhne tödten, ihre Gatten verbrennen, daß
sie sehen, wie ihre Brüder aus dem Leben scheiden, ihre Kinder zu
Waisen gemacht, ihre Witwen vermehrt, die Reichen verarmt, die
Mächtigen vernichtet, Wohlerzogene in Straßenräuber verwandelt,
zurückgezogene und ehrbare Frauen schändliche und schimpfliche
Stätten bevölkern aus Armuth und Mangel, die sie über sie bringt.
— Die gegen ihren Willen Getauften schleichen umher voller Furcht
vor diesem wilden Thiere (der Inquisition), daß sie auf den Straßen
ihre Augen überallhin wenden, ob sie es ergreift. Mit unsicherem
Herzen und bebend wie ein Blatt am Baume gehen sie umher und
bleiben betäubt stehen, aus Furcht sich von ihm gefesselt zu sehen" [2]).

Alles Klagen und alle Trauer der geheimen Juden war Nichts
gegen den Jubel und den Triumph der fanatischen Portugiesen;
an allen Orten bereiteten sich Excesse gegen die zu Marter und
Qual Bestimmten vor. Scenen, wie sie im vergangenen Jahre in

[1]) Wörtlich nach Usque, l. c. 203 a, 204 b Usque nennt den Raubritter Johao
de la Foya, nach ihm Joseph Cohen im Emek Habacha, 91 פוש לה ד' יואן mit
dem eigenmächtigen Zusatze הספרדי, daher Zunz, Synagogale Poesie, 56, von
einem spanischen Befehlshaber spricht. Ob er ein Glied der alten navarresischen
Familie de Foix war, müssen wir dahin gestellt sein lassen. Germaine de Foix
wurde die Gemahlin Ferdinand's des Katholischen und ihr Bruder Gaston de Foix
starb 1512 bald nach der Schlacht bei Ravenna. Ob dessen Sohn in Mailand
zeitweilig lebte und der Raubritter ein Verwandter des katholischen Ferdinand
gewesen?

[2]) Usque, l. c. 202.

Gouvea Statt fanden, waren an der Tagesordnung; Lamego wurde ein Hauptplatz der zügellosesten Gewaltthätigkeiten. Kaum hatte sich das Gerücht verbreitet, daß die Inquisition eingeführt und den geheimen Juden die Auswanderung verboten sei, so hieß es allgemein, es sei des Königs Absicht, sie Alle unter großem Gepränge öffentlich zu verbrennen. Schon bildeten sich geheime Gesellschaften, in denen discutirt und bestimmt wurde, wem das Eigenthum oder das Hausgeräthe dieses oder jenes Neu=Christen zufallen sollte, sie vertheilten auch wohl die Besitzungen derselben durch das Loos unter einander. „Das christliche Volk", klagt Samuel Usque, „jubelt und freut sich, meine Glieder (die geheimen Juden) auf dem Scheiterhaufen lodern zu sehen; es zündet ihn an mit den Holzstößen, welche es von weit her auf dem Rücken herbeischleppt" [1]. Alle Arten von Zurüstungen auf den großen Feiertag, an dem man alle geheimen Juden öffentlich verbrennen würde, wurden von der Menge getroffen; die Portugiesen, selbst die gebildeteren, hatten ein inneres Bedürfniß, dem unaufgeklärten, aber um so feurigeren Frömmigkeits= gefühle durch solche rohe Ausbrüche religiöser Schwärmerei Genüge zu thun. Sogar auf den Azoren und auf der Insel Madeira wurde gegen vermeintliche und geheime Juden in unglaublicher Weise gewüthet.

Inmitten dieser immer wachsenden Volkserhebungen beschlossen die gehetzten Neu Christen, welche, den Tod vor Augen, im Grunde Nichts mehr zu verlieren hatten, noch das Aeußerste zu wagen. Selbst auf die Gefahr hin, den fanatischen König durch einen sol= chen Schritt zu noch größerer Wuth zu reizen, recurrirten sie nach Rom, sie suchten Schutz und Rettung bei dem Papste [2].

Einen thätigen und geschickten Mann, dem sie ihr ganzes Ver= trauen schenkten, wählten sie zu ihrem Anwalt in der Person des Duarte de Paz.

---

[1] Ibid. Auch Herculano versichert, daß die Bewohner die Reisbündel zu den Scheiterhaufen in Bereitschaft hielten.

[2] .. licet, alias pro certo habuissent ... quod rex ipse eosdem Novos Christianos et praecipue eorum capita, duriore et acerbiore mente tractare et tenere habebat, si ad sedem apostolicam recursum habuissent, tamen videntes, aliam eisdem non superesse salutem, omni timore ac metu postposito ... una voce clamarunt, et statim recurrerunt ad Clementem. Memoriale (der ge= heimen Juden), Fol. 28 bei Herculano, I. 261.

Zweites Capitel.

D. João III.

Duarte de Paz' wirksame Bemühungen gegen die Einführung der Inquisition.
Clemens VII. den geheimen Juden günstig. Suspension der Inquisitionsbulle.
Pires = Molcho's Tod. Clemens VII. allgemeiner Pardon. João's energisches
Auftreten. Die Cardinäle Parisio und Baro.

Duarte de Paz spielte viele Jahre eine ebenso bedeutungs=
volle als geheimnißvolle Rolle. Sein Ursprung verliert sich ins
Dunkle. Als junger Mensch gewaltsam getauft, bekleidete er ver=
schiedene militärische Posten, erhielt als Anerkennung für die im
afrikanischen Kriege bewiesene persönliche Tapferkeit den Christus=
orden und wurde nach seiner Rückkehr in die Heimath mehrfach im
Staatsdienst verwandt. Duarte de Paz war zum Diplomaten wie
geschaffen. Wiewohl blind auf einem Auge, das er im Kriege ver=
loren hatte, imponirte er durch seine äußere Erscheinung; er war
schön, hatte ein feines, gewinnendes Benehmen, war kühn, feurig,
thätig, beredt.

Mit Instructionen und den nöthigen Creditiven versehen, reiste
Duarte von Lissabon ab und zwar im Auftrage seines Königs, der
den gewandten Diplomaten schon häufig mit wichtigen Missionen
für das Ausland betraut hatte. Noch kurz vor seiner Abreise wurde
er zum Ritter ernannt. Statt aber den Auftrag seines Monarchen
auszuführen, begab er sich nach Rom und entfaltete hier eine außer=
ordentliche Thätigkeit im Interesse seiner in äußerster Gefahr schwe=
benden Glaubensbrüder, der Neu=Christen. Duarte de Paz wurde
der Vertreter und Sachwalter der geheimen Juden.

Der Zufall begünstigte seine Bemühungen. Fast zu gleicher
Zeit, als Duarte in Rom eintraf, langte der päpstliche Nuntius,

Bischof Marco Tigerio della Ruvere von Sinigaglia, in
Lissabon an. Dieser hohe Würdenträger, ein lebenslustiger, gewinn=
süchtiger, schlauer Italiener, war mehr auf seinen eigenen Vortheil,
als auf die ihm überwiesene Vertretung der Curie bedacht, und so
wurde es den geheimen Juden in Portugal nicht sehr schwer, durch
reiche Geschenke seine Gunst zu gewinnen.

Die ganze Sachlage schien eine für die geheimen Juden erfolg=
reiche Wendung zu nehmen. Bei der Wachsamkeit des portugiesischen
Gesandten Bras Neto und des Cardinals Santiquatro, der vor wie
nach die Interessen Portugal's mit Eifer verfolgte, blieb selbstver=
ständlich Duarte's Auftreten nicht lange ein Geheimniß. Santiquatro
witterte Gefahr und schickte direct zwei Eilboten an João, durch die
er ihm Kunde von Allem gab, was in Rom vorging, und ihn auf=
forderte, energische Maßregeln zu ergreifen. João blieb ruhig:
siegestrunken ob der bereits errungenen Vortheile würdigte er den
Cardinal nicht einmal einer Antwort. Wer war froher, als Duarte
de Paz, dem sich jetzt die günstigste Gelegenheit bot, auch den ei=
frigsten Gegner der von ihm vertretenen Partei auf seine Seite zu
bringen! Er verschaffte sich von Geronimo Cernico ein Empfehlungs=
schreiben an ihn, stattete ihm häufiger Besuche ab, und es gelang
ihm in der That, auch diesen Cardinal sich und seiner Sache ge=
neigter zu machen.

Duarte hatte bald gewonnen Spiel. Unaufhörlich brachte er
Clemens VII., auf den die feurigen Reden Duarte's einen über=
wältigenden Eindruck machten, Klagen über die unerträglichen Ver=
hältnisse in Portugal vor, worauf der Papst endlich den König
João bitten ließ, das strenge Verbot der Auswanderung der gehei=
men Juden zurückzunehmen. Wie wenig kannte der Kirchenfürst
seinen gehorsamen Sohn! João wollte von Nachsicht Nichts wissen;
er ließ dem Papst melden, daß er nach reiflicher Erwägung der
Sachlage sich zu diesem Gesetze entschlossen habe, indem Strenge ge=
gen die geheimen Juden unumgänglich nöthig sei.

Wie wüthete er erst, als er von der Hauptbeschwerde der Neu=
Christen, welche diese gegen die Errichtung der Inquisition führten,
in Kenntniß gesetzt wurde! Sie forderten, daß das Vermögen der
Verurtheilten nicht dem Fiscus, sondern deren natürlichen Erben
selbst zufalle, daß die Namen der Zeugen und die Aussagen der=
selben dem Verhafteten mitgetheilt werden u. dgl. m. Der König

wollte sich keinerlei Beschränkungen gefallen lassen und nicht zugeben, daß dem Tribunal das Einziehen der Güter der Verurtheilten und das Nennen der Zeugen verboten werde. Clemens, der wohl wußte, daß das Recht auf Seite der geheimen Juden war., ließ sich durch die Drohungen des portugiesischen Königs nicht abschrecken, den Vorstellungen und Geschenken Duarte's Erfolg zu verschaffen, wie denn auch Duarte nicht abließ, ihm das willkürliche, grausame Verfahren der portugiesischen Behörden vorzuhalten. Er basirte auf die Behauptung, daß die Neu=Christen, mit himmelschreiender Gewalt zur Taufe geschleppt, dem Katholicismus eben so fern wie dem Judenthum nahe stehen, daß demzufolge mit ihnen nicht wie mit abtrünnigen Christen verfahren werden dürfe. Er scheute sich nicht, dem Papste rundweg zu erklären, daß der König durch eine falsche Darlegung des Sachverhaltes die Bulle vom 17. December 1531 erschlichen habe und daß Aufhebung oder wenigstens Suspension dieser an sich ungültigen Bulle Sache der Ehre und der Menschlichkeit sei. Da der Papst selbst die Ueberzeugung gewonnen hatte, daß die ganze Angelegenheit noch einer genauen Untersuchung bedürfe, so erließ er am 17. October 1532 ein Breve, in welchem die mehrerwähnte Bulle außer Kraft gesetzt und nicht nur dem Großinquisitor, sondern sämmtlichen Bischöfen Portugal's streng untersagt wurde, die geheimen Juden des Landes bis auf Weiteres über ihren Glauben zur Rechenschaft zu ziehen [1]).

·Groß war über diese Errungenschaft die Freude der geheimen Juden und ganz besonders des Mannes, der, ihnen selbst nicht angehörend, an der Bessergestaltung ihrer Lage aufrichtig und eifrig arbeitete: Molcho=Pires empfing die frohe Nachricht im Kerker. Nach seiner Ausweisung aus Rom hatte er sich in Verbindung des Abenteurers Reubeni von Bologna über Mantua nach Regensburg begeben. Sie wünschten eine Unterredung mit dem Kaiser Carl V. und erhielten auch Audienz. Ob der Kaiser Molcho für einen Irrsinnigen oder für einen gefährlichen Religionsfeind hielt? „Er ließ ihn und seinen Freund David Reubeni nebst seinen Freunden ins Gefängniß werfen, woselbst sie einige Zeit zubrachten. Als hierauf der Kaiser nach Italien zurückkehrte, brachte man sie gefesselt

[1]) Historia da Inquisição em Portugal, 164 f., Herculano, I. 265; Heine, l. c. 163.

auf Wagen nach Mantua und sperrte sie in einen Kerker. Der
Kaiser ließ ein Glaubensgericht zusammentreten, und dieses verur=
theilte Molcho zum Feuertode. „Man legte einen Zaum um seine
Kinnbacken und führte ihn zum Scheiterhaufen. Die ganze Stadt
war seinetwegen in Aufruhr. Als das Feuer schon vor ihm brannte,
machte einer der kaiserlichen Diener ihm den Antrag, sich sein Leben
mit einem aufrichtigen Uebertritte zum Christenthume zu erkaufen.
Molcho antwortete wie ein Heiliger, gleich einem Engel Gottes:
„Nur wegen der Zeit, während welcher ich diesem Bekenntnisse an=
gehört habe, ist mein Herz bekümmert und betrübt; nunmehr aber
thuet, wie es euch gefällt, und meine Seele möge zurückkehren in
ihres Vaters Haus wie dereinst." Darauf wurde er auf den Holz=
stoß geworfen und „als Dankopfer dem Herrn dargebracht".[1] So
endete der „großartige Held an Rath und That", wie der schwär=
merische Molcho von dem nüchternen del Medigo ironisch genannt
wird, in Mantua auf dem Scheiterhaufen[2]; seine Kenntniß der
Buchstaben=Verbindung, =Vertauschung und =Berechnung nützte ihm
Nichts an seinem Schmerzenstage[3]. Sein Freund und Meister
David Rëubeni wurde in Ketten von Kaiser Carl mit nach Spanien
geschleppt und der Inquisition in Llerena übergeben[4].

Kann auch von einem nachhaltigen Einfluß, den Molcho=Pires
auf den Papst Clemens geübt, keine Rede sein, so blieb dieser doch
den geheimen Juden und ihrer guten Sache bis zu seinem Tode
geneigt. Ihre bei ihm eingereichte Beschwerde überwies er den
Cardinälen zur sorgfältigen Prüfung und ernannte den Cardinal
Borla zum Berichterstatter; Duarte de Paz ließ inzwischen ein die
Beschwerde neu begründendes Memorial von den berühmtesten Ju=
risten Rom's ausarbeiten. Da die überwiegende Zahl der Cardinäle,
mit Borla, dem Referenten, an der Spitze, sich zu Gunsten der ge=

[1] Joseph Cohen, Emek Habacha 99.
[2] Er starb, nach Joseph Cohen, dem die meisten älteren und neueren Autoren
in ihrer Angabe folgen, 1532, nach Asaria de Rossi מאור עיים (ed. Wien) 300,
im Jahre 1536, was unwahrscheinlich ist.
[3] Geiger, Melo Chofnaïim, 4.
[4] Acenheiro, l. c. 351: (Davit Judeu) foi presso na corte do Emperador
Carlos, é o mandarão e trouxerão a Lharena áos Inquisidores, omde esta presso
em Castella na dita villa e cadea da Inquississam, te que aja a fim que merese;
ainda oje anno de trinta e cinque esta presso no carcere da Inquississam de

heimen Juden ausſprach, Santiquatro gerade abweſend war und
der portugieſiſche Geſandte an der Berathung nicht Theil nehmen
durfte, ſo verkündete der Papſt am 7. April 1533 eine allgemeine
Begnadigung (Pardon). In dieſem von Borla entworfenen Breve
wurde, gewiß nicht ohne Beeinfluſſung Duarte's, zwiſchen gewaltſam
und durch freiwilligen Entſchluß getauften Juden ſorgfältig ge-
ſchieden. Clemens ſprach ſich darin für die vernünftige Anſicht der
freiſinnigen Räthe D. Manuel's, insbeſondere des Biſchofs Coutinho
aus, daß Diejenigen nicht als Glieder der Kirche gelten können,
welche unter Androhung von harten Strafen gegen alle Menſchen-
rechte zur Annahme eines ihnen widerſtrebenden Glaubens gezwungen wären. Diejenigen, welche freiwillig das Chriſtenthum angenommen hätten oder ihm von ihren Eltern zugeführt wären, ſeien allerdings als Chriſten zu betrachten; allein auch dieſe, von den Ihrigen
im Judenthum und nicht im Chriſtenthum erzogen, müßten noch
immer mit aller Schonung behandelt und durch Milde und Liebe
für die Religion der Liebe erſt eigentlich gewonnen werden [1]).

Unſtreitig iſt dieſes Breve, eins der letzten, das Clemens VII.
erlaſſen, wegen des darin feſtgehaltenen Grundſatzes, daß in Glau-
bensſachen kein Zwang ſtattfinden dürfe, das ſchönſte Denkmal, das
er ſich geſetzt hat. Die Thätigkeit der Inquiſition war aufgehoben;
Männer und Frauen, Eingeborene und Fremde, Freie und Ein-
gekerkerte, kurz Alle, welche ſich als geheime Juden in Portugal befanden, ſollten der Gnade dieſes päpſtlichen Pardons theilhaftig und
in den Stand geſetzt werden, ſammt ihrem Vermögen das Land zu
verlaſſen.

Noch war aber dieſes Breve, das Clemens nach ſeiner ausdrücklichen Verſicherung aus freiem Entſchluſſe und ohne Anregung
von irgend einer Seite erlaſſen, nicht in Portugal. Es war bereits
unterzeichnet und mit dem päpſtlichen Siegel verſehen, da verſuchte
der König João, der auf geheimen Wege von dem Erlaſſe Kunde
erhalten, ihm entgegen zu wirken und die Publication zu verhindern.
D. Martinho, Erzbiſchof von Funchal, ſeit der Abreiſe Bras

Lharena. — Asaria de Rossi, l. c. 300: שלמה ר' ר' היה רצ"ו במנטובה, הנשרף
הוליך (קארלו) הנזכר הקיסר כי אמת . . . הראובני דוד לר' התחבר אשר פורטוגאל איש מלכו
המות סם לו סר הנשמע לפי ושם בויקים אסור לספרד הנזכר הראובני אחריו אז

[1]) Das Breve befindet ſich in dem Memoriale der geheimen Juden bei
Herculano.

Neto's der einzige Vertreter Portugal's bei der Curie, begab sich in Begleitung der Cardinäle Santa Cruz und Santiquatro, so wie des kaiserlichen Gesandten zum Papste und erhob bittere Klagen über dieses Breve. D. Martinho verlangte vor Allem, daß die Bulle vom 7. April zurückgenommen und der Pardon nicht publicirt werde.

Im Juli 1533 gelangte die Begnadigungsbulle an den päpst= lichen Nuntius, Marco della Ruvere, nach Lissabon, mit dem Auftrage, sie in allen Diöcesen des Landes feierlich verkünden zu lassen; wer sich dieser Ausführung widersetzen würde, sollte, ob Geistlicher oder Laie, mit dem Banne belegt werden. Innerhalb dreier Monate, von der Publication der Bulle an gerechnet, sollten alle von der Inquisition Eingezogene aus dem Kerker entlassen und die ihres Vermögens Beraubten in dessen Besitz wieder eingesetzt werden; hingegen sollten Alle der römischen Curie oder deren Ver= tretung, dem Nuntius, ihr Glaubensbekenntniß ablegen und ihre Freisprechung gewärtigen.

Angesichts solcher Einschreitungen glaubte der König, nicht län= ger schweigen zu dürfen. In der Voraussetzung, daß der Papst nur des Geldes wegen jenen Pardon bewilligt habe[1]), ertheilte João seinem Gesandten in Rom den Auftrag, dem Papste nach Marseille, wohin die damalige Politik Europa's ihn gerufen, sofort zu folgen und von der Suspension der Bulle unter keinen Umständen abzu= stehen. João schickte auch noch einen außerordentlichen Botschafter in der Person des D. Henrique de Menezes an Clemens, welcher letztere im December in den Vatican wieder zurückgekehrt war, mit der Weisung, dem heiligen Vater im Namen des aller= katholischsten Monarchen seine Verwunderung über das kirchliche Verfahren unumwunden auszusprechen. João tadelte Clemens, daß er die Supplik der geheimen Juden berücksichtigt habe, ohne auch nur die Vertreter Portugal's vorher anzuhören, daß er, als Ober= haupt der Kirche, das Wesen der Taufe herabsetze, indem er die Bekehrung der geheimen Juden eine gewaltsame und demzufolge ungerechtfertigte nenne, ohne zu erwägen, daß sie selbst sich für Christen ausgeben, die Kirche besuchen, als Christen öffentlich leben

---

[1]) Rex credens ut dicebatur, Clementem de hujusmodi negotiis non infor= matum, pecunia tantum motum, veniam praedictam concessisse. Memoriale bei Herculano, II. 20.

und für solche gehalten werden, ohne zu bedenken, daß der West=
gothenkönig Sisebut viele tausend Juden zur Taufe getrieben habe
und für diese That von dem toledaner Concil gelobt sei; eine Be=
gnadigung der geheimen Juden, wie es in seiner Absicht lag, wäre
eine Schande für die gesammte katholische Welt, eine um so größere
Schande, als man in Portugal kein Geheimniß daraus machte, daß
die Curie von den Neu=Christen bestochen worden sei und durch
Gold sich habe zu solchen Schritten verleiten lassen[1]).

Nach vielen vergeblichen Versuchen erhielt der portugiesische
Gesandte bei dem über João erzürnten Papste endlich eine längere
Audienz, in welcher der Gegenstand lebhaft besprochen wurde, und deren
Resultat war, daß Clemens dem Könige unter Androhung der Ex-
communication anbefahl, der Publication der Bulle vom 7. April
1533 keine Schwierigkeiten mehr in den Weg zu legen.

Für den Augenblick feierte allerdings die Humanität, oder wie
man in Portugal behauptete, das Gold der geheimen Juden, einen
neuen Triumph über den Fanatismus.

An Ausdauer und Beharrlichkeit haben es die Fanatiker noch
nie fehlen lassen; so leicht geben sie sich nicht zufrieden. Der portu=
giesische Gesandte und sein Gönner, der Cardinal Santiquatro, wieder=
holten ihre Reclame und setzten es endlich durch, daß die ganze
Angelegenheit von Neuem einer sorgfältigen Prüfung unterzogen
wurde. Freilich hatte Clemens schon einige Monate früher die
Doctrinen der Begnadigungsbulle der Universität Bologna zur Be=
gutachtung geschickt; er genoß das selige Vergnügen, daß zwei der
berühmtesten Juristen, der spätere Cardinal Parisio und Varo,
sich in zwei ausführlichen Gutachten zu Gunsten der geheimen Juden
aussprachen und den päpstlichen Pardon guthießen; er wußte also,
wie die Lösung der Frage ausfallen würde. Die Cardinäle Cam=
peggio und de Cesis, Männer, in deren Kenntniß und Ge=
wissenhaftigkeit der Papst viel Vertrauen setzte, wurden beauftragt,
mit Santiquatro und dem Vertreter Portugal's zur nochmaligen
Unterhandlung zusammen zu treten. In diesen mehrere Wochen
dauernden Verhandlungen wurde hauptsächlich die von Clemens

---

[1]) Ibid. II. 24: ... he fama nestes reynos que por peita grossa de
dinheiro que se deo am sua corte, se negoceam estas provisões contra tão
santa e tão necessaria obra.

aufgestellte Unterscheidung zwischen gewaltsam getauften und freiwillig
übergetretenen oder von den Eltern zum Christenthum geführten
Juden kräftig angegriffen. Man behauptete portugiesischer Seits,
daß die geheimen Juden Portugal's auch schon deshalb als Christen
zu betrachten wären, weil sie in dem langen Zeitraume von fünf
und dreißig Jahren, welche seit der Zwangstaufe verflossen, sich
mit den Grundsätzen des Christenthums hätten vertraut machen und
den jüdischen Ceremonien entsagen können. Man versicherte wieder=
holt, daß die portugiesische Regierung schonend mit ihnen verfahre,
sie ehre und achte und gleich allen übrigen Unterthanen auch ihnen
Schutz angedeihen ließe, denn es sei an ihrer Erhaltung viel ge=
legen, weil sie durch ihren Handel und durch Industrie die Wohl=
fahrt des Landes beförderten. Man protestirte laut gegen die
Beschuldigung, daß João bei der Einführung der Inquisition und
Verfolgung der Neu=Christen hauptsächlich den eigenen Vortheil im
Auge habe; es wäre ihnen ja ein Leichtes, ihr Vermögen, das in
Baarschaften und Pretiosen, nicht aber in Grundbesitz bestehe, außer
Landes zu schaffen. Wollte der Papst die geheimen Juden, von
denen manche schon heilige Kirchenämter bekleidet hätten, nicht als
Christen, sondern noch immer als Juden gelten lassen, mit welchem
Rechte, fragten die Vertreter Portugal's, könne er in seiner aposto=
lischen Würde den Juden Absolution ertheilen?

Alle Lügen der Portugiesen, selbst ein Schreiben Carl's V., in
dem der mächtige Kaiser die Angelegenheit seines Verwandten dem
Papste dringend ans Herz legte, drangen nicht durch; Clemens konnte
sich nicht entschließen, die gewaltsam getauften Juden der Willkür
Preis zu geben. Die große Mehrheit der Cardinäle blieb auf
Seite der geheimen Juden, zu deren Gunsten um diese Zeit auch
eine weitläufige Abhandlung, wie es hieß, vom Papste selbst redigirt,
in die Oeffentlichkeit trat. Die Vertreter Portugal's merkten, daß,
so lange Clemens VII. lebte, an Einführung der Inquisition nicht
zu denken sei. Die Begnadigungsbulle wurde nicht zurückgenommen.
Am 2. April 1534 wurde ein neues, noch weit energischeres Breve,
als das erste, an den König João gerichtet, in dem der Papst der
Hoffnung sich hingab, daß nunmehr der Monarch der Ausführung
nicht mehr entgegen treten werde [1].

[1] Herculano, II. 33 ff.

Man sollte meinen, daß in einem Lande, in dem, wie in Portugal, der Katholicismus so tiefe Wurzeln geschlagen und der Clerus eine so gewaltige Macht erlangt hatte, der Befehl des Kirchenoberhauptes mächtig wirkte und vor seinen Drohungen die Häupter Aller sich beugten. Dem war jedoch nicht so: mit der Achtung war auch die Furcht vor Rom gewichen. Der König kümmerte sich nicht im Geringsten um die Bullen und Breven und achtete nicht auf die Drohungen von Bann und Excommunication. Vor wie nach bedrückte er die geheimen Juden und richtete die Inquisition nach spanischem Muster mit allen erdenklichen Grausamkeiten ein. Er ließ die geheimen Anhänger des Judenthums ergreifen, wo er sie fand, und ließ sie nach den Hauptorten der Diöcesen abführen; die Häscher machten mit den höheren Beamten des Tribunals gemeinschaftlich Jagd auf das Vermögen der Neu-Christen; sie brachten sie an den Bettelstab, ehe sie noch gar verurtheilt waren. Unbeschreiblich groß war die Freude der Unglücklichen, als sie von dem päpstlichen Pardon Kunde erhielten! Sie recurrirten an den Nuntius in Lissabon; welchen Schutz aber konnten sie, namentlich die Mittellosen unter ihnen, von einem Geizhalse, wie der Bischof von Sinigaglia war, erwarten? Hunderte von Neu-Christen wanderten in die unterirdischen Kerker, wo die meisten ihren Geist aufgaben, ohne daß sie auch nur ein einziges Mal vernommen wurden. Es ist eine Supplik aus dieser Zeit erhalten, in der ein junger Mensch jüdischen Ursprungs ein schauriges Bild seines Lebens entwirft. Als geheimer Jude erzogen, kämpfte er gegen die Ungläubigen in Afrika in vorderster Reihe und wurde, kaum dem Jünglingsalter entrückt, zum Ritter geschlagen. In die Heimath zurückgekehrt, verstrickten ihn die Angebereien seiner Neider in einen Prozeß, in Folge dessen er sich zu lebenslänglichem Kerker verurtheilt sah. Sieben Jahre lang von einem Kerker in den andern geschleppt, betrachtete er es als einen Akt der Gnade, daß man ihm eine Zelle im Dreifaltigkeitskloster in Lissabon als Wohnung anwies, und als eine noch größere Gunst seines Königs, nach Afrika transportirt zu werden, um dort, wo er so viele Beweise seiner persönlichen Tapferkeit an den Tag gelegt, in der Blüthe der Jahre seinem martervollen Leben ein Ende zu machen.

Papst Clemens erkrankte und starb nach der allgemeinen Vermuthung an Gift. Noch auf seinem Sterbebette (26. Juli 1534)

erließ er ein Breve an den Nuntius in Lissabon, des Inhalts: die
Bulle vom 7. April zu publiciren und zur Ausführung zu bringen.
Was man von Clemens auch sagen mag — sein Ruf war schlecht,
er galt für geldgierig, eigennützig — die letzte Bestätigung des
Pardons war eine That der Gerechtigkeit und Humanität, ein Zug
freier religiöser Ueberzeugung [1]).

In ein neues Stadium trat die Angelegenheit, sobald Alexander
Farnese als Paul III. (13. October 1534) den apostolischen Stuhl
bestieg. Ihm war es vorbehalten, der Schiedsrichter zwischen dem
„allerkatholischsten" König und dessen Unterthanen vom jüdischen
Geschlechte zu werden. An neuen Versuchen, den neuen Papst sich
und seiner projectirten Lieblingsschöpfung geneigt zu machen, ließ
es João um so weniger fehlen, als er im Voraus sich überzeugt
hielt, daß ein Mann, der wie Paul auf seine eigene Meinung bestand, die Beschlüsse seines verhaßten Vorgängers nicht sonderlich
achten werde. Spaniens Hilfe wurde wiederum in Anspruch genommen; der spanische Gesandte in Rom, der Graf de Cifuentes,
erhielt gemessene Instructionen, wie er den Forderungen Portugal's
den meisten Nachdruck verschaffen könne, und Kaiser Carl selbst
drückte schon in seinem Gratulationsschreiben an den neu erwählten Kirchenfürsten den Wunsch aus, daß dieser die von seinem Vorgänger erlassene, noch auf seinem Sterbebette bestätigte Bulle suspendire. Auch Cardinal Santiquatro, den Duarte de Paz durch
das Versprechen eines lebenslänglichen Jahrgehaltes von acht hundert Cruzaden sich zu kaufen vergebens bemüht war, arbeitete nach
Kräften für Portugal's Intentionen, namentlich in den von Paul
über diesen Gegenstand anberaumten Conferenzen, in denen es zuweilen sehr stürmisch herging, und sogar zwischen dem alten Santiquatro und dem judenfreundlichen Redacteur der päpstlichen Erlasse,
dem früher erwähnten Vorla, zu einem injuriösen Wortwechsel kam.
Die Vertreter der geheimen Juden, Duarte de Paz und der später
hinzugekommene Diogo Rodrigues Pinto, hatten die Erlaub-

[1]) Sousa, 1 c. 396: Consta que o Papa Clemente antos de falecer sus-
pendeo a bulla da Inquisição que tinho concedida e passou hum perdão muito
favoravel aos Christãos-Novos. Herculano, II. 65. Vgl. auch Historia da
Inquisição 165, Aubery, Histoire des Cardinaux III. 618. Aboab, 1 c. 292
und mein Menasse ben Israel (Berlin 1861), 87 (Jahrbuch für Geschichte
II. 167).

niß, diesen Conferenzen beizuwohnen, bis sie auf Verlangen der portugiesischen Gesandten durch den Papst ihnen entzogen wurde. Da auch diese Conferenzen nicht zum Ziele führten, und inzwischen neue Streitigkeiten zwischen dem Könige und dem päpstlichen Nuntius in Lissabon ausgebrochen waren, übertrug Paul diese an Bedeutung und Folgen immer mehr gewinnende Frage nochmals einer eigens dazu ernannten Commission, bestehend aus den Cardinälen Hiero-nymo Ghinucci und Jacobo Simonetta, den gelehrtesten Männern der Curie; der Cardinal Santiquatro und die Vertreter Portugal's durften bei den Verhandlungen natürlich nicht fehlen. Der Hauptwurf der portugiesisch = gesinnten Commissions = Mitglieder ging wieder darauf aus, die Doctrinen, auf welche der Pardon basirte, in ihrer Nichtigkeit darzustellen. Sie behaupteten, daß von einer gewaltsamen Taufe bei den Neu = Christen, welche zur Zeit in Portugal lebten, gewiß keine Rede mehr sein könne; die meisten der im Jahre 1497 zum Christenthume Uebergetretenen seien längst gestorben, Andere haben das Land verlassen, und die noch Uebrigen haben Zeit genug gehabt, sich mit den Lehren des Christenthums innig vertraut zu machen und ihnen conform zu leben; besuchten sie ja die Kirche, hörten christliche Predigten und wurden im Katechismus unterrichtet! Am allerwenigsten könne die gewaltsame Taufe auf Diejenigen Anwendung finden, welche aus Furcht vor der spanischen Inquisition nach Portugal flüchteten. Sie gaben auch zu erwägen, daß, wenn die von Clemens aufgestellte Hypothese stichhaltig wäre und die geheimen Juden, weil gewaltsam bekehrt, freien Abzug hätten, unter diesem Vorwande Tausende mit ihren unermeßlichen Reichthümern das Land verlassen und nach der Türkei oder den maurischen Staaten auswandern würden.

Wer sähe da nicht ein, daß es den Portugiesen um Nichts als eine blinde Verfolgungswuth und um die Schätze der Verfolgten zu thun war? Als ob den gewaltsam Getauften etwas Anderes übrig geblieben wäre, als zu heucheln, zum Schein die Larve der ihnen aufgenöthigten Religion anzunehmen? War ihnen nicht auch die Auswanderung aufs Strengste verboten?

Santiquatro, der kein Mittel verschmähete, um dem Könige João den Sieg zu verschaffen, und der vermöge seiner hohen Stel-lung einen bedeutenden Einfluß auf die Curie übte, fand einen mächtigen Gegner an dem Cardinal Ghinucci. Einen bessern

Anwalt hätten sich die geheimen Juden nie wünschen können. Er machte aus dieser Anwaltschaft so wenig Hehl, daß er zu ihrer Vertheidigung ein Buch schrieb und es drucken ließ[1]); es war auch gerade nicht materielles Interesse, das ihn bewog, für die Unterdrückten einzustehen, es war vielmehr Furcht vor der Uebermacht der Inquisition, deren höllisches Treiben er in Castilien als päpstlicher Gesandte mit eigenen Augen zu betrachten genugsam Gelegenheit gehabt hatte.

So sehr die Vertreter der geheimen Juden Ghinucci und dem ihm sinnverwandten Simonetta, einem Manne von Charakter und tiefem Rechtsgefühl, vertrauen durften, so beunruhigte sie doch das energische Auftreten des spanischen Gesandten be Cifuentes, der erst durch eine von dem unermüdlich thätigen Duarte de Paz ihm überreichte Darstellung des wahren Sachverhaltes und der gegen die geheimen Juden in Portugal verübten Gewaltthaten insoweit andern Sinnes wurde, daß er von seinem übermäßigen Eifer abließ und sich mehr passiv verhielt.

Schon neigten sich die Conferenzen der Commission ihrem Ende, da verfiel Duarte de Paz auf den klugen Gedanken, die Privilegien, welche D. Manuel den geheimen Juden ertheilt und D. João selbst bestätigt hatte, so wie das früher erwähnte Votum des Bischofs Coutinho in wortgetreuer, beglaubigter Uebersetzung der Commission vorzulegen. Diese Documente machten auf die Untersuchungsrichter einen gewaltigen Eindruck. Der portugiesische Gesandte, über den Sachverhalt befragt, wußte sich nur dadurch zu helfen, daß er die Aktenstücke für gefälscht erklärte und eine Abschrift derselben verlangte. Er berichtete seine Verlegenheit nach Lissabon, erhielt aber keine Antwort[2]), so daß Ghinucci und Simonetta ihm und Santiquatro endlich erklärten, daß, da die Authenticität der von den geheimen Juden vorgelegten Privilegien nicht könne bestritten werden, die

---

[1]) Sousa, l. c. 466: Auditor Camerae est suspectissimus in ista causa tum quia fuit advocatus praedictis conversis, tum quia scripsit pro eis et consilium ecit stampare.

[2]) An den portugiesischen Gesandten gelangte um diese Zeit ein anonymes Schreiben, in dem es u. a. heißt: Et si conversi dixerint causam et demonstraverint regium privilegium sibi concessum tempore suae conversionis, ostendant originale et non exemplaria falsa; nam ex originali convincentur. Sousa l. c. 460.

Curie sich nicht für berechtigt hielt, dieselben außer Kraft zu setzen. Infolge dessen erließ Papst Paul den 26. November 1534 eine Bulle des Inhalts: sein Vorgänger habe eine allgemeine Begnadigung der geheimen Juden beabsichtigt, die bezügliche Bulle aber nicht publiciren lassen, weil er vernommen, daß der König João dem entgegen sei; Clemens habe damit gezaudert, bis der König die Gründe seines Widerspruchs ihm vorlege, und in dem Glauben, daß die Majestät sich nicht mehr vernehmen lasse, seinem Nuntius in Lissabon die Weisung ertheilt, die Begnadigungsbulle zu publiciren; er — Paul - aber, von dem wahren Sachverhalt unterrichtet, halte es für angemessen, die von dem Könige vorgebrachten Gründe erst noch einer weiteren Prüfung zu unterziehen und wolle daher, daß die von Clemens erlassene Bulle nicht publicirt, oder wo es bereits geschehen, nicht in Ausführung gebracht werde [1]).

War der König João nun zufriedengestellt? Keineswegs, am allerwenigsten befriedigt erklärte er sich mit dem Entscheide der päpstlichen Commission, welche, was wir nicht unerwähnt lassen wollen, den Unterschied zwischen gewaltsam bekehrten Juden und solchen, die die gewaltsame Taufe nicht nachweisen konnten, ebenfalls festhielt. João hatte ein günstigeres Resultat und ein rascheres, energischeres Einschreiten gegen die geheimen Juden von Seiten des kirchlichen Oberhauptes erwartet. Daß es noch immer unterblieb, schob er auf die von seinem Vater ertheilten Privilegien und ganz besonders auf Duarte de Paz, den er als die Triebfeder des Ganzen in tiefster Seele haßte. In seiner Wuth gab er seinem Gesandten D. Martinho den Auftrag, diesem Chef der geheimen Juden den Orden abzunehmen; D. Martinho war aber mit Duarte zu sehr befreundet, und dieser spielte in Rom eine zu bedeutende Rolle, als daß er es hätte wagen können, dem Wunsche João's nachzukommen. „Widerlich ist es mit anzusehen", schreibt D. Henrique de Menezes von Rom aus an seinen König, „welche Wichtigkeit die Herren der Curie diesem Duarte de Paz beilegen. Sie behandeln ihn wie ihres Gleichen und gestatten ihm, daß er in Angelegenheiten und Streitigkeiten zwischen Fürsten sich mische, aber das sind keine Fürsten, diese Cardinäle, gewöhnliche Handelsleute und Schacherer sind es, die nicht drei Heller vermögen, Menschen ohne Erziehung, ohne Gewissen,

[1]) Herculano, II. 87, Heine, 164, Schäfer, III. 338.

welche sich durch Furcht und zeitliches Interesse zu Allem verleiten lassen [1])." So wurden Simonetta und Ghinucci, die ehrenwerthesten, gelehrtesten Männer der Curie, in den Staub gezogen.

Der Fanatismus begnügt sich nicht mit Zugeständnissen, Nachgeben kennt er nicht, und durch das hartnäckige Beharren auf einer vorgefaßten Meinung haben die Fanatiker in der Regel Alles verloren. Die Ungeduld, mit der João und seine Gesandten die Einführung des Tribunals erwarteten, die Grausamkeit, mit der er die geheimen Juden verfolgte, die Rücksichtslosigkeit, welche er in seiner blinden Wuth gegen den Papst bewies: alles das war Paul ein neuer Sporn, die Verfolgten in seinen Schutz zu nehmen.

Es wurde nämlich von dem päpstlichen Nuntius in Lissabon nach Rom berichtet, daß die Begnadigungsbulle bereits überall im Lande publicirt gewesen, der König aber sich nicht allein gegen die Publication wiederholt aufgelehnt, sich nicht allein geweigert habe, die wegen ihres Glaubens Eingekerkerten in Freiheit zu setzen, sondern vielmehr noch weitere Verhaftungen vorgenommen habe. Ueber diesen Ungehorsam und Starrsinn des Königs gerieth der Papst in Zorn; er erließ neue Instructionen an den Nuntius und trug ihm auf, dahin zu wirken, daß das Gesetz vom 14. Juni 1532, das den geheimen Juden die Auswanderung verbot, gänzlich zurückgenommen und die Begnadigungsbulle nunmehr in allen Stücken und überall in Ausführung gebracht werde. Zugleich mit diesen Instructionen sandte Paul zwei Breven, das eine an den König João, das andere an den Cardinal-Infanten, ab, in denen er sich über ihren Ungehorsam sehr mißfällig aussprach und die Versicherung gab, daß er die Privilegien, welche D. Manuel den Neu-Christen verliehen, im Original gesehen habe. Nach einer längern rechtlichen Auseinandersetzung ermahnte er den König, sich bei seinem päpstlichen, auf Recht und Gewissen beruhenden Entscheide zu beruhigen [2]).

Je größer der Groll des Königs über das Mißlingen seiner Pläne war, desto größer war die Freude der geheimen Juden. Diese versäumten Nichts, sich in die Gunst des Papstes festzusetzen, und griffen jetzt zu einem Mittel, das mehr Wirkung, als alle Vorstellungen hatte. Auf Anrathen des Duarte de Paz und im gehei-

---

[1]) Das Schreiben des de Menezes bei Herculano, II. 102.
[2]) Herculano, II. 104 ff., Heine, 166.

men Einverständniß mit dem Bischofe von Sinigaglia brachten Vertreter der geheimen Juden, Thomas Serrão und Manuel
Mendes[1]), ein sonderbares Document nach Rom: sie gingen nämlich die Verpflichtung ein, dem Papste ein Geschenk von dreißig tausend Ducaten zu machen, wenn er sich zu den von ihnen abgege-
benen Vorschlägen verstehen wolle. Ihre vornehmsten Bedingungen
waren, daß die Inquisition als selbstständige Institution unterdrückt,
daß alle Vergehen in Angelegenheiten des Glaubens auf dem Civil-
wege geschlichtet und Prozesse nur innerhalb der ersten zwanzig
Tage nach geschehener That angenommen werden, daß die Motive
der Anklage dem gefänglich Eingezogenen alsbald eröffnet, das Zeugniß von Sclaven, niedrigem Gesindel, Mitschuldigen und bereits bestraften Personen nicht angenommen, die Namen der Angeber nicht
geheim gehalten und Prozesse gegen bereits Verstorbene nicht anhängig gemacht werden, daß die freie Wahl der Vertheidiger und
Procuratoren, so wie die Appellation nach Rom ihnen frei stehe, die
Confiscation des Vermögens unterbleibe und ihnen die Freiheit eingeräumt werde, sammt ihrem Vermögen jeder Zeit Portugal zu
verlassen.

Fast sollte man vermuthen, daß auch von diesem Schritte der
geheimen Juden der König früh Kunde erhalten. Die Freunde der
Inquisition zitterten, wußten sie doch zu gut, daß es den Bedrängten an Ausdauer und Beharrlichkeit nicht fehle, sich, wenn irgend
möglich, die Freiheit und Sicherheit zu verschaffen. Man war in
Portugal auf Gewaltmaßregeln, auf Vertreibung und Tödtung der
Begütertsten unter den geheimen Juden gefaßt; statt dessen lud der
König die einflußreichsten derselben zu einer Besprechung ein, und
wünschte von ihnen selbst die Bedingungen zu vernehmen, welche
sie an die Errichtung der Inquisition knüpften. Er versprach ihnen
sogar, seinem Gesandten in Rom den directen Auftrag zu ertheilen,
daß die betreffende Bulle die Clausel enthalte, daß innerhalb der
nächsten zehn Jahre den angeklagten Neu-Christen die Angeber und
Zeugen nicht verschwiegen, keine Confiscation des Vermögens der

---

[1]) Thomas Serrão und Manuel Mendes unterzeichneten das Document,
aus einem Cod. des Vaticans in Symmict. Vol. 29, f. 67, und Vol. 46, f. 449
bei Herculano, II. 107 ff.

als schuldig befundenen geheimen Juden vorgenommen und sie als
Reuige betrachtet werden.

Ob diese Unterhandlungen resultatlos blieben, wissen wir nicht.
Der König scheint den Weg der Güte bald wieder verlassen zu haben;
er fand ein weit wirksameres Mittel, die geheimen Juden im Lande
zu behalten, in der Gewalt: trotz päpstlichen Verbots erneuerte er
das Gesetz vom 14. Juni 1532 auf fernere drei Jahre (14. Juni 1535).
Nichts hat den Papst, die ganze Curie, mehr gegen den König und
seine Bestrebungen erbittert, als die Erneuerung dieses Gesetzes;
Jeder erblickte darin die zügelloseste Habgier unter dem Deckmantel
der Religion. Die Curie bestand auf die sofortige Rücknahme dieses
tyrannischen Edictes, und das um so mehr, als der päpstliche Nuntius
della Ruvere, der in beständigem Hader mit João lebte, und dessen
Abberufung von diesem gefordert wurde, das grausame Betragen
der königlichen Behörden gegen die geheimen Juden unaufhörlich
mit den schwärzesten Farben schilderte. Paul säumte in der That
nicht, das Gesetz vom 14. Juni mit einem scharfen Breve zu beant=
worten (20. Juli 1535). Er forderte den König wiederholt auf,
das Gesetz zurückzunehmen, und bedrohete Jeden mit Excommuni=
cation, der es wage, den Neu=Christen die Auswanderung zu ver=
bieten oder sie zu verhindern. Um den in Portugal eingerissenen Miß=
brauch abzustellen, daß nämlich auch die Anwälte der geheimen Ju=
den, sogar deren Söhne und Verwandte, als Ketzer und Anhänger
des Judenthums verfolgt werden, autorisirte der Papst Jeden,
die Neu=Christen vor jedem Tribunal, nicht nur im Lande selbst,
sondern auch vor der Curie zu vertheidigen.

Es läßt sich nicht bestimmen, in wie weit Thomas Serrão und
Manuel Mendes, die genannten Vertreter der geheimen Juden, den
Papst beeinflußten; ihre Mitwirkung an seinem energischen Ein=
schreiten ist unbezweifelt. Auch Diogo Rodrigues Pinto, derselbe
Genosse des Duarte de Paz, dessen Gegenwart bei den Conferenzen
dem portugiesischen Gesandten Henrique de Menezes hinderlich war,
lebte sammt Weib und Kindern um diese Zeit noch in Rom und
stand bei Paul in Ansehen. Auf den Rath Pinto's machte der
Papst bald nach dem Erlasse des Breve's vom 20. Juli 1535 dem
Könige João den Vorschlag, allen geheimen Juden des Landes, so=
wohl den eingekerkerten als den noch nicht angeklagten, einen all=
gemeinen Pardon zu gewähren und ihnen die Erlaubniß zu er=

theilen, innerhalb Jahresfrist das Land zu verlassen; in diesem
Falle wollte er sich zur Einführung der Inquisition in jeder von
ihm gewünschten Weise verstehen.

Von derartigen Vorstellungen wollte der König Nichts wissen;
wie konnte man ihm zumuthen, einen allgemeinen Pardon oder die
Erlaubniß zur Auswanderung zu ertheilen? Die Wuth João's und
des mit ihm gleiche Ziele verfolgenden portugiesischen Clerus steigerte
sich mit jedem Tage, die Geistlichen gingen in ihrem Eifer so weit,
daß sie sich in den unehrerbietigsten Ausdrücken über den Papst
ausließen und ihn in ihren Predigten öffentlich beleidigten. Es
wurde dem Papste Alles treulich berichtet. Der weiteren Verhand=
lungen müde, erließ Paul eine neue entschiedene Bulle (12. October
1535), ähnlich der des Papstes Clemens vom 7. April 1533, kraft
der er jede Untersuchung über den Glauben der geheimen Juden,
alle gegen sie anhängig gemachten Prozesse niederschlug, jede Con=
fiscation ihres Vermögens aufhob, alle Verurtheilungen jeder Art
über Neu=Christen jeden Geschlechts, jeden Alters jeden Standes,
jeder Würde, ohne Rücksicht ihres jetzigen und früheren Aufenthaltes,
und unbeschadet gemachter Geständnisse annullirte, kurz alle geheimen
Juden für frei erklärte. Diese Bulle wurde nach Portugal expedirt
und am 2. November an allen öffentlichen Orten angeschlagen[1].

Duarte de Paz säumte nicht, Tags darauf einen Curier nach
Lissabon zu schicken, um den Tausenden seiner gedrückten Glaubens=
genossen die frohe Botschaft sobald als möglich zukommen zu lassen.
João's Muth war gebrochen, die Publication der Bulle konnte er
nicht verhindern, die ganze alt=christliche Bevölkerung Portugal's
fürchtete den Zorn Rom's. Die Anhänger des Judenthums jubelten,
die Sache der Gerechtigkeit und Humanität triumphirte wiederum
über den Fanatismus[2].

---

[1] Bullar. Roman. ed. Cherubini I. 712 ff. Impetrorno del Papa una
perdonanza generale di tutti li crimini, che haveano commissi contra la n^ta
santa e catolica fede, fino al di che si publicasse la bolla della Inquisic. nel
Regno de Portogallo. Informatione sommaria etc. Menasse ben Israel, nach
Aboab, 87.

[2] Quibus omnibus in dictis regnis notificatis et publicatis aquievit rex,
tacuitque ore clauso, timuit totus populus veterum christianorum. Memoriale in
Symmicta Vol. 13, fol. 40 f. bei Herculano, II. 143.

Drittes Capitel.

Intervention Carl's V. zu Gunsten der Inquisition. Attentat auf Duarte de Paz. Uneinigkeit unter den Vertretern der geheimen Juden. Diogo Mendes. Die Bestätigungsbulle vom 23. Mai 1536. Neuer Kampf der geheimen Juden gegen die Inquisition und neue Prüfung der erlassenen Bulle. Der Nuntius Capodiferro. Manuel da Costa, sein antichristliches Placat und dessen Folgen. Der Leibarzt Ayres Baëz. Die Bulle von 1539.

D. João sah sich für den Augenblick wenigstens besiegt. Angefeuert durch die ihn beherrschenden, fanatischen Geistlichen machte er neue Versuche, seiner fast gescheiterten Sache durch neue Schritte wieder eine günstige Wendung zu geben. Um diese Zeit wurde dem portugiesischen Gesandten in Rom von unbekannter Hand ein Schreiben zugeschickt, des Inhalts, daß der Papst willens sei, den geheimen Juden noch weitere Zugeständnisse zu machen: daß das Vermögen der Ketzer nicht ferner dem königlichen Fiscus, sondern den Erben der Verurtheilten zufalle, die Gefängnisse geöffnet bleiben, die Aussagen der Zeugen, ohne Unterschied, nicht geheim gehalten, gegen bereits Verstorbene keinerlei Untersuchungen eingeleitet werden, daß Appellation nach Rom Statt finde und Weiteres der Art [1]).

[1]) Das Schreiben lautet (Sousa, Annaes, 459): Excellens et mi Domine. Sunt in expeditione capitula infrascripta contra S. Officium Inquisitionis in regno Portugalliae ad instantiam conversorum illius regni, scilicet:

Primum, quod bona Hereticorum non ad fiscum regium, sed ad ipsorum haeredes transeant perpetue;

Secundo, quod carceres sint aperti;

Tertio, quod dicta testium indistincte publicentur;

Quarto, quod appelletur in crimen Heraeseos etiam indifferentur a deffinitiva;

Quinto, quod non procedatur contra jam mortuos . . . et alia multa petunt capitula.

Unter solchen Umständen blieb dem Könige Nichts übrig, als den damals mächtigen und gefürchteten Kaiser Carl noch einmal zu Hilfe zu rufen. Bei seiner Anwesenheit in Neapel wurde Carl darum angegangen, die Einführung der Inquisition zu bewirken, und er versprach, ungeachtet der geringen Erfolge seines ersten Versuches, sein Möglichstes zu thun. Nach mehreren Conferenzen zwischen dem spanischen Staatssekretär und dem portugiesischen Gesandten de Menezes erhielt de Cifuentes, der spanische Gesandte in Rom, die Weisung, im Namen des Kaisers den Widerruf der Bulle vom 12. October energisch zu betreiben. In diesem Sinne schrieb Carl selbst an Pier Ludovico, den Adoptivsohn Paul's.

Die geheimen Juden hatten auch die spanische Intervention nicht zu fürchten, so lange ein Mann wie Duarte de Paz ihre Sache vertrat. Dieser gewandte, von Portugal am meisten gefürchtete Diplomat, durch die jüngsten Errungenschaften ermuthigt, verbarg die Zuversicht nicht, womit er auf weitere günstige Erfolge rechnete; er ging vor den Augen der Gesandten öffentlich in Rom umher und vertheidigte unter Vorweis von Documenten überall die Rechte seiner Glaubensgenossen, er conferirte darüber mit dem spanischen Gesandten, der ihm in vielen Punkten Recht gab und namentlich auch die Privilegien für bindend hielt, die João den geheimen Juden bestätigt. Von de Menezes darüber zur Rede gestellt, daß er Duarte de Paz, diesen Erzfeind der Portugiesen, empfangen, gab der kaiserliche Gesandte die treffende Antwort, er sei eine öffentliche Person und dürfe Niemand Audienz verweigern; sein Haus stehe für Jedermann offen[1]). Da ereignete es sich (Ende Januar 1536), daß Duarte de Paz eines Abends — er war an demselben Tage noch bei dem Papste — in den Straßen von Rom von unbekannten, vermummten Männern angefallen wurde und vierzehn Dolchstiche erhielt, sodaß er für todt liegen blieb. Eine Rüstung, die er unter den Kleidern trug, hatte ihn jedoch vor tödlicher Verwundung geschützt; er wurde zunächst in das Haus des Signore Philipp Estrozi, später auf ausdrücklichen Befehl des Papstes in das Kloster S. Angelo gebracht, wo er die sorgsamste Behandlung erhielt und bald wieder hergestellt wurde[2]). Der Papst war über

---

[1]) Heine, l. c. 166.
[2]) Aboab, l. c. 293, mein Menasse ben Jsrael, 88.

dieses Attentat, gewissermaßen vor seinen Augen und an einem
Manne verübt, den er persönlich hochachtete, sehr aufgebracht. Es
hieß in gut unterrichteten Kreisen, der Mörder sei von dem Könige
João gedungen gewesen, und Duarte selbst wollte sich unterfangen,
die königliche Urheberschaft in einer Klageschrift darzulegen und vor
Gericht zu beweisen [1]). João stellte freilich jede Theilnahme an dem
Attentate in Abrede, er schrieb es der persönlichen Rache eines
Priesters zu. „Was die Wunden betrifft, welche Duarte de Paz bei=
gebracht wurden", schreibt der König an Santiquatro, „so versichere
ich Sr. Heiligkeit, daß ich an etwas Derartiges nie gedacht, noch
je Etwas davon gewußt habe; ich versichere auch Sr. Heiligkeit,
daß, wenn ich an Derartiges je gedacht, es in anderer Weise aus=
geführt, sodaß dem Duarte wenig Zeit für seine Bosheit mehr ge=
blieben wäre. Es thut mir übrigens sehr leid, daß Derartiges so
unmittelbar in Gegenwart des heiligen Vaters geschehen. Man
sagt mir, daß ein Geistlicher, mit dem Duarte in Streit gerieth,
ihm die Verwundung beibrachte oder beibringen ließ [2])".

Wie eindringlich der König seine Unschuld versichert, und wie
genau er weiß, daß ein Priester das Attentat verübt! Mag auch
immer ein Priester der Anstifter des beabsichtigten Mordes gewesen
sein, ohne Vor= und Mitwissen des Königs that er es gewiß nicht.
Der portugiesische Gesandte in Rom, D. Martinho, der mit Duarte
auf freundschaftlichem Fuße stand, tägliche Unterredungen mit ihm
hatte, ihn für seine ehrgeizigen Zwecke zur Erlangung des Cardi=
nalshutes benützte und aus diesem Grunde eine Zeit lang, sogar
als portugiesischer Gesandter, auf Seite der geheimen Juden stand,
dieser Priester rieth, aus Furcht verrathen zu werden, seinem Könige,
Duarte de Paz aus dem Wege zu schaffen, ihn in die Tiber werfen

[1]) Carta de Alvaro Mendes de Vasconcellos, de Napoles de 3 Feb. 1536:
avisa que em Roma se derião quatorze punhaladas (nach Aboab und Menasse ben
Israel, 15) em Duarte de Paz, hum christão-novo portuguez, que fortemente
encontrava a Inquisição que el Rey pledia: deixado por morto, viveo todavia
em virtude de boas armas que trazia. E deste diz que fizera fazer libelo
contra Sua Alteza e os de seu conselho ... Sousa, l. c. 397.

[2]) Das Schreiben des Königs an Santiquatro vom Juni 1536 bei Hercu=
lano, II. 152.

14

oder sonst an einem verborgenen Orte umbringen zn lassen [1]). Der
König wußte von dem Mordversuche; um einen so gefährlichen
Gegner seiner frommen Bestrebungen aus dem Wege zu räumen,
war in seinen Augen Alles gestattet. Santiquatro seine Unschuld
zu betheuern, wurde ihm nicht schwer, und um bei diesem juden=
feindlichen Cardinal leichter Glauben zu gewinnen, schilderte er
Duarte als Verräther der eigenen Sache, als habe er ihm, dem
Könige, diejenigen der geheimen Juden benuncirt, welche die Flucht
aus dem Lande ergreifen wollten. „Damit Du den Charakter dieses
Duarte de Paz besser kennen lernst", heißt es in einem Briefe
João's an Santiquatro, „schicke ich Dir beifolgend die eigenhän=
digen Briefe desselben, welche er durch den Erzbischof Martinho —
den spätern Feind und Mordanstifter Duarte's — an mich gelangen
ließ', worin er die Vornehmsten seiner Glaubensgenossen angab,
damit ihr Fluchtversuch vereitelt und gegen sie eingeschritten werden
könne [2])". Natürlich sollte über diese Correspondenz das größte
Stillschweigen walten! Lug und nichts als Lug und Trug und
Verleumdung!

Duarte de Paz verließ einstweilen den Schauplatz seiner Thä=
tigkeit; dem Manne, der sich unerschrocken einem Könige entgegen=
stellte, mit Päpsten, Fürsten und Cardinälen verkehrte, gebrach es
an Muth und Ausdauer für den neuen Kampf, der sich zum Un=
glück für die geheimen Juden unter ihren Vertretern selbst vorberei=
tete. Sie hatten nämlich die Verpflichtung übernommen [3]), dem
Papste je nach dem Maße der ihnen gewährten Vortheile mehr oder
minder bedeutende Summen zu erlegen. Standen sie nun auch
nicht an, diesen ihren Verpflichtungen nachzukommen, so weigerten
sie sich doch, und vielleicht waren sie aus Mangel an Mitteln dazu

[1]) Carta de D. Martinho a D João III. bei Herculano, II. 30: ou V. A.
o mande botar neste Tibre ou o mande hir com algua cor e perdoelhe etc.
Ueber das Verhältniß des D. Martinho zu Duarte gibt besonders Aufschluß
der Brief des D. Henrique de Menezes an D. João vom 1. November 1535 bei
Herculano, II. 52.

[2]) Carta de D. João III. a Santiquatro de.... 1536 (ibid. II. 55): e pera
verdes a vertude que ha nelle (em Duarte de Paz) vos emvio com esta carta
as proprias cartas que elle la deu ao arcebispo do Funchal pera me enviar
porque me descubria alguns de sua gente, e dos principaes, que de cá se
queriam fugir, pera serem presos e se proceder contra elles.

[3]) Vgl. S. 204.

gezwungen, die Versprechen, die Duarte eigenmächtig gemacht, zu erfüllen. Alle Bitten, alle Vorstellungen und Drohungen waren vergebens; sie beharrten darauf, daß Duarte nicht autorisirt ge= wesen war, Geschenke und Summen zu verheißen, die zu erschwingen außer dem Bereiche ihrer Möglichkeit lagen, die ihre Mittel weit überstiegen. Sie griffen Duarte selbst heftig an und hielten mit der Behauptung nicht inne, daß er sie bestohlen habe: vier tausend Ducaten seien ihm mit dem Auftrage geschickt worden, diese Summe auf die Bank in Rom zu stellen und sie zur Zeit dem Papste ver= sprochener Maßen zu überreichen; Niemand wisse, wo sie geblieben. Es ist nicht unwahrscheinlich, daß der schlaue, gewandte Hofmann diese Summe ganz oder theilweise verbraucht, um damit seinen außerordentlich großen Luxus zu bestreiten oder sich und der Sache, die er vertrat, Freunde und Gönner zu kaufen; die ganze Sache ist in Dunkel gehüllt, nur soviel wissen wir genau, daß der päpstliche Nuntius sich als Vertheidiger Duarte's aufwarf und es sich ange= legen sein ließ, die sehr bedeutende Summe aufzubringen. Während seines zeitweiligen Aufenthaltes am königlichen Hofe in Evora unterhandelte er mit den dortigen reichen geheimen Juden, stieß aber auch dort auf Widerstand; er drohte mit der Dazwischen= kunft des Kaisers, stellte ihnen vor, daß, wenn sie sich zu diesen Geldopfern nicht verständen, Scenen, blutiger, als die vom Jahre 1506, zur Aufführung kommen würden: die Juden ließen sich nicht schrecken. Er wandte sich nach Flandern, wo ebenfalls viele Juden aus Portugal unter dem Scheine frommer Katholiken lebten[1]), und trat mit D i o g o M e n d e s, dem reichsten und geachtetsten der dor= tigen geheimen Juden, in Verbindung; Diogo und die Witwe seines Bruders F r a n c i s c o M e n d e s, welche mit der unermeßlich reichen D. G r a c i a M e n d e s (B e a t r i c e d e L u n a), Tante des berühmten D. J o s e p h N a s s i, Herzogs von Naxos, identisch ist, gingen auf den Vorschlag ein und lieferten zu der geforderten Summe von fünftausend Escudos den Haupttheil. Sie waren

---

[1]) Auch in Flandern, das sich durch Duldsamkeit schon damals auszeichnete, mußten die geheimen Juden ihren Glauben geheim halten, und noch im Jahre 1550 wurde dort ein Edict gegen diese Neu=Christen, „die über sechs Jahre im Lande gewohnt", erlassen, innerhalb Monatsfrist das Land zu räumen. Koenen, Geschiedenis der Joden in Nederland (Utrecht, 1843) 129.

14*

der Hoffnung, durch diese Opfer ihren in Gefahr schwebenden Brü=
dern Hilfe und Rettung zu bringen ¹).

Die Mendes sahen sich in ihren Hoffnungen getäuscht. Durch
einen Mordversuch bahnte man dem Tribunal, das in den Jahr=
hunderten seiner Existenz ganze Ströme jüdischen Bluts vergossen,
den Weg, durch Gold wurde der Papst für die Inquisition ge=
wonnen. Der portugiesische Gesandte, dem die Unterhandlungen
zwischen den geheimen Juden und dem Nuntius verrathen wurden,
versprach dem Papste eine ebenso bedeutende Summe, als jene er=
legen würden, und Paul gab nach. Kaiser Carl, der sich um
dieselbe Zeit mit seiner siegreichen Armee als Triumphator in Rom
befand, wurde von dem portugiesischen· Gesandten Alvaro Mendes
de Vasconcellos dringend angegangen, den Moment zu benutzen,
und die Errichtung der Inquisition bei dem Papste zu betreiben;
der Sieger über die Türken wünschte nichts sehnlicher, als das
Glaubenstribunal für Portugal ²).

Dem verlockenden Golde, dem stürmischen Verlangen des mäch=
tigen Kaisers konnte Paul nicht lange widerstehen. Der ehrenfeste
Cardinal Ghinucci, der bis zum letzten Augenblicke Freund der ge=
heimen Juden geblieben, wurde aus der bezüglichen Commission
entlassen, Simonetta durch Cardinal Pucci umgestimmt, Vascon=
cellos drang mit Ungestüm auf Beendigung der Unterhandlungen;
die schwierige Frage war erledigt. Am 23. Mai 1536 ³) erließ
Paul III. die Bulle, in welcher die Errichtung der Inquisition
endgültig ausgesprochen, alle früheren Privilegien und pontificalen
Erlasse — das einzige Breve ausgenommen, das der Papst dem
Duarte de Paz für sich, seine Familie und seine Verwandten er=

---

¹) A cida a Flandres tinha .... por objecto falar com Diogo Mendes,
o mais rico e respeitado hebreu portugues, e com a viuva de seu irmão
Francisco Mendes, a qual subministrara a major quantia para a solução dos
cinco mil escudos recebidos. Herculano, II. 159.

²) Por carta de Alvaro Mendes de Vasconcellos que andava por Em=
baixador de Portugal com o Emperador, escrita em Roma a 22. Abril 1536,
consta que facia instancias com o Emperador pera se ajudar delle no negocio
da Inquisição pera este Reyno, e que o Emperador falara nelle do Papa
apertadamente. Sousa, l. c. 397, Aboab, l. c. 293 und Menasse ben Israel
l. c. 88, wo statt Clemens VII. Paul III. zu lesen ist.

³) Nicht aber 26. Juli 1536, wie Heine, wohl irregeführt durch Sousa, 398,
angibt.

theilt hatte, kraft dessen diese aus Portugal auswandern konnten [1]
— völlig aufgehoben, zugleich aber auch bestimmt wurde, daß in
den ersten drei Jahren das gewöhnliche, bei Civil=Prozessen übliche
Verfahren eingehalten, und in den ersten zehn Jahren das Ver=
mögen der Verurtheilten nicht dem Fiscus, sondern den nächsten
Verwandten zugesprochen werde [2].

Das Einzige, was die Freunde und Vertreter der geheimen Juden
noch bewirken konnten, war, daß die verhängnißvolle Bulle bis Mitte
Juli in Rom aufgehalten wurde. Am 22. October 1536 wurde sie in
Evora feierlich verkündet. Man denke sich den Schmerz und die
Verzweiflung der in ihren Erwartungen betrogenen Neu=Christen!
Sie waren wie vom Blitze getroffen und überließen sich vollends
der Verzweiflung.

Sobald die päpstliche Bulle zur allgemeinen Kenntniß gebracht
war, veröffentlichte der Großinquisitor, zu dem nicht der wilde
Bischof von Lamego, sondern der menschlicher fühlende Bischof von
Ceuta, Diogo de Silva, ernannt wurde, eine Warnung, in der
alle Vergehen gegen den christlichen Glauben aufgezählt und derart
ausgewählt waren, daß sich Niemand vor den Nachstellungen des
Tribunals mehr schützen konnte. Man beschränkte sich nicht darauf,
die Beschneidung, die Feier des Sabbaths und der jüdischen Feste,
die Beobachtung mosaischer Religionsgebräuche und Aehnliches als
Indicien der Ketzerei aufzustellen; auch in ganz unschuldigen Cere=
monien, welche der aufrichtigste Katholik übt und üben kann, wurde
eine geheime Anhänglichkeit an das Judenthum gewittert. Und
dabei gab sich die Feuer und Rache schnaubende Inquisition Anfangs
noch den Schein der Milde und Gnade! Ehe sie ihr Verfolgungs=
unwesen begann, promulgirte sie ein Manifest, das alle geheimen
Juden aufforderte, innerhalb einer Frist von dreißig Tagen dem
Großinquisitor ein reuiges Bekenntniß ihrer Vergehen gegen den
Glauben abzulegen. Es wurde ihnen freilich volle Verzeihung ver=
heißen, aber sie kannten genugsam die Humanität der Inquisition
und wußten, daß dieser Gnadenakt als Falle dienen sollte. Hatte
doch der König João schon vor Jahren von dem Großinquisitor

[1] Der König bemerkte hierauf, daß er nie zugeben würde, daß dieser
„elende“ Mensch nach Portugal zurückkehre.
[2] Die Bulle bei Sousa, Provas, II. 713 ff.

in Sevilla die Namen aller Derjenigen notiren lassen, welche, dort
als geheime Juden in effigie (im Bilde) verbrannt, nach Portugal
geflohen waren [1]).

Noch war die dreißigtägige Gnadenfrist nicht verstrichen, so
nahmen die geheimen Juden, die im Grunde Nichts mehr zu verlieren hatten, den Kampf von Neuem auf. Schon im October 1536
traten zwei der angesehensten der geheimen Juden Lissabon's, Jorge
Leão und Nuno Henriquez, mit dem Infanten Luiz, Bruder
des Königs João, in Unterhandlung. Sie übernahmen die Garantie, daß Niemand von ihnen mit Familie und Vermögen das
Land verlasse, insofern der König noch die Frist von einem Jahr
gestatten wolle, damit sie innerhalb dieser Frist sich für die Zukunft
genugsam vorbereiten könnten. In Anbetracht, daß der Verlust so
vieler fleißiger und wohlhabender Bewohner dem Lande zum größten
Schaden gereiche, daß alle Gesetze und die sorgfältigste Wachsamkeit
der Behörden ihre Flucht nicht verhindern könne, rieth der Infant
und nicht minder die intelligentesten Staatsmänner dem Monarchen,
dem nicht unbilligen Begehren der geheimen Juden zu entsprechen.
Alle Vorstellungen des D. Luiz blieben von einem störrischen Fanatiker wie D. João unberücksichtigt; Nichts vermochte eine Sinnesänderung bei ihm hervorzubringen.

Die geheimen Juden bereiteten sich zu einem neuen Sturme
gegen das Glaubensgericht vor. In Rom waren ihnen die Umstände nicht ungünstig. Der judenfreundliche Papst, nur durch
Umstände zum Nachgeben bewogen, war ihnen im Herzen noch geneigt; auf ihre früheren Freunde, namentlich auf den Cardinal
Ghinucci, konnten sie noch immer mit Zuversicht rechnen, und so
entschlossen sich die Vertreter der „jüdischen Nation", wie sie in Documenten aus jener Zeit genannt werden, mit der üblichen Formel
von dem schlecht unterrichteten Papst an den besser zu belehrenden
zu appelliren. Sie wiesen auf die Absurditäten des in Portugal
erlassenen Manifestes hin, nach welchem Alle, Strafbare wie Unschuldige, Gefahr liefen, von dem Ungeheuer verschlungen zu werden,
und behaupteten geradezu, daß die Bulle vom 23. März gegen jedes
Völker- und Menschenrecht in der ungesetzlichsten Weise erlassen sei.
An Muth fehlte es ihnen wahrlich nicht. In dem Memoriale, das

[1]) Herculano, II. 173.

die Vertreter der geheimen Juden dem Papſte überreichten, ſprachen ſie unerſchrocken und voller Energie: „Wenn Ew. Heiligkeit die Bitten und Thränen der jüdiſchen Nation zurückweiſen ſollte, was wir freilich nicht erwarten, ſo betheuern wir vor Gott und Ew. Heiligkeit mit Wehklagen und widerhallendem Geſchrei: wir erklären öffentlich und feierlich vor der ganzen Welt, daß, da ſich kein Ort fand, wo man uns unter die Chriſten-Schaar aufnehmen wollte, da man uns, unſere Ehre, unſere Kinder, unſer Fleiſch und unſer Blut, verfolgte, und wir nichtsdeſtoweniger noch immer ver= ſuchten, dem Judenthume fern zu bleiben, wir nunmehr, indem die Tyrannei nicht aufhört, das thun, woran ſonſt keiner von uns gedacht hätte: wir kehren zum Judenthume zurück und verachten das Chriſtenthum, in deſſen Namen und durch die von den Lehrern des Evangeliums geübte Gewalt wir zu dieſem Rücktritte gezwungen werden. Indem wir das angeſichts der Grauſamkeit, deren Opfer wir ſind, feierlich erklären, werden wir die alte Heimath verlaſſen und bei weniger grauſamen Völkern Schutz und Zuflucht ſuchen...“ [1]).

Eine ſolche Sprache verfehlte ihren Eindruck nicht. Der aus Portugal zurückgekehrte Nuntius della Ruvere trug das Seinige dazu bei, den günſtigen Augenblick zu benutzen. Durch Gold dazu bewogen, feuerte er die als judenfreundlich und human be= kannten Cardinäle und ſelbſt den Papſt an, ſich von Neuem der Sache Derer anzunehmen, welche kurz zuvor dem Haß und der Willkür ihrer Verfolger waren Preis gegeben worden. Mit den

---

[1]) Se vossa sanctitade, depresando as preces e lacrynias da gente hebrea, o que não esperâmos..., protestàmos ante Deus, e ante vossa sanctitade, e com brados e gemidos, que soarão longe, protestaremos a face do universo, que não achando logar onde nos recebam entre o rebanho christão, perse- guidos na vida, na honra, nos filhos, que são nosso sangue, e ate na salva- ção, tentaremos ainda abster-nos do judaismo ate que, não cessando as tyrannias, façamos aquillo em que, alias nenhum de nos pensaria, isto é, vol- temos a religião de Moyses, renegando o christianismo que violentamente nos obrigaram a acceitar. Proclamando solemnemente a força precisa de que somos victimas, pelo direito que esse facto nos da, direito reconhecido por vossa sanctitade, pelo cardeal protector e pelos proprios embaixadores de Portugal, abandonando a patria buscaremos abrigo entre povos menos crueis, seguros em qualquer eventualidade, de que não será a nos que o Omnipotente pedira estreitas contas do nosso procedimento. — Memoriale in Symmicta Vol. II., Fol. 90, ff, bei Herculano, II. 182.

schwärzesten Farben schilderte der Prälat das unbarmherzige, un=
menschliche Treiben in Portugal und scheute sich nicht, zur Steuer
der Gerechtigkeit und Wahrheit zu erklären, daß die dem Fanatis=
mus aus politischen Rücksichten zugestandene Concession, die Gewäh=
rung der Inquisition, ein Fehler sei, der verbessert werden müsse.
In Folge der Beschwerde der geheimen Juden und auf Dringen
des della Ruvere entschloß sich Paul, der einerseits fürchtete, die
beiden katholischen Mächte gegen sich aufzubringen, anderseits aber
auch die Bitten und Geschenke der Bedrückten nicht von der Hand
weisen wollte, die von ihm erlassene Bulle von Neuem einer Com=
mission zur sorgfältigen Prüfung zu überweisen. Diese Commission,
in der sich der mehrerwähnte Cardinal Ghinucci und der ebenso
judenfreundliche Cardinal Jacobacio befanden, sollte entscheiden,
ob die Bulle vom 23. März einer Modification bedürfe oder nicht.
Es dauerte nicht lange, so erklärten beide Cardinäle in Ueberein=
stimmung mit dem Cardinal Simonetta, daß die Bulle in unlau=
terer, rechtswidriger Weise ertheilt worden sei und modificirt werden
müsse. Um das einmal Geschehene wieder gut zu machen, beschloß
die Curie in der Person des Hieronymo Ricenati Capodiferro
einen neuen Nuntius nach Portugal zu schicken. Seine Aufgabe
sollte es sein, die von der Inquisition erhobenen Prozesse sorgfältig
zu prüfen, die geheimen Juden möglichst zu schützen und vornehmlich
darüber zu wachen, daß der König den gemachten Versprechungen
pünktlich Folge leiste; außerdem erhielt er den bestimmtesten Auf=
trag, jede Willkür und Gewaltthat des Tribunals nach Rom zu
berichten, damit die Curie hinreichenden Grund habe, die Erlaubniß
zur Errichtung desselben wieder zurück zu nehmen.

Ausgerüstet mit solchen Vollmachten und Weisungen, aus denen
die Abneigung Paul's gegen das Ketzergericht deutlich hervorgeht,
begab sich Capodiferro im Februar 1437 auf seinen Posten. Er
hatte kaum Rom verlassen, so langte von den geheimen Juden,
denen die Erbitterung des Papstes kein Geheimniß mehr war, eine
neue Klageschrift bei der Curie an, in der sie hervorhoben, wie
kannibalisch grausam man in Portugal mit ihnen verfahre, wie
ihnen trotz päpstlichen Befehls der freie Austritt aus dem Lande,
der Verkauf ihrer Güter, der Recurs an die Curie streng untersagt
sei. Dem Papste wurde es jetzt mit der Angelegenheit so ernst, daß
er dem Nuntius ein Breve nachschickte, worin er nicht allein den

König unter Androhung der Excommunication auffordern ließ, das Auswanderungsverbot endlich aufzuheben, sondern Jedermann er= mächtigte, den angeklagten geheimen Juden Hilfe und Beistand zu leisten; man sehe wohl, ließ er dem Könige durch Capobiferro sagen, daß es ihm mit der Errichtung des Tribunals nicht des Glaubens wegen zu thun sei, er wolle Nichts als die ihm mißliebigen Personen ins Verderben stürzen und sich ihrer Schätze bemächtigen.

Das ist römische, päpstliche Politik. Die Inquisition, auf den Machtspruch eines Fürsten hin errichtet, wird durch den Eifer und das Gold der Juden wieder unterdrückt; sie wird aber eben so schnell wieder hergestellt, als die Bekenner des Judenthums mit ihren Schätzen zurückhalten. Dieses Mal verstanden sich die geheimen Juden besser auf ihren Vortheil: sie spendeten reichlich und die Hu= manität gewann an dem Hauptsitze des Katholicismus wieder neuen Boden — so lange der Vortheil es erheischte.

Capobiferro war als Nuntius so recht an seinem Platze; er hatte sich den weisen Rath des Papstes gemerkt, er lieh das eine Ohr dem Könige und das andere der Gerechtigkeit der geheimen Juden [1], welche es ihrerseits an Belohnungen und Geldgeschenken nicht fehlen ließen. Es war plötzlich Windstille eingetreten; die ge= heimen Juden so wenig wie der Nuntius hatten Grund sich über Ausschreitungen der Inquisition zu beklagen Die eingeschüchterten Bekenner des Judenthums verloren allmälig die Furcht vor dem Ketzergerichte, das trotz Großinquisitor und Folter so gut wie nicht existirte; alle Arten von Vergehen gegen die Kirche blieben ungestraft. Capobiferro sammelte Schätze: er befreite die geheimen Juden aus den Inquisitionskerkern und gab ihnen Gelegenheit, sich durch die Flucht zu retten; viele suchten nach der Türkei zu entkommen, an= dere begaben sich auf Umwegen, über Larasch und Salé, unter die Herrschaft der Maurenfürsten [2].

Durch einen sonderbaren Zwischenfall wurden die geheimen

---

[1] Dirigendo semper unum oculum ad gratificandum regi, dexterum vero ad justitiam et ad procurandum ne quis istorum miserorum justam habeat causam de sanctitate sua et apostolica sede conquerendi, bei Herculano, II. 197.

[2] Sebastian de Vorgas schreibt an den König João in einem Briefe, datirt Mequinez, April 1539 (Herculano II. 207): ... que passavam muitos Christãos-Novos pelos rios de Marmora, Larache e Salé para as terras dos Mouros.

Juden zu Anfang des Jahres 1539 aus ihrer Ruhe wieder auf=
geschreckt. Eines Morgens im Monate Februar fand man an der
Thüre der Kathedrale und anderer Kirchen Lissabon's ein Plakat,
in dem das Christenthum von der allerempfindlichsten Seite ange=
griffen wurde: der Messias sei noch nicht gekommen, Jesus sei nicht
der wahre Messias gewesen; ein kräftiges Mittel, um die blut=
dürstigen Portugiesen gegen die geheimen Juden aufzureizen. Es
verfehlte seine Wirkung nicht; es kam in der That zu tumultuarischen
Auftritten. Um den Pöbel zu beschwichtigen, leitete der König eine
strenge Untersuchung ein und versprach durch öffentlichen Anschlag
Demjenigen, der den Urheber des ketzerischen Plakats zur Anzeige
brächte, eine Belohnung von zehntausend Cruzaden. Auch Capodi=
ferro setzte einen Preis von fünftausend Cruzaden aus, weil er der
Meinung war, es sei das Plakat von den Feinden der geheimen
Juden ausgegangen, um den König noch mehr zu fanatisiren. Viele
Personen wurden eingezogen; wer nur irgend im Verdacht stand,
mußte in den Kerker wandern. Um der Volkswuth zu entgehen,
ließen die Neu=Christen an der Kathedrale anschlagen: „Ich, der
Verfasser, bin weder Spanier, noch Portugiese, sondern ein Eng=
länder, und wenn ihr statt zehntausend zwanzigtausend Escudos
gäbet, ihr würdet meinen Namen doch nicht erfahren." Dennoch
wurde der Urheber in der Person eines geheimen Juden, Namens
Manuel da Costa, entdeckt. Auf die Folter gespannt, bekannte
er sich zum Autor des Schriftstückes, dessen Inhalt er für den Er=
guß seiner innersten Ueberzeugung erklärte und durchaus nichts
Strafbares darin erblickte. Alle Versuche, ihn von seiner Meinung
abzubringen, waren vergebens, durch keinerlei Marter und Qual
war er zur Angabe seiner Mitschuldigen und Gesinnungsgenossen zu
bewegen. Nachdem ihm beide Hände abgehauen worden waren,
wurde er in Lissabon öffentlich verbrannt [1]).

Das milde Verfahren gegen die geheimen Juden hörte schnell
wieder auf. Der milde und schwache Diogo de Silva wurde be=
seitigt und der Cardinal=Infant D. Henrique, ein jüngerer Bruder
des Königs, zum Großinquisitor ernannt (22. Juni 1539). Man
schritt mit aller Strenge gegen die Neu=Christen ein, die Kerker füll=
ten sich, das inquisitorische Personal mußte vermehrt werden, João

---

[1]) Herculano, II. 205 ff., Informatione bei Grätz, IX. LVI.

de Mello, ein wüthender Fanatiker, und João Soares, ein charakter=
loses, unwissendes Subject, wurden zu Inquisitoren ernannt. Die
Verhältnisse gestalteten sich für die geheimen Juden immer schlim=
mer. Der neue portugiesische Gesandte in Rom, D. Pedro
Mascarenhas, zog die Cardinäle durch Gold und Versprechungen
auf seine Seite; Capodiferro ließ in der Erfüllung seiner Pflichten
und in dem Eifer für seine Schutzempfohlenen in dem Maße nach,
als die Geschenke der Schützlinge spärlicher zu fließen anfingen; er
schwieg einige Zeit zu der schreiendsten Willkür und Ungesetzlichkeit
des Tribunals, bis es endlich zwischen ihm und dem Großinquisitor
zum offenen Bruche kam, hervorgerufen durch einen Prozeß, den die
Inquisition gegen den königlichen Leibarzt Ayres Vaëz (Vaz)
einleitete.

Dieser Ayres Vaëz entstammte einer sehr angesehenen Lissa=
boner Judenfamilie, in der die medicinische Kunst sehr emsig gepflegt
wurde. Emanuel Vaëz gelangte nach der Versicherung seines
eigenen Neffen, Robrigo de Castro, auf den wir später noch
zurückkommen, ob seiner tiefen Einsicht und seiner reichen Erfahrung
zu der seltenen Ehre, vier auf einander folgenden Königen Portugal's,
João III., Heinrich, Sebastian und Philipp I., als Leib= und Kam=
merarzt zu dienen[1]). Ein anderer Bruder, Pedro Vaëz, dessen
der portugiesische Arzt Çacuto Lusitano an mehreren Stellen
seines bekannten medicinisch=historischen Werkes gedenkt, und der als
gelehrt auch von seinem genannten Neffen gepriesen wird, practizirte
als Arzt in Covilhão. Auch unser Ayres (Robrigo) war Arzt,
Leib= und Kammermedicus des Königs João. Als Solcher wurde
er einst zum Könige von Fez gesandt, da dieser, in Feindseligkeiten
mit Portugal verwickelt, krank darnieder lag und sich von seinem
Gegner ärztliche Hilfe erbat. Vaëz wandte auf ausdrücklichen Be=
fehl seines Herrn alle mögliche Sorgfalt an, den fremden Monarchen
zu heilen, und es glückte ihm in der That, ihn dem schon nahen
Tode zu entreißen.

Ayres Vaëz beschränkte seine Studien nicht allein auf die Me=
dicin, er gab sich auch mit vieler Vorliebe der Astronomie hin und
verfiel, wie Viele seiner Zeit, auf die trügerische Kunst, welche aus
der Constellation der Gestirne das Schicksal der Menschen vorher=

---

[1]) Rod. de Castro, Mulier. Morbor. Medicina (Hamburg, 1662) II, 47, 332.

zusagen lehrt: der Leibarzt wurde Astronom und erwarb sich schnell den Ruf eines vollkommenen Propheten. Er begann damit, seiner Königin zu prophezeien, später sagte er auch in politischen Dingen die Zukunft voraus. Unter Anderem weissagte er einmal dem bigotten Königspaare den Tod eines ihrer beiden Kinder, der zum Unglück für Vaëz auch bald erfolgte. Der Prophet wurde fortan am königlichen Hofe nicht mehr gern gesehen, und da er sich einmal als Hiobsbote erwiesen, hörte man sogar seine glücklichen Ver= heißungen nur mit Widerstreben. Der König fing an, seinem Leib= arzte zu mißtrauen, er hegte Zweifel an dessen Gläubigkeit, hielt ihn für einen Anhänger des Judenthums, für einen Ketzer, und wurde durch manche unvorsichtige Aeußerung desselben in dieser seiner Meinung noch bestärkt. Als der König nach einiger Zeit das Ge= spräch auf die Astrologie leitete, bekannte Vaëz, daß nach seinem Dafürhalten das Weissagen aus den Gestirnen ein sehr vages Spiel sei; die Geheimnisse der Natur und der höheren Sphären könne der menschliche Geist selten ergründen, denn Gott hebe den Einfluß der Gestirne auf das Schicksal der Menschen häufig auf; ja, der Astrolog ging noch weiter und behauptete geradezu, die ganze Astrologie als Sterndeutekunst sei pure Wahrsagerei, sei Tollheit und Gottlosigkeit.

Ein solches Bekenntniß kam dem Könige gerade recht. Er hatte wenige Tage zuvor, angeblich von einem armen Arzte, einen Tractat über die astrologische Weissagung erhalten, in dem ähnliche An= sichten niedergelegt waren, wie er sie von Vaëz vernommen hatte. Was lag ihm näher, als seinen eigenen Leibarzt für den Verfasser der gottlosen Schrift zu halten? Er ließ der Inquisition eine Ab= schrift des Tractates zustellen und verlangte von den unwissenden Richtern, daß sie Vaëz 'als Ketzer verurtheilten. Der königliche Leibarzt wurde vorgeladen und vernommen. Er stellte die Autor= schaft nicht in Abrede und bekannte sich zu den in der Schrift niedergelegten Grundsätzen und Ansichten. Als nun der Tag nahete, an dem Vaëz sich vertheidigen sollte, trat er mit vielen Folianten unerschrocken vor seine von Allen gefürchteten Richter im Priestertalar und schickte sich an, sowohl seine auf Wissenschaft be= ruhenden Ansichten, als auch seine Rechtgläubigkeit zu beweisen. Wie erstaunten aber die Inquisitoren, als nach kaum eröffneter Verhand= lung der apostolische Nuntius, in dessen Diensten ein jüngerer Bru= der des angeklagten Leibarztes, Salvador Vaëz, als Page stand,

in höchsteigener Person im Sitzungssaale erschien und die Unter=
suchung vorläufig für geschlossen erklärte; er motivirte, daß Vaëz
der Inquisition keine Rede zu stehen habe; in einer öffentlichen
Disputation mit gelehrten Theologen sollte der Angeklagte in seiner
und ihrer Gegenwart die Sache ausmachen.

Nichts konnte Vaëz erwünschter sein. Er wartete schon lange
auf eine Gelegenheit, den unwissenden Theologen, ganz besonders
dem hochmüthigen Soares, eine wohlverdiente Lection zu geben.
Die Disputation kam nicht zu Staude. Vaëz wurde trotz der
Widerrede des Nuntius von der Inquisition verurtheilt. Da trat
Capodiferro mit aller Entschiedenheit auf. Er gab dem Cardinal=
Infanten unzweideutig zu verstehen, daß, im Falle er als Groß=
inquisitor von der Untersuchung nicht abstehe, er sich eine ganze
Menge Unannehmlichkeiten und Verdrießlichkeiten selber zuzuschreiben
habe. Der Infant wollte nicht nachgeben, — er führte Beschwerde
über den Nuntius, appellirte an die Curie, kurz, zwischen dem por=
tugiesischen Cabinete und dem apostolischen Stuhle kam es zu
Zerwürfnissen, welche die balbige Abberufung Capodiferro's zur
Folge hatten.

Vaëz wurde vor die Curie geladen, in Rom selbst sollte ihm
das Urtheil gesprochen werden, alle Einwände von Seiten der por=
tugiesischen Inquisition waren vergebens. Mit seiner Ankunft in
der Weltstadt war jeder Schein von Ketzerei von ihm gewichen. Er
fand an Paul, der keine wichtige Sitzung der Curie, keine Reise
unternahm, ohne die Tage zu wählen, ohne die „Constellation be=
achtet zu haben", einen Genossen seiner Kunst, und in kurzer Zeit
verband die Gleichheit der Studien den Papst und den geheimen
Juden zu inniger Freundschaft. Durch eine Bulle vom 6. Juni 1541
schützte er den astrologischen Freund, so wie sämmtliche Verwandte
desselben, selbst die Advocaten, die ihn in Lissabon vertheidigt hatten,
und deren Familien vor allen weiteren Nachstellungen des Glau=
benstribunals [1]).

In Folge der Berichte, die über die Grausamkeiten des In=
quisitors D. Henrique, auf dessen Abberufung der Papst un=
beugsam bestand, nach Rom gelangten, fand über die Inquisition
selbst eine neue Untersuchung Statt, deren Resultat war, daß Paul

---

[1]) Herculano, II. 220 ff.

den 12. October 1539 eine neue Bulle erließ, die im Ganzen gün=
stig für die geheimen Juden lautete und wiederholt bestimmte, daß
die Namen der Angeber und Zeugen dem Beklagten genannt, daß
Angeber und Zeugen, wenn sie der falschen Anklage oder Aussage
überwiesen, bestraft und zum Schadenersatz verurtheilt, daß Niemand
auf Grund der von einem Verurtheilten auf der Folterbank ge=
machten Anzeige eingezogen werde, daß die Gefängnisse nur als
Gewahrsam, nicht aber als Strafmittel dienen, daß ohne Ein=
willigung der Verurtheilten eine Umwandlung der Strafe in Verlust
des Vermögens unstatthaft sei, daß keine das Volk gegen die Neu=
Christen aufwiegelnde, Predigten gehalten werden, und daß der Recurs
nach Rom stets offen stehe[1]).

Diese Bulle war ein neuer, durch schweres Gold erkaufter Sieg
der Toleranz über den Fanatismus, der aber, wie wir bald sehen
werden, den geheimen Juden leider nie zu gute kam.

[1] Herculano, II. 249 ff. Einzig das Memorial der geheimen Juden thut
dieser Bulle Erwähnung; im Bullar. Roman. findet sie sich nicht.

Viertes Capitel.

Neue Kämpfe.

Diogo Antonio, Nachfolger des treulosen Duarte de Paz, und dessen Ende. Traurige Lage der geheimen Juden und des Papstes günstige Stimmung. Hector Antonio. Das erste Wüthen der Inquisition. David Reubeni's Tod. Diogo Fernandez Neto als neuer Vertreter. Die Cardinäle Parisio und Carpi, Freunde der Juden. Energisches Einschreiten des Königs João gegen die neu errichtete Nuntiatur. Eine aufgefundene Correspondenz. Die Inquisition auch in Rom eingeführt. Diogo Fernandez Neto im Gefängniß. Die Thätigkeit Jacome de Fonseca's und des Cardinals Farnese. Das Memorial der geheimen Juden. Unmenschlichkeiten der Inquisition und deren Opfer.

Uebermäßige Geldopfer und Geschenke hatten den geheimen Juden von Zeit zu Zeit etwas Ruhe geschafft. Tief bereueten sie es, daß sie einige Jahre früher, im ersten Kampfe, sich nicht opferwilliger bewiesen; dafür spendeten sie dieses Mal, da es beinah zu spät war, desto reichlicher, mit vollen Händen. Es scheint, als ob dieser Wechsel im Princip mit dem Wechsel der Vertretung sich geltend gemacht habe.

Die Stelle des Duarte de Paz als Vertreter der geheimen Juden in Rom hatte Doctor Diogo Antonio eingenommen. In Verbindung mit mehreren Glaubensgenossen, welche in der Weltstadt wohnten oder sich zeitweilig dort aufhielten, verfocht er die ihm anvertrauten Interessen und zwar ehrlicher, als sein unwürdiger Vorgänger.

Duarte de Paz, ein ehrgeiziger, charakterloser Mensch, von dem für Geld Alles zu erwarten stand, wurde Verräther seiner eigenen Brüder in der eigentlichen Bedeutung. Nachdem er aus früher erwähnten Gründen seiner Stelle enthoben war, fing er in Venedig, wo er sich nicht als Jude zu erkennen gab, vielmehr als frommer

Katholik lebte, sein denunciatorisches Treiben an. Ob er schon 1535
eine geheime Correspondenz mit dem Könige von Portugal unter=
hielt, wollen wir dahin gestellt sein lassen: gewiß ist, daß er gegen
Ende des Jahres 1539 durch Vermittlung des portugiesischen Ge=
sandten Pedro Mascarenhas dem Könige Briefe zugehen ließ, in
denen er seine unglücklichen Brüder denuncirte. Dabei ließ er es
noch nicht bewenden; er warf bald die Maske der Verstellung ab
und wurde ein weit eifrigerer Gegner der geheimen Juden, als er
früher Fürsprecher war. In seinem unnatürlichen Haß richtete er
eine gedruckte Denkschrift voller Gift und Galle an den Papst, in
der er das jüdische Geschlecht in der schmählichsten Weise verdäch=
tigte; alle geheimen Juden, seine nächsten Verwandten nicht aus=
genommen, ins Unglück zu stürzen, sie Alle auf den Scheiterhaufen
zu bringen, das war das Bestreben dieses schändlichen Verräthers.
Rieth er doch dem Papste, von der Confiscation ihres Vermögens
nicht abzustehen, ein Drittel desselben vielmehr für fromme, kirchliche
Zwecke einzuziehen! Wir wollen uns nicht auf die Einzelheiten seiner
Denkschrift einlassen, sein eigenes Gewissen mußte es ihm sagen, daß
er eine der größten Schändlichkeiten begangen, deren ein Mensch
nur fähig sein kann. Wie alle diese Creaturen, wollte auch er seine
schwarzen Absichten mit dem Mantel der Frömmigkeit bedecken.
„Meine Gegner werden behaupten", so schließt er, „daß nicht der
Eifer für den Glauben mich zu diesem Schritte veranlaßte, sondern
die Wuth, daß sie meine Schulden nicht bezahlen wollen, und sie
werden mich noch obendrein verfolgen, ich rufe aber Gott, der in
mein Herz schaut, und Alle, die mich kennen, zu Zeugen an, daß
ich die volle Wahrheit spreche . . . . . "[1])

Die wohlverdiente Strafe ereilte den Verleumder auf dem Fuß.
In seiner mit Frechheit gepaarten Wuth veröffentlichte er, gern
bereit, dem Papste noch weitere Enthüllungen über die Juden zur
Ehre des christlichen Glaubens zu machen, ein Libell gegen den
neuen Vertreter Diogo Antonio, in dem er unbegreiflicher Weise
auch die römische Curie angriff; er wurde verurtheilt und schließlich
in Ferrara auf Verlangen des Herzogs aus unbekannten Gründen
gefänglich eingezogen. Nachdem er die Freiheit wieder erlangt,

[1]) Eine Copie der gedruckten Denkschrift in der Correspondenz des D. Pedro
Mascarenhas bei Herculano, II. 266.

wendete er sich noch einmal dem Judenthume zu, wanderte nach der Türkei, wo er, ein vollkommenes Muster von Charakterlosigkeit, noch kurz vor seinem Tode Bekenner des Islams wurde und als solcher starb. Sobald Papst Paul erfuhr, daß dieser Heuchler auch noch Muhamedaner geworden, zog er das Breve, durch das er ihn und seine Verwandten, sowie Diogo Fernandez Neto von der Gerichts= barkeit der Inquisition eximirt, wieder zurück (28. October 1542 [1]).

Der treulose Verrath des Duarte de Paz fand leider traurige Nachahmung bei einzelnen vornehmen Juden, welche, um vor Nach= stellungen und Verfolgungen sicher zu sein, mit den Freunden der Inquisition gemeinsame Sache machten. Kaum sollte man es glau= ben: die Bulle vom 12. October 1539, welche mit so großen materiellen Opfern und außerordentlichen Anstrengungen erkauft worden war, blieb im Grunde unbenutzt. Nachdem dieselbe von der Curie ausgefertigt war, begab sich einer der Vertreter der geheimen Juden mit ihr nach der portugiesischen Hauptstadt. Unglücklicher Weise war er ein Glied jener Familien, welche der eigenen Sache schlecht dienten. Er zog die Reise, so viel er konnte, in die Länge und hielt sich, endlich in Lissabon angelangt, einige Tage verborgen, ehe er die Bulle und die ihm anvertrauten Briefe dem Nuntius einhändigte. Ueber diese Verzögerung war Capodiferro nach Rom zurückgekehrt, um, wie er vorgab, über einige in der frühern Bulle enthaltene dunkele Punkte sich vom Papste Aufschluß zu holen, in Wirklichkeit aber, weil die geheimen Juden die immensen Summen nicht aufbringen konnten oder wollten, welche der in seiner Geldgier unersättliche Nuntius von ihnen forderte. Die Bulle wurde nie veröffentlicht, der Infant D. Henrique blieb nach wie vor Groß= inquisitor, und die geheimen Juden befanden sich nach allen Kämpfen in einer weit traurigeren Lage, als je zuvor; ohne den Schutz des apostolischen Nuntius, ohne daß selbst die in der Bulle vom 23. März bewilligten Garantien ihnen zu gute kamen, waren sie ganz und gar der Willkür der grausamen Inquisition ausgesetzt. Das Tribunal entfaltete eine immer größere Thätigkeit, die Prozesse mehrten sich mit unglaublicher Schnelle, João betrieb das Werk mit der größten Energie. Am 10. December 1539 schickte er seinem Ge=

---

[1]) Herculano, II. 262 ff., Kunstmann in Münchener Gelehrten Anzeig. 1847, No. 79 ff.

fandten Mascarenhas einen Brief, der eigentlich für den Papst be=
stimmt war. Was enthielt dieses königliche Schreiben? Ein indirec=
tes Bekenntniß, daß der blinde Fanatismus den Ruin des Landes
herbeiführt. Der König klagt bitter über Abnahme des Wohl=
standes, daß in den letztverflossenen Jahren enorme Summen ins
Ausland, besonders nach Flandern geschickt seien und das einst
reiche Portugal seiner Verarmung entgegen gehe. Dann betheuert
er wieder seine Uneigennützigkeit, seinen Eifer für den Glauben, ver=
sichert, daß es ihm nicht um die Reichthümer der geheimen Juden
zu thun sei, er macht sich anheischig, zehn volle Jahre von dem
Rechte der Confiscation keinen Gebrauch zu machen, für immer auf
dieses Recht zu verzichten, wenn der Papst sich dazu verstehen wolle,
der portugiesischen Inquisition eine Unabhängigkeit, wie die spanische
sie besaß, endlich einzuräumen [1]).

Dieser Brief, von Mascarenhas überreicht und von Santiquatro
dem Papste vorgelesen, leistete der Inquisition beträchtlichen Vor=
schub. Paul war in der That geneigt, auf den Vorschlag des Kö=
nigs einzugehen und die Inquisition endgültig zu bestätigen; einzig
der Cardinal=Infant als Großinquisitor stand ihm noch immer im
Wege. Derselbe war ihm wegen seiner an Unmenschlichkeit gren=
zenden Blutgier ein Dorn im Auge und wurde ihm durch einen
ihm gerade jetzt zu Ohren gekommenen Vorfall gründlich verhaßt.
An demselben Tage, an dem Mascarenhas das Schreiben seines
Monarchen überreichte, überbrachte ein geheimer Jude, der direct
aus Portugal gekommen war, Hector Antonio, ein Bruder des
mehrerwähnten Doctor Diogo Antonio, eine Beschwerde über den
Infanten. Er sei, so erzählte Hector, von Aldea Gallega abgereist.
Unterwegs sei erst der Oberkammerherr des Infanten und einige
hundert Schritte weiter der Infant selbst mit einer Escorte von fünf
Reitern zu ihm gestoßen. Auf die Frage des gestrengen Herrn,
wohin die Reise gehe, habe dieser, von dem eigentlichen Reiseziel
des Antonio vorher unterrichtet, wie ein gemeiner Straßenräuber
ihn gefangen nehmen, ihn seines Geldes, seiner Diamanten und
Briefschaften berauben und ihn nach Lissabon bringen lassen. In
der Stadt sei es dem zum Kerker Verurtheilten glücklicher Weise

---

[1]) Herculano, II. 274.
[2]) Ibid. II. 284 ff., 291 ff.

gelungen, zu entwischen und noch in derselben Nacht über den Tajo
und die portugiesische Grenze zu gelangen. Als der Papst voller
Entrüstung dem Gesandten die Gewaltthat des Infanten vorhielt,
erklärte er, die ganze Geschichte sei pure Verleumdung, und bestand
auf die sofortige Einkerkerung des geheimen Juden, was jedoch durch
den Papst verhindert wurde.

Volle fünf Viertel Jahre verstrichen, bevor die weiteren Unter=
handlungen in der Curie wieder aufgenommen wurden. Inzwischen
entfaltete die Inquisition, welche durch die Ernennung des Cardinal=
Infanten D. Henrique zum Großinquisitor eine festere Grundlage
gewonnen hatte, ihre volle Wuth: an sechs verschiedenen Orten des
Reiches loderten die Scheiterhaufen, und es wurden jährlich dreißig,
vierzig und noch mehr Personen verbrannt. Am 23. October 1541
feierte das Tribunal in Lissabon, dem João de Mello, der
eifrigste Gegner des jüdischen Geschlechts, als Inquisitor vorstand,
sein erstes öffentliches Auto=da=fé mit vielen geheimen Juden; fünf
von ihnen erlitten den Feuertod, unter ihnen der Schuhmacher
Gonçalo Eannes Bandarra, der sich für einen Propheten
ausgab [1]). Einige Monate später hielt Evora, dessen Tribunal
die Herrschaft über Alemtejo und Algarve führte, sein erstes Auto.
Unter den vier Personen, welche dieses Mal als Anhänger des
Judenthums den Feuerstoß bestiegen, befanden sich ein Schuhmacher
aus Setubal, Luis Dias, der sich zum Messias aufgeworfen und
viele Neu= und alte Christen, ja sogar den Leibarzt des D. Affonso,
Bruder des Cardinal=Infanten, zu seinem Glauben berückt, und der
Jude, der aus Indien gekommen war und sich für den Messias
ausgegeben hatte, David Rëubeni; nachdem er beinahe acht
Jahre im Inquisitionskerker zu Llerena geschmachtet hatte, wurde er
in Evora öffentlich verbrannt [2]).

Angesichts solcher Grausamkeiten wurde der Muth und die
Hoffnung der geheimen Juden sehr erschüttert. Alle ihre Bemühun=
gen zielten jetzt nur noch dahin, die Sanctionirung des Tribunals

---

[1]) Historia da Inquisição (Lisboa, 1845), 9.

[2]) Ibid. 12... tambiem sahio o Judeu de Çapato, que veio da Jndia
a Portugal a manifestar-se aos seus, dizendo lhes que era o
Messias, promettido e que vinha do Eufrates, onde todos os
Judeos o crêrão. Es ist kein Anderer, als David Rëubeni gemeint; sein Todes=
jahr wird in keiner andern mir bekannten Quelle angegeben.

aufzuhalten, um Zeit zu gewinnen, Leben und Vermögen in Sicher=
heit zu bringen. Wenn sie nur in der Wahl ihrer Vertreter glück=
licher gewesen wären! Der Doctor Diogo Antonio war nicht
viel besser, als sein schändlicher Vorgänger; auch er verwandte die zu
allgemeinen Zwecken bestimmten Gelder in seinem Interesse, zur
Erlangung von Schutzbreven für sich und die Seinen[1]), und haupt=
sächlich in' der Absicht, die financiellen Verhältnisse desselben zu
ordnen, soll Hector Antonio nach Rom gekommen sein. Diogo
Antonio's Nachfolger war Diogo Fernandez Neto, ein Mann,
in den seine Wähler mit vollem Rechte das größte Vertrauen setzten.
Ungewöhnlich große Summen wurden ihm zur Verfügung gestellt
und gelangten durch den reichen Diogo Mendes in Flandern an
ihn; es fiel ihm auch nicht schwer, neue und gewichtige Fürsprecher
für seine Sache zu gewinnen. Der Cardinal Parisio, einer der
gründlichsten Kenner des kanonischen Rechts und der bedeutendste
Anwalt in ganz Italien, der sich durch seine ausgebreitete Praxis
ein ansehnliches Vermögen erworben, derselbe, der schon während
seines Aufenthaltes in Bologna die Feder für die geheimen Juden
geführt und bewiesen hatte, daß sie nach Gesetz und Vernunft keiner
kirchlichen Beurtheilung weder verfallen wären, noch verfallen dürf=
ten[2]), trat auch als Cardinal auf ihre Seite und stand sich keines=
wegs schlecht dabei. Neto machte sich nämlich anheischig, falls
ein neuer Nuntius für Portugal ernannt werde, demselben nicht
allein 250 Cruzaden monatlich zu geben, sondern auch dem Papste
ein Geschenk von acht bis zehn tausend Cruzaden und ein eben so
ansehnliches dem Cardinal Parisio zu überreichen[3]).

Der Cardinal that das Seinige. So sehr aber auch Parisio
und sein Freund, der Cardinal Carpi, den geheimen Juden bei
dem Papste das Wort redeten, und so sehr die Vertreter selbst in
ihn drangen und ihm vorstellten, daß die Tyrannei des Glaubens=
gerichts alle menschlichen Begriffe übersteige, — „die Feuerstöße
lodern unaufhörlich, und die Kerker sind mit Gefangenen überfüllt"

---

[1]) O Dioguo Antonio ... convertia a mor parte em seus guastos e usus
proprios, schreibt der König João an den Papst. Herculano, III. 78.

[2]) Menasse ben Israel citirt nach Aboab l. c. diese gemeinschaftlich mit
Alfatio verfertigte Arbeit des Cardinals als im 2. und 3. Theile der Consilia
pro Christianis noviter conversis. Ibid. III. 102, Ciacconius, III. 667.

[3]) Ibid. II. 321.

— so konnte Paul dennoch zu keinem definitiven Entschlusse kommen; auf der einen Seite durfte er mit Portugal nicht gänzlich brechen, und auf der andern war er zu geldgierig, als daß er seinen Vortheil nicht in Betracht ziehen sollte. Erst nach stürmischen Debatten zwischen ihm und dem portugiesischen Gesandten de Sousa, welche diesen belehrten, daß der Mammon einen nicht geringen Einfluß auf den heiligen Vater übte, beschloß der Papst, die Nuntiatur in Portugal zu erneuern.

Unverzüglich berichtete der portugiesische Gesandte seinem Könige die plötzliche Sinnesänderung Paul's. „Rom", schreibt er in der ersten Aufregung, „ist ein prostituirtes Babilon; es kommt mir vor, als wäre ich in der Hölle [1]".

Wie wenig kehrte sich João an das, was in Rom vorging. Sobald er in Erfahrung gebracht, daß ein neuer Nuntius für Portugal ernannt sei, stellte er dem Papste vor, daß er sich von den geheimen Juden täuschen lasse; die ihm früher übermittelten Berichte hätten ihn von der Nothwendigkeit der Inquisition aufs Bestimmteste überzeugen müssen. Er, der König, habe deshalb zu seinem nicht geringen Erstaunen gehört, daß die geheimen Juden von ihren nach Rom gesandten Procuratoren die Nachricht erhalten hätten, daß der Papst wiederum einen allgemeinen Pardon zu ertheilen und die Bestätigungsbulle der Inquisition zu suspendiren beabsichtige, auch im Sinne habe, auf Wunsch und auf Kosten der geheimen Juden einen Nuntius nach Portugal zu schicken. Er stellte dem Papste das Unangemessene einer neuen Nuntiatur vor und meinte, daß der Kirchenfürst, fern vom Schauplatze, nicht so gut, wie er selbst, wahrnehmen könne, wie dringend nothwendig der ungestörte Fortgang der Inquisition sei. Um den Papst annähernd zu überzeugen, ließ der Cardinal-Infant D. Henrique in einem Schreiben an Pier (Pero) Domenico, den Agenten João's in Rom (10. Februar 1542), einige der vornehmsten, jüngst in Portugal verübten religiösen Verbrechen, wahre und untergeschobene, zusammenstellen. Er führte unter Anderem auch an, daß ein Schuhmacher, der erwähnte Bandarra, sich in Setubal für den Messias ausgegeben und durch Zauberkünste viele geheime Juden berückt habe, ihn als Erlöser anzubeten, ihm die Hand zu küssen und an-

---

[1] Herculano, II. 325.

dere Excesse der Art zu begehen; unter denen, die Solches gethan,
befänden sich Männer, ausgezeichnet durch Reichthum und Wissen,
Aerzte und Gelehrte. Andere, erzählte er weiter, geben sich für
Propheten aus und überreden viele alte Christen, das Judenthum
anzunehmen; ein Arzt aus Lissabon gehe von Haus zu Haus, pre=
dige das Judenthum und beschneide die Knaben der geheimen Juden.
Noch ein Anderer schaffe sich in Coimbra großen Anhang, unter=
halte eine eigene Schule und unterrichte seine Schüler im Hebräischen.
Die Frechheit gehe so weit, daß man in Lissabon ein altes Weib
von alt=christlichem Blute zum Judenthume bekehrt habe. Auch habe
man in der königlichen Residenzstadt selbst ein Haus entdeckt, in
dem die geheimen Juden zusammenkommen und das ihnen als
Synagoge diene. Alle diese Einzelheiten, schreibt der Infant, seien
nicht verdächtige Aussagen falscher Zeugen, sondern von den Be=
theiligten selber eingestanden.

Der Brief war offenbar darauf berechnet, die Wiederherstellung
der Nuntiatur zu hintertreiben und weiter in Rom verbreitet zu
werden. Domenico legte ihn, wie sich aus einem seiner Briefe
(23. März 1542) ergibt, dem Papste vor, dieser hörte aufmerksam
zu, ließ sich die eine oder andere Stelle wiederholen, um sie besser
zu verstehen, und zeigte, wie der Gesandtschafts=Secretär angiebt,
sein Erstaunen über dergleichen Vorfälle; er versprach endlich, sich
den Brief ins Italienische übersetzen zu lassen, damit er ihn besser
lesen und mit Luis Lippomano, Bischof und Coadjutor von
Bergamo, der für die neue Nuntiatur bestimmt war, berathen könne.
Auch dem kaiserlichen Gesandten, dem Marquis de Aguilar, wurde
eine Abschrift des Briefes zugestellt, und aus einem Schreiben, das
der König an ihn richtete, geht unzweideutig hervor, daß João die
Vermittlung des Kaisers wieder in Anspruch genommen, und dieser
auch seinem Gesandten den directen Auftrag dazu ertheilt hatte. Um
den Eifer dieses Mannes noch zu spornen, schrieb ihm der König noch
besonders und zeigte ihm Pero Domenico auch den Bericht des Car=
dinal=Infanten. Der Marquis erzählt in einem Briefe vom
24. März 1542 von dem Resultate seiner Bemühungen. Er giebt
an, daß, als er eines Tages bei dem Papste war, er wie beiläufig
von dem Nuntius gesprochen habe, der nach Lissabon gehen solle.
Darauf habe ihm der Papst den ganzen Hergang der Sache erzählt
und geäußert, daß er gegen sein Gewissen handeln würde, wenn er den

Nuntius nicht hinschicke, es sei einmal so verabredet worden; übrigens liegen auch Klagen über das Verfahren der Inquisition vor, welche durch den Nuntius untersucht werden müßten. Würde der Nuntius nicht empfangen werden, so könne er nicht umhin, die Inquisition gänzlich zu suspendiren [1]).

Mitte Juni 1542 reiste der neu ernannte Nuntius, ein kleiner, hagerer Mann, „dessen Hände", wie de Sousa in einem Briefe an den König von Frankreich sich ausdrückt [2]), „die des Esau und dessen Stimme gleich der Jacob's war", nach seinem Bestimmungsorte ab. Die Instructionen, welche er kurz vor seiner Abreise erhielt, waren in Folge der jüngsten Mittheilungen aus Portugal und des Schreibens, welches Pier Domenico überbracht hatte, bedeutend verändert worden. Die beiden versprochenen Bullen wurden nicht ausgefertigt, und der Papst, der einen Bruch mit João fürchtete, schärfte dem Nuntius ein, sich sehr vorsichtig gegen den König zu benehmen [3]). Somit waren die geheimen Juden wieder in ihrer Hoffnung getäuscht! Alle Opfer, die sie ihrer Sache brachten, alle Wege, die sie einschlugen, waren vergeblich; sie gestanden sich selbst, daß der Sieg der Gegner entschieden.

Lippomano war noch nicht in Lissabon angekommen, da ereignete sich ein sonderbarer Zwischenfall, der viel von sich reden machte und von dem Könige João benutzt wurde, die geheimen Juden, insbesondere ihre Vertreter in Rom in Mißcredit zu bringen. Im Juni des Jahres 1542 überreichte nämlich der Richter von Arronches dem Könige zwei Päckchen mit Briefen, welche, wie er versicherte, einem aus Flandern angelangten Couriere waren abgenommen worden [4]), und wovon das eine an den Kaufmann Nuno Hen=

[1]) Herculano, III. 8 ff., der 3. Band von Herculano's Werk ist 1859 erschienen; Heine, l. c. 168.

[2]) Der Brief datirt vom 13. April, 1542, bei Herculano, III. 11. Das Beglaubigungsschreiben des Nuntius an den König ist datirt vom 29. October 1542, Lippomano reiste im Juni ab und ließ sich dasselbe nachschicken.

[3]) In England wurde eine portugiesische Uebersetzung der dem Coadjutor von Bergamo ertheilten Instructionen (o. O. u. J.) gedruckt. Das Original befindet sich im Vatican und führt den Titel: Instruzione piena delle cose di Portogallo in tempo del Re Gio. III. data a Monsignore Coadjutore di Bergamo, nunzio apostolico in quel regno, per ordine di papa Paulo III.

[4]) Aconteçeo dhi alguũs dias que o juiz de fóra da villa darronches trouxe a el Rey nosso senhor certos maços de cartas que dise que tomara a huũ

riques (mercador hebreu) in Liſſabon, den Agenten und Ver=
wandten der D. Gracia Naſſi, das andere an den uns bereits
als den einflußreichſten unter den geheimen Juden bekannten Jorge
Leão gerichtet war. Dieſe aufgefundene Correſpondenz hat, wie die
Schrift, in der ſie abgefaßt, etwas Dunkles, Geheimnißvolles; wie=
wohl faſt ſämmtliche Briefe ohne Unterſchriften ſind, ſo ergeben ſich
die Namen der Abſender derſelben dennoch leicht aus dem Inhalte.
Man weiß beſtimmt, daß der eine Brief von einem Verwandten des
Nuno Henriques, wohl gar von Diogo Mendes oder von D.
Gracia Naſſi ſelber, der andere von Diogo Fernandez Neto
geſchrieben war. In dem Briefe an Jorge Leão klagt Neto, daß
das Ausbleiben der Liſſaboner Wechſel ihn in peinliche Verlegenheit
verſetze, er müſſe Lippomano tauſend Cruzaden geben, ſohne dieſe
Summe wolle und könne dieſer Mann, von dem die Zukunft und
das Wohl Aller abhänge, nicht abreiſen; alle Hilfsquellen ſeien er=
ſchöpft, und er wiſſe nicht, was anfangen. Flehentlichſt bittet er die
„Häupter der Nation" (chefes da nação) um ſchleunige Hilfe und
verſpricht, ihnen mit Lippomano weitere Mittheilungen über den
Stand der Dinge zu machen. Lobend erwähnt Neto auch des
„Mannes von Viſeu", der, mit ihm vereint, alles Mögliche thue,
ein für ſie günſtiges Reſultat zu erzielen. Dieſer Mann von Viſeu
iſt kein anderer, als der Biſchof Miguel de Silva, der, vom portu=
gieſiſchen Hofe verfolgt, nach Rom flüchtete und dort ein eifriger
Parteigänger der geheimen Juden wurde.

Um dem Inhalte dieſer geheimnißvollen Correſpondenz auf die
Spur zu kommen, ſetzte der König einen Preis von dreitauſend Cru=
zaden für Denjenigen aus, der die Briefe, in Chiffres geſchrieben,
leſen würde. Es fand ſich in der That bald Jemand, der ſeinem
Wunſche willfahrte; Geheimniſſe, wie ſie Niemand erwartete, kamen
an den Tag: der alte Biſchof de Silva, der Nuntius Lippomano,
die Vertreter der geheimen Juden, der Papſt — Alle waren com=
promittirt. Der König war hocherfreut, er ſchickte ſofort (Auguſt 1542)
in der Perſon des Francisco Botelho einen Bevollmächtigten nach
Rom, der dem Papſt und verſchiedenen Cardinälen, namentlich dem
Cardinal Santiquatro, die aufgefundene Correſpondenz zeigen ſollte.

correo de Flandres etc. Collecção de S. Vicente, III. 135 bei Herculano.
III. 52.

Bald nach seiner Ankunft erhielt Botelho eine Audienz bei dem
Papste, der sich in Gegenwart des portugiesischen Mandatars die
Briefe vorlesen ließ; sie machten einen so geringen Eindruck auf
ihn, daß er während des Vorlesens einschlief; hingegen beklagte er
sich bitter, daß man seinem Nuntius den Eintritt in das Land ver=
sagte. Botelho erklärte dem Papste offen und freimüthig, daß, wie
es allgemein hieß, der Nuntius ein Werkzeug der geheimen Juden
sei und in deren Sold stehe. Der Papst wies zu seiner Rechtfer=
tigung auf die allgemein bekannte Rechtschaffenheit Lippomano's hin
und betheuerte, daß der Nuntius einzig in der Absicht nach Portugal
gesandt sei, um mit dem Könige einzelne wichtige Punkte über die
Einführung der Inquisition zu besprechen, sich aber in die eigent=
liche Tribunalsgeschichte gar nicht mischen solle [1].

Die Lage der geheimen Juden verschlimmerte sich trotz aller
päpstlichen Versprechungen von Tag zu Tag. Dem Nuntius, der
nach langem Zaudern endlich in Lissabon eintraf, waren die Hände
gebunden, er durfte Nichts zu ihren Gunsten unternehmen. In Rom
selbst wurde auf Betrieb der Cardinäle Caraffa und Burgos und
des Paters Ignacio de Loyola, des Schöpfers des noch heute mäch=
tigen und weitverbreiteten Jesuitenordens, die Inquisition eingeführt.
Ursprünglich gegen das emporstrebende Lutherthum gerichtet, wurde
das neue Tribunal auch den Anhängern des Judenthums bald ge=
fährlich und war den Vertretern der geheimen Juden in Portugal
ein unüberwindbares Hinderniß. Dazu kam noch, daß auch ihr Ver=
treter in seinen Bemühungen gehemmt war. Diogo Fernandez
Neto, der ehrlicher, als sein Vorgänger verfuhr, befand sich in
Folge einer aus Mißtrauen entsprungenen, falschen Oeconomie in
beständiger Geldnoth. Auch er verschwand bald gänzlich vom
Schauplatze. Sein täglicher Umgang mit den Juden Rom's und
unvorsichtige Aeußerungen über Papstthum und Katholicismus
verwickelten ihn in einen Prozeß, welcher ihn, als des Judenthums ge=
ständig, in den Kerker führte, in dem er, freilich wegen eines
Augenleidens auf Verwenden Balthasar de Faria's auf kurze Zeit
entlassen, mehrere Jahre schmachtete. Neto's Auftreten, seine Ge=
ständnisse und seine Verurtheilung wurden, wie man allgemein

[1] Herculano, III. 64 ff.
[2] Ibid. III. 74 ff.

behauptete, von dem erwähnten Cardinal Caraffa, der als Papst
Paul IV. der Pharao der Juden Rom's wurde, zum Vorwand be=
nutzt, die Einführung der Inquisition in Rom selbst zu bewirken [1]).

Es hatte den Anschein, als ob sich mit einem Male Alles gegen
das jüdische Geschlecht verschworen hätte; Neto im Gefängniß, die
meisten Cardinäle auf Seite Portugal's, die spanischen und portu=
giesischen Agenten waren mehr denn je auf ihrer Hut, der alte
Bischof de Silva in Ungnade und in drückende Armuth gerathen,
die Organisation der Inquisition nun auch vom Papste definitiv
beschlossen. Wer hätte in einer ähnlichen Lage nicht die Hoffnung
verloren? Die geheimen Juden verloren sie noch nicht völlig. Treu
dem Charakter und den Tugenden, welche ihr Geschlecht zu allen
Zeiten auszeichneten, waren sie entschlossen, das Aeußerste zu wagen;
sie bereiteten sich zu einem letzten Kampfe vor. Auf den wackern
Neto konnten sie freilich nicht mehr rechnen, er schmachtete im Ge=
fängnisse; desto mehr Eifer entfalteten die einzelnen Agenten, welche
aus den verschiedenen Gegenden des Reiches, aus Porto. Coimbra,
Lamego, Trancoso, zur letzten Kraftanstrengung nach Rom geschickt
waren. Einer ihrer thätigsten Vertreter in dieser letzten Epoche war
Jacome de Fonseca aus Lamego. Wohl wissend, daß in Rom,
wo der Durst nach Gold unersättlich und Alles, von der „Feigendrossel
bis zum Kranich", stets bereit war, zu nehmen, was immer man
gab, nur durch Gold etwas zu erreichen war, ließen die Sachwalter
der geheimen Juden an die Stelle der frühern Sparsamkeit eine
grenzenlose Verschwendung treten. Ungeheure Summen wurden
unter die Cardinäle vertheilt, sodaß Balthasar de Faria für den
Umsturz seines bereits auf unerschütterlichen Grundlagen vermutheten
Gebäudes ernstlich zu fürchten begann [2]). Von dem alten Principe,
behufs Erlangung päpstlicher Breven und Privilegien für einzelne
Familien unverhältnißmäßig große Summen zu opfern, war man
abgekommen, indem man, leider zu spät, zu der Einsicht gelangte,
daß dieselben doch nicht hinlänglichen Schutz gewährten; dem Fana=
tismus fehlte es namentlich in jener Zeit nicht an Mitteln, auch
die päpstlichen Breven außer Kraft zu setzen. Man schritt zu ge=

---

[1]) Herculano, III. 79 ff.

[2]) Schreiben de Faria's vom 15. October 1543 (Ibid. III. 96): temo que
me ande vir árrombar, porque desbaratam o mundo com peitas.

meinfamem Wirken, deffen Erfolge der Gefammtheit zu gute kommen
follten [1]).

Die Männer der Curie, den geheimen Juden theils durch
Geld wieder geneigt gemacht, theils durch Mitgefühl für fie ge=
wonnen, wurden durch die fich täglich wiederholenden Klagen ein=
zelner Neu=Chriften dem Glaubenstribunal fo feindlich gefinnt, daß
fie felbft feinen Sturz von Herzen wünfchten. Täglich liefen bei
der Curie Bittgefuche um Schutz für die von der Inquifition Ver=
hafteten ein, die Befchwerden über Ungerechtigkeiten und Gewalt=
thaten der Inquifitoren und ihrer Häfcher nahmen kein Ende. In
den belebteften Straßen, auf den öffentlichen Plätzen Rom's fand
man täglich Gruppen von geheimen Juden, welche das herbe Loos
ihrer in Portugal zurückgelaffenen Verwandten laut und bitter be=
weinten; fchaarenweife erfchienen die portugiefifchen Neu=Chriften in
dem päpftlichen Palafte und fleheten mit Gefchrei um Rettung für
ihre Väter, Mütter, Brüder, Verwandten und Freunde, welche in
Portugal des Glaubens wegen verbrannt werden follten. Eines
Tages war Balthafar de Faria bei dem Papfte und verlangte die
Suspenfion eines Breve, das zu Gunften einer gewiffen Marga=
retha de Oliveyra[2]) ertheilt war: da ftürzte plötzlich der Sohn
diefer alten Frau in das päpftliche Zimmer, warf fich Paul III.
zu Füßen und flehte um Schutz für feine zum Feuertode verurtheilte
Mutter. Die Heftigkeit, mit welcher der Supplicant fich ausdrückte,
überftieg alle Grenzen, feine Sprache war fo, daß ihn der Papft
durch die Wachen aus dem Saale führen ließ. Balthafar de Faria
theilte diefen Vorfall feinem Monarchen mit und meinte, man müffe
diefen frechen Bittfteller in die Protze eines nach Portugal fegel=
fertigen Schiffes packen und ihn nach Afrika transportiren laffen[3]).
Damals ereigneten fich Schandthaten, wie fie kaum eine andere
Zeit aufzuweifen hat, und die man für unmöglich halten würde,
wenn fie nicht durch unwiderlegliche Beweife und zeitgenöffifche Be=
richte beftätigt wären. Es ift kein Wunder, daß unter folchen Um=

---

[1]) Derartige Breven zu Gunften portugiefifcher Judenfamilien finden fich noch
heute im National=Archiv zu Liffabon, Herculano, III 48, 98, 79.

[2]) Diefe Margaretha de Oliveyra, deren Prozeßacten in dem Inquifitions=
Archive zu Liffabon (No. 2847 und 3911) aufbewahrt werden, verfchmachtete im
Kerker. Ibid. III. 111.

[3]) Ibid. III. 101.

ſtänden das bereits ausgehungerte Portugal immer mehr verarmte. Die Auswanderung der geheimen Juden nahm außerordentliche Dimenſionen an. Im Jahre 1544 benachrichtigte Balthaſar de Faria den König, daß nach Raguſa ein Schiff voller Flüchtlinge gelangt ſei. Syrien und die europäiſche Türkei nahmen täglich portugieſiſche Judenfamilien auf; in Ferrara und Venedig bildeten ſich große Gemeinden aus portugieſiſchen Flüchtlingen [1]); England, Frankreich und beſonders Flandern befeſtigten ihre Induſtrie und ihren Handel mit den Reichthümern der eingewanderten geheimen Juden, welche der fanatiſche Regent eines verarmten und demora=liſirten Landes mit toller Beharrlichkeit vertrieb.

Ganz Europa vernahm das Wehgeſchrei der Vertriebenen über die in dem Heimathlande gegen ſie verübten Grauſamkeiten. Um auch Rom zu überzeugen, um die lügenhaften Relationen des por=tugieſiſchen Hofes und deſſen Agenten gründlich zu widerlegen, ſo wie um die einflußreichſte Perſönlichkeit der Curie, den Vice=Kanzler Alexander Farneſe [2]), welcher ſich immer und überall der Juden annahm, und der ſich durch ſeine Judenfreundlichkeit die bitterſten Vorwürfe des Cardinals Sadoleto zuzog [3]), zuvor günſtig für ſich zu ſtimmen, ließen die Vertreter der geheimen Juden eine umfang=reiche Denkſchrift in Rom ausarbeiten. Dieſes an Farneſe gerich=tete Memoriale, deſſen Exiſtenz erſt in jüngſter Zeit bekannt geworden, iſt eine mit Urkunden belegte Aufzählung aller Leiden und Verfolgungen, welche die geheimen Juden ſeit der gewaltſamen Taufe bis auf die Gegenwart herab (1493 — 1544) erfahren, und ſtützt ſich nicht ſelten auf Aktenſtücke und Documente verſchiedener Behörden und geiſtlicher Orden, denen allzugroße Parteinahme für die Juden nie zur Laſt gelegt werden konnte [4]).

[1]) Herculano, III. 103. Das Schreiben de Faria's an den König iſt datirt vom 8. Mai 1544

[2]) Quindecim totos annos quibus Paulus pontifex vixit, ecclesiam ferè universam prudentiſsimè gubernavit (Farnesius); legationes apostolicae sedis aut ipse obivit, aut quibus voluit à pontifice delatae. Ad pontificem atque à pontifice per ipsum Alexandrum provinciarum et principum manabant negotia. Ciacconius, III. 563.

[3]) Herculano, III. 107, Joſeph Cohen, Emek Habacha 116 ff.

[4]) Der vollſtändige Titel des bereits mehrfach erwähnten Memoriales lautet: Memoriale porrectum a noviter conversis Regni Portugalliae continens narrativam rerum gestarum circa eos a Regibus et Inquisitoribus illius Regni, spatio

Ein kalter Schauer überfällt Jeden, der auch nur einzelne Auszüge aus diesem mehrere Bände starken Memoriale liest. Wie war es möglich, daß Menschen das Alles ertragen konnten! O beklagenswerthe Zeit! ruft das Memoriale aus; die geheimen Juden waren der Willkür der rohen Folterknechte vollends überlassen, und „durch das Blut der Unglücklichen steigerte sich die königliche Wuth noch mehr [1]." Den meistens erfolglosen Bemühungen der Vertreter der Gehetzten zum Trotz wurden gegen die in Portugal zurückgebliebenen Neu-Christen alle Marterinstrumente in Bewegung gesetzt; besonders waren die Familien derjenigen, welche die Gunst des Papstes und päpstliche Breven für ihre Leidensgenossen erlangt hatten, die Zielscheibe einer systematischen Verfolgung; statt Schutz zu bieten, bereiteten die päpstlichen Breven den Tod allen Denen, für die sie erwirkt waren. Das Glaubenstribunal hielt sich für berechtigt, Jeden ohne Ausnahme, sobald er des Judenthums angeklagt war, zu martern. Mißhandlungen, Beraubungen, Beschimpfungen wiederholten sich täglich in allen Provinzen; in allen Städten, Flecken und Dörfern gab es schreckliche Scenen der Anarchie [2].

Die bereits bestehenden Inquisitionen in Lissabon, Evora und Coimbra wurden durch neue vermehrt, so in Lamego [3], wo sehr viele geheime Juden wohnten, zum unbeschreiblichen Jubel der nach Feuer und Mord lechzenden alt-christlichen Bevölkerung. In einem zur Feier der Einführung des Tribunals in Knittelversen verfaßten Programme, das man eines Morgens an allen öffentlichen Plätzen der Stadt angeschlagen fand, waren die reichsten und angesehensten der dortigen geheimen Juden in zwei Gruppen, in Musikanten und Tänzer, getheilt; jeder Einzelne war nach seiner Individualität auf seinem letzten Gange zum Scheiterhaufen karrikirt, wobei es an schadenfrohen Anspielungen auf deren moralische und physische

---

48 annorum. Angehängt sind 44 Appendices, theils Belege zu den im Memoriale angegebenen Facten, theils besondere Erzählungen und einzelne Fälle aus dem Verfahren der Inquisition. Memoriale und Appendices, handschriftlich in Symmicta Lusitania, Voll. 31 und 32, in der Bibliotheca da Ajuda, nach einer in der Biblioth. Borghesi zu Rom befindlichen Handschrift. Herculano, III. 109.

[1]) Illorum sanguine incrassatus et impinguatus est regius furor. Heu Deplorandum tempus Memoriale, Symmicta, Voll. 31, fol. 60.

[2]) Herculano, III. 113.

[3]) Die Inquisition in Lamego gegen Ende 1542 eingeführt.

Schwächen und Gebrechen nicht fehlte. Die ersten Sätze des Pro=
gramms genügen, um eine Idee von dem darin herrschenden Geiste
zu geben: „Wir danken Gott für die Gnade, daß wir es in unsern
Tagen noch sehen, wie an diesem hündischen, ketzerischen und
ungläubigen Geschlechte Rache genommen wird. Wir alle vereint
stimmen ihm für diese Wohlthat einen Gesang an." Die Panik
der geheimen Juden Lamego's bei dem Anblick der Inquisitoren war
so groß, daß die meisten nach Traz=os=Montes flüchteten, von wo
die Häscher viele derselben wieder zurückbrachten.

Zu gleicher Zeit (1543) sah auch Porto, das funfzig Jahre
früher die aus Spanien vertriebenen Juden gastlich aufnahm, das
erste inquisitorische Schauspiel. Bei dieser Gelegenheit gab es in
dem nahe gelegenen Miranda schreckliche Scenen der Volkswuth,
und hatten in Barcellos einige fromme Cleriker die Rolle der
Glaubensrichter von sich aus übernommen [1]).

Einer der rohesten Menschenjäger in dieser ersten Epoche in=
quisitorischer Schandthaten, ein wahres Ungeheuer, war ein gewisser
Francisco Gil. Dieser Elende eröffnete die Laufbahn seiner
Verbrechen mit einem Morde, den er am hellen Mittage in der
Rua=Nova=Straße in Lissabon an dem Schwiegersohne eines geach=
teten jüdischen Kaufmanns verübte. Das war ein würdiger Diener
des heiligen Tribunals! Er wurde dazu benutzt, die geheimen Juden
in den Provinzen ausfindig zu machen, und er ging bei diesem teuflischen
Geschäfte gar listig zu Werke. Sobald er nach einem Orte kam,
in dem eine gewisse Anzahl Anhänger des Judenthums wohnten,
ließ er öffentlich bekannt machen, daß in dieser oder jener Kirche
zu Ehren dieses oder jenes Heiligen ein Fest gefeiert werde. War
sodann die Kirche gefüllt, so ließ er die Thüren schließen und stellte
im Namen der Inquisition an alle Anwesenden die Frage, ob sich
etwa geheime Juden unter ihnen befänden; in den meisten Fällen
hielten es die alten Christen für heilige Pflicht, die verhaßten Neu=
Christen als solche zu bezeichnen; diese wurden auch alsbald in
Ketten geschlagen und nach dem nächst gelegenen Hauptorte der In=
quisition abgeführt. In Miranda do Douro ließ er elf Per=
sonen beiderlei Geschlechts ergreifen und nach Algoso, einer spärlich
bewohnten Festungsruine, transportiren. Dort wurden ihnen hart=

---

[1]) Nach dem Memoriale Herculano, III. 114 ff.

herzige Menschen als Wächter gegeben, welche ihnen nur gegen übermäßig hohe Preise die nothwendigsten Lebensbedürfnisse, Wasser und Brot, verabreichten. Unter den Gefangenen in Algoso befand sich ein schwacher Greis, Gaspar Rodrigues mit Namen, der früher Steuereinnehmer war, und eine sehr reiche Frau, Isabel Fernandes, welche, nachdem Francisco Gil und sein Helfer Pedro Borges ihr über hunderttausend Reales unter dem Vorwande der Transportkosten abgeschwindelt hatten, dem äußersten Elende Preis gegeben wurde. Ein Strohbündel diente ihr als Lager, nicht einmal ein Hemd zum Wechseln wurde ihr bewilligt. Von Schmerz und Elend überwältigt, an Körper und Geist zerrüttet, gab sie sich, ohne daß ihr die Folter Geständnisse erpreßt, den Tod im Kerker[1]).

Die Grausamkeiten, auf die wir hier nicht näher eingehen wollen, erschütterten sogar bisweilen die Gemüther der alten Christen und machten das Tribunal im Lande selbst zu einem Gegenstande des Abscheus und des Entsetzens. Man denke nur an das unmenschliche Treiben in Coimbra! Der dortige Großinquisitor, der frühere Bischof von S. Thomas, ein Erz-Dominicaner, der die Neu-Christen unnatürlich haßte, verhandelte Verbrechen, die vor mehr als sechzehn Jahren begangen waren. Mit den aufgestellten Zeugen verfuhr er parteiisch, die Vertheidiger der Angeklagten ließ er nicht zu Worte kommen und bedrohte sie mit Excommunication; sein Neffe, ein Bursche von sechzehn Jahren, der nicht einmal schreiben konnte, war sein Secretär, ein Schuhmacher der Bittsteller, und das Wort Christão - Novo, für ihn so viel als verkappter Jude, konnte er nicht über die Lippen bringen. Einzelne Fälle genügen, um den Inquisitor in Coimbra, über dessen barbarisches Verfahren immer vergeblich in Rom Beschwerde geführt wurde, vollständig zu charakterisiren.

Simon Alvares, ein Neu-Christ aus Porto, hatte sich mit Weib und Kind in Coimbra niedergelassen; nach einem neunjährigen Aufenthalte in dieser Stadt wurde die Familie, als dem Judenthume zugethan, von der Inquisition gefänglich eingezogen. Um Beweise für die Ketzerei dieses reichen Mannes zu erlangen, ließ der Inquisitor dessen Töchterchen, das bei der Uebersiedlung nach Coimbra nicht älter als sechs Monate war, vor sich kommen, stellte es vor

[1]) Herculano, III. 120 ff.

ein Becken mit glühenden Kohlen und drohete, daß, falls das un=
schuldige Kind nicht bezeugte, mit eigenen Augen gesehen zu haben,
wie ihre Eltern in Porto ein Crucifix gepeitscht hätten, er ihm die
Händchen in diesem Kohlenbecken augenblicklich abbrennen ließe. In
der Todesangst bezeugte das Kind Alles, was der gestrenge Herr
wollte, der Beweis war geliefert: Simon Alvares und Frau be=
stiegen zuerst den Scheiterhaufen in Coimbra.

Nicht lange nachher kam der Prozeß einer jüdischen Familie
von Aveiro zur Verhandlung. Die christliche Magd der Eingeker=
kerten wurde vor die Inquisition geladen und von ihr gefordert,
daß sie ihre Herrschaft als Anhänger des Judenthums anklage.
Die Aussage der Zeugin ergab das gerade Gegentheil. Voller
Wuth ließ der Inquisitor sie in einen unterirdischen Kerker werfen.
Von Zeit zu Zeit ließ er ihr melden oder eröffnete ihr in eigener
Person, daß sie ihre Freiheit nur dann wieder erlangen könne,
wenn sie dem an sie gestellten Verlangen nachkomme. Sie war
durch Nichts zu einem falschen Zeugniß zu bewegen. Entrüstet, daß
nicht die Liebe zur Freiheit, nicht Geschenke und Versprechungen die
Standhaftigkeit dieses edlen Charakters wankend machte, peitschte sie
dieser Henker im Priestertalare dermaßen, daß sie, mit Blut bedeckt,
besinnungslos liegen blieb [1]).

Wenn schon der Groß=Inquisitor, der übrigens gegen Mädchen
und Frauen eine besondere Liebenswürdigkeit entfaltete, so verfuhr,
was war erst von seinen Henkern und Trabanten zu erwarten!

Von Coimbra breitete sich die Verfolgung über die ganze zu
derselben Jurisdiction gehörige Provinz Beira aus. Haarsträubend
sind die Berichte über die Leiden der geheimen Juden in Trancoso,
einer von Gebirgen umschlossenen Stadt, in der sich viele von dem
unglücklichen Geschlechte bis in die neueste Zeit aufhielten. Kaum
hatte der Commissär der Inquisition, an deren Spitze ein halb
wahnsinniger Dominicaner stand, die Stadt betreten, so verbot er
allen geheimen Juden, sich aus Trancoso zu entfernen; wer diesem
Befehle zuwider handelte, sollte ohne Weiteres als Ketzer betrachtet
werden. Diese Maßregel machte auf die Neu=Christen einen so er=
schütternden Eindruck, daß wer nur irgend konnte, Haus und Ver=

---

[1]) Herculano, III. 134.

mögen im Stich ließ und ins Gebirge flüchtete. Nur fünf und dreißig Personen, Alte und Kranke, die sich nicht zu retten vermochten, blieben zurück; diese wurden sofort gefangen genommen und nach Evora transportirt; dort angelangt, wanderten sie in die tiefsten unterirdischen Kerker (Covas), wohin nie ein Lichtstrahl drang. Die Nachricht von der Flucht der geheimen Juden erzeugte eine förmliche Revolte. Gegen fünfhundert Bauern aus der Umgegend, mit Waffen versehen, strömten nach der Stadt, um unter dem Schein von Religionseifer nach Herzenslust rauben zu können; mußten sie doch, daß die geheimen Juden die reichsten Bewohner Trancoso's waren. Herzzerreißend war das Geschrei der unmündigen, verwaisten Kinder, welche, dreihundert an Zahl, ohne Schutz und Obdach in den Straßen wimmerten und nach ihren Eltern verlangten[1]).

Das Glaubensgericht war mehr als Tyrannei, es war die vollkommenste Anarchie. Es fand nirgends Widerstand. Die Hauptelemente der Gesellschaft, der Monarch, die Geistlichkeit, die Behörden, regten das auf einer niedern Bildungsstufe stehende Volk auf und hetzten es gegen eine friedliche Classe, welche zum größten Theile die öconomischen und intellectuellen Kräfte des Landes repräsentirte. Es war ein Umsturz der Grundprincipien der menschlichen Gesellschaft, proclamirt im Namen der christlichen Religion.

Hin und wieder gab es noch einzelne Beamte, welche es für Pflicht hielten, die wilde Leidenschaft des Pöbels zu zügeln; es waren aber deren nur wenige, die meisten schürten die Flammen der Volkswuth. In Covilhão faßte das Volk den Plan, alle geheimen Juden an einem Tage zu verbrennen; ohne Schutz der Behörden blieb diesen nichts Anderes übrig, als sich durch schleunige Flucht zu retten. An allen Orten fielen die alten Christen voller Haß und Raublust über die Neu=Christen her. Was sich in Coimbra, Lamego, Viseu, Guarda zutrug, wiederholte sich mit wenigen Veränderungen in Braga, Evora und anderen Städten des Reiches. Eine ganz eigene Physiognomie nahm die Inquisition in Porto an; dort mußte man auf öconomische Verhältnisse bedeutende Rücksichten

---

[1]) Oh pieta grande! che girano in volta per le contrade disperse 300 creature fanciulli senza governo ne albergo alcuno di persona vivente dando voci et gridando per lor padri et madri (Doc. da G. 2, M. 2, No. 27 im Arch. Nac.), bei Herculano, III. 143.

nehmen. Der dortige Bischof, ein Carmeliter, ein ungestümer, hef=
tiger, unbeugsamer Charakter, mit einem Worte, ein Fanatiker, be=
absichtigte nämlich, an der Stelle der frühern Synagoge in der
S. Miguelsstraße, deren Gebäude, fast Ruinen, den geheimen Juden
gehörten, eine Kirche erbauen zu lassen. Gleichzeitig hatten die
Eigenthümer der zerfallenen Häuser den Plan gefaßt, die Straße
wieder herzustellen, und hieran verschiedene wesentliche Bedingungen
geknüpft. Um zum Kirchenbau die nöthigen materiellen Mittel zu
erlangen, berief der Bischof die Neu=Christen der Stadt und forderte
sie auf, sich zu freiwilligen Beiträgen zu verpflichten. Sie nahmen
keinen Anstand, dem gestrengen Herrn zu erklären, daß unter ob=
waltenden Umständen Jeder von ihnen drei bis vier Cruzaden steuern
werde, falls aber ihre Hoffnungen bezüglich des Straßenbaues sich
realisirten, sie sich mit größeren Beiträgen betheiligen wollten. Auf
diesen Vorschlag ging der Bischof ein. Dem Straßenbau stellten sich
Schwierigkeiten in den Weg, und die geheimen Juden waren unvor=
sichtig genug, den Bischof der Ungesetzlichkeit und Parteilichkeit zu
bezichtigen. Es erwachte ein gegenseitiges Mißtrauen, das in Er=
bitterung ausartete. Der Bischof forderte die versprochenen Bei=
träge, die geheimen Juden verweigerten hartnäckig die Zahlung.
Der Zorn des Prälaten machte sich in den schrecklichsten Drohun=
gen Luft, deren Ausführung nicht lange auf sich warten ließ. Porto
wurde der Schauplatz der gräßlichsten Mordscenen. Der zorn=
entbrannte Carmeliter ruhete und rastete nicht, bis auch in Porto
ein Glaubenstribunal eingeführt war; kaum hatte er dies erreicht,
so begann er einen wahren Vernichtungskrieg gegen das jüdische Ge=
schlecht; die ärgsten Verbrecher und die niedrigsten Dirnen wurden
gedungen, falsches Zeugniß gegen die geheimen Juden abzulegen.
Alles das war das Werk eines Bischofs, desselben Mannes, der
wenige Jahre später die Stirn hatte, im Vatican gegen die Sitten=
verderbniß Rom's zu donnern [1]).

Ein noch feileres Subject stand der Inquisition in Evora,
deren unterirdische Kerker eine besonders traurige Berühmtheit er=
langt haben, in der Person eines Castilianers, Namens Pedro
Alvarez de Paredes, vor. Er war früher Inquisitor in Llerena,
wurde aber wegen Fälschungen und anderer Verbrechen dort ent=

[1]) Herculano, III. 150 ff.; vgl. S. 254.

laffen und als ein fehr erfahrener Mann von dem Cardinal-Infan=
ten gern aufgenommen. Er leiftete vorzügliche Dienfte. Niemand
wie er befaß eine folche Gefchicklichkeit, Geftändniffe zu entlocken.
Er fingirte Briefe, in denen der Vater, der Bruder und der Freund
den Eingekerkerten dringend bitten, Alles zu bekennen, weil im
Weigerungsfalle der Tod fein ficheres Loos fei; diefe Briefe wurden
fodann in Brote oder dergleichen eingefchoben und durch den Ge=
fangenwärter, als von Verwandten heimlich gefchickt, dem Betreffen=
den zugeftellt. Er las den Angeklagten untergefchobene Urtheile
vor, nach denen fie dem Tode verfallen waren; in der Todesangft
bekannte ein Jeder, was der Unmenfch verlangte.

Und nun erft Liffabon, die Haupt= und Refidenzftadt, der Mit=
telpunkt der Civilifation, der Wohnort des päpftlichen Nuntius!
Das Verfahren der Inquifition Liffabon's ift genugfam charakterifirt,
wenn man daran erinnert, daß João de Mello, der unerbittlichfte
Feind des jüdifchen Gefchlechts, dort als Großinquifitor wirkte.
Was die Unmenfchlichkeit und Barbarei an Folter und Pein auch
erfinnen konnte, Alles wurde durch das von de Mello eingeführte
Marterfyftem noch übertroffen. Man bebt und zittert bei dem
bloßen Gedanken an die Inquifitionskerker, diefe finftern Löcher,
in die nie ein Lichtftrahl drang, und wo Monate lang keine andere
menfchliche Stimme vernommen wurde, als die der unmenfchlichen
Henker. Und vollends die Marter und Folter! Unzählig find ihre
Arten: man renkte ihnen die Glieder aus, ertheilte ihnen die
Baftonade, fchnitt ihnen die Fußfohlen auf, beftrich die Einfchnitte
mit Butter, und das Feuer zehrte an ihrem Leibe[1]). Die Gemar=
terten mußten bekennen, es blieb ihnen nichts Anderes übrig. Die
Bulle vom 23. Mai 1536 räumte ihnen freilich das Recht ein, fich
ihre Vertheidiger und Anwälte felbft zu wählen, fie waren jedoch
auch in der freien Wahl befchränkt. Das Tribunal brachte ihnen
einige und zwar die unfähigften in Vorfchlag, von denen fie den
einen oder andern nehmen mußten; es waren das Menfchen, die
auf ihren eigenen Vortheil fahen und, anftatt die Rechte ihres Clien=
ten zu wahren, ihn zum Gange nach dem Scheiterhaufen verhalfen[2]).

---

[1]) Et quando ea via non possunt, ponunt eos ad torturam funis, et si
cum illa non id efficiunt, incidunt sibi plantas pedum, et ungunt sibi cum
butiro atque admovent igni, bei Herculano, III. 167.
[2]) Ibid. III. 168.

Die Schilderungen, welche das Memorial der geheimen Juden von der Grausamkeit der Inquisition in Portugal im Allgemeinen und in Lissabon im Besondern entwirft, sind nicht im Entferntesten übertrieben und finden durch die in den Archiven des Landes noch heute aufgespeicherten handschriftlichen Prozesse ihre Bestätigung. Die Archive dieses menschenmordenden Tribunals sind in Portugal so gut wie in Spanien fast unberührt. Nahe an vierzigtausend Prozesse sind noch geblieben, um Zeugniß von fürchterlichen Scenen, von beispielloser Abscheulichkeiten, von langen Todeskämpfen abzulegen [1].

Welche Todesangst mußte sich der armen Menschen bemächtigen, wenn sie aus dem Munde eines Familiars des h. Officiums die Aufforderung vernahmen, ihm zu folgen. Nicht selten wurden sie schon auf dem Wege nach dem Tribunale unbarmherzig tractirt. Zwei Gefangene erhielten auf dem Marsche von Aveiro nach Lissabon so viel Schläge, daß sie fast todt das Ziel ihrer traurigen Bestimmung erreichten. Eine Mutter von fünf Kindern, von denen das älteste kaum acht Jahre zählte, wurde von den Häschern ergriffen; sie fragte, was ihr Schicksal sein würde, und stürzte sich, ohne die Antwort abzuwarten, aus dem Fenster, um einem noch schrecklicheren Ende zu entgehen. Weder Schönheit, noch Anmuth, noch Alter befreite das schwache Geschlecht von der brutalen Wildheit der Ungeheuer, welche sich die Vertheidiger der Religion nannten. Es gab Tage, an denen sieben bis acht weibliche Wesen auf die Folter gespannt wurden. Bald rief der eine der Inquisitoren voller Entzücken aus; „O welch blühende Schönheit!" bald der andere: „Welche Augen! Welcher Busen! Welche Hände!" [2] Beim Anblick der Frauen und Mädchen verwandelten sich diese Blutmenschen plötzlich in wahre Künstler.

Die Zahl der Personen, welche in die Inquisitionskerker zu Lissabon — um von den anderen Tribunalen ganz zu schweigen — blos in den Jahren von 1540—1543 eintraten, läßt sich nicht genau ermitteln; sie muß jedenfalls sehr beträchtlich gewesen sein, denn

---

[1] Herculano, III. 168; Einleitung zum 1. Theil.

[2] Ponunt illas ad torturam, septem vel octo quolibet die, et unus dicit „oh quae facies judeae!" alius „oh qui oculi!" alter vero „oh qualia pectora et manus!" taliter quod supra prandium suscipiunt illud gaudium et solatium pro recreatione suae vitae. Memoriale bei Herculano, III. 173.

man bauete besondere Gefängnisse für die des Judenthums Angeklagten, und als auch diese nicht mehr ausreichten, stellte man die auf dem Rocio=Platze gelegenen Estãos dem Officium zur Disposition. Die Menge der Eingekerkerten war so ungeheuer, daß sogar viele öffentliche Gebäude zu ihrer Aufnahme benutzt wurden.

Die Inquisition hielt Autos=da=Fé [1]), hunderte von Anhängern des Judenthums fanden ihren Tod auf den Scheiterhaufen. Es hallt vor unseren Ohren das Knistern der Flammen, das Röcheln Derer, welche in den Rauchwolken umkamen; es steigt vor uns auf der Geruch des Fleisches, das verkohlt, der in Staub verwandelten Knochen! Kinder sahen ihre Eltern, Weiber ihre Gatten, Brüder ihre Brüder den Holzstoß besteigen; sie nahmen von einander Abschied und ertheilten sich unter Thränen den Segen mit einer Seelenruhe, als reisten sie ab, um den andern Tag zurückzukehren. Und das Verbrechen aller dieser edlen Märtyrer war kein Anderes, als daß sie den Einig=Einzigen bekannten und verehrten!

Angesichts solcher Ausschreitungen hielt Papst Paul, der wohl fühlte, daß ein großer Theil der Verantwortlichkeit auf ihm lastete, es endlich doch für eine Pflicht der Humanität und Gerechtigkeit, sich noch einmal der Bedrückten ernstlich anzunehmen. Lippomano, der seiner Stellung nicht gewachsen war, wurde zurückgerufen und ein neuer Nuntius in der Person des Johann Ricci de Monte Policiano ernannt (Juni 1544).

---

[1]) Eine ausführliche Beschreibung der Feier dieser Autos findet man in unserer Schrift: Ein Feiertag in Madrid (Berlin 1859).

Fünftes Capitel.

Ricci de Monte.

Der neue Nuntius. Einschreiten des Papstes gegen die Inquisition Bruch zwischen dem portugiesischem Hofe und der Curie. Vermittlungsversuche des Königs João scheitern an dem Fanatismus der Geistlichen. Die Einführung der Inquisition beschlossen, unter einigen, den geheimen Juden günstigen Bedingungen. Remonstration des Königs. Der päpstliche Commissair Ugolino und der Bischof von Porto. Der General-Pardon für die geheimen Juden und deren Freilassung. João's Tod. König Sebastian's Regierung und Ende. Die portugiesischen Adligen und die Juden in Fez.

Sobald die Ankunft des Cardinals Ricci de Monte Policiano in der portugiesischen Hauptstadt bekannt wurde, widersetzte sich der König auch dem Eintritte dieses Nuntius und ließ ihm an der Grenze des Landes sagen, daß seiner Ankunft Nichts im Wege stehe, wenn er sich um Inquisitionsgeschäfte nicht kümmern wolle. Die Unterhandlungen über die Zulassung des neuen Nuntius waren noch in vollem Gange, als Ricci de Monte von seinem Vorgänger Lippomano vermittelst eines Couriers ganz unerwartet äußerst wichtige Mittheilungen erhielt: ein Breve, den 22. September 1544 in Rom ausgefertigt, das Lippomano den Prälaten und Inquisitoren Portugal's übermitteln und durch Anschlag an die Kathedralen Lissabon's und der anderen Hauptstädte des Landes zur allgemeinen Kenntniß bringen sollte. Diesem Breve zufolge sollte unter Androhung der Excommunication kein Urtheil in Glaubenssachen ferner gefällt und die schwebenden Prozesse nicht früher wieder aufgenommen werden, bis der Papst über den Stand der Dinge durch den neuen Nuntius genau unterrichtet wäre. Lippomano, noch mit besondern Instructionen versehen, trat mit einem Male als thatkräftiger Mann auf. Er eröffnete sofort die päpstliche Resolution dem Cardinal-Infanten als Großinquisitor des Reichs und ertheilte diesem den

beſtimmten Auftrag, das Breve an den Kathedralen Liſſabon's,
Evora's und Coimbra's anheften zu laſſen (December 1544 [1]).

Ein ſolches Vorgehen hatte der König nicht erwartet, am aller=
wenigſten von dem indifferenten, unthätigen Lippomano. Dieſer
mußte auf königlichen Befehl Liſſabon und Portugal verlaſſen, der
neue Nuntius durfte die Grenze nicht überſchreiten, und ein außer=
ordentlicher Botſchafter, Simon de Veiga, wurde nach Rom geſandt
mit einem energiſchen Schreiben an den Papſt. Dieſes Schreiben
(13. Januar 1545) zeigt deutlich, wie weit der fanatiſche König es
in der Heuchelei ſchon gebracht hatte. Während er für ſich, ſeinen
Bruder, den Cardinal=Infanten, und für die Inquiſitoren Religions=
eifer, Verachtung der irdiſchen Güter, Selbſtverleugnung, Liebe und
Milde in Anſpruch nahm, warf er der Curie in der ehrverletzendſten
Weiſe Lauigkeit, Unbeſtändigkeit, Liebe zur Beſtechung, Begünſtigung
der Ketzer, Geringſchätzung der Glaubensintereſſen vor, beſchuldigte
er die geheimen Juden der Undankbarkeit, der Verleumdung, Ver=
ſtellung. Als Entſchädigung für die ihm angethane Beleidigung
bittet er ſchließlich um definitive Einführung der Inquiſition [2].

Ein ſolcher Angriff und eine ſolche Heuchelei waren dem Papſt
doch ein wenig zu ſtark. Mehr als je haßte er den König und
ſeine Schöpfung, und er war feſt entſchloſſen, die geheimen Juden
mit allen ihm zu Gebote ſtehenden Mitteln zu ſchützen. Am 16. Juni
1545 beantwortete er das königliche Schreiben in ruhig=würdiger,
ernſter Weiſe. Er gab dem Könige zu erwägen, daß alle die Ver=
leumdungen, welche er gegen die ehrenhafteſten Männer der Curie
geſchleudert, mit weit triftigeren Gründen gegen ihn und ſeine Mi=
niſter gerichtet werden könnten. Man wiſſe in Rom recht gut, wie
ſchrecklich die Inquiſition in Portugal wüthe; viele geheime Juden
ſeien ſchon jetzt öffentlich verbrannt, viele ſchmachteten noch im
Kerker und erwarteten ein gleiches Loos. Gegen ſolche Unmenſchlich=
keiten müſſe er nicht allein als Oberhirt der geſammten Chriſtenheit
einſchreiten, als einfacher Chriſt wäre es ſeine Pflicht, ſolche Thaten,
im Namen der Kirche verübt, zu verdammen. In ſeinen und des

---

[1] Herculano, III. 197 ff. Dieſes Breve Cum nuper dilectum handſchr.
im National=Archiv.
[2] Ibid III. 203 ff.

Königs Händen werde Gott eines Tages die Blutspuren so vieler
unschuldiger Opfer suchen [1]).

Dahin hatten die unausgesetzten Bemühungen der geheimen
Juden es doch endlich gebracht, daß Papst Paul noch einmal ein=
schritt. Vor der Hand ward dem mörderischen Schlachten in Por=
tugal Einhalt geboten. Der Nuntius Ricci be Monte Policiano,
dem nach einen Notenwechsel zwischen Rom und Lissabon der Ein=
tritt endlich gestattet worden [2]); zeigte sich den Juden als Freund
und Beschützer. Bei seinem ersten Besuche, den er dem Cardinal=
Infanten abstattete, überreichte er ihm eine Abschrift der ihm von
den geheimen Juden gemachten Beschwerden und übergab gleich=
zeitig dem Könige ein Memorial über die Klagen der jüdischen
Nation; so oft er mit den Prälaten des Reiches zu sprechen Gele=
genheit hatte, ergoß er sich in Schmähungen über das Verfahren
der Inquisition. Anfangs wollte der eigensinnige König die Be=
schwerdeschrift nicht eines Blickes würdigen, nahm sie jedoch endlich
an und überwies sie den Inquisitoren zur Beantwortung. Es
waren einerseits die ewigen Wiederholungen längst bekannter That=
sachen, anderseits dieselben Widersprüche, dieselben Ausflüchte, die=
selben Entschuldigungen. Bei der Entschiedenheit Ricci's entbrannte
der Kampf zwischen dem portugiesischen Hofe und der Curie von
Neuem mit neuer Heftigkeit und gewann noch neue Nahrung durch
die Bulle vom 22. August 1546, welche die vom 23. Mai 1536
noch auf ein Jahr prolongirte und die Confiscation des Vermögens
der geheimen Juden auf weitere zehn Jahre verbot [3]).

Der König, lange Zeit taub gegen alle Vorstellungen und an=
fangs nicht wenig erzürnt über die neue Bulle, fing an, nachgiebig
zu werden. Sei es, daß er den Zorn des Papstes fürchtete, sei es,
daß, durch häusliches Mißgeschick mürbe gemacht, die Stimme des
Gewissens sich vernehmen ließ: ein Gefühl der Menschlichkeit
leitete ihn auf die Bahn der Versöhnlichkeit. Vier der angesehensten
geheimen Juden, welche auf ihre Glaubensgenossen großen Einfluß
übten und auch des Königs Vertrauen genossen, wurden als Ver=

---

[1]) Herculano, III. 209 ff.
[2]) Ricci traf Anfangs September 1545, nicht aber November 1544, wie
Heine, l. c. 170 angibt, in Lissabon ein. Ibid. III. 221.
[3]) Ibid. III. 242 ff.

mittler berufen und von João mit dem Auftrage betraut, einen
Entwurf auszuarbeiten und die Forderungen zu präcisiren, unter
denen sich die geheimen Juden dem Tribunale freiwillig unterwerfen
würden. Niemand sollte von diesem Vermittlungsversuche wissen,
die vier Vertrauensmänner, deren Namen nicht angegeben sind, soll=
ten mit keinem ihrer Glaubensgenossen darüber berathen.

Nach einigen Wochen (Anfangs 1547) war der Entwurf so
weit gediehen, daß er dem Könige und seinen Ministern vorgelegt
werden konnte. Vor Allem verlangten die geheimen Juden, daß
der vom Papste längst erlassene allgemeine Pardon in Kraft trete,
sodann, daß das strenge Verfahren der Inquisition gemildert und
dem Angeklagten Name des Anklägers und der Zeugen genannt
werde. Sie verlangten nicht allein Schonung, sondern auch Nach=
sicht und Mitgefühl. „Möge Ew. Majestät", heißt es in dem von
ihnen überreichten Entwurfe, „nicht ferner Gesetze proclamiren und
nicht dulden, daß die Genossenschaften und Zünfte Verordnungen
erlassen, in denen der gehässige Unterschied zwischen alten und neuen
Christen aufrecht erhalten wird. In der That nehmen viele dieser
Genossenschaften eine sehr übermüthige Stellung ein, sie lassen uns
in Städten und Dörfern weder zu mildthätigen Stiftungen, noch
zu Gesellschaften, noch zu Zünften zu. Robuste Burschen, welche sich
für den indischen Krieg anwerben lassen, verachten und beschimpfen
uns; wir haben nichts Schlechtes gethan und ihnen keinen Anlaß
zur Verachtung geboten. Unfähige Menschen, welche öffentliche
Aemter bekleiden, verschmähen die Geschicktesten unter uns wegen
des Blutes, das in unsern Adern fließt, und suchen Diejenigen un=
seres Geschlechts, welche früher im Staatsdienst verwandt wurden,
aus Racenhaß zu entfernen. Menschen, welche noch auf Ehre hal=
ten, ziehen es deshalb vor, das Land zu meiden. Giebt man uns
Frieden, so verbleiben nicht allein Diejenigen im Lande, welche jetzt
darin weilen, und es sind deren noch immer eine ansehnliche Zahl,
sondern auch Diejenigen kehren zurück, welche in Galicien und
Castilien umherirren, und auch viele von Denen, welche sich in
Flandern, Frankreich und Italien bereits niedergelassen haben, wer=
den dem Vaterlande wieder zueilen, sie werden Handelshäuser er=
richten und das erstorbene Mercantilwesen wieder zu neuem Leben
wecken. Man muß aber vor Allem den Haß des Volkes gegen uns
dämpfen; das niedere Volk denkt nur daran, uns zu verfolgen, uns

mit Füßen zu treten. Es fehlt nie an Zungen, welche es sich angelegen sein lassen, uns als wahrhafte Verbrecher zu verurtheilen… Die Gesetze der Kirche und der Gesellschaft verbergen oft kleine Uebel, um andere, größere zu verhindern. Folge man diesem Beispiele. Man darf die Strenge der castilianischen Inquisition nicht als Muster anführen. Die Portugiesen sind leichter entschlossen, das Vaterland zu verlassen; es wäre umsonst, ihnen die Auswanderung zu verbieten. Die Erfahrung hat gelehrt, mit welcher Leichtigkeit sie Vermögen und Alles im Stiche lassen, mit welcher Unerschrockenheit sie jegliche Gefahr trotzen, um ihrem Geburtslande zu entkommen. Ohne Mäßigung und Duldsamkeit werden Wenige von uns im Reiche bleiben. Selbst in Castilien mißhandelte und verachtete man uns nicht eher, als bis man uns eines Verbrechens schuldig befunden hatte. Dort zeigte das Volk nicht gleichen Haß gegen uns, dort beschwor man nicht Tumulte herauf, um uns zu tödten. Dort genossen wir dieselben Ehren, wie die alten Christen: die Unsrigen waren Landstatthalter und Bürgermeister. und wer es wagte, uns Juden oder Bekehrte (Tornadiços) zu nennen, wurde mit Strenge bestraft. Dergestalt setzten sich unsere Glaubensgenossen den Gefahren der Inquisition aus, und wie viele flüchteten nichtsdestoweniger aus Spanien? Wahrlich unzählige, welche über die ganze Welt zerstreut sind. Und auch darin macht sich immer noch ein Unterschied bemerkbar: gegenwärtig werden diejenigen, welche aus Portugal flüchten, in den verschiedenen christlichen Staaten mit Wohlwollen aufgenommen und durch besondere Privilegien geschützt, was zu erwarten wir früher den Muth nicht hatten. Das, Herr, ist unsere Ansicht. Möge Ew. Majestät unser Votum prüfen, und möge Gott den Geist des Königs erleuchten, damit er das Beste und Heilsamste wähle [1]).“

So männlich würdig diese Ansprache, so wohl durchdacht war der ganze Entwurf. Er wurde den Inquisitoren zur Prüfung vorgelegt, diese stimmten natürlich nicht in einem einzigen Punkte mit den vier Friedensvermittlern überein; sie wollten, wie alle Fanatiker aller Zeiten, von Concessionen nichts wissen und brachten es auch dahin, daß der König von jedem weitern Vermittlungsversuche abstand. Die eigentliche Frage über die definitive Errichtung der In-

[1]) Herculano III. 254.

quifition war längft gelöft,. es handelte fich nur noch um die ihr
einzuräumenden Rechte. Der König und die Inquifition ftrebten
nach völliger Unabhängigkeit, nach Unverantwortlichkeit; die Curie
zögerte, fie wollte die geheimen Juden nicht ganz in die Gewalt
der graufamen Menfchen geben.

Das Drama, das beinah zwanzig Jahre lang bald in Rom,
bald in Portugal fpielte, neigte fich feinem Ende. Im April 1547
trafen die Cardinäle, denen die Löfung der fchwierigen Frage
übertragen war, ein Uebereinkommen, das der portugiefifche Gefandte
Balthafar de Faria, der langen Debatte müde, als endgültigen Be=
fchluß des Papftes feinem Könige übermittelte. Die Curie promul=
girte nämlich einen allgemeinen Pardon, der allen Denjenigen zu gute
kommen follte, welche ihre Anhänglichkeit an das Judenthum öffent=
lich bekennen. Alle diejenigen Verbrecher, welche dem jüdifchen
Gefchlechte nicht angehörten oder im Scheinchriftenthume verharrten,
fo wie Alle, welche in Glaubensfachen bereits zu zeitlichen Strafen
verurtheilt waren, follten vom Genuffe der Begnadigung aus=
gefchloffen bleiben. Zugleich mit der Begnadigungsbulle wurde ein
Breve erlaffen, durch das alle den einzelnen Perfonen ertheilten
Schutbreven, für welche während zwanzig Jahren ungeheure Summen
nach Rom gingen, für null und nichtig erklärt wurden; nur diejenigen
Breven, welche den Vertretern der geheimen Juden und deren Ver=
wandten eingeräumt waren, follten unter gewiffen Befchränkungen
auch ferner in Kraft bleiben. Durch ein drittes Breve wurde der
König endlich dringend erfucht, den geheimen Juden ein Jahr
lang den freien Abzug zu geftatten. Der Papft hatte den Muth
nicht, diefe freie Auswanderung für die der Vernichtung Preisgege=
benen ausdrücklich zu fordern, fo fehr die Vertreter der geheimen
Juden die Nothwendigkeit diefer Forderung ihm auch ans Herz leg=
ten und ihm vorftellten, daß ohne die Garantie der freien ungehin=
derten Auswanderung· der Pardon rein illuforifch wäre, die Begna=
digten jeden Augenblick auf Denunciation, ja auf den bloßen Ver=
dacht der Ketzerei hin von Neuem ergriffen und auf den Scheiter=
haufen gefchleppt werden könnten. Diefe Bitte der geheimen Juden
fchien dem Papfte fo gerechtfertigt, daß er ihr felbft gegen feinen
Willen Berücksichtigung fchenken mußte und auch wirklich jenes Breve
gefuchsweife erließ; freilich mußte der Cardinal Santafiore dem Kö=
nige zur Befchwichtigung bemerken, daß er von der Nation, wie es

in dem Schreiben heißt, eine Bürgschaft von 450,000 Ducaten for=
dern und sie verpflichten könne, daß Keiner der Auswanderer sich
in das Gebiet der Ungläubigen begebe [1]).

War der König durch dieses wider Erwarten günstige Resultat
zufriedengestellt? Keineswegs. Eine Erlaubniß zur Auswanderung
wollte er unter keinen Umständen bewilligen, und die erste Antwort,
welche er auf diese Mittheilung hin sowohl durch den päpstlichen
Nuntius als durch seinen Gesandten dem Papste ertheilte, war, daß
er das alte Gesetz vom 14. Juni 1535, das allen geheimen Juden
ohne ausdrückliche königliche Erlaubniß, oder ohne Erlegung von 500
Cruzaden den Austritt aus dem Lande verbot, auf weitere drei
Jahre erneuerte [2]). Balthasar de Faria, der überglücklich war, ein
solches Resultat erzielt zu haben, wurde mit Vorwürfen von seinem
unbeugsamen Könige überhäuft, daß er auf solche, die Thätigkeit der
Inquisition lähmende Bedingungen eingegangen war. João dachte
auch nicht im Entferntesten daran, die geheimen Juden, welche ihre
Anhänglichkeit an das Judenthum bekennen würden oder der Ketzerei
überführt waren, ohne weitere Strafe zu entlassen; er wollte sich
nur alsdann zu dem Pardon verstehen, wenn der Papst von den
jetzt gefaßten Beschlüssen durchaus nicht wieder abgehen würde [3]).

Den geheimen Juden war somit alle Aussicht auf Erfolg ge=
nommen. Die einzige Hoffnung, die den lang und oft Getäuschten,
den zu Tode Gehetzten jetzt noch blieb, war, der „Hölle“, wie Por=
tugal seines fanatischen Treibens wegen nicht mit Unrecht genannt
ward, sobald als möglich zu entkommen. Sie verbargen diesen Ent=
schluß so wenig, daß sie öffentlich erklärten, nicht ein Einziger von
ihnen würde in Portugal verbleiben. Das königliche Verbot der
Auswanderung war ihnen ebensowenig jetzt, wie früher, ein Hinderniß.
In einer Zeit, in der es ein Leichtes war, die Wachsamkeit der
Behörden zu täuschen, in einem Lande, in dem sich Alle der Be=
stechung zugänglich zeigten, war für Menschen, denen Mittel zur
Verfügung standen, ein Auswanderungsverbot eine bloße Chimäre.
Fehlte es aber der Inquisition an Opfern, blieben die Kerker ohne

---

[1]) Herculano, III. 270 ff.

[2]) Das Gesetz vom 15. Juli 1547 bei Figueiredo, Synops Chron. I. 401.

[3]) Nach einem Briefe des Königs an de Faria vom 22. Juli 1547 bei
Herculano, III. 279.

Bewohner, konnten keine Autos=da=Fé veranstaltet werden — was war dann die Inquisition? Alles das war dem Könige nicht entgangen. Er wollte sein bereits verarmtes Land dem Ruine nicht gänzlich hingeben und deshalb die geheimen Juden nicht ziehen lassen. Ihre Schätze sollten die Diener des Tribunals bereichern, die ausgehungerten Pfaffen ernähren, die stets leeren Schatzkammern des Königs füllen; die blutgierigen Inquisitoren wollten, wie die Cardinäle einmal allen Ernstes behaupteten, Fleisch, Menschenfleisch; die Scheiterhaufen sollten unterhalten, das unwissende, von noch unwissendern frommen Priestern geleitete Volk durch die Schauspiele der Agonien ergötzt, die Heuchelei unter dem Deckmantel des Religionseifers genährt werden. Aus diesen Gründen wollte der König in Alles, nur nicht in den freien Abzug der geheimen Juden willigen: er versprach, zehn Jahre lang von der Confiscation der Güter der bestraften geheimen Juden zu abstrahiren, auch die Namen der Angeber und der Zeugen sollten ihnen genannt werden. Das waren die einzigen Begünstigungen, welche er den Ohnmächtigen einräumen, die letzte Concession, welche er dem Papst zu machen entschlossen war.

Angesichts dieser Halsstarrigkeit des Königs hielt der Papst es für das Geeignetste, einen besondern Commissair in der Person eines Neffen des ein Jahr früher verstorbenen Cardinals Santiquatro, Namens Ugolino, nach Portugal zu senden, um die Bulle der Errichtung der Inquisition, sowie die des Pardons und alle andern auf diese bezüglichen Documente dem Könige direct überreichen zu lassen. Sobald Balthasar de Faria, der in dieser ganzen Angelegenheit diplomatisch klug verfuhr, von der Mission Ugolino's vertrauliche Mittheilung erhalten hatte, gab er seinem Könige den wohlweisen Rath, sich in Allem nachgiebig zu zeigen und namentlich gegen die Auswanderung der geheimen Juden sich nicht zu stemmen, sich vielmehr mit der Veröffentlichung des Gesetzes vom 15. Juli zufrieden zu stellen und für die äußerste Wachsamkeit an den Grenzen zu sorgen. Ugolino überbrächte ein Breve, das ihn ermächtige, die Güter Derjenigen zu confisciren, welche sich in die Gebiete der Ungläubigen begeben würden; mit diesem Breve ließe sich alles Mögliche anfangen.

Der König legte auf den Rath seines von ihm sehr geschätzten Gesandten geringen Werth, er beharrte auf seinen Forderungen. An

Vermittlungsversuche zwischen Rom und dem portugiesischen Hofe war vor der Hand nicht zu denken. Die Curie gab endlich nach und opferte die unglücklichen Juden dem materiellen Interesse, um dessentwillen sie früher von ihr beschützt wurden.

Um diese Zeit befand sich auf seiner Reise zum Concilium nach Trident ein Mann in Rom, den wir früher kennen zu lernen Gelegenheit hatten, der Bischof von Porto. Er besaß eine unbegrenzte Frechheit und seine Zungenfertigkeit hatte ihm auch in Rom eine gewisse Bedeutung verschafft. Sein erstes Zusammentreffen mit dem Papste war stürmisch. Nach einer feurigen Rede, welche sich über den Stand der Kirche im Allgemeinen erstreckte und mit heftigen Angriffen auf den Papst verbrämt war, kam er auf sein Hauptthema, die Inquisition, zu sprechen. Er machte dem Papste bittere Vorwürfe darüber, daß er als oberster Kirchenfürst die portugiesischen Juden in seinen Staaten aufnähme. „Als Christen und unter christlichen Namen verlassen sie heimlich Portugal und nehmen ihre Kinder mit, welche von ihnen selbst zur Taufe geführt sind; sie kommen nach Italien, geben sich für Juden aus, leben nach jüdischen Satzungen und lassen ihre Kinder beschneiden. Das geschieht vor den Augen des Papstes und der Curie, in den Mauern Rom's und Bologna's. Das geschieht, weil Se Heiligkeit diesen Ketzern ein Privilegium gegeben hat, daß Niemand sie in Ancona des Glaubens wegen beunruhigen darf. Unter solchen Umständen ist es unmöglich, daß der König ihnen freien Abzug aus dem Lande gestatten kann. Verlangt das Se. Heiligkeit etwa, damit die Auswanderer sich als Juden in seinen Staaten niederlassen und die Curie dergestalt Vortheile von ihnen zieht? Statt die Errichtung der Inquisition in Portugal zu verhindern, wäre es längst die Pflicht Sr. Heiligkeit gewesen, sie in der eigenen Herrschaft einzuführen."

Die feurige Rede des alten Carmeliters hatte den schwachen Papst so gelangweilt, daß er, um dem Schlafe zu widerstehen, sich erhob und in seinem Zimmer auf und ab ging. Mit einem Hofbescheide und vagen Versprechungen entließ er den Bischof-Inquisitor. Balthasar Limpo, so hieß der Bischof, war aber nicht der Mann, der sich mit leeren Worten abspeisen ließ; war es ihm doch kein Geheimniß, daß der Papst von den zu Gunsten der Juden einmal gefaßten Beschlüssen nicht weichen wollte. Er begab sich nochmals in den Vatican und erklärte dem Kirchenfürsten auf das

Entschiedenste, daß er nicht früher abreisen würde, bis die bereits zwanzig Jahre schwebende Frage vollends gelöst sei.

Einem solchen energischen Auftreten konnte Paul nicht lange Widerstand leisten. Er erklärte sich bereit, dem Könige in Allem zu Willen zu sein, nur müsse er den geheimen Juden die freie Auswanderung gestatten. wo hingegen diese das Versprechen geben und sich mit einer bedeutenden Geldsumme verbürgen müßten, sich nicht in den Gebieten der Ungläubigen niederzulassen. Mit Spott und Hohn begegnete der freche Prälat dem würdigen Oberhaupte der Kirche, als er diese so oft wiederholte Forderung auch ihm stellte. „Ist etwa ein Unterschied“, sagte er voller Zorn, „ob diese Ketzer sich unter die Herrschaft der Ungläubigen oder nach Italien begeben? Sie lassen sich in Ancona, Ferrara oder Venedig beschneiden und gehen von da nach der Türkei. Sie besitzen ja päpstliche Privilegien, so daß Niemand sie fragen darf, ob sie vielleicht Juden sind! Erkennungszeichen tragen sie nicht, und so können sie frank und frei gehen, wohin sie wollen, ihre Ceremonien beobachten, die Synagogen besuchen. O, wie viele von denen besuchen diese nicht jetzt schon, die in Portugal in ihrer Jugend getauft, zum Tode verurtheilt oder in effigie verbrannt sind. Räumt man ihnen die freie Auswanderung ein, so brauchen sie nur den Fuß in das Land der Ungläubigen zu setzen und können sich offen zum Judenthum bekennen. Nie wird der König einen solchen Zustand dulden, kein Theologe, was sage ich, kein einfacher Christ kann ihm dazu rathen. Statt daß Se. Heiligkeit sich bemüht, die geheimen Juden in Sicherheit zu bringen, möge er lieber die Inquisitionstribunale in seinen Staaten vermehren und nicht blos die lutherischen Ketzer, sondern ebensogut die jüdischen bestrafen, welche in Italien Schutz und Zuflucht suchen“. Der Papst beschwichtigte den Bischof-Inquisitor mit dem Versprechen, daß er die Angelegenheit mit dem Cardinale de Crescentiis noch einmal berathen, und daß sich schon Alles machen würde.

In der That machte sich Alles sehr schnell. Der Papst räumte dem Könige João das Feld; die Schlacht war gewonnen, die Opfer durften nicht aus dem Lande weichen, die Henker konnten ihr Amt sofort antreten. Die Inquisition erhielt unumschränkte Gewalt, alle geheimen Juden, ohne Ausnahme, waren ihr unterworfen, der letzte Hoffnungsstrahl der Unglücklichen hatte sich in dunkle Nacht gehüllt.

Gegen Ende November 1547 trat Ugolino, von dem durch Geld für Portugal gewonnenen Cardinal Farnese mit genauen Instructionen versehen, seine Reise nach Lissabon an, um dem Könige die päpstlichen Diplome zu überbringen [1]). Diese bestanden in der mehrerwähnten Begnadigungsbulle (perdão), in einem Breve, das die des Judenthums Ueberführten während der nächstfolgenden zehn Jahre von Confiscation befreite, und in einem andern Breve, das dem Ugolino als Creditiv dienen sollte, in dem von der königlichen Gnade erwartet wird, daß die Inquisition mit Milde und Mäßigkeit verfahre. Die andern auf die Inquisition direct Bezug nehmenden Diplome waren: die Bulle über die definitive Errichtung der Inquisition und die Suspension der den geheimen Juden mit Ausnahme der den Vertretern derselben und deren Familien ertheilten Privilegien [2]).

Der mehr als zwanzigjährige Kampf war somit beendet Das Tribunal war durch ungeheure Summen von Rom erhandelt. Der Cardinal Farnese, der noch zuletzt gewonnen wurde, erhielt als Lohn das dem Bischof Miguel de Silva in himmelschreiender Weise abgenommene Bisthum Viseu und bezog aus Portugal jährlich gegen 20,000 Cruzaden. Der Cardinal Santiquatro, der langjährige Freund des Königs, wurde mit einer jährlichen Pension von 1500 Cruzaden und der Cardinal de Crescentiis mit einer solchen von 1000 Cruzaden belohnt. Die Fanatiker hatten damals wie jetzt ein besonderes, in den meisten Fällen ein rein materielles Interesse im Auge, von all den Eiferern für die Inquisition that Niemand etwas umsonst, sie waren alle von Portugal gedungen und bezahlt. Wie groß auch die Summen waren, welche die geheimen Juden ihrer Sache zum Opfer brachten, die des Königs waren weit größer [3]).

---

[1]) Nach der Instruzione per il cavalier Ugolino (Simmicta Vol. 33, Fol. 140 ff., bei Herculano, III. 304 f.) hatte Ugolino den Auftrag, die bezüglichen Diplome den Vertretern der Nation (chefes da nação) zu übergeben.

[2]) Die Errichtungs-Bulle Meditatio cordis ist datirt vom 16. Juli 1547, die der Suspension der Privilegien Romanus Pontifex vom 15. Juli 1547 und das Creditiv-Breve Cum saepius vom 5. Juli 1547. Alle diese Documente, nur handschriftlich im National-Archiv zu Lissabon, sind antedatirt. Herculano, III. 306.

[3]) Ibid. III. 313 ff.

Nunmehr konnte sich die Inquisition im Vollgenuß ihrer schrecklichen Macht, geschmückt mit den Marterinstrumenten, auf ihren Thron erheben; ihre geistlichen Diener konnten sich von Menschenfleisch mästen, und die Jesuiten verewigten diese glorreiche Errunschaft durch Schriften in lateinischer und portugiesischer Sprache. Der Eine, Braz Viegas, verkündigte seinen „Sieg des Messias", ein Anderer schrieb über die nunmehrige „Festigkeit des Glaubens und Verwirrung des Judenthums", und ein Dritter, der auf Staatskosten in Paris studirt hatte, Francisco Machado, widmete dem Cardinal-Infanten seinen lateinisch und portugiesisch verfertigten „Spiegel der Neu-Christen".

Am 10. Juli 1548 [1]) wurde der Pardon in der Domkirche zu Lissabon publicirt [2]); bald darauf fand die allgemeine Abschwörung der geheimen Juden vor der Thüre der Hospitalkirche Lissabon's Statt [3]). Die Gefängnisse des Tribunals zu Lissabon und Evora leerten sich für einige Zeit, die von Porto, Lamego und Thomar für immer: die Thätigkeit dieser drei Tribunale hatte mit der Publication der Bulle ihr Ende erreicht [4]); gegen achtzehn hundert Personen wurden in Freiheit gesetzt [5]).

Die meisten, wenn nicht alle dieser in Freiheit gesetzten geheimen Juden folgten, trotz des königlichen Verbots der Auswanderung, ihren ihnen vorangegangen Glaubensbrüdern. Diejenigen, welche aus Liebe zur Heimath, aus Mangel an Reisegeld oder aus anderen Gründen noch in Portugal verblieben, wandten sich noch einmal flehend und bittend an den Papst und versuchten in der Folge noch öfters, sich die Gunst der Curie zu erkaufen; die Resultate blieben gewöhnlich hinter den von ihnen gebrachten Opfern und gemachten Anstrengungen zurück. Das Gebäude der Inquisition stand unerschütterlich fest Unmittelbar nach der allgemeinen Begnadigung hatte es freilich den Anschein, als ob das Ungeheuer gar nicht exi-

---

[1]) Nicht aber am 10 Januar, wie Grätz (IX. 308) nach Kunstmann schreibt, letzterer (Münch. Gelehrt. Anzeiger 1847), No. 79, richtig 10. Juli 1548.

[2]) Historia da Inquisição, 5: Publicação do Breve de Paulo III. de 11. Mai 1547, que concedeo perdão geral aos christãos-novos.

[3]) Herculano, III. 311.

[4]) Kunstmann, Münch. Gelehrt. Anzeiger 1847, No. 79.

[5]) Aboab, Nomologia, 293. Mein Menasse ben Jsrael, 88.

ſtire, als ob es aus Mangel an Beute von der Mordgier abge=
laſſen habe. Von dem Augenblicke an aber, daß die portugieſiſche
Inquiſition ihre eigene Geſchäfts= und Gerichtsordnung erhielt (1552),
trat ſie wieder in volle Thätigkeit. Die geheimen Juden wurden
ohne Erbarmen eingezogen und ohne genügende Indicien auf die
Folter geſpannt. Als einer der grauſamſten Folterknechte fungirte
in dieſer Zeit der ſonſt nicht unbekannte Oleaſter oder Fr. Giero=
nimo da Azambuja, der den frühern Inquiſitor João de Mello an
Grauſamkeit noch übertraf. Er überſchritt ſo ſehr alles Maß, daß
der Cardinal=Infant ihn entlaſſen mußte.

König João hatte das ſich geſteckte Ziel erreicht, den ſehnlich=
ſten Wunſch ſeines Herzens in Erfüllung gehen ſehen, ſeine eigene
Schöpfung brachte dem Lande den Ruin. Außer den Freuden, die
ihm die Inquiſition bereitete, waren ihm wenige heitere Tage be=
ſchieden. Seine zahlreiche Nachkommenſchaft, ſechs Söhne und drei
Töchter, hatte er alle vor ſich ins Grab ſinken ſehen, der Erbe
ſeines Thrones, vermählt mit einer Tochter des Kaiſers Carl, ſtarb
im Alter von ſechszehn und einem halben Jahre. Ihn ſelbſt raffte
der Tod unerwartet ſchnell im Mannesalter dahin (11. Juni 1557);
ſein Enkel und Thronfolger Sebaſtian war bei ſeinem Tode nicht
älter als drei Jahre. Nach dem letzten Willen des Königs ſollte
ſeine Gemahlin während der Minderjährigkeit des Thronerben die
Zügel der Regierung übernehmen; ſchon nach wenigen Jahren mußte
ſie ihrem Schwager, dem von der Jeſuiten umſtrickten Cardinal=
Infanten D. Henrique, die Regentſchaft überlaſſen.

Somit ſaß auf dem einſt mächtigen Throne ein Menſch im
Prieſtertalare, der bis an ſein Ende mit dem größten Eifer als
General=Inquiſitor wirkte und der cericalen Partei die Regierungs=
geſchäfte überließ. Daß unter einem ſolchen Regiment die geheimen
Juden viel zu dulden hatten, bedarf wohl kaum der beſondern Er=
wähnung. So beantragten in den Cortes von 1562 die Prälaten,
daß die geheimen Juden auch als ſolche die von João III. einge=
führten Erkennungszeichen tragen und daß man darauf bedacht ſei,
jedes Mittel und jede Gelegenheit zur gänzlichen Vertilgung des
jüdiſchen Geſchlechts zu benutzen. Aus dieſem Grunde verlangten
ſie, daß die jüdiſchen Ketzer in den Städten, Flecken und Dörfern
nicht ſollten mit den alten Chriſten vermiſcht, ſondern, wie früher
die Juden in den Judarias, unter einander leben, damit ſie leich=

ter beobachtet und ihr Rückfall in den alten Glauben besser bewacht
und beſtraft werden könnte [1]).

D. Henrique unterließ als Regent es nicht, die geheimen Juden
zu bebrücken. Er erneuerte das von seinem Bruder erlassene Aus=
wanderungsverbot und erweiterte es dahin, daß kein Neu=Chriſt das
portugieſiſche Reich und deſſen Beſitzungen mit beweglichen Gütern
verlaſſe, keiner nach Jnbien, nach den Jnſeln, nach Guinea oder
Braſilien ohne besondere königliche Erlaubniß und vorherige Bürg=
schaftsleiſtung gehe, keiner ohne ſpecielle Erlaubniß ſeine liegenden
Gründe verkaufe. Wer dieſem Verbote zuwiderhandelte, wurde nach
dem Geſetze vom 11. Februar 1569 mit Verbannung beſtraft [2]).
Beide Geſetze wurden von dem Könige Sebaſtian, der nach einer
vierjährigen Regentſchaft des Cardinal=Jnfanten ſelbſt die Regierung
übernahm, wieder aufgehoben, und den geheimen Juden die Er=
laubniß zur freien Auswanderung ertheilt (21. Mai 1577). Nicht
Humanität, auch nicht eine besondere Vorliebe für die geknechtete
Claſſe bewog Sebaſtian zu dieſem Schritte — er war von Jeſuiten
erzogen, von ihnen geleitet und ganz von ihren Tendenzen erfüllt,
— sondern der materielle Gewinn, den er aus dieſem ſcheinbaren
Gnadenacte zog. Von ſchwärmeriſchem Eifer entbrannt, den chriſt=
lichen Glauben in allen Ländern und Gegenden zu verbreiten, ließ er
sich tollkühn in einen Krieg mit den Ungläubigen in Afrika ein.
Um zu diesem großen Unternehmen die nöthigen Geldmittel zu er=
ſchwingen, bewilligte er unter Anderen den geheimen Juden für die
ungeheure Summe von 225,000 Ducaten, — nach heutigem Gold=
werth über 4 Millionen Thaler — daß sie bei Vergehen im Be=
reiche der Jnquiſition zehn Jahre lang ihr Vermögen nicht verlieren
und daß ihrer Auswanderung kein Hinderniß gelegt werden ſollte [3]).

[1]) Santarem, Documentos para servirem de Provas a Parte 1. das Memorias para a Historia das Cortes Geraes (Lisboa, 1828) 65: Tambien devia
V. A. ver se se podia atalhar que não vivessem em a Villas, e Cidades, e
Lugares como em muitas dellas vivem, que assistão apartados, e tem as cazas
juntas, e furadas humas com outras como quando erão judarias, de que se
segue incobrir melhor seus erros e procurarem-se mais facilmente huns a
outros com a má, e tão familiar conversação. Vgl. S. 49.
[2]) Quelle bei Gordo, Memoria sobre os Judeos em Portugal, l. c. 33.
[3]) Ibid. 33, Adolfo de Castro, Judios en España, 188.

17*

Mit diesem wieder einmal den Juden abgenommenen Golde un=
ternahm Sebastian einen Feldzug, aus dem er nicht mehr zurück=
kehrte. Religionseifer hat Portugal's Macht nach Innen und nach
Außen gebrochen, durch Religionseifer hat es seine Selbstständigkeit
eingebüßt. In der Schlacht von Alcacer verlor Sebastian Krone
und Leben; sein ganzes Heer, meistens Adlige, wurde aufgerieben.
Hier endete die Blüthe Portugal's. Die Wenigen, welche von den
Adligen übrig blieben, wurden zu Gefangenen gemacht, nach Fez
und Marokko gebracht und dort den Enkeln der unschuldig verfolg=
ten portugiesischen Juden zu Sclaven verkauft. Es war den Juden
hier Gelegenheit geboten, an ihren früheren Bedrückern Rache zu
nehmen; statt dessen wurden sie von ihnen sehr liebevoll behandelt;
es war den portugiesischen Rittern in den Häusern der Juden so
wohl, als wären sie in ihren eigenen Häusern. Sie verkehrten in
der herzlichsten Weise mit den von ihnen nicht mehr verachteten
Juden, unterhielten sich mit ihnen in der Heimathssprache, ver=
weilten gern auf dem jüdischen Friedhofe zu Fez und fanden in
den Klagen der Juden Linderung für ihre eigenen Wunden. Viele
dieser portugiesischen Adligen, welche von den Juden als Sclaven
gekauft waren, kehrten mit Erlaubniß ihrer Herren und mit dem
Versprechen, daß für sie verlangte Lösegeld zu übersenden, in die
Heimath zurück. Manche hielten Wort und legten dem Lösegeld
auch noch werthvolle Geschenke als Zeichen der Dankbarkeit für die
von ihnen empfangenen Wohlthaten bei [1].

---

[1] Hieronymo de Mendoça, Jornada de Africa (Lisboa, 1607) 123 a: . . .
pello contrario acharão nos Judeos muita brandura, afabilidade e cortesia, alem
de ser aliuio muy grande entenderense cõ elles na lingoagem, porque como
esta dito, falão todos castelhano, e assi em todas as cousas erão estes fidalgos
tratados como em suas proprias casas cõ muito amor e singelleza, vgl. 85 a,
123 b, 111 b. Barrios, Oracion Paneg. de Abi Jethomim, 21. Ahoah, Nomologia, 308: Permitio el Señor, que à la quarta generacion viniesse quasi toda
la nobleza de Portugal, y su Rey Don Sebastian à Africa, para seren destrui-
dos, y captiuos en el mismo lugar, adonde sus abuelos indigna y cruelmente
mandaron los affligidos Israelitas. Alli acabo la flor de Portugal, y los que
quedaron fueron llevados a Fez, donde fueron vendidos a voz de pregonero
eu las plaças, donde habitauan los Judios, successores de los innocentes
perseguidos . . . y me contaua el Sabio David Fayon . . . que no tenian
mayor consolacion aquellos miserables que ser vendidos por esclauos à
los Judios.

Die Liebe der Portugiesen zu ihren früheren Landsleuten wurde
so groß, daß jenen auch wieder einmal die Lust anwandelte, den Himmel
mit ihnen zu theilen. Einer der Gefangenen, ein Fr. Vicente de Fonseca
hielt in Fez in der Wohnung des Grafen von Vimioso Bekehrungs=
reden, zu denen unter verschiedenen Vorspiegelungen auch Juden ge=
lockt wurden [1]). Es gelang dem bekehrungssüchtigen Frater nicht, auf
fremdem Boden neue Opfer für die Inquisition zu fangen; suchten
doch die im eigenen Vaterlande weilenden geheimen Juden den
Klauen dieses Ungeheuers dadurch zu entwischen, daß sie den Wander=
stab ergriffen und nach den verschiedensten Gegenden und Ländern
ihre Schritte lenkten.

[1]) Mendoça, l. c. 110 b. Die liebevolle Behandlung wurde den Juden zu=
weilen schlecht vergolten. Ein junger portugiesischer Junker tödtete einer gering=
fügigen Sache wegen einen Juden, dessen Gefangener er war, indem er ihm einen
Schlag auf dem Kopf versetzte. Er hatte seinen Uebermuth schwer zu büßen:
vor dem Thore der Judenstadt in Fez wurde er aufgeknüpft. Mendoça
l. c. 90 b.

Sechstes Capitel.

Wanderungen der portugiesischen Juden.

Türkei, Italien. Die Päpste begünstigen die Aufnahme der portugiesischen Flücht-
linge. Ferrara: Samuel und Bienvenida Abravanel, Doña Gracia Mendesia, die
Familie Usque. Amatus Lusitanus, Immanuel Aboab. Portugiesische Juden in
Frankreich: Delgado, Montalto. Leiden der Neu-Christen und ihr Recurs an
Pius IV. Regierung Philipp's II. Die früheste Ansiedlung der portugiesischen
Juden in Amsterdam und Hamburg. Rodrigo de Castro.

Die geheimen Juden hatten seit dem Anfange des sechszehnten
Jahrhunderts theils in Gruppen, theils als vereinzelte Flüchtlinge
Portugal verlassen und sich allmälig über einen bedeutenden Theil
Europa's verbreitet. Je größer die Tyrannei in der Heimath
wurde, desto größere Dimensionen nahm, allen Auswanderungsver-
boten zum Troh, die Emigration an. Wer nur irgend konnte, ergriff die Flucht, und wo die armen Flüchtlinge Aufnahme und Duldung fanden, ließen sie sich häuslich nieder. Die Meisten wandten
sich nach der Türkei und Syrien, der Urheimath der Juden:
in Constantinopel, Salonichi und anderen Städten des türkischen
Reiches bildeten sich neben den castilianischen und aragonischen auch
portugiesische Gemeinden, deren Glieder nach ihren frühern Wohn-
orten wieder kleinere Verbände bildeten. Hier treffen wir Glieder
der alten Familie Ibn Jachia: den als Arzt, Talmudist und Richter
weitberühmten Jakob (Tam) Ibn Jachia und dessen Söhne Joseph und Gedalja; ersterer war Leibarzt des Sultans Soliman,
und letzterer stand der Lissaboner Gemeinde in Salonichi und der
der Portugiesen in Constantine als Rabbiner und Prediger vor.

Ein anderes Hauptziel und Asyl der portugiesischen Flüchtlinge
war Italien, wo es von geheimen Juden förmlich wimmelte.

Während durch hierarchische Bestrebungen und einen falschen Eifer
für den Glauben die Juden aus Portugal verjagt oder von der
Inquisition verzehrt wurden, hat die Hierarchie selber, das Bollwerk
des Glaubens, Rom und der Kirchenstaat ihnen gastliche Aufnahme
geboten; es ist das die wunderbare Fügung der Vorsehung, daß
sich zum Trost der Leidenden ein neues Pförtchen öffnet, wenn sich
ein anderes schließt. In individuelle Interessen versunken und in
der Absicht, sich eine weltliche Macht zu gründen, hatte schon Papst
Clemens VII. und nach ihm Paul III. den aus Portugal geflüchteten geheimen Juden ein Asyl und die schriftliche Versicherung gegeben, daß sie das Judenthum öffentlich bekennen und in der Aus-
übung ihrer Ceremonien nicht gestört werden dürften[1]). Die Päpste
schützten die Juden und nahmen die Flüchtlinge auf, weil sie ihre
industriellen Fähigkeiten zu schätzen wußten; die Blüthe des Handels
von Ancona war ihr beständiges Augenmerk. Paul III. gewährte
in einem Schreiben über den Handel dieser Stadt Allen, die sich
hier niederlassen wollten, vollständige Freiheit, „allen Personen jeglichen Geschlechts aus Portugal und Algarve.., auch wenn sie aus
dem Geschlechte der Hebräer und Neu-Christen wären". Auf solche
Privilegien hin füllte sich Ancona mit portugiesischen Juden, so
daß die Stadt gegen 1553 deren an dreitausend hatte und reich
und mächtig wurde. Es gab bald in ganz Italien keine Stadt,
die sich nicht mit portugiesischen Juden bevölkerte[2]). Pesaro gelangte durch ihren Verkehr zu Bedeutung, durch sie wurde Livorno

[1]) Herculano, III. 284, nach einem Briefe des Bischofs von Porto an den
König João vom 22. November 1547, S. 296, vgl. oben S. 254. und mein
Menasse ben Israel, 88. Nach letzterer Quelle war das Privilegium bereits von
Clemens VII. gegeben, und von Paul III nur neu bestätigt. Es existirt ein
Brief, den die geheimen Juden von Rom aus an die in Portugal verbliebenen
Brüder geschrieben haben und ihnen Rathschläge über ihre Auswanderung gegeben
haben sollen. Dieser Brief, mitgetheilt von verschiedenen Autoren. u. a. von
Torrejoncillo, Centinella contra Judios bei Adolfo de Castro, l. c. 178 ff.,
ist, wie ähnliche Briefe (s. Sephardim 111), ein Machwerk der Jesuiten.

[2]) Ersch-Gruber, Encyklopädie, Art. Juden, 2. Section, 27. Theil, S. 152.

[3]) Ne è Città in Italia, doue non ci siano Marrani — Marsani steht nicht
im Mscr. — Portughesi, fuggiti dalla Inquisitione di Portogallo. Informatione,
l c. LVII.

eine weltbedeutende Handelsſtadt, in Raguſa landete im Mai 1544
ein Schiff, das ausſchließlich mit portugieſiſchen Flüchtlingen beſetzt
war, wie Balthaſar de Faria dem Könige João meldet[1]); in
Bologna, Neapel, Venedig und vielen anderen Städten der
apeniniſchen Halbinſel bildeten ſich blühende Gemeinden aus den
neuàngekommenen portugieſiſchen Züglern, deren Zahl ſo groß war,
daß ein Abt aus Porto, Fernando de Goes Loureiro, gegen
Ende des 16. Jahrhunderts ein ganzes Buch mit den Namen derjenigen geheimen Juden füllte, welche in Italien offen zum Judenthume zurückkehrten, und zugleich die ungeheuren Summen berech-
nete, welche ſie dem Lande entzogen[2]).

Viele der angeſehenſten und reichſten der portugieſiſchen Juden,
viele, die durch Wiſſen und Gelehrſamkeit unter ihnen glänzten, ſiedel-
ten ſich in Ferrara, der damaligen Metropole der Bildung, dem
Muſenſitze Italien's, an und lebten dort gleich ihren einheimiſchen
Glaubensbrüdern im vollen Genuſſe politiſcher und religiöſer Freiheit. Hier weilte und beendete ſeine Tage ein Sproß der altabligen Familie Abravanel, der jüngſte Sohn des Don Iſaak,
Samuel Abravanel (geb. 1473, geſt. c. 1550). Er war tal-
mudiſch und wiſſenſchaftlich gebildet, erwarb ſich als Finanzmann
des Vicekönigs von Neapel, D. Pedro de Toledo, ein ſehr bedeutendes Vermögen, das man auf mehr als 200,000 Gold-Zechinen
ſchätzte, und verwendete ſeinen Reichthum zu hochherzigen, edelmüthigen
Wohlthaten. „Er verdient", rühmt der Dichter Samuel Uſque in
ſchwärmeriſcher Begeiſterung von ihm[3]), Tremegiſto (dreimal groß)
genannt zu werden; er iſt groß und weiſe im göttlichen Geſetze,
groß an Namen und Anſehen, groß an Reichthum. Großherzig
verfährt er ſtets mit ſeinen Glücksgütern, er lindert die Trübſal
ſeines Volkes und ſteht ſeinen Brüdern ſtets hilfreich bei. Er verheirathet Waiſen in Unzahl, unterſtützt Bedürftige, bemüht ſich, Gefangene auszulöſen, ſo daß in ihm alle die großen Eigenſchaften
zuſammentreffen, welche zur Prophetie befähigen". „Ich kenne viele

---

1) Herculano, II. 103, Cunha, Hist. Ecclesiastica de Braga, II. 81,
vgl. S. 236.

2) Cathalogo dos Portuguezes Christãos - Novos qui se hião declarar
Judios a Italia com a Relação dos copiosas sommas de dinheiro que levan-
tão. Barboſa, l. c. II. 27.

3) Uſque, l. c. 205 ſ., Aboab, l. c. 304.

achtbare Männer," sagt Immanuel Aboab, „die es sich zum Ruhm
anrechnen, Diener oder Schützlinge dieses altabligen Hauses ge=
wesen zu sein."

Der Culminationspunkt seines Glücks war der Besitz einer Le=
bensgefährtin, Bienvenida[1] Abravanela, die als eine der
edelsten Frauengestalten in Israel, als ein Muster der Tugend, der
Wohlthätigkeit, der wahren Religiosität, der Klugheit und des Muths,
der Bildung und der Anmuth von Mit= und Nachwelt verehrt wird.
Der Vicekönig von Neapel ließ seine Tochter Leonora mit Bien=
venida vertraulich verkehren und sie von ihr unterrichten. Als
Leonora später Gemahlin des Großherzogs Cosmo von Medicis
und Großherzogin von Toscana geworden, hielt sie sich immer noch
zu ihrer alten jüdischen Freundin, die sie wie eine Mutter verehrte,
auch wohl mit diesem Ehrennamen belegte[2]. Samuel Abravanel
trat, wie sein Vater, für seine Stamm= und Glaubensgenossen in die
Schranken, so oft die Noth es erforderte, sein Haus war ein Sam=
melplatz jüdischer und christlicher Gelehrten, der Portugiese David
ben Joseph Ibn Jachia, der Kabbalist Baruch von Bene=
vent und der deutsche Gelehrte Widmannstadt gingen bei ihm
ein und aus, er, selbst wohl unterrichtet, war Freund und Förderer
der jüdischen Wissenschaft[3].

---

[1] Bienvenida (spanisch) oder Benvenide (portug.). Der polnische Com=
pilator der Weibernamen im Eben Ha=Eser, §. 129, wußte mit diesem unge=
wöhnlichen Namen Nichts anzufangen, er schreibt ניין ונידא (sic) mit dem Zusatze
שם]אחד[הוא.

[2] Aboab, der Dies erzählt, setzt ausdrücklich Benvenida ... a quien llamava
madre y como a tal la trataua y venerava, daher auch der Biograph der Familie
Abravanel, Ozar Nechmad 60: בשם אם (!) וקראה אותה תכיד. Aus Aboab spricht
wahrscheinlich auch Menasse ben Israel, der in seiner Schrift Spes Israelis
von Bienvenida redet. In der bei seinen Lebzeiten, wenn nicht von ihm selbst
veranstalteten lateinischen Uebersetzung genannter Schrift (92) heißt es ...
tanto honore Benvenidam prosecuta est quasi mater esset. Der unwissende
hebräische Uebersetzer, dem der gelehrte Biograph der Abr. wörtlich nachschreibt,
macht daraus והדוכסת ההיא כבדה לאשת אברבנאל לעיני כל השרים והיועצים וקראה אותה
בשם אם.

[3] Grätz, IX. 48. Samuel starb c. 1550, Bienvenida lebte noch 1552.
Ihr reicher und wohlthätiger Sohn, D. Juda Abravanel, blieb ebenso wie
Isaak, der Sohn des D. Joseph, der Enkel des D. Isaak Abravanel,
in Ferrara. In dem Hause des letztern lehrte Isaak de Lates, der mit kabba=

Eine andere hehre Erscheinung, welche am Horizonte der por=
tugiesischen Juden glänzte und um dieselbe Zeit unter dem Schutze
des judenfreundlichen Herzogs Ercole II. in der Musenstadt Ferrara
lebte, war die Donna Gracia Mendesia[1]), die wegen ihrer
Seelengröße, ihrer Charakterfestigkeit, ihrer unbegrenzten Wohl=
thätigkeit und ihres unermeßlichen Reichthums wie eine Fürstin ver=
ehrt und bewundert wurde. Es war in der That eine Frau, wie
sie nur selten gefunden wird. In Portugal geboren (1510), wurde
sie als geheime Jüdin unter dem Namen Beatrice an einen Leidens=
genossen, Francisco Mendes (Nassi), Inhaber eines groß=
artigen Bankgeschäftes, verheirathet. Nach dem frühen Tode ihres
Gatten und um ihr Leben und Vermögen vor den Nachstellungen
der Inquisition in Sicherheit zu bringen, flüchtete sie mit ihrer ein=
zigen Tochter Reyna und einigen nahen Verwandten nach Ant=
werpen, wo ihr Schwager, der bereits mehrerwähnte Diogo
Mendes[2]), einem Bankhause, einer Filiale des Lissaboner Geschäftes,
vorstand. So geachtet Gracia in der reichen Handelsstadt auch war,
so fühlte sie sich doch nicht glücklich. Mußte sie doch ihre an=
gestammte Religion auch hier verleugnen und täglich kirchliche Cere=
monien beobachten, die sie im tiefsten Innern verabscheute! Sie
konnte die ihr, wie allen Neu=Christen, auferlegte Heuchelei nicht er=
tragen und sehnte sich nach einem Wohnsitze, wo sie aus ihrem
Bekenntnisse kein Geheimniß zu machen brauchte. Alle Anstalten
zur Auswanderung waren getroffen, da wurde ihr Schwager Diogo
durch den Tod ihr entrissen, und sie mußte noch ferner in Antwerpen
verbleiben, theils um dem weitverzweigten Geschäfte, dessen obere
Leitung ihr übertragen war, vorzustehen, theils um jeden Verdacht
fern zu halten, daß sie dem Judenthume anhänge. Endlich schlug
die Stunde der Freiheit, sie wanderte nach Venedig aus. Unglück=
liche Zeiten brachen für sie an: ihre jüngere Schwester, mit der sie,
in Erbschaftsstreitigkeiten verwickelt, in Feindschaft lebte, denuncirte

listischen Träumereien seine Zeit vergeudete und die Veröffentlichung des Sobars
unterstützte. Amatus Lusitanus verkehrte als Arzt in ihrem Hause (1553),
Cent. III. Cur. 40.

[1]) Ueber Gracia Mendesia (Mendes de Luna) s. Grätz. IX. 366 ff.

[2]) Barrios nennt einen sehr reichen Hector Mendes und erzählt, daß,
als dieser von einem Könige von Portugal einmal gefragt wurde, welche Güter
er sein nenne, er antwortete, die Almosen, die er gegeben. (Maskil el Dal 119).

sie bei dem venetianischen Senate als Judaisirende, worauf hin sie gefänglich eingezogen und ihr Vermögen mit Beschlag belegt wurde. Auf Verwenden ihres Neffen João Miques und durch energisches Einschreiten des Sultans Soliman wurden die gegen sie und ihr Vermögen geführten Schläge wieder abgewendet. Sie erlangte ihre Freiheit und siedelte nach Ferrara über, wo sie offen und frei als Jüdin lebte und ihre Reichthümer zum Segen ihrer Glaubens= genossen verwendete. Sie galt als der Schutzengel der portugie= sischen Juden. „Sie unterstützt diejenigen geheimen Juden mit freigebiger Hand, welche bereits ausgewandert, in Flandern und in anderen Gegenden durch Armuth geschwächt, von der Seefahrt niedergebeugt und in Gefahr waren, nicht weiter zu kommen, und stärkt sie in ihrer Dürftigkeit. Sie giebt ihnen Schutz in der Rau= heit der wilden Alpen Deutschland's, in dem äußersten Elende der Mühsale und Mißgeschicke, die sie betroffen."

Dieses Lob ist nicht übertrieben, wiewohl es aus der Feder eines Mannes floß, der, wie andere Glieder seiner Familie, dieser seltenen Frau Vieles zu danken hatte und der ihr ein Werk wid= mete, das dem Verfasser die Achtung und Anerkennung seiner Glau= bensgenossen in hohem Maße verschaffte: es ist das Samuel Usque, der vielseitig gebildete und bekannte Bearbeiter des in portugiesischer Sprache geschriebenen historischen Dialogs „Trost für die Unterdrückungen Jsrael's"[1]). Samuel Usque lieferte weniger eine fortlaufende Geschichte, er schilderte vielmehr die Hauptmomente von Jsrael's Leidenszeit; es lag hauptsächlich in seiner Absicht, durch diese licht= und lebensvolle Arbeit seinen schwer geprüften Landsleuten und Leidensgenossen, welche das Judenthum wieder erfaßt, Trost einzuflößen und sie durch einen Blick auf ihre eigene Vergangenheit und die väterliche Waltung der Vorsehung in der Liebe zu der Mutterreligion zu bestärken. Er hat als Historiker

---

[1]) Der Titel ist: Consolaçam a⸗ Tribulações de Ysrael. Ferrara, Abr. Usque 5313, 27. September (1552). Das Werk wurde in Amsterdam s. a. überdruckt und auch ins Spanische übersetzt. Wegen der Auslassungen über Vicente Ferrer und die Inquisition kam es auf den Index. Das Werk ist heute äußerst selten. Ueber Sam. Usque s. Wolf, Bibl. Hebr. III. 1072, Barbosa, Bibl. Lusit. III. 672, De Rossi. Bibl. Jud. Antichrist. 125, Nic. Antonio, Grätz u. a.

segensreicher gewirkt und weit mehr Glaubensinnigkeit befördert, als mancher überfromme Rabbiner seiner Zeit.

Nach einer andern Seite wirkte auf die Veredlung und Belehrung der portugiesischen Juden ein ebenfalls in Ferrara lebender Verwandter Samuel's, **Abraham ben Salomon Usque**, der unter dem Namen **Duarte Pinhel** 1543 noch in Lissabon war und dort eine lateinische Grammatik schrieb. Den Nachstellungen des Glaubenstribunals glücklich entkommen, ließ er sich in Ferrara nieder und legte dort eine großartige Druckerei an, welche die ehemaligen geheimen Juden mit Gebetbüchern und Religionsschriften in spanischer, portugiesischer und hebräischer Sprache versah und aus der eine neue Bearbeitung der spanischen Bibel-Uebersetzung hervorging. Diese bekannte und geschätzte „Ferrarische Bibel", welche man häufig ganz und theilweise neu auflegte, wurde auf Kosten des Spaniers **Jom Tob ben Levi Athias** (Jeronymo de Vargas) zum Druck befördert und theils dem Herzoge Ercole de Este II., theils der Donna Gracia gewidmet [1]).

Salomon Usque, die dritte hervorragende Persönlichkeit dieser Familie, stand, vielleicht ein Vetter des eben genannten, mit seinen Leistungen dem Judenthume ferner. Er war eine mehr dichterische Natur. Er übersetzte (1567) die verschiedenen Poesien Petrarca's in spanische Verse, welche die Bewunderung der Zeitgenossen auf sich zogen, und bearbeitete in Gemeinschaft mit einem andern jüdischen Musensohne, **Lazaro Graciano**, ein von Leon da Modena ins Italienische übersetztes spanisches Drama: Esther, wozu ihm die tragische Geschichte der jüdisch-persischen Königin den Stoff lieferte. Salomon lebte als gewandter Kaufmann und in geschichtlichen Beziehungen zu Donna Gracia Nassi stehend, in

[1]) Auf die Identität des Abraham Usque mit Duarte Pinhel und des Jom Tob Athias mit de Vargas hat zuerst Isaak da Costa in seiner unter dem Titel „Israel und die Völker" erschienenen, tendenziösen übersichtlichen Geschichte der Juden (deutsch, Frankfurt a. M. 1865, S. 282) aufmerksam gemacht. Die Ferrarische Bibel, welche, wie das in jüngster Zeit häufig wiederholt ist (Steinschneider, hebr. Bibliographie II. III. 28), weniger eigentlich neue Uebersetzung, als Revision einer alten ist, wurde 13. Adar 5613 (10. März 1553) im Druck beendet. Ueber die doppelten Ausgaben s. d. Bibliographen und Grätz. IX. LXIV. Der Titel der lateinischen Grammatik ist: Latinae Grammaticae compendium tractatus de calendis. Ulyssip. 1543

Venedig und Ancona, an letzterem Orte trat er mit Amatus Lusi=
tanus in Verbindung [1]).

Amatus Lusitanus, der als Scheinchrist den Namen Juan
Robrigues und nach seinem Geburtsorte be Castello Branco
führte [2]), war ein in ganz Italien in hohem Ansehen stehender Arzt.
Geboren im Jahre 1511, widmete er sich dem Studium der Medicin,
dem er in Salamanca und zur Zeit des Erdbebens in Santarem
oblag [3]). Er practizirte einige Zeit in Lissabon, verließ, wahrschein=
lich als geheimer Jude mannigfach belästigt, bald diese Stadt und
begab sich nach Antwerpen. Nach einigen Jahren siedelte er nach
Ferrara, von da nach Venedig und Rom über und ließ sich blei=
bend in Ancona nieder. Er machte aus seinem Glauben kein Ge=
heimniß und bekannte sich offen zum Judenthume, nichtsdestoweniger
wurde er von Hoch und Niedrig, aus Nah und Fern aufgesucht.
Papst Julius III. vertraute ihm sein Leben und mit dem portu=
giesischen Gesandten in Rom, dem Fürsten Alphonso von Lancaster,
stand er auf freundschaftlichem Fuße, so daß er während seines
jeweiligen Aufenthaltes in der Tiberstadt sein Gast war; ihm wid=
mete er einen Theil seines berühmten Werkes. Juden [4]), Christen
und Muhamedaner, Mönche und Grafen, Nonnen und niedrige Dir=
nen, Krieger und Kaufleute wurden von ihm mit gleicher Sorgfalt
behandelt. Er hatte kaum das Jünglingsalter überschritten, so ließ
er seine ersten medicinischen Schriften erscheinen, denen später, trotz
seiner ausgebreiteten Praxis, noch viele folgten. Sein Hauptwerk
ist das oft gedruckte, unter dem Titel „Centuriae" erschienene, in
welchem er die einzelnen Krankheitsfälle und deren Heilverfahren

---

[1]) Ueber Salomon Usque s. mein Sephardim 141, 338. Die Identität
Salomon's mit Duarte Gomez hat Grätz, IX. LXIII. erwiesen.

[2]) Er selbst nennt sich Ego Amatus, Doct. Med. Castelli Albi Lusitanus.
Cent. III., Cur. 21. Amatus (Chabib) ist sein Familienname, sein eigentlicher
Zuname ist nirgends genannt. Er hatte einen Bruder, Namens Joseph Amatus
(Cent. IV. Cur. 45).

[3]) Cent. IV. Cur. 70. Sein Geburtsjahr gibt er Cent. IV. Ende selbst an.

[4]) Mit Azzarias Mantuanus (Assaria de Rossi) pflog er vertrauten Umgang
(Cent. IV. Cur. 42: Azzarias Mantuanus et Hebraeis et Latinis litteris ap-
prime instructus). Auch ein Hadriel Hebraeorum hodie (1552—1553) sum-
mus concionator (Cent. IV. Cur. 93), Leo Hebraeus, Paedagogus quidem
multos sanctam linguam doceret (Cent. II. Cur. 20) u. a. werden von ihm
genannt.

genau angiebt, auf den Ursprung der Krankheit und deren Grund
zurückging, und nicht, wie seine Zeitgenossen, mit einem Dutzend Re=
cepte schablonenartig alle möglichen Patienten behandelte. Diese
Zierde der Nation, der Stolz der medicinischen Kunst, welcher Be=
rufungen, wie sie von dem Könige von Polen und dem damals
mächtigen Senat in Ragusa an ihn ergingen, ausschlug, mußte aus
Ancona flüchten, weil die römische Inquisition den frühern Neu=
Christen in ihm erblickte und Jagd auf ihn machte.

Kaum hatte nämlich Paul IV., der für die Inquisition lebte
und webte und sie noch in der Todesstunde der Fürsorge der Car=
dinäle empfahl, den päpstlichen Thron bestiegen, so hob er alle die
Privilegien, welche seine Vorgänger den eingewanderten portugie=
sischen Juden gegeben, wieder auf; er ließ sämmtliche Neu=Christen,
die sich in Ancona niedergelassen, in die Kerker der Inquisition
werfen, ihr Vermögen mit Beschlag belegen oder confisciren. Die
Unglücklichen, denen nur eine kurze Ruhe gegönnt war, mußten
lange in den Kerkern schmachten, bis endlich über ihr jammervolles
Loos entschieden wurde: vier und zwanzig Personen, darunter ein
Glied der Familie Jachia, Salomon Ibn Jachia, und eine
greise Frau, Doña Majora, bestiegen den Scheiterhaufen und
gaben unter dem Bekenntnisse des Einig=Einzigen den Geist auf;
gegen sechzig bequemten sich, nochmals die Larve der religiösen
Heuchelei anzunehmen und sich zum Christenthume zu bekennen; von
diesen wurden die Meisten, mit Ketten beladen, nach Malta trans=
portirt; sie entflohen jedoch unterwegs, und „es rettete sie der Herr,
worauf sie dem Herrn wie vormals dienten“ (1556[1]).

Die wenigen portugiesischen Juden, welche den Häschern der
römischen Inquisition entkamen, flüchteten nach Ferrara, dessen
Herzog ihnen im vollen Maße Gleichberechtigung mit den christlichen
Einwohnern gewährte, oder nach Pesaro, dessen Handel durch
die neue Ansiedelung gehoben werden sollte, aber auch aus letztge=
nannter Stadt wurden sie auf Betrieb des Papstes durch den Herzog
von Urbino im März 1558 wieder ausgewiesen. Viele der umher=
irrenden portugiesischen Juden suchten in Asien, in der Türkei die

[1] Joseph Cohen, Emek Habacha, 116 f.. Schalschelet, 96b; Informatione
etc : ma Paolo IV. .... mandò un commissario alla città d'Ancona, et fece
mettere in Galera et abbrusciare più de 80 persone.

Ruhe, die ihnen der Fanatismus Europa's versagte. Auch
Amatus Lusitanus wanderte nach einem kurzen Aufenthalte in
Pesaro nach Salonichi aus, wo dieser viel bewunderte Menschen=
freund an Don Joseph Naffi, Herzog von Naxos [1], einen neuen
Freund und Beschützer fand und zu Gedalja (ben Moses)
Ibn Jachia, dem hochherzigen Förderer und Beschützer jüdischer
Wissenschaft, der einen ganzen Kreis jüdischer Dichter um sich sam=
melte [2] und ein Zeitgenosse seines in Italien lebenden Verwandten
und Namensgenossen, des abergläubischen und lügenhaften Predigers
und Geschichtsschreibers Gedalja Ibn Jachia [3] war, in nähere
Beziehung trat; sowohl D. Joseph Naffi als Gedalja ben Moses Ibn
Jachia widmete er Theile seines berühmten Werkes. Amatus Lusi=
tanus wurde von der Pest hinweggerafft (21. Januar 1568) und
von seinem Freunde, dem Neu=Christen Flavio Jacobo de Evora,
in lateinischen Versen besungen [4].

Andere der geheimen Juden wendeten sich nach Venedig, wo
sie vor den Nachstellungen der Inquisition mehr als irgendwo geschützt
waren und wo sie sich an dem dort herrschenden regen wissenschaft=
lichen Leben eifrig betheiligten. Zu den frühesten aus Portugal in
der Dogenstadt eingewanderten gelehrten Juden gehört Immanuel
Aboab, der Urenkel des berühmten Isaak Aboab, dessen Nachkommen
im 17. und 18. Jahrhunderte in Italien, Holland, England, Deutsch=
land, in Asien und Afrika geachtete Stellungen einnahmen.

Immanuel Aboab wurde in Porto geboren und von seinem
Großvater, Abraham Aboab, der in der Miguels=Straße
genannter Stadt ein Haus bewohnte, erzogen [5]. Um der In=
quisition zu entgehen, verließ er mit anderen Leidensgenossen
die Heimath und begab sich nach Italien. Nach einem zeitwei=
ligen Aufenthalte in Pisa ließ er sich in Venedig bleibend nieder

---

[1] Ueber ihn die treffliche Biographie von M. A. Levy: D. Joseph Nasi,
Herzog von Naxos (Breslau, 1859).

[2] S. דברי הימים לבני יחייא, 38 ff.

[3] Verfasser des Schalschelet Ha=Kabbalah.

[4] Barbosa, Bibl. Lusitana I. 129. Auch das medicinische Werk des
Amatus Lusitanus wurde 1584 auf den Index Expurgat gesetzt (Mem. d. Litt.
Port. III. 24.) Ueber ihn geben auch Nachricht: Zunz und Rappaport im Kerem
Chemed, 1841, und Meyer, Geschichte der Botanik, 1857.

[5] Aboab, Nomologia, 300.

und verkehrte mit dem dortigen Rabbiner Moses Altaras, der ein Moralwerk seinen der hebräischen Sprache unkundigen Landsleuten durch Uebersetzung [1]) zugänglich machte, mit dem Spanier Isaak Athias, Commentator der sechshundertunddreizehn Gebote und Uebersetzer der bekannten Streitschrift gegen das Christenthum (Chissuk Emunah [2]) und mit dem aus Portugal geflüchteten Arzt Manuel Brudo, der sich in Venedig zum Judenthume bekehrte u. a. m.· Aboab führte ein unstätes Leben: bald treffen wir ihn in Spoleto, bald in Reggio, wo er den Kabbalisten Menahem Asaria de Fano persönlich kennen lernte [3]), bald in Genua und anderen Städten der Halbinsel. Ohne Zweifel durch äußere Verhältnisse veranlaßt [4]), übernahm es Aboab im Jahre 1603 in Gegenwart eines aus der Elite der Stadt bestehenden Collegiums seine Glaubensgenossen gegen böswillige Beschuldigungen zu vertheidigen, die ihnen vorgerückte Treulosigkeit gegen Staat und Vaterland von ihnen abzuwälzen und in einer „Standrede" durch Beispiele aus der Vergangenheit den allerdings nicht schwierigen Beweis zu führen, daß es dem Juden nie an Muth und Willen gebrach, die schwersten Opfer für das ihn auch stiefmütterlich behandelnde Vaterland zu bringen. Die erleuchtetsten Senatoren der Stadt gaben dem ehrwürdigen, erfahrenen Redner ihren Beifall zu erkennen [5]). Bei seinem Wanderleben verweilte Aboab auch einige Zeit auf Corfu, wo er die Bekanntschaft eines Neffen des Herzogs von Urbino, Horatio del Monte, machte, mit dem er eine kurze Correspondenz über die Kabbala führte [6]), und vermuthlich auch seinen unglücklichen, von dem Schicksale umhergetriebenen Landsmann und Stammesgenossen, den Arzt Diogo Joseph, kennen lernte. Auch Diogo Joseph nannte Porto seine Heimath und wurde, von der Inquisition verfolgt, zur Auswanderung getrieben. Er ging nach Flandern, fand aber nirgends Ruhe, bis der Tod, den er in seiner

---

[1]) Libro de Mantenimiento de la Alma. Venet. 5369 ·· 1609.

[2]) Thesoro de preceptos, donde se entierran las joyas de los seys cientos y treze Preceptos etc. Venet. 1627, Amst. 1649. Fortificacion de la Ley de Mosses, Coluna que fortifica los aflictos coracones de la Caza de Israel etc. Amburgo, 1621.

[3]) Barbosa, Bibl. Lusit. III. 200, Amatus Lusit., Cent. IV. Cur. 62.

[4]) Aboab, Nomologia 310.

[5]) Ibid 290.

[6]) Ibid. 144 ff., 147 ff.

Melancholie so oft herbeigewünscht, seinem kummervollen Leben auf
der Insel Corfu ein Ende machte. Dieser poetisch begabte Mann
hinterließ handschriftlich zwei medicinische Werke und verfertigte sich
selbst eine originelle lateinische Grabschrift, die in freier Ueber=
setzung lautet:

Leb' wohl, geliebtes Vaterland! Dein Zögling ziehet von hinnen,
Er ziehet hin ins Himmelreich, wer kann auf Rückkehr sinnen?
Nicht soll der Vater Duero die Gebeine mir bespülen,
Die Fluthen des aegeischen Meers werden meine Gebeine durchwühlen [1]).

Der alte Aboab, der eine Reise nach Palästina beabsichtigte,
starb 1628 und hinterließ ein Werk, an dem er zehn Jahre arbei=
tete und das von den Denkgläubigen aller Zeiten sehr geschätzt [2])
wird. Es ist dies eine Vertheidigung und Geschichte der jüdischen
Ueberlieferung, welche unter dem Titel „Nomologia" ein Jahr nach
seinem Tode von seinen Erben zum Druck befördert wurde.

Eben so früh als Italien nahm auch die französische Herr=
schaft die portugiesischen Flüchtlinge auf. Schon bald nach dem
Edicte von 1497 fand man jenseits der Pyrenäen portugiesische
Einwanderer, welche als Marranen die französische Grenze passirten
und anfangs sich dem Glaubenszwange accomodirten, ohne aufzu=
hören, die jüdischen Gesetze, die Beschneidung, die Sabbathfeier und
andere, zu befolgen. Man hört nicht, daß ihnen der Aufenthalt
von den Königen von Frankreich erschwert worden sei; im Gegen=
theil ertheilte ihnen Heinrich II. besondere Privilegien, durch welche
ihnen die wichtigsten Freiheiten und Rechte zugesichert wurden.
Diese Begünstigungen verlockten viele portugiesische Juden, in den
südfranzösischen Städten sich bleibend niederzulassen und Frankreich
ihre geistige und materielle Kraft zu widmen [3]). Unter den Män=
nern der Wissenschaft, welche in Frankreich eine neue Heimath
fanden, zeichnete sich Juan (Moses) Pinto Delgado besonders
aus. Er wurde in Tavira, der Hauptstadt Algarve's, (1529) ge=
boren und, da er von Natur vorzüglich begabt war — er konnte

---

[1]) Barbosa, l. c. IV. 100 Vgl. mein: Zur Geschichte der jüdischen Aerzte
in Frankel's Monatsschrift für Geschichte und Wissenschaft des Judenthums, XI 350.
[2]) Der fromme Moses Chagis empfiehlt neben dem Conciliator des Menasse
ben Israel auch besonders die Nomologia zur Lectüre, שפה אמת, 4a Vgl. über
Aboab auch meine Artikel im Jeschurun (Frankfurt a. M.), IV. 572 ff. V. 643 ff.
[3]) Vgl. meine Geschichte der Juden in Spanien und Portugal, I. 143 ff.

eine einmal gehörte Rede aus dem Gedächtnisse niederschreiben —
so bestimmten ihn seine Eltern zum Studium, dem er in spa=
nischen Hochschulen oblag. Er bekleidete nach seiner Rückkehr
in die Heimath ein ansehnliches Staatsamt, bis die Häscher der
Inquisition ihn aus dem Schooße der Familie und vom heimath=
lichen Boden vertrieben, und er anfangs in Rom, dann im Süden
Frankreich's eine Zufluchtsstätte fand. Delgado war ein von seinen
Zeitgenossen anerkannter Dichter und wählte aus Anhänglichkeit
zum Judenthume, das er nach seiner Flucht aus Portugal offen
bekannte, den Stoff zu seinen Poesien aus der Urgeschichte seines
Volkes, sodaß der alle Welt besingende Miguel de Barrios mit
Recht von ihm rühmen konnte:

> Von der Königin Esther und des Jair's Sohn,
> Sang Moses Delgado im herrlichen Ton,
> Und schrieb in dumpfer Klage nieder
> Des Sehers Jeremias Klagelieder.

Delgado widmete seine gesammelten Poesien dem Cardinal
Richelieu, dem „Präsidenten der Schifffahrt und des Handels in
Frankreich", wie er in der Widmung bezeichnet wird, und starb
1570 [1]). In eben diesem Jahre bekleidete sein Sohn Gonçalo
in seinem Geburtsorte Tavira ein Staatsamt.

Größere Bedeutung für das Judenthum und für den franzö=
sischen Hof erlangte der jüngere Bruder des mehrerwähnten Amatus
Lusitanus, der als Scheinchrist Felipe oder Filotheo, als Jude
Elias Montalto sich nannte. Er begab sich spätestens 1598
nach Livorno und siedelte später nach Venedig über, von wo er
1611 auf Betrieb Concino Concini's als Leibarzt der Königin
Maria de Medicis nach Paris berufen wurde. Sie sicherte ihm
nicht allein freie Religionsübung zu, sondern beförderte ihn zu der
Würde eines Raths. Er war ein vorzüglicher Arzt, ein bewunde=
rungswürdiger Kenner der gesammten Natur und beschränkte seine
literarische Thätigkeit nicht auf das Gebiet der Medicin, sondern
trat auch als Kämpfer für seinen in aller Treue von ihm bewahr=

[1]) Ueber Delgado s. mein Sephardim, .153 — 163. Seine Poesien er=
schienen unter dem Titel Poema de la Reyna Ester, Lamentaciones del Propheta
Jeremias, Historia de Rut, y Varias Poesias. Rouen, 1627, 8.

ten Glauben auf und zeigte sich als gewandter Polemiker gegen
wortverdrehende Geistliche. Bald nach der Entfernung der Maria
de Medicis von den Regierungsgeschäften und nach dem Sturze
Concini's starb Montalto in Tours (September 1615); seinen Leich=
nam ließ die Königin=Mutter einbalsamiren und durch den Rabbiner
Saul Levi Morteira und einige Verwandte des Verstorbenen
nach Amsterdam schaffen [1]).

Amsterdam war in verhältnißmäßig kurzer Zeit ein zweites Je=
rusalem geworden, so viele geheime Juden hatten sich dorthin be=
geben. Gerade auf die um ihre Freiheit und Unabhängigkeit rin=
genden Niederlande hatten die portugiesischen Flüchtlinge ihr Augen=
merk gerichtet, und ihre reichen Handelsstädte, Rotterdam, Antwerpen,
Amsterdam, boten den in Portugal zum Feuertode auserlesenen
Neu=Christen nicht nur einen Zufluchtsort gegen die Intoleranz,
sondern räumten ihnen auch ein weites Feld für ihre industrielle
Thätigkeit ein. Die Wanderungen nach den Niederlanden währten,
so lange in Portugal die Scheiterhaufen loderten, und nahmen mit
dem Regierungsantritte des Cardinal=Infanten eigentlich recht ihren
Anfang.

Nach dem Tode Sebastian's hatte der Cardinal=Infant unum=
schränkte Gewalt, die er auch ohne Bedenken in Ausführung brachte.
Er hob mit Zustimmung vieler gelehrter Männer, wie er sich aus=
drückte, die von seinem Neffen den geheimen Juden gegebenen Pri=
vilegien wieder auf und ließ jährlich eine gewisse Anzahl Personen
öffentlich verbrennen [2]). Die Lage der im Lande weilenden Neu=
Christen wurde immer unerträglicher, so drückend, daß sie in ihrer
Verzweiflung ihre Klage noch einmal bis zum päpstlichen Throne,
den damals Pius IV. einnahm, erhoben. Sie schilderten in ihrer
Beschwerde ihr ganzes grausiges Schicksal: „Sie ergreifen uns ohne
genügende Gründe, sie halten uns Jahre lang in Gefangenschaft,
ohne uns auch nur zu vernehmen, sie verbrennen uns und unsere
unschuldigen Kinder ohne Mitleid.“ Papst Pius IV., ein wohl=
beleibter, alter Mann mit heiterm Gesichte und muntern Augen,
hatte kein Wohlgefallen an der Inquisition und tadelte ihre un=

---

[1]) Elias Montalto ist ausführlich behandelt in meiner Geschichte, I. 146—150.

[2]) Samuel Valerio (Arzt auf Corfu) חזון למועד (vollendet Ende Januar 1580)
S. 76a.

menschliche Härte, aber sie anzutasten wagte er nicht und ließ ihr die ganze Macht, die sie unter Paul IV. erlangt hatte[1]), sodaß sich ihre Wirksamkeit bald über alle portugiesischen Besitzungen bis zum Vorgebirge der guten Hoffnung hin erstreckte. In dem portugiesischen Indien, wo für die Verfolgung und Vernichtung des jüdischen Geschlechts vornehmlich der Jesuit Belchior Carneiro aus Coimbra (1555) thätig war, eröffnete sich der Wirksamkeit der Inquisition ein reiches Feld in der Menge der geheimen Juden, welche, aus Spanien und Portugal vertrieben, in Indien Unterkommen und Sicherheit suchten und sich durch Handel reichlichen Erwerb zu verschaffen wußten, oder, dorthin verwiesen, sich offen zum Judenthum bekannten. Die Inquisition ereilte sie auch hier und behandelte sie mit doppelter Strenge, die reichsten nicht am mildesten. Bald erhob sich in Goa ein prächtiges Tribunalsgebäude, und der erste Großinquisitor, Erzbischof Gaspar de Leão, erließ am 29. September 1565 einen Aufruf „an das Volk Israel", dem ein Tractat des Täuflings Hieronimo de S. Fé in portugiesischer Uebersetzung beigegeben war[2]).

Der Cardinal-Infant, der mehr Groß-Inquisitor als Regent gewesen, sein Leben lang von Vielen gefürchtet, von Wenigen geliebt, starb am letzten Januar des Jahres 1580. Nach seinem Tode brach ein Streit um die portugiesische Thronfolge aus, in dem die Neu-Christen eine starke, einflußreiche Partei zu Gunsten D. Antonio's, Priors von Crato, der ein natürlicher Sohn des D. Luiz und einer jüdischen Mutter war, gegen den grausamen Philipp von Spanien bildeten. Portugal, in Schwäche und Verwirrung versunken, verlor seine Selbstständigkeit, seine angestammten Regenten und gerieth unter spanische Herrschaft[3]). Mit derselben Strenge, mit der Philipp II. (I.) gegen die geheimen Juden seines Erblandes wüthete, verfuhr er nun auch gegen die des annectirten Landes. Er hob die Erlaubniß zur freien Auswanderung wieder auf[4]) und verordnete durch Gesetz vom 6. September 1583 mit Abänderung

[1]) Herculano, l. c. III. 329.

[2]) Carta do primeiro Arcebispo de Goa ao Povo de Israel, seguidor ainda da ley de Moyses, e do Talmud por engano e malicia dos seus Rabbis etc. Goa, 1565.

[3]) Da Costa, l. c. 272

[4]) Gorde, l. c 34.

der desfallsigen Bestimmung João's III. vom 7. Februar 1537, daß
jeder Neu-Christ eine Kopfbedeckung von gelber Farbe trage. Wer mit
einem Hute von anderer Farbe betroffen würde, sollte außer einer
Geldstrafe von hundert Cruzaden öffentlich ausgepeitscht werden[1].

Die geheimen Juden Portugal's fühlten jetzt die ganze Wucht
spanischer Tyrannei, und keine Gefahr war ihnen zu groß, dem
Lande zu entkommen und in irgend einem Winkel der Erde Freiheit und Duldung zu suchen.

Ein beherztes portugiesisches Weib, Mayor Rodriguez,
schickte sich mit ihrem Gatten, Gaspar Lopez Homem, ihren
Söhnen, Manuel und Antonio Lopez Pereira, und ihren
Töchtern, Maria Nunes und Justa Lopez Pereira, im Jahre
1590 zur Auswanderung an. Das Geschwisterpaar Manuel und
Maria, eine seltene Schönheit, schifften sich mit ihrem Oheim Miguel Lopez ein. Ihr Reiseziel war Holland. Unterwegs wurden
sie von einem englischen Schiffe, das Jagd auf die spanisch-portu-
giesische Flagge machte, gekapert und als Gefangene nach London
geführt. Die Schönheit Maria's bezauberte den Capitän des Schiffes,
einen englischen Herzog, so sehr, daß er um ihre Hand anhielt.
Das Verhältniß der schönen Portugiesin zu dem Herzog kam auch
zu Ohren der Königin Elisabeth, welche Maria zu sich kommen ließ
und sie mit allen Auszeichnungen behandelte: sie nahm sie in ihren
Wagen und fuhr mit ihr durch die Straßen der Hauptstadt, um
den Bewohnern dieses Wunder von Schönheit zu zeigen. Maria
kümmerte sich wenig um diese Ehrenbezeugungen, sie hatte kein Ohr
für die inständigen Bitten der Majestät, für die ehrenvollen Anträge
des Herzogs: sie flehete um ihre Freiheit. Maria verließ England
und setzte mit ihren Verwandten die Reise nach Holland fort. Maria
Nunes Pereira legte gewissermaßen den Grund zu der großen
Gemeinde Amsterdam's. Einige Jahre später kam auch ihre Mutter,
Mayor Rodriguez, mit den übrigen Geschwistern ihr nach, und bald
hernach (1598) siedelte sich die Witwe Melchior Franco
Mendes aus Porto mit ihren beiden Söhnen Francisco
(Isaak) Mendes Medeyros und (Abraham) Christoval
(Mardochai) Franco Mendes in Amsterdam an. Diese standen,
der eine wegen seiner Kenntnisse, der andere wegen seiner unbe-

[1] Cordo, l. c. 10.

grenzten Wohlthätigkeit, bei dem Senate der Stadt in hoher Achtung [1]).

Die Gemeinde vergrößerte sich von Jahr zu Jahr, so-daß schon nach wenigen Jahren das ihr von Samuel Palache, dem Agenten des Kaisers von Marokko in Holland, eingeräumte Bet=local nicht mehr genügte und sie darauf bedacht sein mußte, ein eigenes Gotteshaus zu errichten. Der verdienstvolle Jacob Ti=rado legte im Verein mit David Abendana, dem Sohne der zuerst eingewanderten Justa (Abigail) Pereyra und Jacob Israel Belmonte, dem aus Madeira eingewanderten Stammvater einer zahlreichen zu hohen Ehren gelangenden Nachkommenschaft, welcher die von der Inquisition geforderten Opfer in spanischen Versen besang [2]), den Grund zu der ersten Synagoge Amsterdam's, welche nach seinem Namen „Jacobs Haus" (Beth Jacob) genannt wurde [3]).

Nächst Amsterdam, das der Sammelplatz der gebildetsten und reichsten portugiesischen Juden wurde und dem die meisten der von der Inquisition verfolgten oder der dem Judenthum treu anhän=genden Neu=Christen für die Folge zusteuerten, war eine andere Stadt im Norden Deutschland's, Hamburg, welche fast eben so früh portugiesische Neu=Christen aufnahm. Einer der ersten hier Eingewanderten war der Arzt Rodrigo de Castro, der gegen Mitte des sechszehnten Jahrhunderts in Lissabon geboren wurde und

---

[1]) M. s. Sephardim 167 und die dort angeführten Quellen. Ueber die erste Einwanderung der portugiesischen Juden in Amsterdam existirt ein noch hand=schriftl. Werk des neu=hebräischen Dichters David Franco=Mendes, Memorias da estabelecimiento e progresso dos Judeos Portug. e Espanh. nesta cidade de Amsterdam. Recopilados de papeis antigos impressos e escritos, no A°. 5529 (1769). Die Familie Franco=Mendes gehörte auch später zu den geachtetsten in Holland. Noch 1770 beehrte der Prinz und die Prinzessin von Oranien das Hochzeitsfest des Jacob Franco=Mendes mit ihrer Gegenwart.

[2]) Ueber Belmonte s. Sephardim, 289 f. und die in den Noten angegebenen Quellen.

[3]) De Barrios, Triumpho del Govierno Popular (Casa de Jacob) 16 f. Relacion de los Poetas y Escritores Españoles, 53:

Primo del singular Jacob Tirado,
Que fundo de fervor y zelo armado
La primer sinagoga Amstelodama,
Y fue à Jerusalem de la Ley flama.

aus einer Familie stammte, in der die medicinische Kunst gewisser=
maßen Stammgut gewesen. Seine Mutter war eine geborene Vaëz,
deren Brüder als berühmte Aerzte, zum Theil als Kammerärzte der
portugiesischen Könige, sich auszeichneten. Auch Rodrigo betrat die
von seinen Verwandten mit Glück verfolgte Laufbahn. Im Jahre
1557 bezog er die Universität Coimbra und später die damals be=
rühmte Hochschule Salamanca. Hier zum Doctor der Philosophie
und Medicin creirt, kehrte er nach Lissabon zurück, ließ sich selbst
als praktischer Arzt nieder und vermählte sich bald darauf mit Ca=
tharina Rodriguez, welche ihn noch während seines Aufenthaltes in
der Heimath mit zwei Söhnen beschenkte. In welchem Ansehen
er schon damals stand, mit welcher Pflichttreue und Gewissenhaftig=
keit er seinem Berufe oblag, ergiebt sich deutlich aus folgendem,
von ihm selbst mitgetheiltem Umstande. Als die unüberwindliche
Flotte im Mai 1588 zu Lissabon bemannt wurde und viele Soldaten
und Matrosen, sei es aus Widerwillen gegen die Seefahrt, sei es,
weil sie den unglücklichen Ausgang des Unternehmens ahnten, Krank=
heit vorschützten und ein ärztliches Zeugniß von ihm verlangten,
daß sie auf Grund desselben von dem Kriegsdienste dispensirt würden,
war er taub gegen alle Bitten und ließ sich durch Nichts bestimmen,
ihren Wünschen zu willfahren [1]).

Die Armada kehrte nicht nach Lissabon zurück. Je weniger
der stolze, bei der Welt verhaßte Philipp II. seine Zwecke erreichte,
das europäische Gleichgewicht zu zertrümmern und Spanien zu einer
Universalmonarchie zu erheben, mit desto größerer Strenge verfuhr
er mit den Bewohnern des seinem Scepter unterworfenen Reiches
zur Glorie der Kirche, als deren starke Säule er sich betrachtete,
ein desto größeres Verlangen regte sich aber auch im Herzen der ge=
heimen Juden, den spähenden Blicken der Inquisition zu entkommen.
Rodrigo ergriff sammt Weib und Kindern die Flucht und begab
sich nach Antwerpen. Vielleicht auf Anrathen des Doctors Henrico
Rodriguez, der sein Freund, College, Landsmann, Glaubensgenosse
und wohl gar ein Verwandter seiner Frau war und sich vor ihm
in Hamburg niedergelassen hatte, siedelte er sich 1594 in der Elb=
stadt an. Daß die Hamburger Bürger und der Senat ihn, weil
aus Holland kommend, für einen geheimen Papisten hielten, konnte

---

[1]) Rodrig. de Castro, Medicus Politicus, 252.

ihm gleichgültig sein. Es eröffnete sich.ihm hier schnell ein weiter
Wirkungskreis. Bei dem 1596 erfolgten Ausbruche der Pest zeich=
nete er sich „durch aufopfernde Thätigkeit und Tüchtigkeit in seinem
Berufe aus und schrieb einen auf uns gekommenen Tractat über
Natur und Ursachen der Pest, welche in diesem Jahre 1596 die
Stadt Hamburg heimsuchte ¹)."

Sein Ruf reichte bald weit über Hamburg's Gebiet, aus allen
Gegenden strömten Leidende herbei, um seinen Rath einzuholen.
Der König von Dänemark, der Erzbischof von Bremen, der Herzog
von Holstein, der Landgraf von Hessen und andere fürstliche Per=
sonen verehrten ihn als den hochherzigen Gelehrten „den das
Alter ehrwürdig, die Kunst berühmt, die Menschenliebe werth, die
Tugend der Erinnerung würdig gemacht ²)."

Nah an funfzig Jahre war Rodrigo Retter und Helfer der
leidenden Menschheit; er galt als der „Meister der Kunst", als der
„berühmte Arzt", als der „Fürst der Medicin seiner Zeit ³)." Er
entwickelte eine reiche literarische Thätigkeit, als deren Frucht zwei
medicinische Werke und eine kleine portugiesische Schrift über die
Leviratsehe zu betrachten sind ⁴). Alt und lebenssatt schied er gegen
1630 aus der Welt ⁵); fünf Söhne standen trauernd an seinem
Grabe.

¹) Reils, Zeitschrift des Hamburg. Geschichts = Vereins, II. 347.

²) Bened. de Castro, Flagellum ,Calumniantium, 67.

³) Zacut. Lusitan. Med. Princ. Hist. l. 3, h. 9, 40; l. 2, h. 2, 17, 35.

⁴) Seine medicinischen Schriften sind:

  De Universa Mulierum Morborum Medicina, Hamburg 1603, 1628
  1662 u. ö.

  Medicus Politicus (Ueber die Pflichten des Arztes). Hamburg, 1614,
  1662.

Diese beiden Schriften erwähnt auch de Barrios, Relacion de los Poetas.
55. Seine portugiesische Schrift führt den Titel:

  Tratado de Halissa en o qual ensenad esta materia. Dial XXV.
  Philaleth. Eudox. Sinceri et Resam. s. l. (Hamburg) 1614.

M. s. auch mein: Zur Geschichte der jüd. Aerzte, l. c. VIII. 330 ff.

⁵) Der unzuverlässige Verf. der Histoire des Médicins juifs gibt (S. 174)
1627 (20. Januar) als Todesjahr an. De Castro lebte jedenfalls noch 1629,
sein Brief an Çacuto Lusitaño (dessen Medic. Princ. Hist. vorgedruckt) ist datirt
vom 16. Juli 1629. Nach Reils, l. c. 378, starb er 1637.

Siebentes Capitel.

Portugal unter spanischer Herrschaft.

Philipp III. Märtyrertod des Franciscaners Diogo de Assumção und dessen Folgen. David Jesurun, Paul de Pina = Reëul Jesurun. Absolution Clemens' VIII. Menasse ben Israel. Uriel da Costa und die durch sein Auftreten hervorgerufenen Bestrebungen der portugiesischen Juden. Märtyrertod des Diaconus Antonio Homem und dessen Folgen. Neuer Pardon und neue Auswanderungen. Jacob Zemach ben Chajim, Çacuto Lusitano und Immanuel Bocarro Frances y Rosales = Jacob Rosales, Joseph und Jacob Frances, Thomas de Pinedo, Isaak Cardoso, Isaak Orobio de Castro.

Philipp II. starb den 13. September 1598. Geschwüre und Eiterbeulen hatten seinen Leib bedeckt und ihn zum Gegenstande des Abscheus und des Entsetzens gemacht. Ein Geistlicher, der wohl selbst dem bedrängten Geschlechte angehörte, soll ihm diesen schmählichen Tod wegen seiner blutigen Härte gegen die geheimen Juden prophezeiet haben[1] Das große Reich, das er seinem schwachen Sohne Philipp III. hinterließ, ging seinem Zusammensturze mit Riesenschritten entgegen. Dieser dritte Philipp, gut und fromm, war ein Werkzeug der Geistlichkeit. Zu Anfang der Regierung schlug er einen von der heuchelnden Politik Spanien's nicht selten befolgten Weg ein. Um die Schätze der geheimen Juden desto leichter an sich ziehen zu können, widerrief er das von seinem Vater erlassene Auswanderungsverbot und stellte durch ein Gesetz vom 4. April 1601 allen geheimen Juden Portugal's es frei, ihre unbeweglichen Güter zu verkaufen und mit ihren Familien und ihrem Ver-

---

[1] Mittheilung des Marranen Jbn Jaisch bei Chajim Vital, Selbstbiographie, 24, Gräß, l. c. IX. 519.

mögen das Land zu verlassen[1]). Zugleich verbot er bei Strafe, Jemanden Neu-Chrift oder Marrane oder Jude zu nennen[2]).

Trotz der maffenhaften Auswanderung gab es noch immer der Opfer genug, welche der Inquisition anheim fielen. Am 3. August 1603 wurde auf dem Ribeiro-Platze in Liffabon in Gegenwart des Vicekönigs ein großes Auto-da-Fé abgehalten. Einer der diefes Mal lebendig Verbrannten war der 24jährige Franciscaner-Mönch Diogo de Affumção (Diogo de la Affencion[3]). Durch vieles Lefen in den heiligen Schriften und durch eigenes Forfchen war er von den Wahrheiten des Judenthums überzeugt und hatte aus feinem Glauben feinen Ordensgenoffen gegenüber auch kein Geheimniß gemacht; öffentlich erklärte und lehrte er, daß das Judenthum die einzig wahre Religion fei. Diogo wurde von der Liffabonner Inquifition in Haft genommen. Die Theologen gaben fich alle erdenkliche Mühe, ihn dem Chriftenthume wieder zuzuführen, aber vergebens. Der Franciscaner-Mönch blieb feiner Ueberzeugung treu, widerlegte die Geiftlichen mit Stellen aus der heiligen Schrift und erklärte ihnen zu ihrer Beruhigung, daß er noch viele Mönche kenne, welche feine Ueberzeugung theilten und nur aus Furcht, dem Feuertode zu verfallen, fie nicht laut werden ließen. Nach zweijähriger Kerkerhaft wurde Diogo in Liffabon zum Feuertode verurtheilt. Mit ihm beftieg die für ihren Glauben fich heldenmüthig opfernde Thamar Barrocas, vermuthlich eine Verwandte des marranifchen Dichters Doctor Mardochai Barrocas, der auf feine Befchneidung einige Tercette dichtete[4]), und noch fünf andere Perfonen den Scheiterhaufen[5]). Diefe Thatfache machte in Portugal viel von fich reden. Die Inquifitoren waren thöricht genug, die Vertheidigungsgründe Diogo's öffentlich bekannt zu machen, und hätten, weil fie Gefahr für das Chriftenthum witterten, das über

---

[1]) Gordo, l. c. 34.

[2]) Elucidario, II. 384.

[3]) Sein portugiefifcher Name ift Diogo de Affumção, vgl. Menaffe ben Israel, Spes Israelis, 88, O Antiquario Conimbricense, No. 4, (October 1841) S. 22.

[4]) De Barrios, Relacion de los Poetas, 58.

[5]) Cardoso, Excellencias de los Hebreos, 363; De Barrios, Govierno Popular Judayco, 43, Casa de Jacob, 18; Historia da Inquisição, 7, Menasse ben Israel, Spes Israelis, 87 f.

ihn gefällte Urtheil gern widerrufen; es war jedoch zu spät, Diogo mußte den Tod erleiden [1]).

Einen erschütternden Eindruck ließ der Tod des Franciscaners auf alle geheimen Juden in und außerhalb Portugal's zurück. David Jesurun, ein der spanischen Inquisition entronnener Jude, der schon als Knabe mit den Musen verkehrte und im Kreise seiner Bekannten „der junge Dichter" genannt wurde [2]), Ruy Lopez Rosa, der nach seinem Uebertritte zum Judenthume den Namen Ezechiel Rosa annahm und die Wochen Daniel's poetisch behandelte [3]) und der frühere Capitän und fleißige Dichter Miguel (Daniel Levi) de Barrios besangen den Tod dieses Märtyrers, der „eine Schande des Klosters, ein Ruhm des Judenthums" geworden war [4]).

In Amsterdam, wo die genannten Sänger wohnten, wurde der Tod Diogo's durch einen jungen Mann bekannt, der die Absicht hatte, nach Rom zu reisen und dort Mönch zu werden. Paul de Pina, so hieß der junge Schwärmer, trat im Jahre 1599 seine Pilgerfahrt an. Sein Vetter, Diogo Gomez (Abraham Cohen) Lobato, suchte ihn von diesem Vorhaben abzubringen und gab ihm ein Empfehlungsschreiben an den damals noch in Livorno weilenden Arzt Elias Montalto folgenden Inhalts: ,Unser Vetter Paul de Pina geht nach Rom, um Mönch zu werden. Ew. Wohlgeboren werden mir die Gunst erweisen, ihn davon abzuhalten." Montalto gelang es, ihn von der kirchlichen Laufbahn abzubringen und ihn für seine Stammreligion wieder zu gewinnen. Pina kehrte nach Lissabon zurück, begab sich mit seinem Verwandten Lobato nach Brasilien und von da nach Amsterdam, wo er ein

---

[1]) Menasse ben Israel, 87: Diogo d'Assumção monachus 24 annorum, qui se in inquisitione defendebat contra nonnullos, qui Christianum natum et Judaeum factum ad Christianismum reducere vellent, quod totus mirabatur populus. Inquisitores dolentes, quod rationes ipsius, quas allegarat, publicassent, sententiam voluerunt revocare; sed nimis iam erat fero, quippe ea per totum orbem erat divulgata, quam et ego penes me habeo Der unwissende hebräische Uebersetzer macht daraus: ונשרף בהיין על שבאו אליו ואמרו ... שילח עמהם לבקש אנוסים שאינם מאמינים בתורת נוצרי והשיב להם שאין נכון ואין בידו לכפות אהד מאמונתו בלי רצונו ... (S. 52) Ganz widersinnig.

[2]) De Barrios, Triumpho del Govierno Popular, 75, Sephardim, 177.

[3]) Ibid. 77, Relacion de los Poetas, 54, Sephardim, 178.

[4]) Ibid. 76.

treuer Anhänger des Judenthums wurde und sich Rohel (Rëuel) Jesurun nannte. Rohel Jesurun zeichnete sich sowohl durch seine poetischen Arbeiten, besonders durch ein unter dem Titel Dialogo dos Montes erschienenes dramatisches Produkt, das am Wochenfeste des Jahres 1624 in der Beth=Jacob=Synagoge zur Aufführung kam, wie durch seine Thätigkeit für die junge amsterdamer Gemeinde aus[1])

Die Aufregung, welche der Tod Diogo's unter den geheimen Juden in Portugal selbst hervorbrachte, war so groß und die Anhänglichkeit an das Judenthum so offenkundig, daß die Inquisition nicht müßig zuschauen zu dürfen glaubte und es für nothwendig hielt, mit Strenge einzuschreiten. Mehrere Hunderte wurden eingekerkert. Dieses Mal kam ihnen die Geldklemme, in der Philipp und sein Hof sich befand, sehr zu Statten. Nicht weniger als eine Million und achthunderttausend Ducaten, eine immense Summe, gaben sie allein dem Könige ·· ohne die hundert und funfzigtausend Cruzaden für den Herzog de Lerina, den Staatsrath und dessen Secretäre — für die Gnade, daß er vom Papste Clemens VIII. Absolution für sie erwirke. Um diesen Preis ließ sich der fromme Philipp herbei, einen Act christlicher Liebe zu befürworten: auf Wunsch des Königs wurde von Clemens durch die Bulle vom 23. August 1604 ein allgemeiner Pardon ertheilt. Sobald die Bulle in Lissabon angelangt war, wurde ein großes Auto=da=Fé (16. Januar 1605) veranstaltet. 155 Personen erschienen im Büßerhembde, bekannten ihre Schuld und wurden in Freiheit gesetzt[2]).

Die meisten dieser in Freiheit gesetzten geheimen Juden machten von der noch bestehenden Erlaubniß der freien Auswanderung Gebrauch und begaben sich nach Amsterdam, das die Flüchtlinge

---

[1]) De Barrios, Casa de Jacob, 18, 24 Relac. de los Poetas, 54, Gemil. Chassadim, 51, Aumento de Israel, 42, s. auch Sephardim, 176. Dialogo dos Montes im Druck erschienen, Amsterdam, 1767

[2]) Manuel Thomaz, Leis extravagantes do Reino de Portugal, 188: Christãos Novos desobrigarão a fazenda real da divida, a que lhe erão credores, e contribuirão alem disso com o serviço de um milho e duzentos mil cruzados pelo perdão geral, que o Soberano lhes obteve do Santo Padre (Publication vom 1. Februar 1605). Historia da Inquisição, 7, 261 Die Bulle schon bei Llorente.

gern aufnahm. Unter ihnen befand sich auch Joseph ben Is=
rael aus Lissabon, seines Vermögens beraubt und mit zerrütteter
Gesundheit, der Vater des damals kaum ein Jahr alten Menasse
(geb. 1604, gest. 1657), der in der Geschichte der amsterdamer Ge=
meinde sowohl, wie in der des Judenthums eine hervorragende
Stelle einnimmt.

Menasse, ein gewandter und vielumfassender Geist, wurde dem
R. Isaak Usiel, der, aus Fez eingewandert, Rabbiner der unter
dem Namen „Friedensstätte" (Newe Schalom) neu gebildeten Ge=
meinde war, zur Ausbildung übergeben. Unter der Leitung die=
ses durch seine talmudischen und mathematischen Kenntnisse, als
Arzt und Dichter ausgezeichneten Mannes, der durch seine die Thor=
heiten und den Indifferentismus seiner Zuhörer geißelnden Reden
eine dritte Gemeinde in Amsterdam hervorrief, machte der junge
Menasse so glänzende Fortschritte, daß er schon in seinem funfzehn=
ten Jahre als Prediger auftreten und noch vor beendigtem acht=
zehnten Jahre die Stelle seines 1620 verschiedenen, neben Joseph
Pardo, dem ersten Rabbiner der Beth=Jakob=Gemeinde, ruhenden
Lehrers übernehmen konnte (1622). Bald darauf vermählte er sich
mit einer Urenkelin des Don Isaak Abravanel, die, in
Guimarães geboren, vielleicht zugleich mit ihm nach Amsterdam ge=
kommen war [1].

Menasse ben Israel hatte in einer bewegten Zeit sein Amt
übernommen. In der kaum ein Vierteljahrhundert bestehenden
jungen amsterdamer Gemeinde brach um diese Zeit ein Kampf aus,
der die Gemüther Aller heftig erregte und durch den die ohnedies
von den Gewohnheiten des Katholicismus noch mehr oder weniger
eingenommenen, von den Doctrinen des Judenthums nur schwach
durchdrungenen und auf religiösem Gebiete im Grunde unwissenden
portugiesischen Juden leicht auf Irrwege und zum Abfall hätten ge=
führt werden können. Dieser Kampf wurde durch einen jungen
Mann hervorgerufen, der durch sein Lebensschicksal und sein trau=
riges Ende, auch als Vorläufer des Begründers der neuern Philo=
sophie, eine gewisse Berühmtheit erlangt hat. Wer kennt nicht den

[1] M. s. mein Menasse ben Israel, sein Leben und Wirken. Zugleich
ein Beitrag zur Geschichte der Juden in England. Berlin, 1861.

durch einen deutschen Dichter der Gegenwart, freilich in falscher Auf=
faffung, populär gemachten Uriel da Cofta[1])!

Uriel, oder wie er in Portugal hieß, Gabriel da Cofta,
wurde in dem letzten Decennium des fechszehnten Jahrhunderts in
Porto geboren und feinem Stande gemäß erzogen von feinem Va=
ter, einem Manne von ächt ritterlichem Charakter, der, obfchon Neu=
Chrift, doch perfönlich dem Katholicismus aufrichtig ergeben war.
Gabriel wurde zum Studium des Rechts beftimmt. Von Natur
weich und empfindfam, konnte er keinen Vorfall hören, in dem
Jemandem unrechter Weife Leids angethan wurde. Das Gefühl
des Rechts war ihm, feiner eigenen Verficherung gemäß, fo tief ins
Herz gefchrieben, daß eine Ungerechtigkeit ihn in Wuth und Zorn
verfetzte. In feinem 25. Jahre wurde er Canonicus und Schatzmeifter
einer bedeutenden Collegiatkirche. Trotzdem oder weil er von Jefuiten
erzogen war, regte fich früh in ihm ein Zweifel an den Dogmen
des Katholicismus. Die Furcht vor einer ewigen Verdammniß er=
fchütterte feinen Geift, er ftrebte nach einem freien, fündlofen Zu=
ftande, nach einer Abfolution von den Sünden. Er las die Bibel,
verwarf das neue Teftament und faßte den Entfchluß, den Katho=
licismus mit dem Judenthume, für das feine Ahnen Höllenpein er=
duldet, zu vertaufchen.

Wie aber diefen Entfchluß ausführen? Nicht durfte er feinen
Zweifel, noch weit weniger feine „ketzerifche“ Abficht laut werden
laffen, ohne Gefahr zu laufen, von der wachfamen Inquifition er=
griffen und verbrannt zu werden. Das Tribunal feierte Autos=
da=Fé vor wie nach. Es waren kaum zwei Monate feit der all=

---

[1]) Da Cofta lieferte eine Selbftbiographie, Exemplar humanae vitae, welche
in Befitz des Predigers Episcopius kam und durch deffen Neffen Philipp von
Limborch unter dem Titel: Amica collatio cum erudito Judaeo, 1687 veröffent=
licht wurde. Ihn behandelten Bayle, Dict. Crit. I. 67, De Boissi, Dissertations
critiques pour servir à l'histoire des Juifs, II. 306 ff., Barbofa, l. c. II. 311,
Wolf u. a. Als Held eines Trauerfpiels diente er Gutzkow in feinem „Uriel
Acofta“, Leipzig, 1847 (ins Hebräifche überfetzt von Salomo Rubin, Wien, 1856).
Durch G's. dramatifche Bearbeitung da Cofta's wurden zwei Schriften der Ge=
brüder Jellinek hervorgerufen: Uriel Acofta's Leben und Lehre. Ein Beitrag
zur Kenntniß der Moral, wie zur Berichtigung der Gutzkow'fchen Fictionen über
Acofta, von Herrmann Jellinek (Zerbft, 1847), Elifcha ben Abuja, genannt
Acher. Zur Erklärung und Kritik der Gutzkow'fchen Tragödie U. A. von Ad.
Jellinek. (Leipzig, 1847). Eine kurze Biographie bei da Cofta, l. c, 300 ff.

gemeinen Amnestie verflossen, so wurde ein geheimer Jude in Evora lebendig verbrannt (27. März 1605), und dasselbe Schauspiel wiederholte sich im folgenden Jahre (24. März 1606), wo mehrere geheime Juden den Tod erlitten [1]). Auch die Auswanderung war nicht so leicht und mit Lebensgefahr verbunden; denn unmittelbar nach der erwähnten Amnestie im Januar 1605 wurde der Austritt aus dem Lande erschwert und fünf Jahre später wieder gänzlich untersagt [2]). Da Costa wagte das Aeußerste. Er legte sein Amt nieder, veräußerte ein prächtiges, von seinem inzwischen verstorbenen Vater ererbtes Haus, ließ Rang und einen großen Theil des Vermögens im Stich, um fern von seinem Geburtsorte und Heimathslande die Religion anzunehmen, die ihm Ruhe und Seelenfrieden verhieß: er bestieg mit seiner Mutter und seinen Brüdern Aron, Marbochai, Abraham und Joseph ein Schiff und steuerte Amsterdam zu. Dort angekommen, ließ er, wie seine Brüder, die Beschneidung an sich vollziehen und sich in den alten Bund, in die Gemeinde Israel's, aufnehmen.

Uriel, wie er sich als Jude nannte, fand aber auch in Amsterdam, als Anhänger des Judenthums, die Ruhe nicht, die er suchte. Bei seinem Uebertritte zum Judenthume bedachte er nicht, daß er auch die Verpflichtung übernahm, dem mosaisch-talmudischen Gesetze gemäß sein äußeres Leben einzurichten. Er bemerkte allzubald, daß die religiösen Gebräuche, auf deren pünktliche Befolgung mit Strenge gehalten wurde, mit dem Gesetze, wie es Moses gegeben, nicht übereinstimmten. „Ist nur das Gesetz Mosis", so sagte er zu sich selbst, „zu beobachten, so haben die Träger der Weisheit bei den Juden gar Vieles hinzugethan, was vom Gesetze abweicht." Da Costa leugnete die Tradition, verwarf das ganze Convolut rabbinischer Gesetze und trat offen gegen den Rabbinismus auf. Man machte ihm alle möglichen Vorstellungen, seine Zweifel nicht laut werden zu lassen, nicht Hader und Zwiespalt in die eben zur Blüthe gelangende amsterdamer Gemeinde zu bringen, er war aber durch Nichts zum Schweigen zu bewegen, glaubte vielmehr, ein gottgefälliges Werk zu üben, wenn er seine Ansichten auch Anderen eröffnete.

[1]) Historia da Inquisição, 293.
[2]) Manuel Thomaz, l. c. 188: Providencias sobre a saida dos Christãos-Novos do Reino etc. (Carta Regia vom 5. Juni 1605). Vgl. das Gesetz vom 13. März 1610 und 9. Februar 1612 bei Thomaz, l. c. 525, und Gordo, l. c. 35.

Ihn schreckte nicht Bann, nicht Ausschließung. „Werde ich“, sagte er, „nachdem ich mein Vaterland verlassen, meine Stellung aufgegeben, um meine Freiheit zu gewinnen, mich etwa feig zurück= ziehen aus Furcht vor dem Banne? Darf ich die Wahrheit ver= schweigen aus Furcht vor Ausschließung?“ Da Costa beharrte auf seiner Meinung; er arbeitete in portugiesischer Sprache eine Schrift aus, in der er sein religiöses System entwickelte und insbesondere die Unsterblichkeit der Seele in Abrede stellte.

Noch bevor das Buch im Druck erschien, ergriff der mit den jüdisch=religionsphilosophischen Schriften vertraute Arzt Samuel da Silva, der bereits zehn Jahre früher zum Heil und Frommen seiner portugiesischen Landsleute den Tractat Maimuni's „Ueber die Buße“ durch Uebersetzung zugänglich gemacht[1], die Feder gegen da Costa und veröffentlichte eine gleichfalls portugiesisch geschriebene ausführliche Abhandlung „Ueber die Unsterblichkeit der Seele“, in der er zugleich die Unwissenheit eines gewissen „Gegners seiner Zeit“ nachweist[2]. Diese Schrift, in der auf da Costa blos mit dem Vornamen angedeutet wird: „Ich komme jetzt zu Dir, Du blinder und unfähiger Uriel!“ behandelt den Gegenstand mit eben so viel Geschick als Gründlichkeit und greift zwar den Gegner heftig an, der Verfasser giebt sich aber doch der Hoffnung hin, den Abtrün= nigen auf den Pfad des Glaubens zurückzuführen. Da Costa wurde durch diese Herausforderung nur noch eifriger und hartnäckiger; er ließ in demselben Jahre sein druckfertiges Werk „Untersuchung der pharisäischen Ueberlieferung“ mit einem Zusatze, eine Widerlegung da Silva's, erscheinen[3]. Der amsterdamer Magistrat, vielleicht auch von den dortigen Rabbinern aufgestachelt, schritt nun gegen den Verfasser und ein Werk ein, in welchem die Unsterblichkeit der Seele so entschieden geleugnet wird. Da Costa wurde arretirt und die Exemplare seiner Schrift mit Beschlag belegt. Auf Verwenden seiner ihm ebenfalls zürnenden Brüder und gegen Caution erhielt

[1] Tratado de la Thesuvah o Contricion, traduzida palabra por palabra de lengua Hebr. por el Doctor Semuel da Silva. Amsterdam, 1613.

[2] Tratado da immortalidade da alma .... em que tambem se mostra a ignorancia de certo contrariador de nosso tempo etc. Amsterdam, 1623.

[3] Examen das Tradiçoens Phariseas conferidas con la Ley escrita por Uriel, Juristo Hebreo. Amsterdam, 1623.

er nach achttägiger Haft seine Freiheit wieder, verlor aber seine Bücher und wurde noch obendrein zu einer Strafe von dreihundert Gulden verurtheilt.

Der unglückliche Grübler verirrte sich immer mehr und wurde in Theorie und Praxis ein entschiedener Deist. Endlich aber, nachdem er funfzehn Jahre von allen Seiten bekämpft, von Allen gemieden, von seinen eigenen Brüdern und übrigen Verwandten verurtheilt worden war, bequemte er sich zu einer Aussöhnung mit der Synagoge. Durch einen seiner Neffen, einen Mann von Ansehen und Einfluß, wurde die Aussöhnung vermittelt.

„Schon einige Tage nachher", so erzählt da Costa selbst, „wurde ich aber von dem Sohne meiner Schwester angeklagt, daß ich die Speisen nicht nach jüdischem Gebrauche zubereiten ließe." Es traten mehrere Umstände hinzu, und ein neuer, noch weit heftigerer Kampf, als der erste, entbrannte. Der Verirrte gerieth in eine gräßliche Lage: seine Frau war ihm gestorben, eine Wiederverehelichung wurde durch einen seiner Brüder verhindert, sein Vermögen befand sich in den Händen seiner Verwandten, die sich völlig von ihm lossagten. Er ertrug Alles mit einer seltenen Seelenruhe, sieben Jahre verbrachte er in der Einsamkeit. Nach dieser Zeit strebte er zum zweiten Male eine Versöhnung mit der Synagoge an und unterwarf sich dem Machtspruche der Rabbiner; er bereute öffentlich sein Vergehen, widerrief seine Ansichten und der jetzt greise, von Natur mit großem Schamgefühle begabte Mann wurde in Gegenwart der amsterdamer Gemeinde gegeißelt. Eine solche Schmach war für das kranke Gemüth des beklagenswerthen Menschen zu viel. Wenige Tage nach Vollziehung dieses Urtheils machte er seinem Leben durch einen Pistolenschuß ein Ende (April 1640), nachdem er noch zuvor mit vieler Seelenruhe gegen die Verfahrungsweise der Synagoge protestirt hatte.

Ob das Auftreten da Costa's, der mit seinen heterogenen Ansichten vereinzelt dastand und der mit dem einer spätern Epoche angehörenden Spinoza viele Aehnlichkeit hat, von weiteren Folgen für die portugiesischen Juden Amsterdam's war, wissen wir nicht; jedenfalls hatte der Vorfall das Gute, daß die amsterdamer Rabbiner und Gelehrten angefeuert wurden, um ähnlichen Verirrungen vorzubeugen, für die religiöse Belehrung der Gemeindegenossen zu sorgen. Sie erachteten es bald für heilige Pflicht, den

19

portugiesischen Halbchristen, die nicht einmal hebräisch lesen konnten
und von Beichte und Absolution mehr wußten, als von den mo=
saischen Gesetzen, Werke in die Hände zu geben, aus denen sie sich
über ihre religiösen Obliegenheiten belehren und Liebe zum Juden=
thume in sich aufnehmen konnten. Abraham Ferrar aus
Porto, der in Lissabon als guter Arzt bekannt war und sich mit
seinem Vetter David Ferrar um die Vereinigung der drei
Synagogengemeindeverbände zu einer Gesammtgemeinde Verdienste
erworben, bearbeitete das „Sepher Hamizwoth", „die Erklärung
der 613 Gebote nach der Auslegung der Weisen" in portugiesischer
Sprache[1]) (1627). Einige Jahre später erschienen die Reden des
in Lissabon geborenen Samuel Jbn Jachia zur Erbauung an
Fest= und Fasttagen[2]) und der „Conciliator" des Rabbiners Me=
nasse ben Jsrael, in dem sich dieser die Aufgabe stellte, die
scheinbar sich widersprechenden Stellen der heiligen Schrift auszu=
gleichen. Nicht umsonst wird dieser weitberühmte Mann vorzugs=
weise der amsterdamer Rabbiner genannt; keiner seiner dortigen
Collegen hat sich durch Wort, Schrift und That mehr Verdienste
um die religiöse Ausbildung seiner portugiesischen Glaubensgenossen
und um ihre politische Stellung erworben, als er.

Mehr aber, als alle religiöse Belehrung und alle Schriften,
wirkte das lebendige Beispiel, das Märtyrerthum so vieler gebil=
deter und gelehrter Männer, so vieler glaubensstarker Frauen,
Jünglinge und Jungfrauen, um die Liebe zum Judenthume in das
Herz der portugiesischen Juden einzugraben, um sie zur öffentlichen
Annahme der Stammreligion zu bewegen.

Mit wahrhaft tyrannischer Wuth wurde unter Philipp IV. ge=
gen die geheimen Juden verfahren. Je zerrütteter die finanziellen

---

[1]) Declaração dos seiscentes e treze Encommendanças ... Por industria
e despeza de Abr. Ferrar (Pharar), Judeo do desterro de Portugal.
Amsterdam, 1627.

De Barrios sagt von ihm (Relac. de los Poetas, 53):

> Judio del destierro Lusitano
> Abraham Farrar, en el lenguage Hispano
> Los preceptos pinto de la Ley fuerte,
> Que coge lauros, y enseñancas vierte.

[2]) Trinta Discursos ou Darazas apropriados para os dias solemnes e da
contrição e jejuns fúndados na Santa Ley, s. l. (Hamburg) 5384 = 1629.
Samuel lebte in Amsterdam.

Verhältniſſe des Geſammtreiches wurden, deſto mehr Neu=Chriſten
wurden zum Scheiterhaufen geſchleppt. Das Glaubensgericht ver=
wandelte das herrliche Land in ein Gefängniß, das Tribunal wurde
der Tummelplatz niedrigſter Leidenſchaften. Unter dem vierten
Philipp hatten Liſſabon, Evora und Coimbra jedes Jahr wenigſtens
ein Auto=da=Fé, und wie viele jüdiſche Bewohner Portugal's fan=
den in Spanien ihren Tod!

Im Jahre 1624 verurtheilte die Inquiſition in Liſſabon einen
Mann, der bei Lebzeiten in hohem Anſehen ſtand und deſſen Mär=
tyrerthum neue Liebe zum Judenthum einflößte; es war dies der
Profeſſor und Diaconus Antonio Homem.

Er wurde im Jahre 1564 von neu=chriſtlichen Eltern in
Coimbra geboren; ſein Vater hieß Vaez Brandão, ſeine Mutter war
die Enkelin eines Nuñez Carboſo, der in der ganzen Gegend
„der reiche Mann von Aveiro" genannt wurde. Wie viele der ge=
heimen Juden, beſtimmten die Eltern, um ihre Feinde durch ihr
äußeres Leben zu entwaffnen und vor den Nachſtellungen der In=
quiſition mehr geſichert zu ſein, ihren Sohn zur geiſtlichen Carriere.
Antonio trat in einen Orden und ſtudirte an der Hochſchule ſeiner
Vaterſtadt das canoniſche Recht. Nachdem der am 22. Februar
1592 promovirte Doctor und Magiſter verſchiedene kirchliche Wür=
den bekleidet hatte, wurde er Diaconus und zum Profeſſor des ca=
noniſchen Rechts an der Univerſität Coimbra ernannt. Das Prieſter=
gewand muß das Innerſte ſeines Herzens nicht hinreichend verdeckt
haben. Sei es, daß der Enkel des „reichen Mannes von Aveiro"
den Verdacht der Anhänglichkeit an das Judenthum von vorn
herein auf ſich geladen, ſei es, daß er in der Beobachtung jüdiſcher
Gebräuche nicht vorſichtig genug war: die Inquiſition machte ihm
den Prozeß. Am 1. Februar 1611 ſtand er zum erſten Male vor
dem Tribunal; ſeine Gelehrſamkeit, welche er durch mehrere theo=
logiſche Werke bekundete, verſchaffte ihm jedoch Abſolution. An=
tonio Homem verlebte nun mehrere Jahre ohne beſondere Anfech=
tungen, trotzdem ſeine geiſtlichen Collegen ſein Thun und Laſſen genau
bewachten und namentlich der Täufling João Baptiſta de Eſte,
der im Jahre 1621 ein Buch gegen die „hartnäckigen Juden" ſchrieb,[1]

[1] Dialogo entre Discipulo e Mestre catechizante, onde se resolvem todas
as duvidas, que os Judeos obstinados costumão fazer contra a verdade da fé
catholica etc. Lisboa, 1621, 1674.

zu seinen ärgsten Feinden gehörte. Durch einen eigenthümlichen
Vorfall wurde er endlich als Jude entdeckt und in die Kerker der
Inquisition in Coimbra geführt (18. December 1619).

Die geheimen Juden Portugal's beabsichtigten nämlich eine allge=
meine Verbindung, welche unter dem Namen „Verbrüderung de S.
Antonio" in Lissabon ihren Hauptsitz haben sollte. Sobald die Geist=
lichkeit hiervon Kunde erhielt, ließ sie Nachforschungen anstellen, und
man fand in einem entlegenen Hause der Münzstraße (rua da moneda)
hinter einer Töpferwerkstatt eine Synagoge mit jüdischem Cult, in
welcher die Mitglieder der Hermandad ihre Gebete verrichteten und ihre
Feste feierten, und in der Antonio Homem die geistlichen Functionen,
den Gottesdienst, leitete und Predigten hielt. Homem wurde alsbald von
der Inquisition eingezogen und zum Feuertode verurtheilt. Bei dem
Auto = da = Fé, das Sonntag den 5. Mai 1624 in Lissabon abge=
halten wurde, erschien eine imposante Persönlichkeit im Alter von
sechzig Jahren im Büßergewande mit einer mit Käfern bemalten
Mütze auf dem Haupte: es war das Antonio Homem. Man ver=
brannte ihn lebendig. Sein Haus wurde demolirt und an dessen
Stelle eine Säule mit der Inschrift „Praeceptor infelix" errichtet[1].
Mit Antonio Homem wurde auch das Bild des 21 Jahre früher
verurtheilten Diogo do Assumção dem Feuer übergeben[2].

Homem's Verbrechen und Tod rief in ganz Portugal eine
förmliche Bewegung hervor. Ein Diaconus und Professor des ca=
nonischen Rechts als Jude verbrannt! Die nächste Folge war, daß
bald nach dem Geständniß des „unglücklichen Lehrers" durch ein
Gesetz verboten wurde, die Lehrstühle an den Universitäten mit Neu=
Christen zu besetzen[3]. Das hatten die geistlichen Herren wenigstens
erzielt. Und doch hätten sie gewünscht, den Prozeß Homem's nie
aufgenommen zu haben, denn nicht allein die Neu-Christen wurden
von nie geahnter Liebe zum Judenthume ergriffen, sondern auch

[1] Der Prozeß Homem's nach den Acten veröffentlicht in O Antiquario
Conimbricense No. 3 (September 1841), S. 19 ff., No. 4 (October 1841),
S. 22 ff. Auf die Einzelheiten des interessanten Prozesses können wir hier nicht
weiter eingehen. Homem's erwähnt Barbosa, l. c. I. 299.

[2] Es heißt in der Beschreibung des Autos=da=Fé: O Retrato da pessoa
condemnada pelo S. Oficio era do capucho frei Diogo do Assumção. Sollte
Frei Diogo wirklich nicht in persona und jetzt in effigie verbrannt sein?

[3] Manuel Thomaz, l. c. 525. (Gesetz vom 10. November 1621 und
23. Februar 1623).

die alten Christen wurden in ihrem Glauben wankend; selbst unter ihnen wurden Stimmen laut, daß, wenn ein solcher Würdenträger, wie Homem, sich dem Judenthume wieder zuwende, seine Bekenner doch mehr Achtung verdienten und man mit ihnen wohl glimpf= licher verfahren müßte. Die Geistlichen hatten ihre liebe Noth und schleuderten als Gegenmittel ihre das Judenthum verdammenden Schriften in die Oeffentlichkeit. Vicente da Costa de Mattos aus Lissabon, ein Erzfeind des jüdischen Geschlechts, schrieb (1622) „über die ketzerische Treulosigkeit des Judenthums" und rechtfertigte die Vernichtung der jüdischen Ketzer; von diesem Buche erschien unter dem verlockenden Titel „Christliche Ehrenbezeugungen" bald nach Homem's Tod noch eine Fortsetzung [1]). In demselben Jahre ließ Fernão Ximenes de Aragão, Erzdiaconus in Braga, seine „Katholische Lehre zur Befestigung des Glaubens und zur Vernichtung des Judenthums" ,erscheinen, eine Schrift, welche von der Geistlich= keit so stark verbreitet wurde, daß schon nach drei Jahren eine zweite Auflage nöthig war [2]). Zu guter Letzt rief man auch noch den Judas Ischariot zu Hilfe! In den Kreisen der Vernünftigen, welche wußten, wie wenig Erfolge man sich von den Mitteln der Fanatiker zur Befestigung des Glaubens versprechen durfte, tauchte hier und da um diese Zeit der Religionsgefahr auch wohl der Ge= danke auf, und ein João Pinto Ribeiro schrieb ein ganzes Buch darüber, ob es nützlich und gerecht sei, die des Judenthums überführten und reconcilirten Neu = Christen zu verbannen [3]). Das verdienstvolle Werk durfte nicht gedruckt und die Toleranz nicht weiter besprochen werden.

Die geheimen Juden schwebten in der größten Gefahr, und es blieb ihnen nichts Anderes übrig, als zu einem Rettungsmittel zu greifen, von dessen Wirkung sie hinlänglich überzeugt waren: sie

---

[1]) Breve Discurso contra a Heretica Perfidia do Judaismo. Lisboa, 1622 1634. (Ins Spanische übersetzt durch Bela).

Honras Christaãs nas affrontas de Jes. Chr. e segunda Parte do primeiro Discurso contra a Heret. Perfidia. Lisboa, 1625, 1634.

[2]) Doutrina Catholica para instrução e confirmação dos fieis, extinção ... do Judaismo, Lisboa, 1625, 2. Auflage 1628.

[3]) Discurso si es util, y justo de desterrar de los Reinos de Portugal a los Christianos ● Novos, convencidos do Judaismo por el tribunal del S. Oficio, y reconciliados por èl con sus familias. Ribeiro starb 11. August 1640.

gingen den König Philipp (1625) an, ihnen gegen eine ansehnliche
Summe einen allgemeinen Pardon und Absolution zu verschaffen
und die Erlaubniß zur Auswanderung zu ertheilen [1]). Es hatte sich
ihnen in der neuen Welt ein Asyl eröffnet. Unverwandt richteten
sie ihren Blick auf Brasilien, wo sich ihre Glaubensgenossen
bald nach der Vertreibung aus dem Heimathlande ebenfalls als
Neu = Christen verbargen und von der Inquisition unangefochten
lebten, da sie von der portugiesischen Regierung dahin als in eine
Art Verbannungsort, um Papageien zu fangen, geschickt wurden.
Sobald man im Mutterlande die rasche Zunahme der geheimen
Juden in dieser Colonie bemerkte und ihre Macht und ihren Ein=
fluß fürchtete, wurde die Auswanderung nach Brasilien untersagt,
als plötzlich dieses schöne Land den Portugiesen durch die nieder=
ländische Flotte entrissen (1624) und den Juden religiöse Duldung
und Freiheit geboten wurde. Auf Einladung der bereits dort
ansässigen Familien wanderten im Jahre 1642 sechs hundert por=
tugiesische Juden aus Amsterdam nach dieser früher portugiesischen
Besitzung und gründeten daselbst eine ansehnliche Gemeinde. An der
Spitze dieser Auswanderer standen die beiden Rabbiner **Moses
Raphael de Aguilar** (st. 1680), Verfasser einer hebräischen
Grammatik und mehrerer anderer, zum Theil ungedruckter Schriften [2]),
und **Isaak ben Mathatias Aboab de Fonseca**. Geboren
in S. Jean de Luz, nach Anderen in Castrodeyra in Portugal
(1606 [3]), kam er als siebenjähriges Kind nach Amsterdam und
wurde mit Menasse ben Israel Schüler des Isaak Usiel. Schon
zu achtzehn Jahren erlangte er eine Anstellung als Talmudlehrer

---

[1]) João de Portugal (von königlicher Familie), Sobre a perdão geral que
pretendião os Judeos no anno de 1625.

[2]) M. s. meine Analekten, l. c. IX. 397 ff. De Barrios, Arbol de las
Vidas, 79 f.:

> Forma veinte y dos quadernos
> Los diez y siete españoles,
> Los cinco hebreos, crisoles
> de doctrinas y goviernos . . . .

Franco = Mendes will mehrere seiner Schriften (המעשים 'ס , זכר טוב 'ס) hand=
schriftlich gesehen haben. מאסף, 1785, 26 f. Seine Grammatik erschien unter
dem Titel: [Compendio da] Epitome Grammatica. Por breve Methodo com=
posta para uso das escolas etc. Leyde, 5420, 2. Auflage, Amsterdam, 5421.

[3]) Seine Mutter war bei seiner Geburt 51 Jahr alt.

und Rabbiner. Er war ein vortrefflicher Redner und hielt von
seiner Rückkehr aus Brasilien bis gegen 1683 an neunhundert
Reden, von denen nur wenige im Druck erschienen sind und welche
sich durch Reichhaltigkeit und Tiefe der Ideen kennzeichnen. Die
kabbalistischen Schriften des Marranen Abraham Cohen de
Herrera übersetzte er ins Hebräische und schrieb einen weitschich=
tigen spanischen Commentar über den Pentateuch, sowie mehrere
kleinere Abhandlungen „über jüdisches Maß und Gewicht", „über
Glaubensartikel", „über den Messias", auch „eine Genealogie
seiner weitverzweigten Familie" [1] und eine Sammlung verschiedener
Heilmittel für verschiedene Krankheiten.

Isaak Aboab, einer der bedeutendsten amsterdamer Rabbiner
kehrte 1654 aus Brasilien zurück, weil dessen Besitz für die Hollän=
der verloren und wieder auf die Portugiesen überging. Es war
das ein furchtbarer Schlag für die portugiesischen Juden dieses süd=
amerikanischen Landes, deren Zahl in wenigen Jahren bedeutend
zugenommen hatte. In Recife, wo über 5000 von ihnen wohnten,
sollen sie zur Uebergabe der Stadt an die Portugiesen vorzüglich
beigetragen haben, indem sie aus Furcht, ihr Leben und ihre Capi=

---

[1] De Barrios, Arbol de las Vidas, 86:

> Al sagrado Pentateuco
> tan sano Paraphrasea,
> que no anda en buenos passos,
> quien no sigue sus carreras,
> Torno en Hebreo de Hispano
> la Cabalistica Puerta
> del Cielo, que labro docto
> sin yerro el Jaxam Herrera.
> Por sus diversos Sermones
> di versos a impresion seria,
> y su legal Theologia
> no es de Theologia lega.

Seine vornehmsten Schriften sind
Parafrasis commentad. sobre el Pentateucho. Amsterdam 1681.
Compendio de diferentes materias M. S. (Roest, Cat. de Muller 17).
Catalogo de diferentes remedios para diversas sortas de achagues. M. S.
Livro e Nota de ydades. M. S.
Sermoens etc. Er starb 1693.

talien zu verlieren, die beunruhigendsten Gerüchte ausstreuten und da=
durch auf die Stimmung der Gesammtbevölkerung wie der Behörde
sehr nachtheilig einwirkten[1]).   Die meisten der Juden in Recife,
Bahia, Pernambuco, der Geburtsstadt des Arztes und philosophischen
Schriftstellers Jacob de Andrade Velosino[2]), kehrten nach
Holland zurück, wohin auch noch immer neue Flüchtlinge aus Por=
tugal selbst gelangten.

Erst im Jahre 1629, nachdem noch den 1. April in Evora
und den 2. September in Lissabon Autos=da=Fé abgehalten worden,
erhielten die geheimen Juden in Portugal wiederum die Erlaubniß,
ihre Güter verkaufen und das Land verlassen zu dürfen[3]).   Mit
welcher Freude benutzten die Elenden solche Momente, um aus der
Heimath für immer zu scheiden, und das um so mehr, als ihnen
auch jede Möglichkeit benommen wurde, irgend welche staatliche oder
öffentliche Stellung zu bekleiden[4]).   Als Steuereinnehmer durften
sie schon seit mehreren Jahren nicht fungiren, das desfallsige Ange=
bot eines Neu=Christen mußte ohne Weiteres zurückgewiesen werden[5]),
Der Handel mit indischen Edelsteinen, den sie vornehmlich betrieben
— sie verschickten sie nach Venedig, Frankreich, der Türkei und
anderen Gegenden — wurde ihnen entzogen[6]), und ein Gesetz vom
13. April 1633 erklärte sie für unfähig zur Bekleidung irgend eines
öffentlichen Amtes.   Allerdings geschah dies, wie es in dem königlichen
Erlasse ausdrücklich heißt, „um das Judenthum, das in diesem Kö=
nigreiche in großer Zunahme ist, zu verhindern, seine Anhänger zu

---

[1]) Portug. Restaur. II. 462, Schäfer, IV. 577.

[2]) Ueber ihn s. Hebr. Bibliogr. III. 58.

[3]) Manuel Thomaz, l. c. 188 (Gesetz vom 17. November 1629.)

[4]) Auch zu Regierungswahlen wurden sie nicht zugelassen. M. s. das Gesetz
vom 12. November 1611, 15. Juli 1617, 5. April 1618, die königl. Erlasse vom
13. April 1636 und 25. Juni 1640 bei Manuel Thomaz l. c. 188.   Selbst die
alten Christen, die mit Neu=Christen verheirathet waren, wurden nicht im
Staatsdienste verwendet. Ibid. 188.

[5]) Ibid. 525, Cart. Reg. von 2. October 1607.

[6]) Derão-se varias providencias para elles não altravassarem a pedraria
da India que mandavão vender por via de Ormus, a Venesa, Turquia, França,
Italia e outras partes. Alv. 19. Março 1616. Ibid. 525.

züchtigen und die Abkömmlinge zu zwingen, gute Katholiken zu werden ¹)."

Statt guter Katholiken wurden sie um desto glaubensfeftere, auch zuweilen von Schwärmerei ergriffene Juden, so der Neu-Chrift Jacob Zemach ben Chajim, der sich nach Paläftina begab, in Zefat, Damascus lebte und sich dann dauernd in Jerusalem niederließ. Er betrieb gegen zwanzig Jahre das Studium der Kab-bala, errichtete ein ftark besuchtes Lehrhaus und hinterließ mehrere, zum Theil nach seinem Tode gedruckte, kabbaliftische Werke²).

Unter den im Jahre 1625 aus Portugal Entkommenen befand sich auch eine damals berühmte Persönlichkeit, der als Stern erfter Größe gefeierte Arzt Abraham Çacuto mit dem Beinamen Lufitano. Ein Enkel des mehrerwähnten Mathematikers Abra-ham Çacuto und in Liffabon im Jahre 1625 geboren³), ftudirte der mit außerordentlichen Fähigkeiten ausgeftattete Jüngling auf den Univerfitäten Coimbra und Salamanca Philosophie und Me-dicin mit solchem Erfolge, daß er zu neunzehn Jahren seine Examina beftand. Er ließ sich in seiner Vaterftadt als Arzt nieder und er-warb sich während seiner dreißigjährigen Praxis durch seine neue Heilmethode allgemeine Verehrung, aber auch sie schützte ihn nicht vor den Nachftellungen des Glaubenstribunals, das auf ihn, weil dem Judenthum zugethan, Jagd machte. Er flüchtete nach Amfter-dam, ließ sich noch in seinem funfzigften Jahre beschneiden und blieb warmer Anhänger des Judenthums bis zu seinem Tode (1642⁴).

¹) Der Erlaß (Ribeiro, Disseol Chronol. e criticas sobre a historia de Portugal IV. 2, 212) lautet:

Rev. ... Padre Arcebispo Vizo Rey Amigo etc. Entre outras propostas que em vosso nome, e dos Prelados de Portugal, que se acharão na Junta de Thomar apontastes, em ordem a se tratar de remedios convenientes, para se atalhar e castigar o Judaismo, que hia em grande crescimento naquelle Regno, foi huma que convinha muito para o mesmo fim não terem os da Nação Hebrea onras, nem lugares publicos, nem officios da Go-vernança, nem da Justiça, de graça, nem da Fazenda e couzas semelhantes.... Madrid, 13. de Abril 1633.

²) Steinschneider, Cat. Bodl. 1268, Fürft, Bibl. Iud. III. 549, Kore-Ha-Dorot 49 a.

³) Med. Princip. Hist., Lib. IV. Hist. 46, Quaest. 42: Vidi anno 1601, quum fere totam Lusitaniam, et dulcissimam meam patriam Olyssipo-nem etc.

⁴) Luis de Lemos' Lebensbeschreibung Çacuto's vor seiner Med. Princ. Hist.

Um Çacuto Lufitano, deffen zahlreiche medicinifche Schriften [1]) die Bewunderung der berühmteften Aerzte feines Jahrhunderts erregten, fchaarten fich viele feiner Glaubens=, Leidens= und Fachgegenoffen. Da treffen wir des vortrefflichen Arztes Rodrigo de Caftro nicht. minder berühmte Söhne Daniel (Andreas) und Benedict (Baruch Nehemias, gest. 7. Jan. 1684 [2]), welcher letztere, Leibarzt der Königin Christine von Schweden, von dem Hamburger Hauptpastor Edzardi gar zu gern zum Christen gemacht wäre, den Arzt Jacob Gomez da Costa, den Dichter Juan (Mofes) Pinto Delgado [3]), den in Leyden promovirten David de Haro [4]), Benjamin (Dionyfius) Muffaphia) geb. 1605, gest. 1674), der, Arzt und Sprachkenner, in Glückstadt, Hamburg und Amsterdam ˌlebte und mehrere hebräifche Schriften, auch den Aruch des R. Nathan mit Zufätzen erscheinen ließ [5]), den Arzt Abraham Nehemias, Verfaffer eines in portugiefifcher Sprache gefchriebenen Moralwerkes [6]), und befonders den von Kaifer Ferdinand zum Pfalzgrafen erhobenen Immanuel Bocarro Frances

---

[1]) Seine fämmtlichen Schriften gefammelt Lugd. 1649, Fol.

[2]) Ueber Benedict de Caftro f. mein Zur Gefchichte der jüdifchen Aerzte, l. c. IX. 92 ff.

[3]) Sein Çacuto zu Ehren verfertigtes fpan. Gedicht ist unterzeichnet: In amoris gratiam scribebat amicissimus J. P. D...

[4]) Ueber ihn f. Menaffe ben Jsrael, 34.

[5]) De Barrios fagt von ihm Vida de Ishac Uziel, 48:

El Doctor Benjamin Musaphia, toca
el gran clarin de la Philosophia,
en marcha de cientifica energia,
de diferentes lenguas loquaz boca.

El Rabinico libro aumentó urbano
que intituló Musaph Aruch (Aumento
de Aruch) y formò el celebre comento
del gran Talmud Hicrosalemitano.

Doctamente pintò el Fluxo y Refluxo
del Mar. Compuso el libro intitulado
Sejer (Secher) Rab con estilo sublimado
de los vocables de la Ley dibujo.

M. f. auch Fürst, l. c. II. 408.

[6]) Tratado da Calumnia etc. Anvers, 1629.

y Rosales, auch wohl Jacob Rosales Hebraeus[1]) genannt, der dem Freunde an Berühmtheit nicht nachsteht.

Jacob — kein Glied der in der Mitte des 16. Jahrhunderts in Ferrara eingewanderten Familie Frances, zu der die Dichter Jacob Frances in Italien und Joseph Frances in Hamburg gehören[2]), — war der Sohn eines geheimen Juden, des Arztes Ferdinand Bocarro, und wurde 1588 in Lissabon geboren. Mit Eifer wandte er sich dem Studium der classischen Sprachen, der Mathematik und Medicin [zu und begab sich nach der damals in großem Rufe stehenden Universität Montpellier. Mit dem Doctor= hute geschmückt, kehrte er in die Heimath zurück und gelangte durch seine glücklichen Curen bald zu solchem Ruhme, daß Erzbischöfe und Fürsten, wie die Herzöge von Bragança, der Erzbischof von Braga, Vicekönig von Portugal. u. A. ihm ihr Leben anvertrauten. Neben seiner ausgedehnten medicinischen Praxis betrieb er mit Vorliebe das Studium der Astrologie, als dessen Ergebniß schon 1619 eine „Abhandlung über die im November 1618 bemerkten Kometen" in Lissabon erschien[3]). Fünf Jahre später veröffentlichte er den dem Könige Philipp gewidmeten ersten Theil seines Epoche machenden Werkes „Anacephalaeosis"[4]), in dem er Portugal's Könige, Gra= fen und Gelehrte in lateinischen Hexametern besingt und deren fol= gende Theile dem Herzoge von Bragança, Diogo da Silva, und dem damaligen Großinquisitor gewidmet sind. Eine derartige Wid= mung darf uns nicht überraschen; er wollte durch eine solche Auf=

---

[1]) Ueber Rosales s. Barbosa III. 196, wo er ihn richtig Manuel Bocarro Frances nennt, und I. 691, wo er als Diogo de Rosales erscheint, Wolf, III. 508, IV. 947. Sephardim, 209 ff., wo er und danach von Fürst, l. c. III. 166, in einigen Angaben mit Jm. Frances verwechselt ist.

[2]) Aus dem noch ungedruckten Divan des Jac. Frances theilte mir der sel. Luzzatto ein größeres Gedicht mit, dessen letzter Vers lautet:

O ungido de Belem
mandarei cedo o tarde
na gran Jerusalem
mostear meci com alarde
conforme as profecias.

Ueber Joseph Frances s. Sephardim, 314.

[3]) Tratado dos Cometas que aparecerão em Novembro de 1618. Lisboa, 1619.

[4]) Zum ersten Male erschienen 10. Mai 1624, dann Hamburg 1644, Se= phardim, 210.

merkſamkeit ſein und der Seinen Leben und Aufenthalt in der
Heimath erkaufen. Im Jahre 1625 verließ er jedoch, wahrſcheinlich
mit ſeinem Bruder Joſias Roſales[1]), dem Verfaſſer eines
„Bocarro" betitelten Gedichtes, und anderen geheimen Juden Portugal und begab ſich zunächſt nach Rom, wo er mit Galileo Gali-
lei, der ihn „den bewundernswürdigen Mann und den gelehrten
Aſtrologen" nennt, näher bekannt und durch ihn zur Bearbeitung
des aſtrologiſchen Werkes „Regnum Astrorum Reformatum" auf-
gemuntert wurde[2]). Noch vor dem Jahre 1632 wanderte er nach
Hamburg. Die dortige portugieſiſche Gemeinde hatte ſich anſehnlich
vermehrt, ſie beſaß mehrere Synagogen und zählte mehrere wiſſenſchaftlich gebildete Männer zu ihren Gliedern. Sobald der König
von Dänemark, Chriſtian IV., wahrnahm, daß die eingewanderten
portugieſiſchen Juden den Wohlſtand Hamburg's beförderten, lud
er die Portugieſen aus Amſterdam und der Nachbarſtadt zur An-
ſiedelung in ſeinem Staate ein[3]). So bildete ſich in Glückſtadt
ebenfalls eine Gemeinde portugieſiſcher Juden, an deren Spitze einige Zeit der Rabbiner Abraham de Fonſeca[4]) und der ebenfalls in Liſſabon geborene Grammatiker Moſes Gideon Abu-
biente[5]) ſtanden. Zu Ehren dieſes ſpäter nach Hamburg über-
geſiedelten Mannes ſchrieb Roſales, der nach ſeinem Uebertritte zum
Judenthume ſich Jacob Roſales Hebraeus nannte, im Jahre 1633
eine lateiniſche Ode und ein ſpaniſches Epigramm[6]); ähnlich feierte
er, mit einem Hochzeitscarmen, den Iſaak Abas in Hamburg[7])
ſo wie ſeine Freunde Çacuto Luſitano und Menaſſe ben Iſrael; zu
des erſtern „Geſchichte der vorzüglichſten Aerzte" ſchrieb er eine
kleine Abhandlung (Armatura Medica) und verſprach eine „Geſchichte
der vorzüglichſten Chirurgen", welche aber wahrſcheinlich nie gedruckt

---

[1]) De Barrios, Relac. de los Poetas, 56.

[2]) Gedruckt Hamburg, 1644.

[3]) Menaſſe ben Iſrael, 70.

[4]) De Barrios, Vida de Ishac Uziel, 44. Abraham de Fonſeca, Verf. des
Werkes אברהם עיי (Amſterdam, 1627) ſtarb als Rabbiner zu Hamburg, 27. Juli 1671.

[5]) Ueber Abudiente ſ. meine Analekten in Frankel's Monatsſchrift, IX
69 ff.

[6]) Vor Abud. Grammatik, Grammatica Hebraica. Parte primeira, onde se
omstrão todas regras necessarias etc. Hamburg, 3. Elul 5393 (Auguſt 1633).

[7]) Brindos nupcial e egloga panegyrica etc. Hamburg, 1632.

wurde[1]). Am 17. Juli 1647 erwies ihm der Kaiser Ferdinand III.
die außerordentliche Ehre, ihn zum kaiserlichen Pfalzgrafen zu er=
nennen. Ueber sein weiteres Verbleiben erfahren wir Nichts, er starb
in Florenz im 74. Jahre seines Lebens (1662).

Männern, wie Çacuto und Rosales, reihet sich als Kenner und
Beförderer der classischen Literatur ebenbürtig an Thomas (Isaak)
de Pinedo[2]). Er stammte aus der Familie der Pinheiros und
wurde im Jahre 1614 in Trancoso in der Provinz Beira geboren.
Seine Erziehung erhielt er in Madrid, wo er den Unterricht der
Jesuiten genoß[3]). Als er schon bei Jahren war, fiel er
der Alles ausspähenden Inquisition in die Augen und sah sich da=
durch genöthigt, seinen Studien und dem Umgang mit vielen ge=
lehrten Männern in Spanien's Hauptstadt zu entsagen, um in Hol=
land ungestört und öffentlich das Judenthum annehmen zu können[4]).
In Amsterdam[5]) beendete er (29. September 1676) seine mit vie=
len Erläuterungen versehene Ausgabe des Stephanus Byzantinus,
die 1678 in Druck erschien und von ihm seinem vertrauten Freunde
D. Gaspar Ibañez de Segovia y Peralto, Marquis de Mondejar,
gewidmet wurde. Pinedo hatte sein Lebelang über diejenigen zu
klagen, welche ihn wegen seines Ruhmes beneideten. Zu seinen
Verwandten rechnet er den 1638 in Neapel verschiedenen Helden=
dichter Miguel de Silveyra aus Celorico[6]) und zu seinen
Freunden den Reisenden aus jüdischem Geschlechte Pedro Teixeira.
der nach Beendigung seiner Reise in Antwerpen zum Judenthum
übertrat und dort seine Reise von Ostindien bis Italien beschrieb[7]).
Thomas de Pinedo starb in einem Alter von 65 Jahren am 13.

---

[1]) Sein Armatura Medica (7 Bll.) im 2. Bande der Gesammtwerke Çacuto's
(Lugd. 1640). Das am Ende dieser Abhandlung versprochene Supplement.
Chirurgicum befindet sich nicht darin.

[2]) M. f. mein Thomas de Pinedo, eine Biographie, in Frankel's Monats=
schrift, VII. 191 ff.

[3]) Stephanus de Urbibus, 361, No. 55, 590, No. 64.

[4]) Ibid. 129.

[5]) Graevius schreibt (13. Januar 1664) an Heinsius (Sylloge Epistol. III.
78): Amstelodami nuperius in Thomam de Pinedo incidi, qui adornat editionem
Stephan. de Urbibus ... Judaeum doctiorem nunquam vidi.

[6]) Ueber Silveyra f. Sephardim 182 ff.

[7]) M. f. mein Pedro Teixeira, eine Reiseskizze als Einleitung zu J. J.
Benjamin's Acht Jahre in Asien und Afrika (Hannover, 1858).

November 1679. Der über den Tod, mehr aber noch über das Bekenntniß des Freundes betrübte Marquis de Mondejar brachte die Trauerbotschaft dem jüdischen Dichter Daniel Levi (Miguel) de Barrios, welcher dem Freunde mehrere spanische Gesänge widmete [1]).

Größere Bedeutung für das Judenthum erlangten zwei Männer, welche, beide einer Zeit und der medicinischen Kunst angehörend, sowohl durch ihr Leben als durch ihre Schriften die Wahrheiten der jüdischen Religion vertheidigten: Isaak Cardoso und Isaak Orobio de Castro.

Isaak (Fernando) Cardoso wurde in Celorico, dem Geburtsorte des eben genannten Miguel de Silveyra, zu Anfang des siebzehnten Jahrhunderts geboren. Nachdem er in Salamanca seine medicinischen Studien beendigt, ließ er sich als Arzt in Valladolid nieder und folgte bald nachher einem Rufe als Oberarzt nach Madrid. Hier schrieb er (1633) ein kosmographisches Werk „Ueber den Ursprung der Welt" und zwei Jahre später „Ueber die grüne Farbe, das Symbol der Hoffnung, das Zeichen des Sieges," ein Schriftchen, das er einer geistreichen Marranin in Madrid, der D. Isabella Henriquez, welche später in Amsterdam zum Judenthume übertrat und mit Isabella Correa, Gattin des D. Nicolas de Oliver y Fullana (Daniel Jehuda) und Uebersetzerin des „Pastor Fido", so wie mit anderen spanisch-portugiesischen Damen, Mitglied der von Manuel de Belmonte gestifteten Dichtergesellschaft war, in Hochachtung widmete. Isaak Cardoso, gleich ausgezeichnet als Arzt und Naturforscher, Dichter und Philosoph, entschloß sich im vorgerückten Alter, seine glänzende Stellung in Spanien's Hauptstadt aufzugeben, weil er die religiöse Heuchelei nicht mehr ertragen konnte, und begab sich nach Venedig und später nach Verona, während sein Bruder Abraham (Michael) Cardoso, ebenfalls Arzt und Dichter, das Gebiet von Tripolis wählte und Leibarzt des dortigen Dey wurde. Isaak ließ sich (c. 1670) in Venedig beschneiden und erfaßte das Judenthum mit solcher Liebe und Innigkeit, daß er es unternahm, als Vertheidiger der Juden gegen die ihnen vorgerückten Laster und Anschuldigungen offen aufzutreten. Tiefe und überraschende Gelehrsamkeit, Kenntniß der heiligen Schriften und der

---

[1]) De Barrios, Aumento de Israel (s. p.), Alabanca al Criador 97.

Geschichte seines Volkes prägt sich in dem zu diesem Zwecke von ihm verfaßten, dem reichen Jacob de Pinto dedicirten Werke aus, das zu den besten dieser Art gerechnet zu werden verdient[1]). Er starb ungefähr sieben Jahre früher, als sein College und Landsmann Orobio de Castro, der ein weit traurigeres Leben führte und sich besonders als Polemiker gegen das Christenthum hervorthat.

Isaak oder Balthasar Orobio[2]) wurde von Eltern, die dem Scheinchristenthume angehörten, gegen 1616, ungefähr zu gleicher Zeit mit dem marranischen Dichter und Sänger Manuel (Jacob) de Pina aus Lissabon[3]), in Bragança geboren. Noch Kind, kam er mit seinen Eltern nach Spanien. Zu Alcala de Henares, wo er studirt hatte, und später zu Sevilla wurde er zum Professor der Philosophie und der Medicin ernannt, aber, als Anhänger des Judenthums verdächtig, von der Inquisition stets bewacht. Durch den Verrath seines Dieners, der ihn wegen Aussonderung der Speisen und anderer jüdischer Ceremonien anklagte, gerieth er in die Hände des Glaubensgerichtes, das ihn drei Jahre in Gefangenschaft hielt und ihn mit den schrecklichsten Martern quälte. Man heftete ihn an eine Mauer vermittelst Stricke, welche der Henker mit aller Kraft hin und herzog. Diese Qualen verursachten ihm unerträgliche Schmerzen, raubten ihm das Bewußtsein, daß er sich selbst nicht mehr kannte und er sich keine Vorstellung machen konnte, daß er derselbe sei, der einst Vorlesungen gehalten und Frau und Kinder gehabt hätte. Indeß konnten alle Qualen der Inquisition ihn zu

---

[1]) Ueber Cardoso und seine Werke f. Sephardim, 189 ff. Sein polemisches Werk führt den Titel: Las Excellencias y calumnias de los Hebreos, Amsterdam, 1679.

[2]) Ueber Orobio f. Limborch, Hist. Inquisitionis, 323, Koenen, l. c. 188 f., da Costa, l. c. 308, u. a. De Barrios sagt von ihm (Relac. de los Poetas, 57)
Isaac Orobio Medico eminente
con sus libros da envidia a lo sapiente,
y en lo que escrivie contra el Atheista
Espinosa, mas clara haze la vista.

[3]) Von Manuel de Pina erschienen Juguetes de la Niñes, y travessuras del genio, 1656, vgl. auch de Barrios, l. c. 54:
Jacob de Pina en quanto verso imprime
Realsa lo agudo, lo yocoso exprime.
Con el nombre de Manuel de Pina imprimio un libro de varias Poesias. M. f. Sephardim, 253 f.?

keinem Geständnisse bringen, so daß die Inquisition, da keine sichern
Beweismittel gegen ihn vorlagen, ihn in Freiheit setzte und ihn des
Landes verwies. Er begab sich nach Toulouse, wo er zum Pro=
fessor der Medicin und zum Rath Ludwig's XIV. ernannt wurde[1].
Da er aber auch hier genöthigt war, die Religion seiner Väter ge=
heim zu halten, ging er mit einem großen Theil seiner Verwandten
nach Amsterdam; er ließ die Beschneidung an sich vollziehen und
nahm den Namen Isaak an.

Isaak trat in mehreren Schriften als eifriger Kämpfer für die
Wahrheiten des Judenthums auf, und keiner seiner Zeitgenossen hat die
Grunddogmen des Christenthums mit mehr Schärfe angegriffen, als
er; von wenigen wurden dieselben mit solcher Gelehrsamkeit und
Präcision widerlegt[2]. Mehr Mäßigung bewies er in seinem Glau=
bensstreit mit dem gelehrten Remonstranten Limborch[3]. Noch ge=
gen Ende seines Lebens erhob er sich gegen den vielgeschmähten,
von Isaak Aboab excommunicirten Spinoza oder vielmehr gegen

[1] In einem Panegyrico Harmonico vom Jahre 1683 nennt ihn de Barrios:

> Medico Professor, Ishac Orovio,
> y consejero del gran Rey de Francia,
> eleva al Orador con su elegancia
> es de Sabios de Edom su ciencia oprovio.

[2] Seine Hauptwerke sind:
Prevenciones Divinias Contra la vana Idolatria de las Gentes.
2 Bücher.
Explicacion parafrastica sobre el Cap. 53 del Profeta Essahias.
Diese beiden Werke befinden sich handschriftlich in unserem Besitze.
Tratado o Repuesta à un Cavallero Frances Reformado, que con el
devido Secreto propuso differentes Questiones para probarle y opo=
sier a la Divina Ley. Handschriftlich in der Stadt=Bibliothek zu
Hamburg.
Explicacion parafrastica de las LXX. Semanas de Daniel. (Auf
diese Schrift bezieht er sich häufig in der Explic. sobre el Cap. 53
del Essahias.)
Israel vengé, aus dem Spanischen übersetzt von einem Henriquez.
London, 1770, ins Englische v. Miß Anna Maria Goldsmid, London, 1839.
[3] De veritate religionis Judaicae com confutatione religion. christ.
Herausgegeben von Limborch. Gonda, 1687.
Das Weitere über Orobio de Castro in einer demnächst erscheinenden Mono=
graphie.

deſſen Schildträger Bredenburg in einer lateiniſchen und ſpäter ins
Spaniſche überſetzten Schrift [1]).

Geehrt und geachtet von Allen, die ihn kannten, ſtarb Iſaak
gegen 1687; ſein Geſchlecht hat ſich bis auf unſere Zeit in Amſter=
dam erhalten.

---

[1]) Certamen Philosophicum propugnat. veritatis divinae ac naturalis.
Amſterdam, 1684. (Bened. de Spinoza, .Opera (ed. Paulus) II. 677.) Ins
Spaniſche überſetzt von G. de la Torre).

Achtes Capitel.

D. João IV. und D. Pedro II.

Verbindung der Neu-Christen mit der Inquisition gegen D. João IV. und die dadurch hervorgerufenen strengen Gesetze. Märtyrertod des D. Isaak de Castro Tartas und des D. Manuel Fernandes de Villa-Real. Manuel Thomas. Jüdische Agenten Portugal's. Opfer der Inquisition. Antonio Vieyra und seine Bemühungen um Aufhebung der Inquisition, deren Restitution und verdoppelter Eifer. Marranische Dichter besingen D. Pedro II. Die Akademie in Amsterdam und ihre Glieder.

Portugal, unter Manuel eines der mächtigsten Reiche der Welt, war unter spanischer Herrschaft dermaßen gesunken, daß es kaum noch unter die Staaten gezählt wurde. Seine Besitzungen in Indien und Brasilien gingen verloren, die Quellen des Wohlstandes versiechten, die Abgaben überstiegen Maß und Zahl, Aemter und Stellen wurden nur gegen Erlegung bedeutender Geldsummen vergeben, die Vicekönige, im Besitz unbeschränkter Macht, befriedigten ihre Habsucht nach Lust. Das Volk gedachte seines früheren Ruhms und Reichthums und hegte den sehnlichen Wunsch, Portugal's Selbstständigkeit wieder herzustellen.

Gegen Ende des Jahres 1640 wurde D. João IV., ein Glied der alten Königsfamilie, zum König von Portugal ausgerufen. Es bleibt eine merkwürdige Erscheinung, daß die geheimen Juden, statt mit Freuden die wiedergewonnene Selbstständigkeit des Landes und seinen König zu begrüßen, sich dazu finden ließen, das Reich dem spanischen Scepter wieder zu unterwerfen. Ob sie den kläglichen Zustand Portugal's ins Auge faßten und fürchteten, daß man sie als die Reichsten benutzen würde, die leeren Schatzkammern des

Königs zu füllen, oder ob die Uebermacht Spanien's sie mit Grauen erfaßte? Genug, einige der angesehensten und reichsten Neu-Christen verbanden sich mit dem Erzbischof von Braga zu einer spanisch ge= sinnten Verschwörung; die Inquisition und die Synagoge boten einander die Hand, um João IV. vom Throne zu stürzen. Für diese unerklärliche und unnatürliche Verbindung suchen Einige den Grund darin, daß die geheimen Juden dem neuernannten Könige gleich nach seiner Thronbesteigung eine große Summe Geldes offe= rirt hätten, damit er die Inquisition suspendire; vom Könige aber abschläglich beschieden, hätte der Erzbischof von Braga die Vernich= tung des Tribunals ihnen aus freien Stücken angetragen, ihnen so= gar den Bau einer Synagoge versprochen, wenn sie sich auf Spa= nien's Seite stellen wollten. Nach Anderen soll der König, durch England gezwungen, ernstlich daran gedacht haben, den geheimen Juden mehr Freiheiten einzuräumen, durch den Großinquisitor Francisco de Castro aber daran verhindert sein.

Wie dem auch sei, die reichsten unter den geheimen Juden, namentlich Pedro Baeça, ein reicher Handelsmann und früherer Vertrauter des spanischen Herzogs de Olivares, Diogo Rodrigo, Simon de Sousa u. a., nahmen an der von dem Erzbischof von Braga angezettelten Verschwörung Theil. Die Verschworenen hatten den Plan, an den vier Ecken des Palastes Feuer anzulegen, um das Volk zu beschäftigen. Die durch den Brand entstandene Ver= wirrung wollten sie benutzen, um sich dem Palaste zu nähern, an= geblich um das Feuer zu löschen, in der That aber, um den König zu tödten und sich der Königin und der Prinzen zu bemächtigen. Der Erzbischof und der Großinquisitor übernahmen es, den Pöbel im Zaum zu halten, indem sie, gefolgt von Priestern und Mönchen, durch die Straßen zogen und mit der Strafe des heiligen Officiums drohten. Der Mordplan wurde zeitig genug entdeckt, Baeça be= kannte sein Vergehen auf der Folter und wurde mit mehreren Mit= schuldigen hingerichtet (1641 [1]).

Durch diese Verschwörung, welche dem Könige den Beweis lieferte, in welch inniger Verbindung die Neu-Christen mit den alt= adligen Familien und den höchsten Würdenträgern des Landes leb=

[1] Nach Passarelli, Bellum Lusitan, 89 und Sousa de Macedo, Lusit. Liberat. 627, Schäfer, l. c. IV. 502.

ten, wurde der tödtliche Haß der Portugiesen gegen die Neu=Christen
noch vermehrt. Die Cortes, welche bald nach dem Regierungs=
antritte João's nach Lissabon berufen wurden, erneuerten die alten
Gesetze, denen zufolge es den alten Christen, bei Androhung der
Ausschließung von allen Ehrenstellen und öffentlichen Aemtern, ver=
boten war, sich mit geheimen Jüdinnen zu verheirathen. Sie ent=
zogen der ganzen „neu=christlichen Race" den Genuß irgend eines
Beneficiums und schärften den Aerzten und Wundärzten ein, ihre
Recepte in portugiesischer und nicht in lateinischer Sprache zu ver=
schreiben (1642 [1]). Bei dem Mangel an alt=christlichen Aerzten und
Apothekern wurde dieses Gesetz aber häufig umgangen, so daß die
Cortes von 1653 den geheimen Juden ein für alle Mal verboten,
Apotheken zu halten [2]).

Der Regierungswechsel hatte auf die geheimen Juden keinen
Einfluß, ihre Zustände blieben nach wie vor dieselben. So oft
auch verständige Männer dem Könige João riethen, die Macht der
Inquisition zu beschränken, so unterließ er es dennoch, Etwas gegen
sie zu unternehmen. Die geheimen Juden wurden nach wie vor
garottirt, verbrannt, exportirt. Am 2. April 1642 wurden in
Lissabon zwei sehr reiche Juden, weil sie keine Christen werden woll=
ten, lebendig verbrannt, vier andere garottirt und achtzig auf die
Galeeren geschmiedet. Die Königin selbst wohnte diesem höllischen
Schauspiele mit vieler Lust bei [3]).

Am 15. (22.) December 1647 [5]) fand ein anderes, größeres
Auto=da=Fé in Lissabon Statt. Sechs Personen wurden lebendig
verbrannt, sechzig mit Kerker auf Lebensdauer und anderen Strafen
belegt. Unter denen, die den Tod erlitten, befand sich Isaak de
Castro Tartas, ein Verwandter des Leibarztes Elias Mon=
talto und des Buchdruckereibesitzers Castro Tartas in Amsterdam,
ein Jüngling von vierundzwanzig Jahren. Die Gascogne war seine
Heimath, Tartas sein Geburtsort. Er hatte sich nach Brasilien be=

---

[1]) Santarem, l. c. III. 1, 91, 92, 94, 105.

[2]) Ibid. II. 1, 95.

[3]) Theatr. Europaeum, IV. 714, 976.

[4]) Nach Cardoso, l. c. 324 f. starb Isaak 22. December. Die Historia da
Inquisição, 271, läßt ihn bei dem Auto=da=Fé vom 15. December umkommen.
Morreo queimado vivo por herege un Francez natural da Gascunba. De
Barrios, Govierno Popular, 44, setzt d. 23. September.

geben und mehrere Jahre in Parahiva gelebt. Gegen den Willen seiner dort ansässigen Freunde und Verwandten hatte er eines Tages eine Reise nach Bahia dos Santos unternommen; kaum dort angelangt, wurde er als Jude erkannt, von den Portugiesen gefangen genommen und nach Lissabon geschickt. Vor das Inquisitions= tribunal gestellt,. bekannte er sofort, daß er Jude sei, als solcher leben und sterben wolle. Auch mit ihm gaben sich die Theologen alle erdenkliche Mühe, ihn vom Judenthume abwendig zu machen, aber Isaak de Castro Tartas, ein philosophischer Denker und mit den classischen Sprachen vertraut, blieb unerschütterlich in seinem Glauben; er war von dem hohen Gedanken getragen, den Namen seines Gottes zu verherrlichen und seiner Genossenschaft ein neues Beispiel seltener Glaubensstärke zu geben. Im Vorgefühle seines nahen Todes hatte er vor seiner Abreise von Parahiva seinen in Amsterdam wohnenden Verwandten geschrieben, daß er eine Reise nach Rio de Janeiro in der Absicht unternehme, um einige seiner dortigen Freunde zur Gottesfurcht zu führen, und daß sie in den nächsten vier Jahren keinen Brief von ihm erwarten sollten. Noch war die bestimmte Frist nicht verflossen, so hatte Isaak de Castro Tartas auf dem Scheiterhaufen geendet. Er starb wie ein Held. Nachdem er schon mehrere Stunden auf dem Feuerstoße ge= standen und helle Flammen sein Haupt in Rauch gehüllt hatten, raffte er seine letzten Kräfte zusammen und erhob zum letzten Male seine Stimme: „Höre Israel, Adonai ist einzig." Mit dem Worte „einzig" gab er, wie ein Märtyrer des Alterthums, den Geist auf. Noch viele Jahre nach dem Tode Isaak's ergötzte sich das Lissaboner Publikum an den Worten „Sch'ma Jisrael" (Höre Israel), so daß sich endlich die Inquisition genöthigt sah, unter Androhung von schweren Strafen diesen Ausruf des israelitischen Bekenntnisses zu verhindern[1]).

---

[1]) Cardoso, l. c. 325, Menasse ben Israel, Spes Israelis, 89: Isaac Ca-strensis Tartas, quem novi et allocutus sum, juvenis eruditus, ac in literis Grae-cis et Latinis versatus, vix Fernambucum venerat, quin, a Lusitanis captus et Lisbonam abductus, vivus combureretur, juvenis viginti quatuor annorum, spretis honoribus, ac divitiis, ipsi oblatis, si Christo nomen daret. Qui pro-ditorem fuisse aiunt, mentiuntur splendide; defendebat nimirum locum, cui praefectus erat, ut miles strenuus.

Groß war die Trauer unter den portugiesischen Juden Amsterdam's, als die Botschaft von Isaak's Tod zu ihnen gelangte. Der
greise Rabbiner Saul Levi Morteira, derselbe, der Spinoza
unterrichtete und diesen begabtesten seiner Schüler seiner religions=
philosophischen Anschauungen wegen in den Bann that, hielt ihm
eine Gedächtnißrede[1]). Der Rabbiner Salomo ben David
Israel de Oliveyra, der von früher Jugend die hebräische
Poesie pflegte und auch mehrere synagogale Dichtungen verfaßte[2]),
betrauerte ihn in einer hebräischen Elegie[3]), Jonas Abravanel,
der Sohn des Joseph Abravanel und Neffe Menasse ben
Israel's, so wie andere poetisch begabte portugiesische Juden be=
sangen seinen Tod in spanischen und portugiesischen Versen[4]).

Das heroische Ende des jungen Tartas hatte selbst die abgehärteten
Inquisitoren so erschüttert, daß sie sich vornahmen, Niemand mehr zu
verbrennen; es vergingen jedoch kaum fünf Jahre, so wurde von dem
Tribunal ein anderer beachtenswerther Bekenner des Judenthums
geopfert. Es war das Manuel Fernandes de Villa=Real
aus Lissabon. Er lebte längere Zeit als portugiesischer Consul in
Paris, war ein genialer Geist, zeichnete sich als Dichter und poli=
tischer Historiker aus. Sein vorzüglichstes Werk, das er in Paris,
wo er als portugiesischer Consul den größten Theil seines Lebens
verbrachte, schrieb, führt den Titel „Politische Reden", eine Verherr=
lichung des Cardinals Richelieu, den er als den Beschützer der
Fremden und Verfolgten nicht genug rühmen kann. Einige Male
berührt er in diesem trefflichen Buche auch den Punkt, der ihm am
meisten am Herzen lag, die Religion. Indem er den Minister auf
die Grausamkeiten des spanischen Philipp verweist, warnt er ihn,
in Religionsangelegenheiten keine Gewaltmaßregeln zu gebrauchen.
„Die geheimen Anhänger einer Religion sollen nicht mit solcher
Strenge, mit so außerordentlich grausamen Mitteln geplagt werden.
Es steht nicht in der Macht des Regenten, die Geheimnisse der
Seele zu erforschen: genug, wenn der Unterthan die von ihm er=
lassenen Gesetze befolgt, seinen Vorschriften Gehorsam leistet; Niemand

---

[1]) Cardoso, l. c. 325.
[2]) Ueber Oliveyra und seine Schriften s. m. Analekten, l. c. X. 432.
[3]) Scharsch. Gabluth, 52b ff.
[4]) Cardoso, l. c. 325.

darf seine Herrschaft auf die verborgensten Gedanken, auf das In= nerste des Herzens erstrecken".[1]).

Wie bald mußte auch Villa=Real die Tyrannei des portugie= sischen Glaubensgerichts erfahren! Seine geschäftlichen Beziehungen zu dem portugiesischen Hofe führten ihn nach Lissabon, wo ihm das Inquisitionstribunal in seinem Kerker eine Wohnung anwies. Wir wissen nicht, wie lange Villa=Real, der vierzig Jahre streng nach dem mosaischen Gesetze gelebt haben soll, in dem Gefängnisse schmach= tete; am 1. December 1652 schleppte man den Capitän und Gene= ral=Consul Portugal's in Paris, einen Mann von angenehmem Aeußern, in Lissabon zum Gericht: er wurde als „edler Portugiese garottirt und dann verbrannt[2])

So unbarmherzig auch fortwährend in Portugal mit den ge= heimen Juden verfahren wurde, so bewahrten diese dennoch selbst auf fremdem Boden eine fast unerklärliche Liebe zu dem Heimaths= lande, so daß sie dessen Sprache nicht allein auf ihre Kinder vererbten und in ihr schrieben und dichteten, sondern auch einzelne Flücht= linge den Regenten Portugal's zujubelten. So richtete der marra= nische Dichter, Manuel Thomas (geb. 1585 [3]), der Sohn eines Arz= tes, Luis Gomez de Medeiros, aus Guimarães und Bruder des erwähn= ten Jonas Abravanel, der den größten Theil seines Lebens auf der Insel Madeira verbrachte und dort durch den Sohn eines Huf= schmieds getödtet wurde (10. April 1665), sein die Geschichte Portu= gal's bis zur Schlacht von Montejo behandelndes Epos „der Lusitanische Phönix" an den König João IV.[4]) Auch der fruchtbare Drama= tiker Antonio Henriquez Gomez[5]), der nur mit Mühe dem

[1]) Ueber dies und andere Werke Villa=Real's s. Sephardim, 230 ff. und Barbosa, l. c. III. 264.
[2]) Historia da Inquisicão 371.
[3]) Jose Carlos Pinto de Sousa, Bibl. Hist. de Portugal (Lisboa, 1801) 202, 208; De Barrios, Relacion de los Poetas, 58.

Jonas Abravanel canoro hermano
Del gran Manuel Thomas, que el „Lusitano
Phenix" en las Terceras Islas hizo.
(Mißverstanden im Ozar Nechmad, II. 61.)
[4]) Thomas schrieb: O Phenix da Lusitania, Rouen, 1649. Insulana, Anvers, 1635. (Jedes in 10 Gesängen.)
[5]) lieber Antonio Henriquez Gomez s. Sephardim 216 — 243.

Feuertode entging und dessen Bild in Sevilla verbrannt wurde, schrieb zu Ehren der 1641 in Paris anwesenden portugiesischen Gesandtschaft ein größeres Gedicht, das er João IV. widmete [1]).

Und doch sind diese Erscheinungen nicht räthselhafter, als daß dieselben Monarchen, welche die Anhänger des Judenthums im eigenen Lande verbrennen ließen, im Auslande ihre Agenten unter den Juden wählten. So war während anderthalb hundert Jahren von João IV. bis zur Revolution 1795 das Geschlecht der Nunes da Costa-Curiel im Besitz der Agentschaft von Portugal mit dem Titel: Edelleute des königlichen Hauses. Der erste, welcher diese Stelle bekleidete, war Duarte (Jacob) Nunes da Costa, dem später Salomon und Moses oder Geronimo Nunes da Costa, Vorsteher der Amsterdamer Gemeinde, folgte [2]).

Der Einfluß, den diese jüdischen Agenten auf die portugiesischen Könige übten, war jedenfalls unbedeutend, sie konnten der gut- und blutgierigen Inquisition keinen Einhalt gebieten und ihre Glaubensbrüder in der Heimath vom Tode nicht retten. Bis zum Regierungsantritte Pedro's II. wurde noch mancher unschuldige Neu-Christ dem Feuer geopfert, und die mit dem Leben davon kamen, wurden, sobald sie im Verdacht des Judaisirens standen, den ärgsten Verbrechern gleich exportirt [3]).

[1]) Triunfo Lusitano, Acclamação do S. Rei D. João IV. e a Embaichada que Francisco de Mello, e o Doutor Antonio Coelho de Carvalho fizerão por seu mandado a Luis XIII. de França, Paris, 1641. Betreffs der Gesandtschaft s. Portug. rest. I. 162.

[2]) Da Costa, l. c. 314, Koenen, l. c. 183, De Barrios, Panegirico Harmonico (ein einzelnes Blatt in seinem Sammelwerk):

Mosseh Curiel, Agente vigilante
Del Principe Regente Lusitano..

Mein Menasse ben Israel, 51, 79. In dem Hause der da Costa verkehrte der portug. Gesandtschaftssecretär Franc. de Oliveyra, der mit Isaak de Sousa Brito, Bruder des Mathematikers und Kosmographen Gabriel de Sousa Brito (über dessen Schriften s. Mem. d. Litt. Port. IV. 329 und Barbosa, II. 322), in Correspondenz stand und der bei da Costa einige die königl. portugiesische Familie betreffende, seltene Manuscripte sah. De Oliveyra, Memoires de Portugal (La Haye, 1743) I. 379 f.

[3]) Manuel Thomaz, l. c. 188, 525. M. s. die Gesetze vom 2. Februar 1657, 22. und 28. Juli 1671, und 5. August 1683.

Neunzig geheime Juden erschienen bei dem Auto=da=Fé, das am 15. December 1658 in Porto abgehalten wurde. Sechs von ihnen, fünf Männer und eine Frau, wurden verbrannt, weil sie überführt waren, daß sie kein Schweinefleisch, kein Wild und keine Fische mit Schuppen gegessen, daß sie den Sabbath, das Passah= und andere jüdische Feste gefeiert, daß sie verschiedene Tage im Jahre bis zum Anbruche der Nacht gefastet. Als sie die Richtstätte erreicht hatten, gestanden sie laut, daß sie der letzten Stunde mit freudigem Herzen entgegengingen, wären sie doch für immer von der Tortur und Marter der Inquisition befreiet. Sie waren Alle sehr reich; wahrscheinlich war das ihr größtes Verbrechen, um dessentwillen sie den Tod erlitten, schreibt der englische Consul Maynard in Lissabon an den Staatssecretär Thurloe in London[1]. Zwei Jahre später (17. October 1660) endeten bei dem Auto=da=Fé in Lissabon viele geheime Juden[2], und am 26. October 1664 erschienen bei einem in Coimbra abgehaltenen Auto nicht weniger als 237 Personen, größtentheils Anhänger des Judenthums[3]. Das Auto=da=Fé, welches zwei Jahre nach dem in Lissabon erfolgten Tode des jungen marranischen Dichters Sebastian Francisco de Pina[4] und in demselben Jahre (1673) in Coimbra abgehalten wurde, in welchem der fromme Francisco Fernandez Prata seine portugiesischen Landsleute überzeugen wollte, daß der Messias gekommen und die Vernichtung des Judenthums zu hoffen sei, machte für einige Jahre wenigstens den Beschluß derartiger Feierlichkeiten.

Auf die Anklage nämlich, welche ein unter den Jesuiten hervorragender Mann gegen die Inquisition erhob, wurden sämmtliche Tribunale der portugiesischen Monarchie plötzlich geschlossen. Antonio Vieyra, das ist der Name des Paters, ausgezeichnet als Gelehrter und Schriftsteller, Kanzelredner und Rathgeber der Fürsten, dabei vielfach thätig als diplomatischer Agent und schon unter João IV. zu Staatsgeschäften verwandt, war von der Inquisition in Coimbra degradirt und zu Gefängnißstrafe verurtheilt. Erlangte er auch nach sechsmonatlicher Haft seine Freiheit

---

[1]) Thurloe (Birch), Collection of the State Papers, VII. 567.
[2]) Historia da Inquisição, 273.
[3]) Ibid. 293.
[4]) S. die Elegie de Barrics' in dessen Luzes de la Ley Divina, 32.

wieder, so blieb sein Rachegefühl gegen das Tribunal doch dasselbe, und er bemühete sich, ihm einen Todesstoß beizubringen. Mit Erlaubniß des Regenten D. Pedro, der nach der Entsetzung des unfähigen Affonso VI. den portugiesischen Thron einnahm, begab sich Vieyra im Jahre 1669 nach Rom.

Um diese Zeit befand sich der Jesuiten = Provincial von Malabar, Balthasar da Costa, in Lissabon, und er war es, der es übernahm, den Weg zu den vernichtenden Angriffen auf die Inquisition anzubahnen. In einer Unterredung mit dem Prinz-Regenten machte er diesen darauf aufmerksam, daß sich jetzt eine passende Gelegenheit biete, Indien wieder zu erobern. Die Hauptschwierigkeit findet er in dem Mangel an den nöthigen Geldsummen, um Kriegsvolk dorthin zu senden und in dem erschöpften Indien zu unterhalten. Allein er weiß ein Mittel, das dies ermögliche, ohne die königlichen Einkünfte in Anspruch zu nehmen, „das sich wohl vertrage mit dem menschlichen und göttlichen Gesetz, eines der größten göttlichen Attribute nachahme, die Barmherzigkeit, die zu ihrem Glanz den Sündern verzeiht, tausendfach von Gott geübt wird und von den Fürsten nachgeahmt werden sollte.“ Kurz, Se. Hoheit möge der hebräischen Nation, natürlich gegen eine Geldsumme, einen Generalpardon bewilligen. Den Sturm, den die Zeloten dagegen erheben würden, sieht da Costa voraus, aber er weiß auch dagegen Rath. Der Prinz möge mit allem Nachdruck in Rom darum nachsuchen, und habe er es einmal erreicht, was nicht schwer sei, da in Rom sich Jemand fände, der dies sollicitire (Antonio Vieyra war ja dort!) so könne er es dann mit unbeschränkter Macht ausführen und jedem Tadler Schweigen auflegen.

Unterdessen reichten auch die geheimen Juden ihre Vorschläge dem Beichtvater des Königs, Manuel Fernandes, ein, und dieser schrieb eigenhändig die Uebereinkunft nieder, die er mit ihnen traf, in welcher ein Hauptpunkt war, daß die Inquisition sich der Einkerkerungen und Hinrichtungen enthalten solle. Um der Sache mehr Gewicht und Ueberzeugungskraft zu geben, wurden Gutachten von allen Theologen der Gesellschaft, von den Jesuiten der Universität Evora und anderen Collegien eingeholt (August und September 1673); Alle stimmten überein, daß der Prinz die Pflicht habe, den Generalpardon zu ertheilen und daß er das Donativ nehmen könne und solle. Hierauf entwarf der Beichtvater selbst das Schreiben des

Prinz=Regenten an den Papst. Viele gelehrte, gottesfürchtige und mit dem Inquisitionswesen in Portugal vertraute Männer, heißt es darin, hätten ihm oft vorgestellt, daß er das Verfahren, das die Inquisition bisher gegen das hebräische Volk befolgt, und das, wie die Erfahrung gezeigt, keinen Nutzen, vielmehr einige bekannte Nach= theile gebracht habe, verändern und nach dem Verfahren, wie es Se. Heiligkeit in Rom gegen die Ketzer beobachte, einrichten möchte. Zu diesem Zwecke sei nöthig, daß Se. Heiligkeit diesem Volke nur für einmal Vergebung aller Verbrechen, welche bis jetzt im Juden= thume begangen worden, gewähre, um dann das neue Gerichtsver= fahren zu beginnen.

Unterdessen hatten die Juden einen Agenten, Francisco de Azevedo, nach Rom geschickt, der in brieflichem Verkehr mit Pe= dro's Beichtvater, diesen von Allem, was er that, in Kenntniß setzte; schwere Summen aus den vollen Händen der reichen Juden wan= derten nach Rom und standen den Jesuiten zur Verfügung[1]). An= tonio Vieyra entwickelte rührig seine Talente und Künste, von Rom aus verkehrend mit dem Beichtvater des Regenten. „Durch das Schreiben Sr. Heiligkeit, das abgegangen sei, und durch das, wel= ches jetzt abgehe", meinte de Azevedo in einem Briefe vom 15. De= cember 1674, „werde Se. Hoheit sehr ermuthigt und befestigt wer= den und der stärkste Schild sein, mit dem alle Lanzen zurückgeschla= gen werden könnten." Selbst der Resident Portugal's in Rom stand vertraulich im Dienste des Beichtvaters.

Die erste Wirkung von Pedro's Schreiben an den Papst, be= günstigt von so vielfachen Einflüssen, war das Breve vom 3. October 1674, in welchem Clemens X. jede Amtsverrichtung des Officiums in Portugal, jede Anklage, Verurtheilung oder Vollziehung unter schweren Androhungen untersagte, bis über die Klage der Neu=Christen in Rom entschieden sei[2]). Ferner erließ derselbe Papst am 3. No=

[1]) No seu tempo intentarão os homens de nação Hebrea conseguir do Papa, que removasse a forma do recto procedimento do S. Officio da Inqui- sição destes Reynos, negocio, em que se havião andiantado; porque com os seus cabedaes, que crão muitos, negoceavão, e tambem porque tinhão pessoas de grandes lugares, que se havião persuadido das suas enganosas, e apparentes razoens, votando-as a seu favor. Sousa, Hist. General. VII. 671.

[2]) Die Bulle vom 3. October 1674 (nicht 8. October, wie Schäfer, V. 10 angibt) in Bull. Roman. (Luxemburg, 1739), V. 62 f.

vember 1674 ein Breve an den Regenten Pedro, worin er diesen wegen der Standhaftigkeit belobte, mit der er den Vorstellungen der Cortes, daß er die Sache der Neu=Christen nicht beschützen möge, widerstanden habe. Endlich erfolgte ein Brief, den der Cardinal Barberino an den Nuntius Durazo schrieb (26. Januar 1675), in welchem er die Verbindlichkeiten und Danksagungen ausdrückte, die man den Jesuiten für ihre Bemühungen in dieser Sache schuldig sei. Der Nuntius möge den Genossen der Gesellschaft mittheilen, daß der Cardinal Altieri in Person dem Ordensgeneral die Aner= kennung zu erkennen gegeben habe.

Als dies Schreiben in Portugal anlangte, hatte der Nuntius bereits das päpstliche Inhibitorium mittelst eines Schreibens vom 17. November 1674 dem Generalrath des Inquisitionstribunals angezeigt. Dieser und ein ansehnlicher Theil der eben versammelten Cortes stellte hierauf an den Regenten so dringende Ansuchen, den Prätensionen der geheimen Juden seinen Schutz zu entziehen, daß der Prinz=Regent, der ohnehin sich in seiner Würde und Autorität verletzt fühlte, weil der Nuntius ohne vorhergegangene landesherr= liche Genehmigung das päpstliche Inhibitorium im Reich verkündet hatte, jenen nicht vor sich lassen wollte, bevor er „Alles in vorigen Stand" gesetzt habe.

Hierauf entgegnete der Nuntius dem Beichtvater in einem Schreiben vom 8. December 1674 unter Anderm, „daß er den Grund, aus dem er das Inhibitorium Sr. Hoheit mitzutheilen habe, nicht kenne, daß er es auch nicht thun sollte, um Sr. Hoheit gut zu dienen, und was die Versetzung „von Allem in vorigen Stand" betreffe, so habe er dazu nicht die Macht, wenn er sie aber hätte, sei das nicht der Weg, ihn zu besiegen."

So sah sich der Regent unerwartet in Zwiespalt mit dem Nun= tius und dem römischen Hofe, von der andern Seite gedrängt vom Generalrath des h. Officiums und allen Inquisitionen des Reichs, von vielen Prälaten und einem beträchtlichen Theil der Cortes, während die Volksmasse tief aufgeregt war, der Pöbel die Minister und alle Juden mit Feuer und Flammen zu verfolgen drohte, auf öffentlichen Plätzen der Ruf: „Es lebe König Affonso! Tod allen Juden und Verräthern!" erscholl, mehrere Kirchen, der Palast selbst mit Schmähschriften auf den Regenten bedeckt wurden.

In Rom ging man damit um, wie aus einem Briefe des oben
erwähnten Agenten der geheimen Juden an den Beichtvater des
Prinz=Regenten erhellt, die Inquisitionsgerichte in Portugal der Ge=
sellschaft Jesu zu übergeben. Man wollte den Prinzen bitten, einen
General=Inquisitor zu ernennen, und hatte seinen Beichtvater dabei
im Auge. Nicht wenige Cardinäle interessirten sich für diesen Plan.
Wie weit er verfolgt wurde, liegt im Dunkeln. „Der Freund, der
sich in der Kürze auf den Weg machen soll", schreibt der Agent
Francisco de Azevedo, „wird bei seiner Ankunft viele Dinge auf=
klären, außer denen, die ich geschrieben habe." Wer dieser Freund
war, erfahren wir nicht.

Es kam zwischen Portugal und der Curie zu ernsten Zerwürf=
nissen. Die Inquisitoren weigerten sich, dem Papste und seinem
Nuntius, dem Erzbischof von Chalcedonia, Gehorsam zu leisten, da=
rauf ertheilte Innocenz XI., der Nachfolger des Papstes Clemens X.,
diesem (28. November 1676) den Auftrag, die Bulle vom 3. Oc=
tober 1674 wiederholt zu veröffentlichen, und ließ den Großinquisitor
durch ein Breve vom 27. Mai 1679 auffordern, innerhalb zehn
Tagen sämmtliche Acten der Inquisition zu übergeben[1]).

Antonio Vieyra erlebte den Ausgang der verwickelten Unter=
handlungen nicht. Er schied mit dem freudigem Bewußtsein aus
der Welt, zur zeitweiligen Aufhebung des fluchwürdigen Tribunals
den ersten Anstoß gegeben zu haben. Noch kurz vor seinem Tode
(1680) veröffentlichte er seine „katholische Aufklärung über den Han=
del der hebräischen Nation"[2]). Antonio Vieyra's Namen wurde von
den portugiesischen Juden stets mit Achtung genannt. Schon wäh=
rend seiner Anwesenheit in Amsterdam (1646 und 1647) erwarb er
sich unter seinen jüdischen Landsleuten viele Freunde und verkehrte
mehrfach mit den Rabbinern Menasse ben Israel und Isaak Aboab,
von denen er, befragt über ihre rhetorischen Leistungen, treffend
sagte: „Menasse sagt, was er weiß, Aboab weiß, was er sagt"; durch
seine in den letzten Jahren seines Lebens an den Tag gelegte
Toleranz und sein energisches Auftreten gegen die Inquisition wurde
er und seine Werke von ihnen verehrt und bewundert, so daß der

---

[1]) Bull. Roman. V. 198 f., 260 ff.

[2]) Desengano Catholico sobre o negocio da Naçäo Hebrea. Hiernach zu
berichtigen Menasse ben Israel, 11.

damalige Rabbiner im Haag in feinen Unterhaltungen ganze Stellen
aus den Predigten dieſes Jeſuiten recitirte [1]).

Nach vielfachen Verwicklungen endeten die Unterhandlungen
zwiſchen der Curie und Portugal damit, daß Innocenz XI. durch
die Bulle vom 22. Auguſt 1681 die Wirkſamkeit der Inquiſitions=
gerichte wiederherſtellte [2]).

Am 10. Mai 1682 wurde das erſte große Auto=da=Fé, eins
der großartigſten und ſchaudererregenden in der Geſchichte der por=
tugieſiſchen Inquiſition, in Liſſabon wieder abgehalten. Es hatte
den Anſchein, als ob die Inquiſition jetzt blutige Rache an den ge=
heimen Juden nehmen wollte, welche es gewagt hatten, durch Re=
curs an den Papſt ihren Klauen zu entgehen. Mehrere Perſonen,
nämlich der 43jährige Kaufmann Gaspar (Abraham) Lopez
Pereira, der 42jährige Advocat Miguel (Iſaak) Henriquez
de Fonſeca aus Avios, in Liſſabon wohnhaft, der Kaufmann
Antonio de Aguilar (Aron Cohen Faya?), wurden lebendig
verbrannt, und Pedro Serrão, der Sohn eines Apothekers An=
tonio Serrão, wurde erſt garottirt, ehe er mit ſeiner im Gefängniß
verſtorbenen jungen Schweſter und der Iſabella de Valle den
Flammen übergeben wurde. Viele verurtheilte das Tribunal zu
lebenslänglichem Kerker und eine große Anzahl zu mehrjährigem
Galeerendienſte [3]).

Der Racheburſt und die Grauſamkeit der Inquiſitoren brachte
es dahin, daß einem Geſetze vom 5. Auguſt 1683 zufolge, allen
denjenigen, welche ein Mal vor das Tribunal geſtellt wurden, die
kleinen Kinder von ſieben Jahren an entriſſen wurden [4]).

---

[1]) O mesmos Judeos que habitão em muy diversas partes da Europa
publicão mil louvares deste varão insigne, tendo as suas obras por oraculo.
Os Rabinos e Pregadores Hebreos as estudão, as decorão e as referem sempre
com admiração. O Pregador da synagoga da Haya, que he homem douto,
repete nas conversações sermoens integros deste apostolico Romano Pregador.
De Oliveyra, Mem. de Portugal, I. 339.

[2]) Schäfer, l. c. V. 7 ff.

[3]) Geddes, View of the Court of Inquisition of Portugal, in deſſen Mis-
cellaneous Tracts (London, 1702), 417 — 448. Geddes berichtet als Augen=
zeuge. De Barrios, Govierno Popular Judayco, 46.

[4]) Manuel Thomaz, l. c. 188: Aos que sacão no Auto-da-fé mandavão
se tirar os filhos menores de sete annos. Das Geſetz ſ. Anhang No. 7.

Der Prinz-Regent und nachmalige König Pedro II., ein Zögling Antonio Vieyra's, sah mit Mißvergnügen die wachsende Macht
der Inquisition, aber er konnte sie nicht hindern und mußte noch
gute Miene zum bösen Spiel machen. Daß er bereit war, dem
Mordtribunal den Garaus zu machen, wurde ihm von den geheimen
Juden hoch angerechnet und flößte ihnen eine gewisse Liebe zu ihm
ein. Als er seine zweite Gemahlin, die churpfälzische Prinzessin
Maria Sophia Isabella, heimführte, waren es marranische Dichter,
welche ihn und die junge Königin in Gedichten feierten. Bei ihrer
Anwesenheit in Brüssel kam eine von Daniel Levi de Barrios
zu diesem Feste eigens verfertigte „Hochzeitskomödie" zur Aufführung [1]). Der Arzt und Dichter Duarte Lopes Rosa aus
Beja [2]), der nach seinem Uebertritte zum Judenthume sich Moses
nannte und in Amsterdam lebte, hegte, vielleicht als der Sohn des
königlichen Leibarztes, eine besondere Anhänglichkeit an das Königspaar. Er begrüßte sowohl die königliche Braut als auch den Braut-
führer, Manuel Telles da Silva, mit Sonetten und einer größern
Dichtung und begeisterte sich einige Jahre später bei der Geburt
eines Infanten zu einem Jubelliede [3]). Auch der Dichter und
Schöngeist Manuel de Leon (Leão, Lara) aus Leiria dichtete zur
Vermählungsfeier des Königs Pedro seinen dem Agenten Geronimo Nunes da Costa gewidmeten „lusitanischen Triumph" und
lieferte eine ausführliche Beschreibung der bei dieser Gelegenheit
stattgefundenen Festlichkeiten [4]). Diese portugiesischen Dichter verbanden sich unter dem Vorsitze des D. Manuel de Belmonte,
Resident der katholischen Majestäten in Holland, zur Bildung einer
Dichterakademie, welche unter dem Namen Sitibundos e Floridos
viele Jahre bestand und als deren Mitglieder Daniel Levi de

---

[1]) Sephardim, 287.

[2]) Soneto dedicado a la . . . Princeza D. Maria Sofia . . . em sua união
com El Rey D. Pedro. s. l. e. a. —

[3]) Alientas de la Verdad en los clarines de la fame etc. Amst., 1688.
Elogios ao felice nacimiento do Ser. Infante de Portugal, D. Fr. Xaver.
Amsterdam, 1691. Barbosa, l. c. I. 733, IV. 111, Bibl. Belge, VI. 289.

[4]) Triumpho Lusitano. Aplauzos festivos, sumptuosidades regias nos Des-
posorios do D. Pedro II. etc. Brusselas, 1688.

Barrios, der Satyrendichter Diogo (Abraham) Gomez de Silveyra, Isaak Gomez de Sousa, Abraham Henriquez, der Doctor Isaak de Rocamora († 1684), der vor seinem Uebertritte zum Judenthume als Fray Vicente de Rocamora Beichtvater der Kaiserin Maria von Oesterreich gewesen, Abraham Gomez Arauxo u. A. genannt werden. In dieser Akademie hielten Joseph Penso de la Vega, ein talentvoller, äußerst fruchtbarer Novellenschriftsteller [1]), und der erwähnte Duarte Lopes Rosa ihre moralischen Reden [2]), und in ihr gab der Dichter Antonio (Jacob) de Castillo, der, wie Isaak Mendez, ein guter Musiker war, seine seltenen Räthsel zum Besten [3]). Auf diese Weise hegten und pflegten die der Inquisition Entronnenen in treuer Anhänglichkeit an das Heimathsland die ihnen so theure Muttersprache, während ihre in Portugal zurückgebliebenen Glaubensbrüder unbarmherzig gefoltert und verbrannt wurden.

---

[1]) Ueber Penso de la Vega s. Sephardim, 316 ff.

[2]) Discursos Academicos que se proposieron en la ilustre Academia de Amsterdam, intit. los Floridos de la Almendra etc Amsterdam, 1683 u. a. m.

[3]) De Barrios, Relacion de los Poetas, 60, Sephardim, 253, und ganz besonders de Barrios, Estrella de Jacob. (Amsterdam, 1686), 65 ff.

Neuntes Capitel.

Die beiden letzten Jahrhunderte.

Opfer der Inquisition; eine Nonnenrevolte. Portugiesische Juden in London: Jacob de Castro Sarmento, die Mendes, David Neto. Antonio José da Silva. Regierung D. José's. Die Cortes von 1821. Die Gegenwart.

Auch in dem neuen Jahrhunderte, in dem die Lage der Juden überall eine bessere und erträgliche zu werden begann, dauerten die kläglichen Zustände in Portugal fort. Die Scheiterhaufen schlugen noch immer lichterloh gen Himmel, es verging fast kein Jahr, in dem nicht wenigstens ein Auto = da = Fé Statt hatte. In dem ersten Jahre des achtzehnten Jahrhunderts wurden in Lissabon an zwei Augusttagen zwei Autos = da = Fé abgehalten. Den 2. März 1704 fand eine solche Feier in Coimbra und den 6. September 1705 eine andere in Lissabon Statt; bei dem letztern Auto erschienen sechszig Personen, des Judenthums angeklagt, unter ihnen befand sich ein Mann, der bis zum letzten Augenblicke seines Lebens behauptete, der Mosaismus, zu dem er sich bekenne, sei der rechte Glaube: er erlitt den Feuertod. Drei Monate später (6. December) verbrannte man in der Hauptstadt einen geheimen Juden, der offen gestand, daß er nicht an Jesus glaube, und den 25. Juli 1706 verwandelte die Inquisition in Evora die Gebeine eines im Kerker verstorbenen Arztes, der kein Geheimniß daraus gemacht hatte, daß er nach dem mosaischen Gesetze gelebt[1]), in Asche.

Gegen Ende desselben Jahres bestieg João V. den portugiesischen Thron. Es war ein Fürst von seltenen Talenten, der die Wissenschaften liebte und förderte, Akademien stiftete, Bibliotheken

[1]) Historia da Inquisição em Portugal, 273, 276 f., 293.

21

anlegte, aber, ein Zögling der Jesuiten, im schrecklichsten Aberglauben befangen, das Wirken des Glaubenstribunals für ein gottgefälliges Werk hielt. Die Inquisition feierte Feste über Feste und nährte sich von Menschenbraterei. Am 30. Juni hatte Lissabon wieder ein großes Auto-da-Fé: mit 54 reuigen Sündern kehrte man in Procession vom Richtplatze zurück, nachdem sechs Personen als Anhänger des Judenthums verbrannt waren. In Gegenwart des Königs und des ganzen Hofes wurde auch am 9. Juli 1713 ein Auto-da-Fé gefeiert, bei dem der Inquisitor Francisco Pedroso eine auch im Drucke erschienene Rede, eine „dogmatische Ermahnung gegen die jüdische Treulosigkeit" hielt[1]), und bei dem eine Nonne des Klosters Odivelas erschien, die ein Jahr zuvor sich des Judaismus verdächtig gemacht hatte. Diese des Judenthums angeklagte Schwester gab Veranlassung zu einer förmlichen Nonnen-Revolte. Als die geheime Jüdin, zu gewissen Bußstrafen verurtheilt, in ihr Kloster zurückgeschickt wurde, wollten die anderen Nonnen sie nicht aufnehmen; sie gaben die sehr vernünftige Erklärung ab, daß ihr Ordensgelübde, da sie Jüdin, ungültig sei. Allein der Cardinal-Inquisitor ertheilte den Nonnen im Namen des Königs den Befehl, sie aufzunehmen. Nicht gewillt, sich der Entscheidung des Cardinals zu unterwerfen, beschlossen sie, gemeinschaftlich auszuziehen und sich dem Könige zu Füßen zu werfen. So rückten sie, 134 an der Zahl, aus dem Kloster, mit einem emporgehaltenen Kreuze an der Spitze ihres Zuges. Der König fertigte einen Beamten mit einiger Reiterei ab, um ihre Weiterreise zu verhindern, die Nonnen aber beharrten bei ihrem Vorhaben und blieben, statt sich in ihr Kloster zurückzuziehen, volle zwei Tage im Palaste einer Gräfin Rio. Davon benachrichtigt, befahl der König, sie mit Gewalt zum Rückzuge zu nöthigen. Nun aber verbarricadirten sie sich in ihren Quartieren und leisteten, so gut sie konnten, Widerstand, Steine und was ihnen sonst zur Hand war, durch die Fenster werfend, bis zuletzt die Unterofficiere die Thüren aufbrachen, die Widerspenstigen in die Arme nahmen, mit Gewalt in die königlichen Kutschen setzten und ins Kloster zu der judaisirenden Nonne geleiteten[2]).

---

[1]) Exhortação dogmatica, contra a perfidia judaica, feita aos Reos penitenciados no Auto publico da Fé que se celebrou na Praça do Rocio ... de Lisboa em 9. de julho de 1713. Lisboa, 1713. 4.

[2]) Nach Santarem, Quadro element. V. 239, Schäfer, l. c. V. 169.

Ihr ganz besonderes Augenmerk richtete die Inquisition um diese Zeit auf das an der spanischen Grenze gelegene, von Bergen eingeschlossene Städtchen Bragança, das fast ganz von Juden bewohnt war. Die Inquisition in Coimbra hielt am 17. Juni 1718 ein Auto-da-Fé, bei dem über sechszig geheime Juden aus diesem Orte erschienen, darunter mehrere, welche zum fünften und sechsten Male bestraft waren und jetzt zu ewigem Kerker verurtheilt wurden; einige, wie Manuel Rodrigues de Carvalho und Isabella Mendes, angeklagt, eine Hostie in Stücke zerschlagen zu haben, wurden strangulirt und dann verbrannt[1]). Unter den Verurtheilten befand sich mit anderen Gliedern der Familie auch wahrscheinlich der junge Arzt, dessen Oheim mütterlicher Seits, der Doctor Francisco de Mesquita aus Bragança, zwei Jahre später den Feuertod erlitt[2]): Henriquez, oder, wie er als Jude sich nannte, Jacob de Castro Sarmento. Er war der Sohn eines Francisco de Castro Almeida und der Violante Mesquita und wurde im Jahre 1691 in Bragança geboren. Er studirte in Coimbra anfangs Philosophie und wurde 1710 zum Doctor und Magister promovirt, widmete sich jedoch später der Medicin und erlangte 1717 das Baccalaureat dieser Facultät. Da störte ihn das Glaubensgericht in seiner Ruhe und wohl wissend, daß er den Klauen der Inquisition nicht mehr entgehen könne, ergriff er die Flucht. Er hielt sich einige Zeit in Amsterdam und Hamburg auf und nahm seinen bleibenden Wohnsitz in der Hauptstadt England's.

Auch hier hatten sich seit den Bemühungen Menasse ben Israel's mit besonderer Erlaubniß des Protectors Cromwell einige portugiesische Juden angesiedelt, denen schon 1657 ein Stück Landes zu einem eigenen Begräbnißplatze verliehen worden. Erlaubniß zur Errichtung einer öffentlichen Synagoge und somit Freiheit des Aufenthaltes und freie Religionsübung erhielten sie erst ungefähr zehn Jahre später[3]). Vielleicht hat hierzu nicht wenig der Umstand beigetragen, daß bei den Heiraths-Unterhandlungen Carl's II. von England mit der Prinzessin Catharina von Bragança der portugiesische Jude Diogo da Silva mitwirkte. Gewiß ist jedenfalls, daß

[1]) Ross, Dissertatio philos. qua Inquisit. iniquitas evincitur. Marbg. 1737.
[2]) Historia da Inquisição, 280.
[3]) Mein Menasse ben Israel, 107.

die Infantin von zwei portugiesischen Brüdern nach England beglei=
tet worden ist, deren einer, Antonio Fernando Mendes (gest.
26. November 1724), Professor der Medicin zu Coimbra und Mont=
pellier und des Königs Leibarzt, und der andere, Andreas Mendes,
Kammerdiener der jungen Königin gewesen ist. Beide bekannten in
England öffentlich die jüdische Religion, der sie in Portugal heim=
lich stets angehangen hatten[1]), und einer ihrer nächsten Verwandten,
Emanuel Mendes da Costa, ein ausgezeichneter Arzt und
Naturforscher, der sich in den angesehensten Kreisen des englischen
Adels bewegte, war der erste Jude, der zum Sekretär und Biblio-
thekar der königlichen Societät ernannt wurde und in dieser Stel-
lung bis zu seinem Tode (1768 oder 1769) verblieb[2]).

Seit den siebenziger Jahren des siebzehnten Jahrhunderts hatten
sich aus den Niederlanden, aus Italien und aus Portugal selbst
viele reiche und gebildete Juden in England's Hauptstadt nieder=
gelassen. Da treffen wir die Familien der Bravo's, Guedella's,
Chaves, Sequeira's, die Umanes, welche als Juden den
Namen Pimentel annahmen, die dichterisch begabten Portugiesinnen
D. Manuela Nunes de Almeida, Sara de Fonseca
Pina y Pimentel und deren Tochter Benvenida Cohen
Belmonte: alle diese feierten die Poesien des marranischen Dich=
ters Daniel Israël Lopez Laguna, welcher, aus Portugal
vertrieben, ein wahres Wanderleben führte, von Jamaica nach Lon=
don flüchtete, wo er sein Werk, die Frucht einer drei und zwanzig=
jährigen Arbeit, und sein Leben beendete (1720[3]).

Durch die zahlreichen Ansiedelungen gelangte die Londoner
Portugiesen=Gemeinde sehr bald zur Blüthe. Sie berief zu ihrem
Rabbiner (Chacham) R. Josua da Silva, von dem portugie=
sische Reden im Druck erschienen[4]), und nach dessen den 17. Januar

---

[1]) Lindo, l. c. 350.

[2]) Ueber Emanuel Mendes da Costa s. mein: Zur Geschichte der jüdischen
Aerzte, l. c. VIII. 164 f. Moses Mendelssohn schreibt 1778 (ges. Schr. III.
420): Und daß sie Unchristen auch zu Lehrern aufnahmen, ist sicherlich nicht be=
fremdender, als daß Mendes d'Accosta vor einigen Jahren Sekretär der Londoner
Societät gewesen.

[3]) Ueber Laguna und dessen Psalmenübersetzung, welche unter dem Titel
Espejo fiel de Vidas, London 1720, erschien, s. Sephardim, 297 ff.

[4]) Discursos (31) predycaveys que o docto H. H. Yeosua da Sylva pregou
na K. K. Sahar a Samaym em Londres, Amsterdam, 5485 = 1688. — Jn

1679 erfolgtem Tode, R. Jacob Abendana[1]), den spanischen
Uebersetzer des Cusari und der Mischna, der sein Amt bis zu seinem
Tode (12. September 1695) bekleidete.

Zu seinem Nachfolger wurde R. David Neto (Nieto, geb.
Venedig 28. Thebet 1654), ein Sproß der frühesten in Italien ein=
gewanderten Judenfamilien, von Livorno, wo er als Arzt und Prediger
lebte, im Jahre 1701 berufen. Neto gehört zu den hervorragendsten
Persönlichkeiten des portugiesisch=jüdischen Geschlechts; er wird gerühmt
als „gründlicher Theologe, tiefer Denker, bewährter Arzt, lieblicher
Dichter, beredter Redner, anmuthiger Schriftsteller, als Astronom
und Sprachkenner"[2]), kurz als ein vielseitig gebildeter, talentvoller
Mann, der auch mit christlichen Gelehrten Umgang pflog und mit
dem Bibliographen Ungar lange in Correspondenz stand. Neto war
in der That ein fruchtbarer Schriftsteller[3]). Noch in Livorno schrieb
er in italienischer Sprache eine „Pascalogie", worin er, gestützt auf
astronomische, chronologische und kirchengeschichtliche Studien, den
Unterschied der Passahzeitrechnung in der griechischen und römischen
Kirche und der Synagoge darstellt, der wenige Jahre nach seiner
Uebersiedelung nach London seine theologische Abhandlung „über die
göttliche Vorsehung" folgte. Diese unschuldige Schrift zog ihm viel=
fache Widerwärtigkeiten zu, indem sie von seinen Gegnern benutzt
wurde, ihn öffentlich des Spinozismus, was in jener Zeit gleichbe=
deutend mit Atheismus war, zu beschuldigen; der als Schiedsrichter

---

einem Briefe David Neto's an Ungar (handschr. in der Hamburger Stadt=
Bibliothek) heißt es: קודם (ר' יעקב אבן דנה) היה רב (בלונדן) הר' ר' יהושוע די סילוא
שמת ב"ו אייר תל"ט , הוא חבר ספר של דרשות בל' ספרדי על הי"ג עקרים .

[1]) Ueber Jacob Abendana s. meine Analekten zur Literatur der spanisch=
portugiesischen Juden in Frankel's Monatsschrift, IX 29 ff

[2]) Am Ende der am Grabe Neto's gehaltenen Leichenreden (s. w.) heißt
es zu seinem Lobe:

> Theologo sublime, Sabio profundo,
> Medico insigne, Astronomo francoso.
> Poeta dolce, Pregador facundo,
> Logico arguto, Physico engenhoso,
> Rhetorico fluente, Author jucundo,
> Nas lenguas prompto, Historias notorioso,
> Posto que tanto em pouco, a quy se encerra,
> Que e muito e pouco, em morte ha pouca terra.

[3]) Ueber Neto (hebr. ניטו) und seine Schriften s Wolf, Barbosa, Fürst u a.

ängerufene amſterdamer Oberrabbiner eniſchied, wie ſich denken läßt, zu ſeinen Gunſten. Neto fehlte es nicht an Gegnern, weil er zu denjenigen Rabbinern gehörte, welche nüchtern genug waren, den Verirrungen der Kabbala und den Anhängern des Sabbathai Zewi entgegenzuarbeiten. Er veröffentlichte, anfangs in hebräiſcher und, um beſſer auf die große Maſſe zu wirken, auch in ſpaniſcher Sprache, ein Werk, in dem er die Schriften und Anſichten des kabbaliſtiſchen Betrügers Nehemias Chajun, der ſich einen großen Anhang zu verſchaffen wußte, ernſt bekämpfte, ſeine Lehre für Häreſie erklärte und die Kabbala für das Judenthum unfruchtbar und gefährlich nannte. Ebenſo eindringend polemiſirte er gegen den Karäismus, dem gegenüber er das mündliche Geſetz vertheidigte und nachwies, daß die Widerſprüche der Talmudiſten mehr die Auslegung, als die Wurzel der Tradition berühren. Neto war überhaupt ein ſtets ſchlagfertiger Polemiker. Es muß ihm hoch angerechnet werden, daß er den Muth hatte, gegen die portugieſiſche Inquiſition ſeine Stimme zu erheben und das Judenthum gegen Schmähungen und offene Angriffe in Schutz zu nehmen. Zuerſt ſuchte er die Rede, welche der Biſchof von Cranganor bei dem am 6. September 1705 in Liſſabon ſtattgefundenen Auto-da-Fé hielt, und welche voller Angriffe auf das Judenthum war, zu widerlegen[1]), dann ließ er, theils in portugieſiſcher, theils in ſpaniſcher Sprache, ein damals Auffehen erregendes Werk: „Nachgelaſſene und geheime Mittheilungen über die Art und Weiſe, wie die Inquiſition in Spanien und Portugal mit den Eingekerkerten verfährt", anonym erſcheinen[2]), in dem er, wie der Titel ſchon beſagt, die Geheimniſſe der portugieſiſchen Inqui-ſition eröffnet und in heftigem Tone beleuchtet, Auszüge aus Ge-

[1]) Annunciazam, Diogo da, Arcebispo de Cranganor, Sermam do Auto da Fe, que se celebrou em 6. de Setembro 1705. — (Dav. Neto), Respuesta al Sermon, predicado por el Arçobispo de Cranganor etc. Por el author de las Noticias Reconditas. Obra posthuma impresso em Villa-Franca. Por Carlos Vero. A la Insignia de la verdad. (Londr. 1729.)

Nach dem Tode des Verf. erſchienen. Vgl. De Rossi, Bibl. Antichr. 79 und [Roest] Catalogue de la Collection importante de livres, Manuscrits hé-breux, espagnols, et portugais de feu Mr. Isaac da Costa (Amsterdam, 1861) 89.

[2]) Noticias reconditas y posthumas del procedimiento de las Inquisiciones de España y Portugal con sus presos; en 2 partes. Compil. y anod. por un Anonimo. En Villa Franca (Londres), 1722.

setzen und Bullen, welche auf die geheimen Juden Bezug haben, mit=
theilt und die Geschichte des Prozesses des von der Inquisition in
Mexiko gefangen gehaltenen Luis Namé erzählt. Das Material
zu diesem äußerst seltenen Werke hatte Neto seiner eigenen Angabe
nach hauptsächlich einem Sekretär der portugiesischen Inquisition
zu verdanken, wohl demselben Manne, dessen auch der um diese Zeit
in Bordeaux, später in Amsterdam lebende David Machado de
Sequeira[1]) in einem Briefe erwähnt. Daß Diener der Inquisition,
selbst geheime Juden, mit ihren in andern Ländern als Juden leben=
den Verwandten Freundschaft und Correspondenz unterhielten, gehört
nicht zu den Seltenheiten, und es sei hier beispielsweise erwähnt,
daß ein sonst unbekannter Jude, Joseph de Rojas, von einem
Inquisitor in Sevilla mit einem Briefe beehrt wurde[2]).

David Neto starb an seinem 74. Geburtstage (1728). Sein
Sohn Isaak, der ihm im Amte folgte, und zwei Aerzte hielten
ihm die Leichenrede; der eine derselben war Isaak de Sequeira
Samuda, der andere der junge Jacob de Castro Sarmento,
der bald die Aufmerksamkeit der Gelehrten London's auf sich zog
und schon 1725 zum Mitglied der königlichen Societät ernannt
wurde. Trotz seiner ausgebreiteten Correspondenz, die sich bis Por=
tugal erstreckte, seiner reichen literarischen Thätigkeit auf dem Gebiete
der Medicin, Philosophie und der Naturwissenschaften, unterließ er
es nicht, sich auch einige Kenntniß des Judenthums anzueignen und
auch mit religiösen Schriften an die Oeffentlichkeit zu treten. Fast
scheint es, als ob der im Katholicismus erzogene junge Mann, nach=
dem er sich offen zum Judenthume bekannt, es für eine Gewissens=
sache gehalten, auch sein Glaubensbekenntniß öffentlich abzulegen.
Drei Reden, „dem großen und mächtigen Gotte Israel's gewidmet",
„zur Erbauung für den heiligen Versöhnungstag" erschienen von
ihm im Jahre 1724, und in demselben Jahre entstand seine spa=
nische Romanze, eine Bearbeitung der Geschichte der Esther[3]).

---

[1]) Carta que se intartou (?) com o livro do secretario da Inquizição, que
se havia mandar a el Rey de Portugal, D. João o V⁰, e se não mandou, por
que aos que la estão, não prejudicace. (Handschriftlich) Roest, l. c. 89

[2]) Carta que de Sevilha escreveo hum Inquizidor a hum Judeo, (hand=
schriftlich) Roest, l. c. 89.

[3]) Ueber Jacob de Castro Sarmento s. mein: Zur Geschichte der jüdischen

Jacob de Castro Sarmento war nicht der letzte, der angesichts
der lodernden Scheiterhaufen die Heimath verließ; das Verbrennen
der Unglücklichen nahm noch immer kein Ende. Am 14. März 1723
bestieg in Coimbra der Apotheker Francisco Diaz aus Bragança den Feuerstoß und starb als aufrichtiger Jude. Am 13. October
1726 wurde in Lissabon ein Kleriker und am 1. September 1739
wurden ebendaselbst vier Männer und acht Frauen zum Feuertode,
andere fünf und dreißig Personen zu lebenslänglicher Gefangenschaft
verurtheilt, weil sie sämmtlich im Judenthume verharrten [1].

Wenige Tage nach diesem großen Auto-da-Fé las man in
deutschen Blättern, daß mit einem Lissaboner Schiffe zwei der reichsten Juden aus Portugal, Duliz und Soizar, in Amsterdam angekommen, von da nach Wien gereist und von der kaiserlichen Majestät zu Finanzräthen erhoben worden seien, weil sie nicht allein in
dem Kriege mit Frankreich dem kaiserlichen Hofe große Summen aus
Portugal übermacht, sondern sich auch erboten hatten, alles Nothwen-
dige zur Unterhaltung der kaiserlichen Armee in Ungarn und anderen
Orten vorzuschießen. Nicht weniger als sechs Millionen Gulden schossen
sie dem kaiserlichen Hofe vor [2].

Durch die Inquisition wurde Portugal in den Abgrund des
Verderbens gestürzt. In Lissabon und allen anderen Städten
herrschte schreckliche Armuth, die Einkünfte des Staats waren erschöpft, das Heer und die Beamten warteten vergebens auf die
Auszahlung ihres Gehalts, kein Bankier wollte dem Hofe mehr
Vorschuß leisten. Der damalige portugiesische Gesandte am französischen Hofe, der berühmte Luis da Cunha, konnte damals in

Aerzte, l. c. VII. 393 ff., VIII. 161 ff., wo auch seine medicinischen Werke angegeben. Seine die jüdische Literatur berührenden Schriften sind:

Exemplar de Penitencia, dividido en tres Discursos Predicaveis para o
Dia santo de Kipur. Londres, 5484 (1724).

Extraordinaria Providencia, que el gran Dios de Ysrael uso con su es-
cogido pueblo em tiempo de su mayor aflicion por medio de Mordehay, y
Ester contra los protervos intentos del tyrano Aman. Compendiosamente de-
duzida de la sagrada Escritura en el seguinte Romance. Londres, 5484.

Sermão funebre às deploraveis memorias do muy reverendo e doutissimo
Haham Morenu A. R. o Doutor David Neto, in signe Theologo, eminente
Pregador, e cabeça da congrega de Sahar Hassamaym. Londres, 5488.

[1] Historia da Inquisicão, 274, 295. Berliner Nachrichten v. 2. October 1737.
[2] Berliner Nachrichten von Sonnabend den 7. September 1737.

seinem politischen Testamente, das er in seinen letzten Tagen an
den Prinzen von Brasilien, den späteren König José I. von Por=
tugal, richtete, mit Recht bemerken: „Wenn Se. Hoheit zum Throne
gelangt, werden Sie viele schöne Flecken und Dörfer fast unbe=
wohnt finden, wie z. B. die Städte Lamego und Guarda, die Dörfer
Fundão und Covilhão in Niederbeira und die Stadt Bragança in
der Provinz Traz=os=Montes. Wenn Sie fragen, wie diese Plätze
in Trümmer gefallen und ihre Manufakturen zerstört worden, so
werden Sie Wenige finden, die es wagten, Ihnen die Wahrheit zu
sagen, nämlich, daß die Inquisition, indem sie Viele wegen des
Verbrechens des Judaismus einkerkerte und zu Grunde richtete und
Andere mit ihren Capitalien aus Furcht vor Confiscation oder Ge=
fängniß zu flüchten nöthigte, diese Städte und Burgflecken ver=
wüstet und die Manufakturen des Landes zerstört habe[1]“.

Erst dieser brasilianische Prinz, der König José I., beschränkte
die Wirksamkeit der Inquisition, nachdem so viele unschuldige, glau=
bensfeste Menschen, nachdem noch zuletzt einer der bedeutendsten
portugiesischen Dramatiker in grausiger Weise geendet.

Antonio José da Silva[2]), das ist der Name des Drama=
tikers, gehörte einer jenen Judenfamilien an, welche nach der Wie=
derbesitznahme der Portugiesen von Brasilien mit Erlaubniß der
Regierung als Juden im Lande verblieben waren und sich in Rio de
Janeiro ansässig gemacht hatten. Die Furcht vor der Inquisition
machte sie später zu heuchlerischen Bekennern des Christenthums und
sie waren, wie die meisten Neu=Christen, geheime Anhänger des
Judenthums.

Antonio's Vater, João Mendes da Silva, war daselbst
ein angesehener Advokat. Mit seiner Frau Lourença Coutinho
zeugte er drei Söhne, deren jüngster, unser Antonio, den 8. Mai
1705 zu Rio de Janeiro geboren wurde.

[1]) Halliday, The present state of Portugal, 277, Schäfer, l. c V. 454.
[2]) M. s. D. Antonio José da Silva von Ferd. Wolf (Wien, 1860), dessen
Le Brésil Littéraire (Berlin, 1863), 31 ff., Sephardim, 320, und mein Antonio
José in Frankel's Monatsschrift, IX. 331 ff. . Eine Monographie aus neuester
Zeit, „Il Giudeo Portoghese" per Vegezzi Ruscalla (Turin, 1859) ist mir nur
dem Titel nach bekannt. Ein neuerer brasilianischer Dichter, Joaquim Norberto
de Sousa Silva hat ein Epos: „A coroa de fogo" (die Feuerkrone) (Rio de
Janeiro, 1861), dem Andenken des unglücklichen Juden gewidmet

Gerade damals begann die Inquisition, wie erwähnt, die geheimen Juden wieder eifriger zu überwachen und mit unerbittlicher Strenge zu verfolgen. Antonio José's Vater war so glücklich, lange Zeit unerkannt zu bleiben. Ganz anders erging es der Mutter. Als eine Bekennerin des jüdischen Glaubens wurde sie angeklagt und im Jahre 1713 auf Befehl der Inquisition in deren Kerker nach Lissabon gebracht. Der zärtliche Gatte wollte sich von der geliebten Lebensgefährtin nicht trennen, er opferte sein Vermögen, schied von seinen Freunden und folgte seiner Lourença nach Lissabon, woselbst er seine Advokatenpraxis mit Erfolg fortsetzte. So kam Antonio José schon in seinem sechsten Jahre nach Portugal, um es nie wieder zu verlassen. Nach zurückgelegten Vorstudien in der portugiesischen Hauptstadt bezog er die Universität Coimbra, um sich den Studien des kanonischen Rechts zu widmen, erlangte, 21 Jahr alt, den Grad eines Baccalaureus der Rechte und begann in Gemeinschaft mit seinem Vater als Rechtskonsulent zu arbeiten.

Schnell wurde er jedoch seiner Thätigkeit wieder entzogen! Die Inquisition, welche seine Mutter noch in Verwahrsam hielt, merkte nur zu bald, daß auch er Anhänglichkeit an die mosaische Lehre und die jüdischen Gebräuche hegte, und so wurde er schon am 8. August 1726 vor das Inquisitionstribunal geschleppt. Ein schweres Verbrechen lastete auf ihm, er war beschuldigt, nach jüdischen Satzungen zu leben. Die Ablegung eines reuigen Bekenntnisses seiner Schuld befreite ihn nicht von den Martern der Tortur und die Anlegung des Wippgalgens hatte ihn so übel zugerichtet, daß er längere Zeit nicht einmal seinen Namen unterzeichnen konnte. Ausdrücklich bemerkte man in seinem Urtheile, daß er während der Höllenpein nur den Namen des Einig = Einzigen angerufen, den der Heiligen aber nie über seine Lippen gebracht habe. Bei dem am 13. October 1726 abgehaltenen Auto=da=Fé wiederholte Antonio José feierlich sein Bekenntniß und wurde sodann in Freiheit entlassen.

Sorgsam vermied nun Antonio den allzuhäufigen Umgang mit geheimen Juden, suchte vielmehr, um den Blicken der inquisitorischen Häscher sich so weit möglich zu entziehen, den Umgang und die Freundschaft mehrerer im Geruche der Frömmigkeit stehenden Klostergeistlichen.

Im Jahre 1734 vermählte er sich mit Leonor de Carvalho aus Covilhão, die ebenfalls geheime Jüdin war, und, welch sonderbares

Zusammentreffen! fast gleichzeitig mit ihrem zukünftigen Gemahl
als achtzehnjähriges Mädchen von der Inquisition zu Valladolid in
absente verurtheilt wurde. Sie war mit mehreren Gliedern ihrer
Familie nach Frankreich geflüchtet [1].

Im darauffolgenden Jahre wurde Antonio José durch die
Geburt eines Töchterchens erfreut, welches er nach seiner kurz zuvor
aus dem Kerker entlassenen Mutter Lourença nannte.

Nichts fehlte zu Antonio's Glück. Die Advokatur, welche er
nach dem am 9. Januar 1736 erfolgten Tode seines Vaters allein
fortführte, sicherte ihm ein reichliches Einkommen; er fand Ruf und
Beifall der Menge, hatte eine vortreffliche Frau und ein ihn be=
glückendes Kind, die Mutter war frei, und sie konnten, wenn auch im
geheimsten Winkel ihres Hauses, ihrem Glauben leben. Er erfreute
sich der Freundschaft hochgestellter und einflußreicher Männer, und
seine dramatischen Versuche wurden beifällig aufgenommen.

Wer aber Verdienst, Beifall und Freunde findet, dem fehlt
es auch nicht an Neidern. Wer die Laster und thörichten Aus=
geburten seiner Zeit zu züchtigen und bessere Erkenntniß des Guten
und Wahren zu verbreiten sucht, läßt sich auch manchmal hinreißen,
bei aller sonstigen Vorsicht eine Anspielung mit unterlaufen zu las=
sen, welche Uebelwollende mit Freuden auffangen und nach Herzens=
lust ausbeuten, um ihm zu schaden. Man lachte über des „Juden"
Opern, aber es fehlte nicht an schändlichen Creaturen, welche ganze
Stellen auf die von ihm in den Kerkern erduldeten Leiden bezogen
und die die Verleumdung liebenden frommen Herren darauf aufmerk=
sam machten. Die Menge klatschte Beifall, aber die Stücke, denen
er galt, bezeichnete sie mit dem Namen der „Opern des Juden."

So hatten sich über dem Unglücklichen, dem der Himmel so
heiter zu lächeln schien, die Wolken des Ungewitters gebildet, das
über ihn hereinbrechen sollte, und es bedurfte nur einer geringen
Veranlassung zu dessen Ausbruche.

Fügte er auch jeder seiner Opern eine Art Glaubensbekenntniß
hinzu, in welchem er versicherte, daß er an alle die Gottheiten nicht

---

[1] Manuel de Carvalho, aus Covilhão, sicher ein naher Verwandter
unserer Leonor, wurde schon am 10. Mai 1682 von der Inquisition zu Lissabon
zu ewiger Kerkerstrafe verurtheilt. (Vgl. S. 318.) Ein anderer Manuel de
Carvalho, vielleicht der Vater unserer Leonor, wurde 1719 öffentlich ver=
brannt. M. s. das Nähere Frankel's Monatsschrift, l. c. 335.

glaube, die er in seinen Dramen bearbeitete, so schläferte er den wachgewordenen Argwohn doch nicht ein und vermochte nicht, das Gerücht seiner Hinneigung zum Judenthume Lügen zu strafen.

Es war am 5. October 1737, daß Antonio José im Kreise seiner Familie das zweite Geburtsfest seines Töchterchens feierte, da wurde die traulich-heitere Familienfeier plötzlich durch ein unheimliches Pochen an der Thür des Hauses gestört; es waren Unheil drohende Töne: eintraten die Familiaren und Häscher der Inquisition und forderten die eben noch so glücklichen Gatten auf, ihre friedliche Hütte in der Nähe einer Anstalt der Barmherzigkeit, die ihnen leider nicht zu Theil werden sollte, mit den grausigen unterirdischen Kerkern des jedem Erbarmen fremden Tribunals zu vertauschen.

Auch die Anklägerin mußte ihnen dahin folgen. Diese war eine Negersklavin im Dienste von Antonio José's Mutter, welche er ihres unzüchtigen Lebenswandels wegen gezüchtigt hatte. Aus Rache und auch wohl von feindlich Gesinnten aufgehetzt, hatte sie ihren Herren als rückfälligen Juden angeklagt. Sie aber ereilte zuerst die wohlverdiente Strafe ihrer rachsüchtigen Verleumdung. Denn gleich beim Betreten der Kerker wurde sie so von Schrecken ergriffen, daß sie binnen wenigen Tagen den Geist aufgab, der nicht minder schwarz war, wie seine Hülle.

Der Prozeß gegen den unglücklichen Dramatiker wurde nun eingeleitet; es fehlte an beweiskräftigen Gründen. Die Richter suchten sich daher durch seine Gefangenschaft selbst solche bindende Beweismittel zu verschaffen.

Aus den Akten seines Prozesses, die nur in dem königlichen Archive von Torre do Tombo sich aufbewahrt finden, geht nämlich hervor, daß die Gefangenwärter beauftragt wurden, durch die in den Deckenecken des Kerkers angebrachten Spionirlöcher Antonio José zu beobachten. Diese sagten zwar aus, daß sie oft gehört hätten, wie er christliche Gebete mit Andacht gesprochen habe; einige nur fügten hinzu, daß er an bestimmten Tagen keine Speisen zu sich genommen habe. Dieses Fasten wurde nun als ein den mosaischen Vorschriften gemäß beobachtetes gedeutet und bildete nebst den Angaben eines absichtlich mit ihm zusammen Eingesperrten die einzigen Beweise seiner Schuld.

Antonio José betheuerte vergebens seine Schuldlosigkeit; es half ihm Nichts, daß er sich auf das Zeugniß angesehener Männer berief, daß Geistliche, sogar Dominicaner, seinen Eifer in Erfüllung religiöser Gebräuche bezeugten. Selbst die Gunst und Verwendung des Königs João V. konnten den zum zweiten Male vor die Schranken des Tribunals Citirten nicht retten.

Am 11. März 1739 wurde das Urtheil gefällt, das ihn dem weltlichen Gerichte zur Bestrafung und zwar am Leben überantwortete, während der Dramatiker und seine Freunde sich noch durch sieben Monate, bis zur öffentlichen Bekanntmachung und Vollstreckung des Urtheils, der Hoffnung überließen, daß seine Schuldlosigkeit der Inquisition selbst endlich einleuchten würde. Dieser Täuschung wurde er auf eine nur zu schreckliche Weise entrissen, als man ihm am Abende des 16. October 1739 seine Verurtheilung zum Feuertode publicirte, zu einem Tode, den er, wie eine Vorahnung seines grausamen Schicksals, selbst so ergreifend geschildert hat.

Drei Tage hernach, bei dem am 19. October 1739 in Lissabon feierlich abgehaltenen Auto-da-Fé [1]) erschien ein 34jähriger, hagerer Mann von mittlerer Statur, mit dunklem, kastanienbraunem Haare, kleinen Gesichtszügen, im Bußgewande: es war das der Dramatiker Antonio José. Heiter wie im Leben, ging er dem Tode entgegen.

Seine Gattin, die 27jährige Leonor de Carvalho, und seine greise, vom Geschicke schwer heimgesuchte Mutter, wurden wegen wiederholten Rückfalls in den Judaismus zur Einkerkerung auf nach Gutdünken zu bestimmende Dauer verurtheilt, nachdem sie die fürchterliche, geistige Tortur noch erdulden mußten, den Geliebten zu Asche verbrennen zu sehen. Die Mutter soll drei Tage später den Geist aufgegeben haben

Antonio José war der letzte, der in Portugal den Scheiterhaufen bestieg. Es wurden noch Autos-da-Fé abgehalten, aber das Verbrennen und die Tortur waren seit José's Regierungsantritt außer Gebrauch gesetzt. Schon im Jahre 1751 ward ein Dekret

---

[1]) Schon der Verf. der Historia da Inquisição em Portugal hat S. 285 die richtige Angabe, daß Antonio José am 19. (18.) October 1739 verbrannt wurde. Sahio a morrer o Bacharel Antonio José da Silva, auctor dos 4 Tomos das operas portuguezas . . . , e sua mulher de 27 annos de idade foi penitenciada.

erlassen, dem zufolge kein Auto-da-Fé stattfinden und ohne Zustim=
mung der Regierung keine Execution vorgenommen werden sollte.
Mit diesem einzigen Schlage war die große Macht des Tribunals
gebrochen, so manche geheime, feindselige Springfeder gelähmt und
mancher Gegner niedergeworfen, aber auch mancher mächtige, wenn
auch verborgene, hervorgerufen. Ein Mann, wie Pombal, mußte ein=
sehen, daß eine Anstalt, wie die Inquisition, unverträglich war mit
den Fortschritten der Gewerbthätigkeit, des Verkehrs und des Han=
dels, mit einem fruchtbaren Unterrichtswesen, mit dem Anbau der
Wissenschaft, dem geistigen Aufschwunge der Nation. Hatte er nun
auch den Muth gehabt, die Jesuiten aus dem Lande zu treiben, so
wagte er es doch nicht, das Tribunal, das seit zwei Jahrhunderten
seine Wurzeln in der Anschauungsweise des Volkes gefestigt hatte,
mit einem Male gänzlich aufzuheben: er beschränkte seine Macht,
nahm ihm den Heiligenschein und stellte es allen übrigen Behör=
den gleich.

Bei dem Erdbeben, das am 1. November 1755 Lissabon zer=
störte, schwand auch das Inquisitionsgebäude von der Erde; an
seiner Stelle befindet sich heute ein Theater. Im Jahr 1766 wurde
in der Hauptstadt das letzte Auto-da-Fé ohne Opfer abgehalten.
Zwei Jahre später, 2. Mai 1768, ließ D. José alle alten Steuer=
listen und deren Abschriften, in denen die Namen der Neu-Christen
eingeschrieben waren, vernichten, und das Dekret vom 25. Mai er=
neuerte das betreffende Gesetz des Königs Manuel vom 1. März
1507 und ein gleiches vom Könige João III. vom 16. December
1524. Zufolge dieser beiden königlichen Verordnungen, welche von
Neuem veröffentlicht und gedruckt wurden, sollte die Unterscheidung
der „neuen" und der „alten" Christen verboten, alle bezüglichen
Gesetze, Alvaras und Befehle für immer aufgehoben, und sollten alle
Personen, welche sich schriftlich oder mündlich der Bezeichnung „Neu=
Christen" bedienten, mit Deportation und Confiscation des Ver=
mögens bestraft werden [1]. Die Abkömmlinge der Juden sollten in
jeder Beziehung den „alten" Christen gleich gehalten sein [2].

Noch zu Anfang des achtzehnten Jahrhunderts feierten die ge=
heimen Juden die jüdischen Hauptfeste, namentlich den Versöhnungs=

---

[1] Manuel Thomaz, l. c 525, Gordo, l. c. 30, Schäfer, l. c. V. 458 ff.

[2] Manuel Thomaz, l. c. 188. (Gesetz vom 24. Januar 1771).

'tag, sie lasen jüdische Gebete, baten einer den andern in der Nacht um Verzeihung, die Väter legten den Kindern die Hand auf das Haupt und sprachen die Worte: „Sei gesegnet von Gott und von mir"[1]. Hielt es doch der Franciscaner Francisco Xavier dos Serafins Pitarra noch um das Jahr 1748 für nothwendig, seiner „katholischen Schmähung gegen die hartnäckige Treulosigkeit der Hebräer" in Lissabon freien Lauf zu lassen[2]. So gewiß es ist, daß das Blut der königlichen Familie sich mit dem der Neu=Christen vermischte, ebenso wahr und gewiß ist es, daß in Thomar, Tran= coso, Bragança und anderen Orten von Estramadura und Beira ein großer Theil der Bevölkerung jüdischen Ursprungs ist. Alle diese bekennen offen die Staatsreligion: die Nothwendigkeit und die Zeit haben ihre Vereinigung mit der Kirche herbeigeführt. Was von dem ursprünglichen Glauben in diesen Familien übrig geblieben, beschränkt sich auf durch erbliche Traditionen bewahrte Gewohn= heiten in ihrem Hauswesen. Sie feiern weder Sabbath noch Fest= tage, unterrichten ihre Kinder nicht im jüdischen Gesetze, üben aber nichtsdestoweniger ein Gemisch von jüdischem und christlichem Cult und heirathen noch jetzt meistentheils unter einander[3].

---

[1] Rezassem oraciones de Judios, y à la noche se demandassem perdon los unos à los otros, poniendo los padres à los hijos la mano sobre la cabeça, sin los santiguar ni dezir o diziendo: De Dios y de mi seas benedicido. (Aus einem handschriftlichen Inquisitionsedict vom Jahre 1711 in der Bibliothek der K. Akademie in Madrid, nach brieflicher Mittheilung des Herrn Prof Dr. Helfferich).

[2] Invectiva catholica contra a obstinada Perfidia dos Hebreos. Lisboa, 1748. 4.

[3] Allgemeine Zeitung des Judenthums, 1841, No. 48; Minutoli, Portugal und seine Colonien (Stuttgart, 1855), II. 19.

König José soll den Befehl erlassen haben, daß alle geheimen Juden, so wie alle, welche von geheimen Juden abstammen, einen gelben Hut tragen sollen. Nachdem der Befehl publicirt, erschien, so wird erzählt, der Minister Pombal in dem königlichen Palaste mit drei gelben Hüten unter dem Arm. Der König fragte ihn lächelnd, was er mit den drei Hüten machen wolle. Pombal erwiederte, er habe dieselben auf des Königs Befehl angeschafft; er kenne nicht einen einzigen Portugiesen, in dessen Adern nicht jüdisches Blut fließe. „Aber", fragte der König, „Warum haben Sie denn drei Hüte?" Hierauf antwortete der Minister: „Einen für mich, einen für den Großinquisitor, und einen, im Falle Se. Majestät selbst sich bedecken will".

Seit Anfang dieses Jahrhunderts werden fremde Juden por=
tugiefiſchen Urſprungs, die aus Gibraltar und Afrika ſich angeſiedelt,
in Portugal geduldet; ſie beſißen wohlgeordnete Geſchäfte [1], Han=
delsſchiffe und genießen freie Religionsübung, ja, zur Belohnung der
Dienſte, welche ſie durch Lieferung von Getreide zur Zeit der Hun=
gersnoth dem Staate geleiſtet, erhielten ſie die Erlaubniß, ihren
Gottesdienſt in Synagogen abzuhalten [2]. Ein jüdiſcher Friedhof
wurde in Liſſabon bereits im Jahre 1801 angelegt; die darauf be=
findlichen Gräber ſind mit Blumen und Cypreſſen bepflanzt [3].

Während dergeſtalt die in Liſſabon und Porto ſich niedergelaſſenen
Juden durch Rechtſchaffenheit, Fleiß und Biederkeit die allgemeine
Achtung in hohem Grade ſich zu erwerben und die gegen ihr Ge=
ſchlecht beſtehenden Vorurtheile zu entwurzeln ſuchten [4], hat ein ge=
lehrter Portugieſe, Joaquim Joſé Ferreira Gordo, Mitglied der
Akademie der Wiſſenſchaften und des Kapitels des Erzbisthums von
Liſſabon, einiges Licht über ihre geſchichtliche Vergangenheit verbrei=
tet, nachdem ein Decennium früher der Oberbibliothekar Antonio
Ribeiro dos Santos mehrere Abhandlungen über die gelehrten Ar=
beiten der portugieſiſchen Juden geliefert, Abhandlungen, in denen
man in Portugal zum erſten Male es wagte, die Verdienſte der
Juden anzuerkennen und einiges Gute von ihnen zu ſagen [5].

Man kam auch in Portugal endlich zu der Einſicht, daß die
Vertreibung der Juden und die Grauſamkeiten, welche man gegen
deren Nachkommen Jahrhunderte hindurch geübt, dem Lande vielen
Schaden und Nachtheil gebracht, und glaubte das alte Unrecht durch
Wiederaufnahme der Vertriebenen wieder gut zu machen. Um dies

---

[1] Wagener nennt in ſeinen „Notizen über Portugal" (Hamburg, 1810).
S. 114, die jüdiſchen Firmen Moſes Levy Aboab & Cie., Manuel Cardoſo u. a.

[2] Beil, Des Juifs du dix-neuvième siècle, 126.

[3] Minutoli, l. c. I. 313.

[4] . . . there are a great many of the Jews here (at Lisboa) who are
highly respected for their probity and integrity, and with whom one might
deal without incurring the hazard of being plundered of ones jewels of gold
and silver. Portugal illustrated by Kinsey, 88.

[5] Die Arbeiten Gordo's und des Santos' in den Memoiren der Akademie
der Wiſſenſchaften zu Liſſabon. Juan Pedro Ribeiro hat c. 1839 in einer
Broſchüre den Inhalt eines Werkes veröffentlicht, das er über die Juden ange=
fangen; die Broſchüre iſt mir nie zu Geſicht gekommen

zu bewerkstelligen, hoben die Cortes der· portugiesischen Nation zu
Anfang des Jahres 1821 die Inquisition, auf deren Beseitigung
sowohl in der Tagespresse wie auch in besonderen Schriften gedrun=
gen wurde[1]), für immer auf und faßten in ihrer Sitzung vom 17.
Februar desselben Jahres den Beschluß, daß alle Rechte, Freiheiten
und Privilegien, welche den Juden von den früheren Königen des
Landes, namentlich von D. João I. in den Jahren 1392 und 1422
ertheilt worden[2]), wieder erneuert, bestätigt und in Kraft treten
sollen, daß nicht allein die Nachkommen der vertriebenen Juden,
sondern alle Juden „welche auf irgend einem Punkte des Erdballs
wohnen", sich in Portugal und seinen Besitzungen ansiedeln und
dort im Genusse freier Religionsübung wohnen dürfen[3]).

Seit dieser Zeit wohnen sie ungehindert in Portugal. Eine
ansehnliche Gemeinde von fünf bis sechshundert Familien mit einem
Rabbiner und drei Synagogen befindet sich in der Hauptstadt; vor
einigen Jahren wurde hier der Grund zu einer neuen Synagoge
gelegt. Eine kleinere Gemeinde bildete sich in Porto.

Wie in den früheren Jahrhunderten beweisen sich auch in der
Gegenwart die Könige des Landes sehr huldreich gegen die Juden.
Sir Isaak Lion Goldsmid in London, welcher die Herrschaft S.
Antonio und Palmeira in der Nähe Lissabon's käuflich an sich gebracht,

---

[1]) Im Jahre 1821 erschienen u. a.:
Historia Completa das Inquisiçoés de Hispanha e Portugal. Lisboa, 1821.
Representação às Cortes e invectiva contra a Inquisição p. Francisco
Freire de Mello. Lisboa, 1821. (Voller Schmähungen gegen die Inquisition.)
[2]) Vgl. S. 38 f. 41.
[3]) Diario das Cortes Geraes da Nação Portugueza, No. 17, Lisboa,
18. Fevereiro, 1821:
.... [1]) Ficão do data deste em diante renovados, confirmados e postos em
todo o seu vigor todos os direitos, faculdades, liberdades e privilegios
que os primeiros Reys deste Reyno concederão aos Judeos foragidores.
[2]) Da mesma sorte toda a sua extensão ficho renovados e postos em
-vigor os que de novo lhes concedeo o S. Rey D. João I., quando
confirmou os anteriores em 17. de julho 1392, e todos os outros com
que os honrou em 1422.
[3]) Podem em consequencia regressar para Portugal sem o menor receio,
antes sim com toda a segurança, não so os descendentes das familias
expulsas, mas todos os Judeos, que habitão em qualquer parte do
globo terão, neste Reyno as mesmas contemplaçoés so para elle quizerem vir.

22

wurde 1845 zum Baron da Palmeira und Baron Carl von Rothschild vor einigen Jahren zum Commandeur des Ordens der unbefleckten Empfängniß der Jungfrau erhoben.

Die Holzstöße, welche einst in Portugal loderten, sind verkohlt, die Asche ihrer Opfer ist zerstreut, die Richter sind längst verstummt vor dem Richterstuhle des höchsten Richters, vor dem Ausspruche der Weltgeschichte. „Wir haben einen großen Akt der Unbilligkeit in unserer Geschichte wieder gut zu machen" sprach der leutselige, einem deutschen Fürstenhause entstammte, leider früh verstorbene junge König D. Pedro V., als er vor einem Jahrzehend die Synagoge der Portugiesen-Gemeinde in Amsterdam besuchte. Möchte sich in der Heimath Abravanel's, in dem Stammlande Spinoza's ein kräftiges, freies Judenthum wieder erheben und eine neue glanzvollere Epoche für seine Bekenner dort wieder beginnen.

I.

Foros de Santarem.

(S. 3).

Custume he, que o moordomo, e o Judeu que respondam sem alcayde, e cum alcayde, se os demandarem.

Custume he, quem vay pera paguar sa divyda ao Judeu, deve mostrar os dinheiros ante Judeos e Chrischaãos, e se o Judeu y nom for, · deveos a meter em maão dun homem boom, que os tenha.

Custume he, que se a Crischão á demanda no conçelho contra Judeu, ou Judeu contra Crischaão, daquel que quiser provar contra o outro, deve provar per Cristãos.

Custume he, se peleiar Judeu ou Cristaão, que possam huũs outros provar per Judeos, se Judeos y esteverem, ou Cristaãos, se Cristaãos hy esteverem; e esto se entende hu nom stam se nom de hũa ley soo, cá se hy de cada hũa ley estever, perque possa seer provado, todos provarã igualmente.

(Ineditos de Historia Portugueza, V. 553, 555, 557 f., 566).

22 *

II.

Foros de Beja.
(S. 16).

1) Que non devem levar cooymha dos Mouros nem de Judeos.

Costume he, que o moordomo non deve a levar cooymha nem omezio dos Mouros forros, nem de cativos, nem de Judeos, se a fezerem contra Mouros, ou Mouros contra Judeos, o hũus contra outros, Mouros contra Mouros, ou Judeos contrá Judeos.

2) De gãado.

.... A outra contenda he, que querem filhar hũu maravedi de cada hũu Judeu que passa per nossa vila .... hũu Judeu que .... da portagem .... que querem filhar .... mercadores que veem doutras vilas alugam casas, ou tendas em nossa vila, os quaes vendem seus panos, e colhem seus averes en elas, e despois que fazem suas carregas vamsse, e leixam aquelas tendas ou casas alugadas, ou ençomendadas.

3) Da tençom.

Costume he, que se o Christãao peleiar com Mouro ou com Judeu, e sse ferem que non jurem com na ferida o Christãao nem o Mouro, nem o Judeu. Salvo se provarem as feridas com homẽes bõos christãaos ao Christãao, e Mouros, e Judeos.

4) Costume.

Costume he, que se peleiar Mouros ou Judeos, que provem com Christãaos, se hy Christãaos esteverem, ou per Mouros, ou per Judeos, se hy esteverem, e leixarem no em eles. E sse de cada hũa ley hy dous esteverem perque possa seer provado, todos provarem ygualemente non aver hy corregymento.

5) **Do Judeu que fere o Christãao.**

Costume he, que se o Judeu a alguma demanda com
alguũ Christãao, e o Judeu fere o Christãao, deve o Judeu
porem morrer. E este Justiça deve seer feita per el rey.
E sse per ventuira o Judeu que fere o Christãao, e conhocen-
doo, ou lhy dam.algũn Juizo de prova, devemlho aprovar
com Christãaos, e valer seu testemũyo. E sse per ventuira
o fere em tal logar, que estem hy Judeos, deveo provar per
Judeos, e per Christãaos.

5) **Do que e doento.**

Costume he, que o Judeu responda com alcaide, e sem
alcaide.

6) **Titola das provas.**

Costume he, que se o Judeu a demanda em concelho com
Christãao, ou Christãao com Judeu, e querem provar contra
o Christãao, devemlho provar com Christãaos.

7) **Do vyno de carreto.**

Costume he, que quem vay pera pagar sa divida aos
Judeos, deve mostrar os dinheiros ante Christãaos e Judeos,
e se o Judeu hy non for, deveos meter em mãao dũu homem
bõo, que os e seer per mandado da justiça.

8) **Do vyno.**

Costume he, que si a molher d'algũu defender que nenhũu
Christãao, nem Mouro, nem Judeu non ve sobre cousa nen-
hũa que va com seu marido e deve viir ao concelho e afron-
talo per dante a Justiça, e filhar ende hũu testemũyo, e hyr
aos Judeos com hũu tabliom, e afrontalho, e aver ende hũu
testemũyo e valera tal afrontamento.

9) **Dos Judeos.**

Costume he, que os Judeos devem jurar pelos cinco
livros de Moyses, a que eles chamam Toura, dentro em na

se(n)agoga presente a parte e o arabi, que o esconiure e hũu porteiro do concelho, que diga a Justiça em como aquel Judeu jurou, e entom o Juiz sabha do Judeu a verdade.

Costume he, que clerigos e Judeos e Mouros forros, e os homẽes que moram nos regeengos devem pagar nas atalayas e nas velas e nas carreiras fazer e non em outras couzas.

(Ineditos de Historia Portugueza, V. 475, 479, 483, 503 ff.)

III.

a.

Uebereinkunft mit den Juden Bragança's.

(S. 19).

Dom Denis pela graça de Deus, Rey de Portugal e do Algarve, a vos Juizes e Concelho de Bragança saude,

Sabede que Jacob, e Jagos[1]), e Montesynho, e Juçefe, e Vidal, e Maroxal[2]) Acecry, e Manuel, e Franco, e Jucefe Abelano[3]), e Mossel filho de Dona Vida, e Mossel Rodrigo, e Bento, e Zevulo, e Beeyto[4]), e Mariam, e Domam, e Mossel seu padre de Jacob, e Abraam, e Ilafum[5]), Judeus de Bragança, sse aveeron comigo em esta maneira, convem a ssaber que eles dem a mim cada anno sexcentos maravedis doyto em soldo de Leoneses brancos da guerra, e que estes judeus comprem tres mil e qynhentos maravediades derdamentos per que eu seia çerto que aia esses sexcentos maravedis sobreditos convem a saber duas mil maravidiadas em vinhas, e mil maravidiadas em terras e em casas quinhentos. E os

---

[1]) Jagos = Jacob (Jaques).
[2]) Maroxal = Mardochai.
[3]) Abelano = de Avila (?)
[4]) Beeyto = Bento = Benedicto.
[5]) Ilafum = Eliphas (?)

sobreditos Judeus devem a mim a dar os sobreditos sex
centos maravedis cada anno por dia de S. Maria de Agosto,
e se nom poderem aver conprenas em vynhas aiam terras,
e se nom casas em guysa que metam tres mill e quinhentos
maravedis em herdamento doito soldos o maravedi dos leoneses
da guerra, e esta compra façamna per ante vos Juizes e per
ante o Taballiom de ssa terra e seia feyta dos dinheiros que
lhis am a dar per aqueles prazos que leva paay Fernandez
meu escudeiro. E os que nom am prazos comprem dos
seus dinheiros quanto lhis acaeçer sa talha. E sse eles
comprarem estes herdamentos ou derem fiadores a vos e a
esse Paay Fernandez em tres mil e quinhentos maravedis
entrege lhis esse Paay Fernandez seus prazos. Item mando
vos que esses Judeus aiam esses herdamentos e os pessoyam
fazendo a mjm meu foro. E nom seiam poderosos de os
vender nem de os alhear. E sse outros Judeus hy veerem
a essa terra morar page cada hum assy como acaeçer a cada
hum em seu quinhom dos sobreditos seiscentos. maravedis
que mj am a dar os sobreditos nomeados Judeus. E man-
dovos que non sofrades que nenguum faça a esses Judeus
mal nem força nem torto ca se nom a vos me tornaria eu
por ende. E esses Judeus tenha ende esta minha carta en
testemunho.

Dada em Marateca III dias de Abril. El Rey o mandou
per Dom Nuno martyn mayordomo seu. Airas martym a fez
Eu Mu CCCu XXVIIu.

(Liv. 1 de Doações do Senhor D. Diniz, f. 57, col. 1.)
(Ribeiro, Dissertações chronol. e crit. sobre a historia de Portugal. T. III.
P. II. 84; V. 353.)

b.

Untersuchung über die Flottensteuer.

Ao muy alto e muy nobre senhor Dom Denis pela graça
de Deus, Rey de Portugal e do Algarve.

Stevez periz vosso almoxarife Fferan dias alcayde em Lisboa em logo de Lourenço scola alcayde vosso em Lixboa dom vivaldo vosso dezimeyro e os vossos scrivaes de Lixboa emviam beyiar omildosamente as vossas maos e a terra dant os vossos pees.

Senhor reçebemos vossa carta que tal e =

Dom Denis pela graça de Deus, Rey de Portugal e do Algarve, a vos Lourenço scola meu alcayde e a vos Stevez periz meu almoxarife de Lixboa e a vos dom vivaldo e aos meus scrivaes de Lixboa saude, sabede que mj diserom que quando el Rey dom Sancho meu tio fazia frota que os Judeos lhy davam de foro a cada huma Galee senhos boos calavres novos e ora mi disserom que este foro que mho teem elles ascondudo em guisa que nom ey ende eu nada   Unde vos mando que vos o mais em poridade que souberdes e poderdes sabhades bem e fielmente se esto se o soyam a dar a meu tio e aquelo que y achardes em verdade mandademho dizer unde al non façades. E fazede vos em guysa em esto que entenda en que auedes moor medo de mim ca doutrem qua sey al fezerdes pesarmya ende muito e farya eu hy al Dant em Sanctarem primo dia de Dezembro. El Rey o mandou, Ayraz Martyz a ffez.

E nos senhor por que Lourenço scola vosso alcayde de Lixboa e em Santarem vosco chamamos ffernam diaz que tem em logo de alcayde em Lixboa por que nos rememos de vos segundo o teor desta vossa carta e por que em ela e conteudo que nos fezessemos esto em gram poridave dovidamos que a poridave fosse descoberta per outra parte e por que os homees som velhos e omees que vivem per mar dovidamos que per alguma maneyra nom nos podessemos aver filhamos esta enquisiçom assy como nos mandastes o mais fielmente na mayor poridade que vos podessemos a qual enquisiçom al he.

Joam Zarco jurado e perguntado sobrelos sanctos avangelhos se quando El Rey dom Sancho fazia frota se lhy davam os Judeos de foro a cada huma Galee senhos boos

calavres disse quando El Rey dom Sancho metya Navyos
em mar novos que os Judeos davam de foro a cada huum
Navyo huum boo calavre novo de Ruela e huma ancora.....

(Liv. 1. do Senhor D. Diniz, Fl. 141, Col. 2.)
(Ribeiro, l. c., IIL 2, 87.)

IV.
Unruhen in Coimbra.
(S. 24).

Sabham quantos este stromento virem, que na Era de
mil e trezentos e noventa e cinque anos, onze dias d'Abril,
na Cidade de Coimbra, na Judaria, em presença de mim
Vaassco Martins Tabelliom de nosso Senhor El Rey na dicta
Cidade, pressentes as testemunhas que adeante ssom scriptas,
Meestre Guilhelme Priol. e Joham d'Anoya, e Joham Martins, Raçoeyros da Igreja de Santiago da dicta Cidade, e
outros Clerigos da dicta Igreja, andavam na dicta Judaria a
pedir ovos, com cruz e com agua beeitta, e pediram aos
Judeus, que lhis dessem ovos: e logo Salamam Catalam,
Araby, e Isaque Passacom, que se dezya Procurador
da Comuna dos Judeus da dicta Cidade, e outros muytos
Judeus, que hi estavam, diseram que lhos non dariam, que
eram Judeus, e nom eram da ssa Jurdisçom, nem seus
ffreguesses; mays moravam em sa cerca apartada, e sso chave
e guarda d'El Rey. E llogo o dicto Priol, e Raçoeyros, e
Clerigos começaram de despregar ffechaduras, e arvas d'alguu-
mas portas da dicta Judaria. e huma flechadura que despre-
garam da porta da Casa de Jacob Alfayate levaroma,
dizendo que hussavam do sseu direito, e nom ffaziam fforça
a nenhuum, como estevessem em posse de dous, e tres anos,
por tal tempo como este averem de levar os ovos da dicta
Judaria, e de penhorar por elles aaquelles, que lhos dar nem
queriam, como a sseus ffreguesses, que dezyam que eram,
e que moravam na ssa Freguesia: e os dictos Judeus disserom

aos ssobredictos, e ffezeronlhis ffronta aos dictos Priol e
Raçoeyros, que lhis non ffilhassem o sseu, nem lhis ffezessem
fforça: e pediram a min Tabellion huum strumento pera a
merça d'El Rey, e os dictos Priol e Raçoeyros disserom,
que nom ffaziam fforça, embusarem do sseu dereito, e pedyram
outro stromento tal, como o dos Judeos.

(Aus dem Cart. da Colleg. de S. Thiago de Coimbra bei Ribeiro, l. c. I. 305)

V.

Erlass der D. Leonora.

(S. 29).

D. Leonor, pela graça de Deos, Rainha, Governador, e
Regedor dos Regnos de Portugal, e do Algarve etc.

Sem nomear a filha como Rainha proprietaria, nem a el
Rey de Castella com quem estava cazada, e porque a el Rey
D. Fernando estranharão muito os povos, que admittisse
Judeos no serviço da caza Real, e que confiasse delles as
rendas Reaes, sendo elle o primeiro Rey, que introduzio a
novidade em Portugal, a Rainha agora dezejando muito fazer-
se bem quista, e moderar a ma fama, e ma opiniaõ, que bem
sabia tinhaõ della com o Conde de Ourem, tirou os officios
de Almoxarife, e Thesoureiro de Almoxarife da Alfandega de
Lisboa aos Judeos, a quem os dera El Rey D. Fernando, e
assim mismo as rendas Reaes; e emendou outros defeitos,
que lhe foraõ relados, chorando muito com quantos a visi-
tavaõ, e lamentando a sua orfandade na falta do Rey difunto.

(Mon. Lusit. VII. 437.)

V.
Petition der Stadt Segovia.
(22. Juni 1482.)
(S. 65).

... nisi fue mostrada e presentada otra⁻carta de V. A., dada en la villa de Valladolid a veinte dias de junio deste año, en que nos mandaba que por certas razones que ante V. Sa. eran allegadas por el aljama de los judios de la dicha cibdad, non 'fuesen apremiados a pagar ni contribuir la parte que les cabia á pagar en el dicho servicio de ̧la ̇ dicha harina e cebada e peones, que por nos otros les era declarado que pagasen segund nuestras antiguas costumbres de repartimientos de servicios e derramas, en que suelen pagar e contribuir iglesias e hidalgos e comunidad é aljamas... e vestra la dicha carta é mandado de V. A. que los dichos judios non pagasen nisi contribuysen á el requerimiento que por los dichos judios nos fue fecho con ella, parescionos ser grant inconveniente para lo que tocaba a vuestro seruicio e a complimiento de tan gran necesidad.

La cual dicha peticion Diego del Rio é Johann del Rio regidores de la dicha cibdad dejeron que en lo que tocaba contra la tierra que lo contradecian, la cual contradicion va largamente encorporada en el testimonio que cerca disto se dio á D. Juda Caragoçi é á D. Jaco Galhon é Jaco Batidor, judios en nombre de la dicha aljama.

(Pidal y Salva, Coleccion de ›Documentos Ineditos para la Historia de España (Madrid, 1861) T. XXXIX. (vgl. T. XIII. 103) aus dem Archiv general de Simancas.)

VI.
a.
Gesetz zum Schutz der geheimen Juden.
(S. 104 f.)

Dom manoell, per graça de Deos Rei de purtugall, e dos allgarves daquem, e dallem mar em africa, senhor de guine:

a quamtos esta nossa carta virem fazemos assaber que semtimdo
nos por serviço de deos, e nosso, e bem, e acresemtamento
de nossa samta fee catollica, e asy por fazeremos mercé aos
judeus que sam convertidos e se converterem, e tomarem
a dita nossa ssamta fee catollica, e a todos seus filhos, e
descemdemtes nos praz de lhe ortorgaremos estas coussas
que he ao diamte seguinte: primeiramente nos praz que da
feitura desta nossa carta a vinte annos primeiros seguintes
senão tire emquisição contra elles pera llivremente, e sem
Receo poderem viver porque em este tempo espedyraõ os
abitos acustumados, e seram confirmados em a dita nossa
samta fee; e asy nos praz que passado ho tempo dos ditos
vinte annos em que não poderam sser acusados que se algum
for acusado, e cair em algum erro, que sse proceda comtra
os que crimemente ssão acusados; a saber em manifestação
das testemunhas pera as verem jurar, e lhe poer contradytas;
e asy mesmo nos praz que quallquer pessoa que quisser
acusar algum dos ditos couvertidos por algum erro que faça,
que o acusse demtro em espaço de vinte dias despois que
fizer ho dito erro, e mais não; e asy nos praz que senão possa
fazer ordenação nova ssobre elles como sobre gemte destimta,
pois que ssaõ convertidos a nossa ssamta fee, as quaes
claussollas todas lhe sserão gardadas pera sempre; e asy
mesmo nos praz que hos fisyeos, e solorgiaẽs que ssam
convertidos, e sse converterem, e senão ssouberem latim
possam ter livros de artes em abraico; e ysto sse emtemdera
nos que aguora ssaõ solorgiaẽs, e fisycos amtes de serem
convertidos, e sse tornarem chrisptaõs, e outros nenhũs naõ;
e asy mesmo nos praz de perdoraemos todollos erros e
crimes que atequi tenhão feitos a todos aqueles que aguora
sse converterem, e ficarem chrisptaõs; as quaes cousas acima
contendas lhe damos e outorgamos, como dito he sem em-
barguo de quaesquer outras ordenações em contrairo disto
feitas, porque asy he nossa merçê: dada em a nossa cidade
d'evora a treze dias do mes de maio anno do nacimento de
n. s. de mill e quatrocentos e novemte e sete = e esta carta
mandamos que seja aselada de nosso sello pemdemte, e fique
Resystada de verbo a verbo em a nossa chancelaria pera se

della- dar o traslado a quaesquer pessoas que o quisserem pidyr = e estes capitollos sejem guardados asy como sse estivessem asemtados em nossas ordenaçoẽs, porque asy propiamente mandamos que sse gardem, e emterdersse-am os erros perque não ajam de perder os bens ssenão pera seus fylhos, e erdeiros os que toqarem a chrisptamdade. „Este privilegio confirmou ell Rey n. s. no anno de mil quinhentos vinte e quatro."

(Ribeiro, Dissertações, III. 2, 91 f.)

(Diese Abschrift, welche sich im königl. Archiv (Corpo Chronol P. 1, Maço 2, Doc. 118, No. sucç. 168) befindet, variirt vom Original, das Herculano im Nation. Archiv. (C. 15, M. 5, No. 16) vorfand, nach Datum uno Inhalt.)

b.

Erlass nach dem Gemetzel von 1506.

(S. 154 ff.)

Carta del Rey Dom Manuel ao Priol do Crato Dom Diogo dalmeida, e ao Regedor Ayres da Silva, e ao Governador Dom Alvaro de Castro, e ao Baraõ D. Diogo Lobo, que por seu mandado acodiraõ a Lisboa, quando foy a uniaõ dos christãos novos.

Priol, Regedor, Governador, Baraõ amigos nos El Rey vos enviamos muito saudor, a nos pareceo despois de agora derradeiramente vos termos escrito por Pedro Correa, que naõ aproveitando ao asento dessa uniaõ as cousas, que vos mandamos, que nisso fizesseis, alem de logo nos avizardes hum de vos outros, qualquer que mais despejado for, vaa a Setuval dar rezaõ de todo, o que he passado, e mais se faz ao Duque com esta nossa Carta, que lhe escrevemos, pola qual lhe encomendamos, que tanto que a elle chegar qualquer de vos outros, se for, se mude, e venho logo aribatejo naquelle modo, que lhe parecer para aproveitar no negocio asi per força, como per geito e alem disso mando tambem armar, e fazer prestes todos os navios da dita villa, e de Cezimbra,

que a vos todos parecer que devem ir, de que levarà recado
aquelle que for; porem volo notificamos asi, e vos encomendamos, que naõ se asentando o feito, como dito he, vaa hum
de vos outros ao dito Duque meu Sobrinho a lhe dar de tudo
rezaõ para a sua vinda como dizemos, e asi para o mais dos
ditos navios, porque nos parece, que aproveitarà muito chegar-
se elle para a cidade, em quanto nos provemos no mais que
se ouver de fazer; e indo o Duque, avemos por bem, que a
execuçaõ de todas as cousas, que se ouverem de fazer,
fiquem a elle em solido, consultando se com vosco, todos
quatro, e com vosso parecer e conselho, e as dará elle a
execuçaõ, porem esta ida sua avemos por bem, que seia,
parecendo vos á vos outros todos quatro, que he nosso
serviço elle aver de ir, e quando a si volo parecer, entaõ
ira hum de vos outros, como dito he, e parecendo vos, que
sua vinda naõ he necessaria, e somente avera necessidade dos
navios, escrever-lheis para enviar os que vos parecerem,
que de la devem vir e mandarlheis nossa Carta para elle
por vertude della o fazer, e asi lhe escrevereis a gente, que vos
parecer, que nelles deve vir, para tudo logo se fazer prestes,
isto se vos parecer, que os navios saõ necessarios para tolher
a entrada, ou fazerem outra cousa, que nosso serviço for, o
parecendo vos, que somente abastara virem de la navios, em
taõ lhe escrevereis, e mandareis somente a Carta, em que vay
em cima navios, e quando al vos parecer, em taõ ira hum de
vos outros com a outra carta, que a tras fica dito, e se
navios ouverem de vir de Setuval, manday estas duas nossas
Cartas a Simaõ de Miranda, e a Nuno Fernandes pelas quaes
lhe encomendamos, que armem cada hum seu navio, e se
venhaõ ahi com elles para nos servirem naquellas couzas, que
lhe por nosso serviço ordenardes, escrita em Evora, a vinte
e quatro de Abril de 1506.

C.

Carta del Rey Dom Manuel para os mesmos Priol,
Regedor, Governador, e Baraõ sobre o mesmo negocio.

Nós El Rey vos enviamos muito saudar. Vimos a Carta
que vos Priol e Baraõ nos escrevestes do que tinheis feito
no caso da uniaõ dessa cidade, e morte dos christaõs novos
della, a que vos enviamos, e do asento, e asocego, em que o
negocio estava, e o dalguma execuçaõ, que era feita da justiça
e prizaõ doutros, que prendera João de Paiva Juiz com
outros provimentos, que tinheis feitos em vossa Carta
apontados, e com tudo ouvemos muito prazer, e volo agrade-
cemos muito, e confiança temos de vos, que em tudo se fará
o que for mais nosso serviço, e pois louvores a nosso Senhor,
isto esta asi bem, e asocegedo, e se começa a fazer justiça
sem mais mover outro alvoroço, nos avemos por bem que
na justiça se meta mais as maõs, e que logo mandeis justiça
apena de morte ate com pessoas dos que se puderem aver
mais culpados no caso, e que sejaõ dinos de semelhante pena
lhe ser dada antre os quaes folgaremos, e vos mandamos,
que sejaõ vinte ou trinta molheres, porque da uniaõ destar
somos enformados que se seguio o mais desta mal que he
feito; isto porem parecendo vos que seguramente se
pode fazer, e que se naõ seguiraõ disso inconvenientes para
se mover outro alvoroço, e uniaõ, porque isto deixamos a
vossa desposiçaõ, pero parecendo - vos que senaõ deve fazer
ainda agora justiça, apontai - nos por escrito as rezoens,
porque volo parece, e se todos naõ fordes acordados en hũas
rezoens o que tiver parecer contrario para se fazer, ou leixar
de fazer, aponte - o por si enviainos tudo para o vermos, e
averdes nossa determinaçaõ, porque aqui avemos desperar
por vosso recado, e certo que este caso he de qualidade,
que nos parece, que se deve fazer nelle esta obra logo agora,
e o mais que merece, ficar para seu tempo, e para esta
execuçaõ melhor mandardes fazer, parecenos que deveis fallar
com os Vereadores, e com os Procuradores dos mesteras e
vintaquatro dolles, e lhe apresentardes a obrigaçaõ que tem
para muito deverem folgar deprocurar a justiça deste caso
nos culpados pois foraõ e saõ as pessoas que saõ, e que
elles se devem trabalhar por os aver a maõ, e os entregar,
porque com isso satisfaçaõ a obrigaçaõ, que tem a nossa
serviço, e a suas limpezas, com quaesquer outras mais

rezoens, que vos bem parecerem; e se para esta obra de justiça, convier entrardes na Cidade; encomendamos vos que naõ tenhais para isso pejo pois tanto releva a nosso serviço, e a reputaçaõ de nosso estado, como vedes, e podeis vos poer na casa da mina, ou em qualquer outro o lugar, que vos bem parecer, e nós temos la mandado Gaspar Vas, para recolher a gente da ordenança que tinha, podeis vos nisso aproveitar delle em qualquer outra cousa, em que elle vos possa servir; e nos temos tomado determinaçaõ, que feita esta execuçaõ, que nos avemos muito por nosso serviço se fazer, estando nos ca, nos abaleremos logo para la e mais junto, que pudermos, para privermos no mais que nos parecer nosso serviço, noteficamos volo asi, e vos encomendamos, que logo a todo o contendo nesta carta nos respondais, e com esta vos enviamos huma carta para o Arcebispo, porque lhe mandamos, que se venha logo ahi, enviai lha logo, porque muito aproveitara sua vinda para o socego dos clerigos, e frades polo que nos escrevestes.

Despois desta escrita nos pareceo, que era bem naõ fazerdes nisto da justiça obra alguma, e somente avemos por bem, que logo apressa nos escrevais, e emvieis acerca disso vosso parecer asi se vos parece, que se deve de fazer, e se fara sem inconveniente algũ, e nos escrevemos a João de Paiva, que trabalha deprender algum golpe delles, folgaremos de lhe darder para isso toda a ajuda, e favor, que comprir, parecendo-vos, que se pode asi bem fazer, e sem inconveniente algum.

Os frades avemos por bem, e vos mandamos, que logo sejaõ prezos, e os mandeis poer em todo bom recado, ou no Castello, ou em outra parte qualquer, em que possaõ estar seguros, e como forem arrecadados no lo fareis saber, para vos mandarmos a maneira que com elles se ha de ter, e acerca dos Christaõs novos, nos vos tinhamos mandado, quando de ca partistes que os pusesseis em bom recado, e parecemos que naõ os deveis mandar sahir fora da cidade por vosso mandado, porque naõ seria nosso serviço fazer se asi, antes averiamos por inconveniente, e em sua guarda poede qualquer bom recado, que vos parecer, porem querendo se elles sair;

sayaõ-se em boa ora, porem para aver de ser per mandado, parecia em algũa maneira fraqueza da justiça, e tambem saindo-se juntos se poderia seguir algum alvoroço, e a reposta desta carta nos enviai a grande pressa, escrita em Evora a vinte sete de Abril de 1506.

(José Mascarenhas Pacheco Pereyra Coelho de Mello, Sentença de Rebelliaõ na cidade do Porto em 1757 [Porto, 1758], Append. P. 120 ff.)

d.

D. Manuel pela graça de Deos, Rei de Portugal etc.

Fazemos saber que olhando nos os muitos insultos, e damnos que na nossa cidade de Lisboa, e seus termos foraõ cometidos e feitos de muitas mortes de christaõs novos, e queimamento de suas pessoas, e asi outros muitos males, sem temor de nossas justiças, nem receyo das penas, em que cometendo os taes maleficios encorriaõ, naõ esguardando, quanto era contra o seruiço de Deos, e nosso, e contra o bem, e assocego da dita cidade, visto como a culpa de taõ enormes damnos, e maleficios, naõ taõ somente carregaua sobre aquelles que o fizeraõ, e cometeraõ, mas carrega isso mesmo muita parte sobre os outros moradores, e pouo da dita cidade e termo della, em que os ditos maleficios foraõ feitos, porque os que na dita cidade, e lugares estauaõ, se naõ ajuntaraõ com muita diligencia, e cuidado com nossas justiças para resistirem aos ditos malfeitores, o mal, e damno que assim andauaõ fazendo, e os prenderem para auerem aquelles castigos, que por taõ grande desobediencia as nossas justiças mereçiaõ o que todos os moradores da dita cidade, e lugares do termo, em que foraõ feitos, deueraõ, e eraõ obrigados fazer, e por assi naõ fazerem, e os ditos malfeitores naõ acharem, quem lho impedisse, cresceo mais a ousadia, e foi causa de muito mal se fazer, que ainda alguns deixauaõ andar seus criados, filhos e servos nos taes ajuntamentos, sem disso os tirarem, e castigarem, como theudos eraõ. E

23

porque as taes cousas naõ devem passar sem grave puniçaõ, e castigo, segundo a diferença, e calidade das culpas, que huns e outros nisso tem. Determinamos e mandamos sobre ello com o parecer de alguns do nosso conselho e desembargo, que todas e quaesquer pessoas, assi dos moradores da dita cidade como de fora della, que forem culpados em as ditas mortes, e roubos, assi os que por si mataraõ, e roubaraõ como os que para as ditas mortes e roubos deraõ ajuda, ou conselho, alem das penas corporaes, que por suas culpas merecem, perçaõ todos seus bens, e fazendas, assim moveis, como de raiz, e lhes sejaõ todos confiscados para a coroa dos nossos reynos, e todos os outros moradores, e pouos da dita cidade, e termos della, onde os taes maleficios foraõ commettidos, que na dita cidade, e nos taes lugares presentes eraõ, e em os ditos ajuntamentos naõ andaraõ, nem cometeraõ, nem ajudaraõ a cometer nenhum dos ditos maleficios, nem deraõ a isso ajuda, nem fauor, e porem foraõ remissos, e negligentes em naõ resistirem aos ditos malfeitores, nem se ajuntaraõ com suas armas; e com nossas justiças, o porem suas forças para contrariarem os ditos males, e damnos, como se fazer deuera, perçaõ para nos a quinta parte de todos seus bens, e fazendas moveis, e de raiz posto que suas molheres em ellas partes tenhaõ a qual quinta parte sera tambem confiscada para a coroa dos nossos reynos. Outro si determinamos, e auemos por bem, (visto o que dito he) que da publicaçaõ desta em diante naõ aja mais na dita cidade eleiçaõ dos vinte e quatro dos mesteres, nem isso mesmo os quatro procuradores delles, que na camara da dita cidade sohiaõ destar, para entenderem no regimento e segurança della com os vereadores da dita cidade, e os naõ aja mais, nem estem na dita camara, sem embargo de quaesquer privilegios, ou sentenças, que tenhaõ para o poderem fazer, e bem assi pelas cousas sobreditas deuassamos em quanto nossa merce for o pouo da dita cidade; para apousentarem com elles, como se faz geralmente em todos os lugares de nossos reynos, ficando porem a renda da imposiçaõ para se arrecadar, como ategora se faz por officiaes, que nos para isso ordenamos, para fazermos della o que houvermos por bem, e nosso serviço. Porem mandamos ao nosso corregedor da dita cidade, e a todos os outros corregedores, juizes, e justiças, a quem pertence, e aos vereadores da dita cidade, e ao nosso aposentador mor que asi o cumpraõ, e guardem em todo sem duvida, nem embargo, que a isso ponhaõ, porque assi he nossa merce.

Dada em Setuval a. XXII. dias de Maio de mil quinhentos e seis annos.

(Monteiro, l. c. II. 441; Damião de␣Goes, Cap. CIII. p. 144 ff.)

VII.
Gesetz D. Pedro's II.
(5. August 1683.)
(S. 318).

Dom Pedro por graça de Deos Principe de Portugal, e dos Algarves etc. Como Regente, e Governador dos ditos Reynos e Senhorios, faço saber aos que esta minha Ley virem, que considerando, que a piedade que os Reys meus antepassados usarão com a gente de Nação Hebrea admitindo a muitos nestes Reynos, e procurando sempre, que perseverassem na verdadeira Fé de Jesu Christo, que todos os primeiros voluntariamente abraçarão, e prometerão seguir, e posto que em muitos desta Nação se vio o dezejado effecto da conversão, vivendo, e continuando, e seus descendentes, como verdadeiros catholicos. Com tudo sempre ouve alguns, que renovarão os erros, que seus antepassados abjurarão, e tambem os Reys com todo o cuidado, e zelo da Fé, e de suas almas, lhe buscarão sempre o remedio, assim pelo rigor, como pela clemencia, pedindo ao Summo Pontifice, o Tribunal da Inquisição para vigiar sobre este danno, e extirpar seus erros, como com tão notorio zelo sempre fez, e ainda despois de alguns años alcancandolhe o perdão geral, e fazendolhe outros muitos favores para seu bem espiritual, e temporal, não foi, porem com tudo bastante, para que alguns não continuassem e se experimentasse nelles crescer a contumacia e perfidia com grande detrimento dos bons da mesma Nação, e ainda do mesmo Reino, ao qual por semelhante gente se prejudica na opinião com as Naçõens Estrangeiros. E considerando Eu e mandando confiderar, e

23 *

ponderar esta materia por Ministros dos Tribunaes, e 'do
Santo Officio e outras pessoas de authoridade, letras e ex-
periencia, e ultimamente no meu Concelho de Estado, 'pare-
cendome, que se dévia applicar novo remedio a este
danno, pois os applicados não forão de todo efficazes, fuy
servido resolver. E hey por bem, e me praz, que todas as
pessoas daqui por diante convictas, e em suas sentenças de-
claradas por incursas no crime do Judaismo sejão exterminá-
das, e sayão destes meus Reynos e suas Conquistas, dentro de dous mezes, que se comessarão, a con-
tar despois de fin de o tempo, que o S. Offizio lhes signa-
lar, para a sua instruccão, e não tornarão, mais a elles, em
tempo algū, cõ comminação, que os que não sahirem dentro
no dito tempo, ou despois de sahidos tornarem a estes
Reynos ou Conquistas delles incorrão em pena de morte
natural, e os que os occultarem, e não denunciarem, sa-
bendos, em pena de confiscaçao de seus bens, dos
quaes sera a metade para os denunciantes, na qual pena de
confiscação serão tambem comprehendidos, os mesmos Christianos Novos, que tornarem, pellos bens que truxerem, ou
de novo se lhe acharem, dos quaes sera a metade para os
que delatarem, e na mesma forma serão exterminados, os Clerigos Seculares incursos nos sobreditos crimes; e quando deixem de hir, ou tornem ao
Reyno, serão mandados para huma das Conquistas, com
ordem que de la os fação passar para as terras vezinhas,
que não sejão do Dominio desta Corroa. E quanto as mu-
lheres, e maridos que não forem culpados, ou sejão
Christianos Novos, ou Christianos Velhos, senão quizerem
hir, com os exterminados, senão poderão obrigar ou impedir,
ficandolhes este ponto na sua escolha. Com declaraçam,
que he não deixarão levar os filhos menores de
sete anos, salvo se os pays os pedirem, despois de
constar, que estam em parte, aonde vivem como Catholicos,
e aos filhos mayores de se años lhe sera livre o hirem, ou
ficarem.

(Nach diesem Gesetze, welches mir erst bei Beendigung des Druckes zuge=
kommen ist — es befindet sich in dem äußerst seltenen Schriftchen des
de Barrios, Realse de la Prophezia v Caida del Atheismo, 98 ff. — bestand
das unter D. Pedro II. in Anwendung gebrachte neue Mittel zur Vernichtung
des Judenthums darin, daß die Anhänger desselben Portugal und die portugie=
sischen Besitzungen innerhalb zweier Monate bei Todesstrafe und Confiscation des
Vermögens verlassen, und außerdem die Kinder von sieben Jahren ihnen
entrissen wurden, um sie im Katholicismus erziehen zu lassen.)

Perſonen-Regiſter.

Jachia, Gedalja ben Salomon 26. 46.
48. 67.
Jachia, Jbn Jaiſch 1.
Jachia, Jacob 74. 262.
Jachia, Joſeph Jbn 21.
Jachia, Joſeph ben David 69. 110 f.
117 f.
Jachia, Joſeph ben Jacob 74. 262.
Jachia, Joſeph ben Salomon 26.
Jachia, Juba ben David 40.
Jachia, Meïr ben Joſeph 117.
Jachia, Salomon Jbn 21. — 270.
Jachia, Salomon ben David 69.
Jachia, Salomon ben Joſeph 117.
Jachia, Samuel Jbn 290.
Jachia, Tam Jbn, ſ. Jacob.
Jachia = Negro, David Jbn 30 ff. 40.
67 ff.
Jacob R. (?) 67.
Jacobacio, Cardinal 216.
Jaime von Bragança 160.
Jechiel von Piſa 78.
Jeſurun, David 283.
Jeſurun Reuel, ſ. Paul de Pina.
Innocenz III., Papſt 51.
Innocenz VIII., Papſt 145.
Innocenz XI., Papſt 217 f.
João I. von Portugal 9. 14. 29 ff.
50 ff. 58. 337.
João II. von Portugal 22. 79 ff.
João III. von Portugal 159. 167 ff.
277. 334.
João IV. von Portugal 306 ff.
João V. von Portugal 321. 333.
Joſé I. von Portugal 329. 334.
Joſeph R. (?) 67.
Joſeph, Diogo 272 f.
Joſeph ben Jsrael 285.
Joſeph, Meſtre 46.
Jſabella von Caſtilien 84. 90 ff. 125 ff.
Jſabella, Gemahlin Manuel's 98. 125 f.
140 f.
Juan I. von Caſtilien 29. 31 ff.
Juda Çaragoci, ſ. Çaragoci.
Juda Cohen, ſ. Cohen.

Juba, Oberrabbiner 19.
Juda, Schatzmeiſter Fernando's 26 ff.
Julius III., Papſt 269.

K.
Karo, Iſaak ben Joſeph 137.
Karo, Joſeph ben Ephraim 138.

L.
Laguna, Daniel Jsrael Lopez 324.
Lancaſter, Alphonſo von 269.
Lates, Iſaak de 265.
Leão, Arzt João's II. 86.
Leão, Gaspar de 276.
Leão, Jorge 214. 232.
Leo Hebraeus 269.
Leon Hebreo, ſ. Jehuda Abravanel.
Leon, Manuel de 319.
Leon Sinai ben Samuel, ſ. Sinai.
Leonora, Königin 28 ff.
Levi, Joſeph 166.
Levi, Samuel 25.
Limborch 304.
Limpo, Balthaſar 254.
Lippomano, Luis 230 ff. 345 ff.
Lobato, Diogo Gomez (Abrah. Cohen)
283.
Lobo, Diogo 152.
Lopez, Miguel 277.
Loureiro, Fernando de Goes, ſ. Goes.
Loyola, Ignacio de 233.
Lucero 171. 173.
Ludovico, Pier 208.
Ludwig XIV. von Frankreich 304.
Luiz, Infant 214.
Luna, Beatrice de, ſ. Gracia Mendes.
Luſitanus, Amatus, ſ. Amatus.

M.
Machado, David de, Sequeira, ſ. Se=
queira.
Machado, Francisco 257.
Majora, Donna 270.
Manſus, Cide 160.
Mantino, Jacob 185.
Mannel von Portugal 120 ff. 334.

Segovia, Jbañez Gaspar de 301 f.
Selaya, Biſchof 177.
Senior, Abraham 83. 102.
Sequeira, David Machado de 327.
Sequeira, Jſaak de Samuda, ſ. Samuda.
Serrão, Antonio 318.
Serrão, Pedro 318.
Serrão, Thomas 204 f.
Sevilla, Juan de, ſ. Samuel Abravanel.
Sezira, João 77 f.
Silva, Antonio Joſé da 329 ff.
Silva, Ayres de 152.
Silva, Diogo da 186. 213. 218.—323.
Silva, João Mendes be 329.
Silva, Joſua da 324.
Silva, Manuel Telles da 319.
Silva, Miguel da 232 f. 256.
Silva, Samuel da 288.
Silveyra, Diogo (Abraham) Gomez de 320.
Silveyra, Miguel de 301.
Simonetta, Jacobo 200 ff. 212.
Sinai, Leon ben Samuel 71.
Siſebut 196.
Sixtus IV., Papſt 78. 92. 95.
Soares, João 219.
Soizar 328.
Sol 60.
Soltman, Suitan 262. 267.
Solis, Eleaſar de 368.
Solis, Simão Pires 368.
Sousa, de, Geſandte 229. 231.
Sousa, Jſaak Gomez de 320.
Sousa, Martin Affonſo de 164.
Sousa, Simon de 307.
Sousa Brito, Gabriel de 312.
Sousa Brito, Jſaak de 312.
Souta-Major, Alvaro de Caminho 115.
Spinoza 289. 304.

T.
Themudo, Jorge 171.
Teixeira, Pedro 301.
Thomas, Manuel 311.
Thurloe 313.

Tirado, Jacob 278.
Toledano, Elieſer 89.
Toledo, Pedro de 264.
Torquemada, Thomas de 92.

U.
Ugolino 253. 256.
Ungar, Bibliograph 325.
Urbino, Herzog von 270.
Uſtel, Jſaak 285. 294.
Usque, Abraham ben Salomon 268.
Usque, Salomon 268.
Usque, Samuel 189. 264. 267 f.

V.
Vaëz, Ayres 219 ff.
Vaëz, Emanuel 219.
Vaëz, Pedro 219.
Vaëz, Salvador 320.
Valle, Jſabelle de 318.
Varo, Cardinal 196.
Vargas, Jeronymo de, ſ. Athias.
Vasconcellos, Alvaro Mendes 312.
Vasques, Antonio 30.
Vaz, Diogo 172.
Vecinho, Diogo Mendes (Joſeph) 86. 123.
Vega, de la, ſ. Penſo de la Vega.
Veloſino, Jacob de Andrade 296.
Verga, Jehuda Jbn 97. 154.
Verga, Salomon Jbn 154 f.
Vicente, Gil, ſ. Gil.
Viegas, Braz 257.
Vieyra, Antonio 313 ff.
Villa-Real, Manuel Fernandes de 310 ff.
Vimioſo, Graf von 261.
Vital, David 137.

W.
Widmannſtadt 265.

X.
Xerez, Diogo de 111.

Z.
Zachin, Abraham Jbn 132.
Zachin, Jſaak Jbn 132.
Zamaira, ſ. Bencemero.
Zemach, Jacob ben Chajim 297.
Zeyan, Muley 160.

Geographisches Register.

Zusätze und Berichtigungen.

Seite	Zeile	lies	statt
7	3 v. o.	Algarve	Algarvo.
77	6 v. u.	auch	auf.
82	15 v. o.	Abner	Abner.
85	3 v. o.	Judenfeindliche	Judenfreundliche.
91	12 v. o.	von heute	wie heute.
132	3 v. o.	Coutinho	Coitinho.
132	12 v. o.	Boñilla	Bouilla.

134 Note 2: vgl. auch Isaak Orobio de Castro, Contra todas las ydo-
latrias de las gentes (handschriftlich) Bl. 74: ... asi lo afirma
un escriptor portugues, que a los Judios, ya quitandole los hijos,
ya reduciendolos a esclauos, afligieron hasta lo summo de la
crueldad, mas a los Moros, por temor de los Reyes de la
Africa, ymbiaron en paz, sin algun genero de vejacion o molestia.

Seite	Zeile	lies	statt
156	4 v. o.	werden	wurden.
184	25 v. o.	Rücktritt	Rückschritt.
209	26 v. o.	Gesandte	Gesandter.
239	20 v. o.	sechszehn	sechzehn.

266 Note 2. In dem Werke Flores de Hymneo nennt ihn de Barrios: el
rico limosnero Hector Mendes de Lisboa.

271	4 v. o.	Naffi	Naffi.

296 Im Jahre 1631 verbrannte man in Lissabon den jungen Simão
Pires Solis, dessen Bruder, früher Mönch, ein großer Theologe und Prediger, unter dem Namen Eleasar de Solis später
in Amsterdam lebte. M. s. Menasse ben Israel', Rettung der
Juden, Mos. Mendelssohn's ges. Schr. III. 217.

312	4 v. u.	Sousa	Sousa.

Druck von Oskar Leiner in Leipzig.

**University of California
SOUTHERN REGIONAL LIBRARY FACILITY
Return this material to the library
from which it was borrowed.**

SD - #0013 - 201120 - C0 - 229/152/21 - PB - 9780282078980 - Gloss Lamination